民和文庫研究会 編

格闘武術・柔術柔道書集成

第Ⅱ回　大正期の護身術・柔術柔道書

第一巻　護身・逮捕術

クレス出版

格闘武術・柔術柔道書集成　第Ⅱ回

『明治期の逮捕術・柔術柔道書（全七巻）』の刊行について

民和文庫研究会代表（福島大学名誉教授）　中村民雄

明治三十七〜八（一九〇四〜五）年の日露戦争後、欧米列強の仲間入りを果たしたわが国は、これまで財政的に大きな負担を強いてきた地方の農村を立て直し、国家の財政的・経済的・人的基盤として新たな行政町村に再編（これを「地方改良運動」という）することが急務であると考えられた。また、明治四十一（一九〇八）年に発布された「戊申詔書」を合図に、神社を一村一社に合祀し地域住民との結合を図る国民教化運動も展開されていった。

こうした地方改良運動は、やがて伝統を見直し、新しい民族文化として再構成する動きへと発展していった。そうした機運を象徴するのが、明治四十二（一九〇九）年六月二日に開館した大相撲の常設館「国技館」である。この常設館を「国技館」と命名したことにより、相撲は神事から国技へと変貌していったように、体育・スポーツ界にも大きな変化と刺激を与えた。国技館の開館と相前後して五月三日には、嘉納治五郎によって創設された講道館が私設道場から財団法人となり、文字通り日本を代表する柔道へと発展していった。国技館開館の一日後、六月三日には大日本武徳会も財団法人となった。このように明治四十二年という年は、伝統や在来武術が国民文化・国民体育へと衣替えした年でもある。ちなみに、明治四十四（一九一一）年に設立された大日本体育協会が財団法人になるのは、昭和二（一九二七）年のことであった。

また、講道館は早くから「柔道」と称してきたが、在来武術である「撃剣・柔術・弓術」など大日本武徳会の傘下においては「術」と称していた。これに変化が現れるのは、大日本武徳会の副会長に就任した西久保弘道が「武道の稽古は神聖にして侵す可らざるもので」、「修身の講話を聞く様なものでなければならぬ」、「武なるものは決して技術でないと云ふ観念を明ならしむる」ためにも、「武術」ではなく「武道」でなければならないと、大正八（一九一九）年八月二日、武術専門学校は「武道専門学校」と改称した。同時に、「撃剣・柔術・弓術」の呼称も「剣道・柔道・弓道」と改称し、これらの総称を「武道」と称するようになった。残された槍術等は武術、もしくは古武術と称し、伝統武術として演武中心に保存が図られていった。

このように、いち早く財団法人化した講道館は、柔道を通した体育振興と文化活動を展開するため、大正四（一九一五）年一月には今日に続く雑誌『柔道』を創刊しはじめた。また、大正十一（一九二二）年一月には講道館文化会を創立し、「本會は精力最善活用に依つて人生各般の目的を達成せんことを主義とす」ではじまる宣言と、「精力の最善活用は自己完成の要訣なり」、「自己完成は他の完成を助くることによつて成就す」、「自他完成は人類共榮の基なり」という綱領を発表した。これが柔道の究極の目的をしめす「精力善用・自他共栄」というスローガンとなっていくものである。こうして欧米スポーツをオリンピック競技大会への参加ということから積極的に採り入れるとともに、在来武術のうち柔道をいち早く世界へ紹介するという双方向の交流を通した国際交流・国際親善が活発化していくのである。

格闘武術・柔術柔道書集成　第Ⅱ回　大正期の護身術・柔術柔道書各巻収録一覧

第一巻　護身・逮捕術

護身術
●帝国武道研究会編纂／一九一五年／興成舘書店

柔道極意図解奥伝 神機活法 空手護身術
●佐々木高明編／一九二五年／神武館書店

警視庁柔道基本 捕手の形
●警視庁警務部規画課編纂／一九二六年／自警会

朝鮮 警察柔道 全・附 捕縄術
●岡野幹雄・佐藤完三・阿部文雄／一九二六年／朝鮮警察協会

第二巻　女子護身術

婦人護身術教範
●江夏金太郎／一九一七年／力行館

女子錬胆法及護身術
●小田綱太郎・佐藤完實／一九一七年／東洋出版社

比較研究 女の護身術
●横山虎夫／一九一九年／二松堂書店

女子護身法
●南郷次郎／一九四四年／旺文社

第三巻　古流柔術

帝国尚武会会則
●野口正八郎／一九一二年／帝国尚武会

柔術修業秘法
●野口　清／一九一二年／帝国尚武会

懸賞問題 柔術実地活用法
●帝国尚武会編纂／一九一四年／帝国尚武会

殺活自在乱捕秘伝 柔術教範
●井口義為／一九一六年／山田書店

第四巻　講道館柔道（1）

柔　道
●宗像逸郎／一九一三年／内外出版協会

柔道は斯うして勝て
●小田常胤／一九一九年／南北社

第五巻　講道館柔道（2）

極意図解　柔道胆練法
●武術研究会編纂／一九一八年／芳文堂書店

学校柔道
●松岡辰三郎／一九二〇年／大阪屋号書店

柔能制剛
●涌井清光編／一九二〇年／青島新報社

第六巻　講道館柔道（3）

柔道叢書　小学校柔道教授の実際
●須藤幸平／一九二二年／講道館文化会

柔道叢書　乱捕の形
●山下義韶・永岡秀一・村上邦夫／一九二一年／柔道会

柔道叢書　極の形
●山下義韶・永岡秀一・村上邦夫／一九二四年／講道館文化会

乱捕ノ形・極ノ形（仮刷）
●大日本武徳会／一九四一年／大日本武徳会

第七巻　講道館柔道（4）

柔道と修養
●岡　善次／一九二三年／東京堂書店

最も実際的な　学生柔道の粋　全
●渡部　正・高根澤光位　共著／一九二六年／慶文堂書店

別冊　解　題

大正期の護身術・柔術柔道書（全七巻）解題
●小山　凜雄

※収録した原本書籍の状態によっては、文字の欠落や擦れ、頁の汚損等が見られるが、原本通りである。

護身術

※収録した原本書籍の状態によって、文字の欠落や擦れ、頁の汚損・欠損等が見られるが、原本通りのため御了承願います。

護身術

序

吾が武道の根本原則は、虚と實を明にし、以て虚實の運用を會得するに在り、人間の精神また身體動作にも必ず虚と實あり、柔能く剛を制するの所以は虚實を明にし、虚を以て實に合し實を以て虚に應ずる運用の妙を謂ふに外ならず、苟も物と事と存すればば必ず虚實あり、人と物との關係に於ても、又人と人との關係に於ても、將た國と國との關係に於ても、必ずや虚實剛柔の作用あり其他實業經濟に至る迄社會萬般皆然り、而して虚とは陰にして柔を指す消極的也、實とは陽にして剛を指す積極的也、故に此の虚實の運用を會得すれば人事萬般に當りて、無碍圓融ならざるはなし、されば本書は日本固有の武道の眞髓を最も明簡平易に、何人も日常に應用なし得る樣編述こしれば、諸子は能く熟讀卒思し豁然悟得なさば、其の益する處勘少ならず。

大正四年七月上旬

編者識

護身術目次

せられた時―拔刀を手にて防ぐ法―戸外に出る時の用心―就眠中直覺法―宙返りの法―搶を以て突き來る時―三人にて懷中の物を奪はれんとする時―鎖鎌使用法―布にて首を締められた時―强力の敵に足を取られし時―手刀にて頭を打たれんとする時―敵に押され後に溝あり絶體絶命の場合―蹴ろとの敏速な者には―催眠術にかゝらぬ法―拳固にて打つ時防ぐ法―兩腕を二人の敵に取られた時―高所より墜落する時―160……

……一六六―一九三

目次終

護身術

帝國武道研究會編

護身術の解剖

毀傷せざるは孝の始なり

治《ち》に居《ゐ》て亂《らん》を忘《わす》れずと云《い》ふ事《こと》がある。平日《へいじつ》事《こと》なき時《とき》でも、身《み》を守《まも》り人《ひと》を助《たす》くる爲《ため》に、武術《ぶじゆつ》を練習《れんしふ》するは、萬人《にん》の均《ひと》しく心懸《こゝろが》けねばならぬ所《ところ》である。臣民《しんみん》たる者《もの》が、一朝《てふ》邦家《はうか》に大事變《だいじへん》の起《おこ》つた時《とき》に、若《も》し武術《ぶじゆつ》の心得《こゝろえ》がなかつたら、其身《そのみ》疵《きず》を蒙《かうむ》るばかりでなく、義勇公《ぎゆうこう》に奉《ほう》ずる志《こゝろざし》を達《たつ》する事《こと》は出《で》來《き》ぬ。不忠不孝《ふちうふかう》の譏《そしり》を受《う》けても、辯解《べんかい》の辭《じ》はないのである。「身體髪膚《しんたいはつぷ》之《これ》を父母《ふぼ》に受《う》く、毀傷《きしやう》せざるは孝《かう》の始《はじまり》なり」と『孝《かう》經《けふ》』に言《い》つてあるではないか。武術《ぶじゆつ》は身《み》を護《まも》る鐵壁金城《てつぺききんじやう》であつて、身體《しんたい》の毀傷《きしやう》するを防衛《はうゑ》する其功實《そのこうじつ》に偉大《ゐだい》である。

柔能く剛を制す

物《もの》の原則《げんそく》から云《い》へば、柔《じゆう》は剛《がう》に勝《か》てぬ、短《たん》は長《ちやう》に勝《か》てぬ、弱《じやう》は强《きう》に勝《か》てぬものである。併《しか》し巧妙《かうめう》に運用《うんよう》すれば、柔能《じやよ》く剛《がう》を制《せい》し、弱能《じやくよ》く強《きやう》に勝《か》つ事が出來《でき》るのである。

例《たと》へば、戰艦《せんかん》と巡洋艦《じゆんようかん》と戰《たゝか》ふ場合《はあひ》には、勿論《もちろん》戰艦《せんかん》が剛《がう》で、巡洋艦《じゆんやうかん》は柔《じゆう》であるけれど、速力《そくりよく》の點《てん》から言《い》へば、巡洋艦《じゆんやうかん》の方《はう》が早《はや》い。此《こ》の早《はや》い所《ところ》は、柔必《じゆかなら》ずしも柔《じゆう》でない妙所《めうしよ》であつて、之《これ》を利用《りよう》して敵艦《てきかん》を攻撃《こうげき》すれば、戰艦《せんかん》をも轟沈《がうちん》せしむる事《こと》が出來《でき》る。か〻る機敏《きびん》を捉《とら》へて、柔《じふう》の長所《ちやうしよ》を以て、敵《てき》の剛《がう》を倒《たふ》す。即《すなは》ち柔能《じゆうよ》く剛《がう》を制《せい》する所以《ゆえん》であつて、之《これ》が上《じやう》古《こ》の代《だい》から傳來《でんらい》した空拳奮鬪《くうけんふんたう》の妙所《めうしよ》である。

武藝《ぶげい》の奧義《おくぎ》を一言《げん》に盡《つく》せば、強《きやう》は弱《じやく》に勝《か》ち、長《ちやう》は短《たん》に勝《か》ち、實《じつ》は虚《きよ》に勝《か》つと云《い》ふ三つの眞理《しんり》に過《す》ぎないので、頗《すこぶ》る平凡《へいぼん》な、誰《たれ》でも知《し》りぬいた事《こと》ではあるが、さていよ〳〵其《その》實地應用《じつちおうよう》となると、平凡極《へいぼんきは》まる此《この》三つの眞理《しんり》が巧《うま》く出來《でき》ない。當然《たうぜん》の理《り》に從《したが》つて動《うご》くのであるから、必《かなら》ず勝《か》てなければならぬ筈《はず》だと思《おも》ふけれど、却々《なか〳〵》さうは行《ゆ》かぬのである。

弱を變じて强となす

敵我《てきわ》が眼前《がんぜん》に現《あら》はれて、眞劍勝負《しんけんしやうぶ》を爭《あらそ》ふ場合《はあひ》には、慌《あは》てず騷《さは》がず、十分《ぶん》に心《こゝろ》を落附《おちつ》け、先《ま》づ我《われ》の强《きやう》と敵《てき》の弱《じやく》とを比《ひ》較《かく》し、我《わ》れの强《きやう》を以《もつ》て敵《てき》の弱《じやく》を突《つ》くが肝要《かんえう》である。例《たと》へば

5

太刀山《たちやま》の如《ごと》き豪勇《がうゆう》と戰《たゝか》ふとすれば、我《わ》が眼中《がんちう》には、唯《たゞ》肥滿《ひまん》した一大肉塊《だいにくくわい》があるばかり、『ヤッ』と云《い》ふが早《はや》いか、手《て》を差延《さしの》べて敵《てき》の眼球《がんきう》を二本《ほん》の指《ゆび》で抉《えぐ》る。眼球《がんきう》には、太刀山《たちやま》と雖《いへど》も、五人力《にんりき》、十人力《にんりき》も何《なに》もあつたものでは無《な》い。即《すなは》ち敵《てき》の弱《よは》き眼球《がんきう》に對《たい》して、我《われ》の強《つよ》き指《ゆび》の力《ちから》を以《もつ》て當《あた》る、是《こ》れ弱《じやく》にして強《きやう》に勝《か》つの眞理《しんり》である。此《この》一瞬間《しゆんかん》の機微《きび》を逸《いつ》したら、天下《てんか》の横綱《よこづな》に一摑《つか》みにされて了《しま》ふは明《あきらか》である。

長《ちやう》は短《たん》に勝《か》つ、例《たと》へば我《われ》は短《みぢか》き物《もの》を持《も》ち、敵《てき》は長《なが》き物《もの》を持《も》つて打合《うちあ》ふ時《とき》、敵《てき》の打下《うちおろ》した鉾先《ほこさき》を一寸《ちよつと》あしらつて、直《す》ぐ敵《てき》の右《みぎ》に飛込《とびこ》めば、敵《てき》は打《う》たんとしても長《なが》き爲《ため》に直《す》ぐ打《う》つ事《こと》が出來《でき》ぬ。強《しひ》て打《う》たんとすれば、身構《みがまへ》を立直《たてなほ》すか、二三歩《ぽ》退《ひ》かねばならぬ。此隙《このすき》に乘《ぢやう》じて我《われ》は短《みぢか》き物《もの》を以《もつ》て敵《てき》を打《う》つ事《こと》が出來《でき》る、即《すなは》ち短《たん》を長《ちやう》に應用《おうよう》して勝《かち》を制《せい》するのである。

又茲《またこゝ》に大兵肥滿《たいひやうひまん》の男《をとこ》と小男《こをとこ》と戰《たゝか》はんか、此小男《このこをとこ》が武術《ぶじゆつ》に通《つう》じた者《もの》なら、咄嗟《とつさ》に自分《じぶん》の足《あし》の長《なが》さと大男《おほをとこ》の手《て》の長《なが》さとを較《くら》べて、『ヤツ』と云《い》ふや否《いな》や、足《あし》を上《あ》げて敵《てき》の股倉《またぐら》を蹴《け》る。いかに大男《おほをとこ》の手《て》が長《なが》くとも、此方《こつち》の足《あし》の長《なが》さには敵《てき》せぬから、勝負《しやうぶ》は一擧《きよ》に極《き》まつて了《しま》ふ。

實《じつ》は虚《きよ》に勝《か》つ。我《われ》は豫《あらかじ》め敵《てき》に備《そな》へ、而《しか》して敵《てき》の備《そな》へざる所《ところ》を撃《う》つ、即《すなは》ち此方《こつち》では十分《ぶん》に氣《き》合《あひ》を掛《か》けて居《ゐ》て、敵《てき》の氣《き》の拔《ぬ》けた所《ところ》を制《せい》するのである。

昔《むかし》から阿《あ》吽《うん》の呼《こ》吸《きふ》と云《い》ふが、阿《あ》は息《いき》を吐《はき》出《だ》す形《かたち》で、吽《うん》は息《いき》を吸《すひ》込《こ》む形《かたち》であつて、息《いき》を吐《はき》出《だ》せば筋《きん》肉《にく》が緩《ゆる》み、息《いき》を吸《すひ》込《こ》めば、之《これ》と反《はん》對《たい》に筋《きん》肉《にく》は締《しま》る。締《しま》つた吽《うん》の形《かたち》を以《もつ》て、緩《ゆる》んだ阿《あ》の隙《すき》を打《う》てば、必《かなら》ず勝《か》てるのである。例《たと》へば敵《てき》に胴《どう》締《じめ》を掛《か》けた際《さい》、敵《てき》は吽《うん》の形《かたち》を以《もつ》て下《した》腹《はら》に力《ちから》を入《い》れゝば、能《よ》く防《ふせ》ぐ事《こと》が出來《でき》る。併《しか》し吽《うん》ある所《ところ》には必《かなら》ず阿《あ》が伴《ともな》つて來《く》るのであるから、乃《すなは》ち我《われ》は敵《てき》の息《いき》を繼《つ》ぐ時《とき》、即《すなは》ち一息《いき》する下《した》腹《はら》に力《ちから》の無《な》い阿《あ》の形《かたち》の時《とき》、我《われ》は吽《うん》の形《かたち》にて、一時《じ》に足《あし》に力《ちから》を入《い》れて締《し》めれば、いかなる強敵《きやうてき》でも、容易《ようい》に締《し》める事《こと》は出來《でき》るので、阿《あ》の場《は》合《あひ》が虚《きよ》で、吽《うん》の場《は》合《あひ》が實《じつ》である。

昔《むかし》の武術家《ぶじゆつか》は、寢《ね》込《ごみ》に斬《きり》付《つ》けられても、敵《てき》を取《と》つて押《おさ》へるが、之《これ》は寢《ね》込《ごみ》に敵《てき》の襲撃《しうげき》した事《こと》を知《し》つて居《ゐ》て、敵《てき》の接近《せつきん》するのを窺《うかゞ》つて居《ゐ》るのが、武術家《ぶじゆつか》の心術《しんじゆつ》である。それを寢《ね》込《こみ》と信《しん》じ油斷《ゆだん》して居《ゐ》るものと思《おも》つて斬《きり》付《つ》けるから、一寸《ちよつと》身《み》を轉《かは》して空《くう》を切《き》らせる。仕《し》損《そん》じたりと思《おも》ふ一瞬間《しゆんかん》の隙《すき》が、即《すなは》ち虚《きよ》であるから、此所《こゝ》を一撃《げき》して、敵《てき》の持《も》つた刀《かたな》を奪取《うばひと》るか、又《また》は柔術《じうじゆつ》の手《て》で投付《なげつ》けるのである。

武術は護身の妙術

武術《ぶじゆつ》は身《み》を護《まも》るの術《じゆつ》である。路上《ろじやう》を往來《わうらい》する際《さい》、醉狂人《すゐきやうじん》又《また》は痴者《ちしや》の暴行《ぼうかう》に逢《あ》ひ、或《あるひ》は旅行《りよかう》して野中《のなか》にて惡漢《あくかん》盜兒《とうぢ》の爲《ため》に不慮《ふりよ》の災害《さいがい》を蒙《かふむ》り、或《あるひ》は夜中《やちう》强窃盜《がうせつとう》の侵入《しんにふ》するなどを防《ふせ》ぐ、正當防禦《せいたうはうぎよ》に用《もち》ふるもので、無用《むよう》の爭鬪《そうたう》に之《これ》を亂用《らんよう》するは、深《ふか》く愼《つゝし》まねばならぬ。かくてこそ、武術《ぶじゆつ》は始《はじ》めて護《ご》身《しん》の妙術《めうじゆつ》となるのである。

忍術と妙術

昔《むかし》から芝居《しばゐ》や草双紙《くさざうし》で、石川《いしかは》五右《う》衛《ゑ》門《もん》、鼠小僧《ねずみこぞう》などが、忍《しの》びの術《じゆつ》を使《つか》つて暴《あば》れ廻《まは》はると云《い》ふ事《こと》は、子供《こども》でも知《し》つて居《ゐ》るが、世間《せけん》では忍《しの》びの術《じゆつ》と云《い》へば、只《たゞ》一概《がい》に人《ひと》に知《し》れないやうに、目的《もくてき》の家《いへ》に忍《しの》び込《こ》んだり、又《また》は忍《しの》び出《で》たりする事《こと》だと思《おも》つて居《ゐ》る。併《しか》しそれは忍術《にんじゆつ》の糟粕《さうはく》に過《す》ぎない、其《その》本旨《ほんし》は別《べつ》に在るのである。忍術《にんじゆつ》とは果《はた》して何《なん》であらう？

忍術の忍は忍耐の忍

忍術《にんじゆつ》の傳書《でんしよ》を見《み》ると、忍術《にんじゆつ》の忍《にん》は、忍込《しのびこ》みの忍《にん》にあらずして、耐《た》え忍《しの》ぶの忍《にん》であると云《い》ふ意味《いみ》が說《と》いてある。あらゆる苦痛《くつう》、困難《こんなん》に耐《た》え忍《しの》んで、目的《もくてき》を達《たつ》するの意味《いみ》であると說明《せつめい》して居《ゐ》る。忍術《にんじゆつ》の何《なん》ものかを解剖《かいぼう》するには、此點《このてん》が大事《だいじ》である、敵《てき》の家《いへ》に人知《ひとし》れず忍《しの》び込《こ》むと云《い》ふやうな意味《いみ》ばかりでなく、苦難《くなん》に耐《た》え忍《しの》ぶ方法《はふほう》を講究《こうきう》するものであると分《わか》つて見《み》れば、當然《たうぜん》到着《たうちやく》すべき結論《けつろん》として、人間《にんげん》の力《ちから》で出來《でき》る限《かぎ》りの忍耐《にんたい》を行《や》り貫《とほ》すと云《い》ふのが、即《すなは》ち忍術《にんじゆつ》の秘傳《ひでん》である。極度《きよくど》の忍耐《にんたい》即《すなは》ち忍術《にんじゆつ》の極意《ごくい》であると云《い》ふことが言《い》へるのである。

心身鍛錬法

忍術《にんじゆつ》は極度《きよくど》に忍耐《にんたい》する方法《はうほふ》を講《こう》ずるものだと云《い》つたが、消極的《せうきよくてき》には忍耐《にんたい》するし、積極的《せききよくてき》には努力《どりよく》する、即《すなは》ち極度《きよくど》に努力奮勵《どりよくふんれい》する意味《いみ》が含《ふく》まれて居《ゐ》るのである。

元來《ぐわんらい》、忍術《にんじゆつ》は武術《ぶじゆつ》と禪《ぜん》とを調和《てうわ》して組立《くみた》てたやうなもので、人間《にんげん》の精神《せいしん》と肉體《にくたい》とを一致《ち》して活動《くわつどう》し得《う》る程度《ていど》に鍛錬《たんれん》するのであるから、立派《りつぱ》な心身《しん〱》鍛錬法《たんれんほふ》と云《い》ふ事《こと》が出來《でき》るのである。然《しか》らば、どんな風《ふう》に吾等《わわら》の精神《せいしん》と肉體《にくたい》とを鍛錬《たんれん》して行《ゆ》くのか？

呼吸を整へる法

忍術《にんじゆつ》の第《だい》一要件《えうけん》として知《し》らねばならぬのは、呼吸《こきふ》を整《とゝの》へる事《こと》である。それは、如何《いか》なる場合《ばあひ》にあつても、自分《じぶん》の息《いき》する音《おと》を他人《たにん》の耳《みゝ》に入《い》れぬやうにする。否《いな》、人《ひと》の耳《みゝ》に聞《きこ》えぬやうにするばかりでなく、自分《じぶん》の耳《みゝ》にも聞《きこ》えぬまで、極《きよく》度《ど》に静《しづ》かにする練習《れんしふ》をするのであるが、吾等《われら》の精神《せいしん》も肉體《にくたい》も極《きは》めて健全《けんぜん》で、何《なに》一つ思《おも》ひ煩《わずら》ふ事《こと》もなく極《ごく》落着《おちつ》いて居《ゐ》る時《とき》なら、他人《たにん》にも自分《じぶん》にも聞《きこ》えぬやうに息《いき》をする事《こと》は何《なん》でもない話《はなし》であるけれど、敵《てき》來《きた》つて我《わ》が頭上《づじやう》に氷《こほり》の刄《やいは》を振《ふり》かざしたやうな危《き》急《きふ》存《そん》亡《ばう》の場合《はあひ》に、身體《しんたい》は毬《まり》の如《ごと》く躍《をど》り、胸《むね》は早鐘《はやがね》を撞《つ》く如《ごと》く騷《さは》ぐ時《とき》、音《おと》のしないやうに呼吸《こきふ》する事《こと》は不可能《ふかのう》のやうに思《おも》はれる。所《ところ》が、實際《じつさい》練習《れんしふ》を積《つ》みさへすれば、誰《たれ》にでも出來《でき》るのだから面白《おもしろ》いのである。

臍下丹田に氣を鎭める

昔《むかし》の武士《ぶし》は、よく『臍下丹田《さいかたんでん》に氣《き》を鎭《しづ》める』と云《い》ふ語《ご》を使《つか》つたものであるが、これは一口《くち》に言《い》つて了《しま》へば、下腹《したつはら》に吽《うん》と力《ちから》を込《こ》めて心《こゝろ》を落着《おちつ》けると云《い》ふ事《こと》になるので、今日《こんにち》の所謂《いはゆる》腹式呼吸《ふくしきこきふ》で、而《しか》もそれを強《つよ》く深《ふか》く極度《きよくど》に行《や》つて、身體《しんたい》も精神《せいしん》も共《とも》に凝定《ぎやうてい》不動《ふどう》の境《さかひ》に入《い》ることである。

腹式呼吸《ふくしきこきふ》とは、胸《むね》で息《いき》をしないで、下腹《したはら》でするのである。空氣《くうき》を臍《へそ》の下《した》まで吸込《すひこ》んで置《お》いて、次《つぎ》にそれを再《ふた》び臍《へそ》の下《した》から吐出《はきだ》すのである。かくして呼吸《こきふ》を整《とゝの》へ、息《いき》する音《おと》の少《すこ》しも聞《きこ》えないまでに練習《れんしふ》すれば、從《したが》つて精神《せいしん》も動搖《どうえう》せず、又《また》身體《しんたい》も沈着《ちんちやく》になつて、所謂《いはゆる》不動心《ふどうしん》即《すなは》ち不動身《ふどうしん》である。

身輕く足疾く動く法

先《ま》づ息《いき》のはづまぬ練習《れんしふ》が出來《でき》たら、次《つぎ》には身《み》輕《がる》く足早《あしはや》く動《うご》く事《こと》を練《れん》習《しふ》するのである、器《き》械《かい》體《たい》操《さう》、其他《そのた》の運動《うんどう》も頗《すこぶ》る役《やく》に立《た》つが、徹頭徹尾《てつとうてつび》呼吸《こきふ》を整《とゝの》へる事《こと》が伴《ともな》ふ事《こと》を忘《わす》れてはならぬ。身輕《みがる》くするには食物《しよくもつ》を撰擇《せんたく》する事《こと》と筋肉《きんにく》の運動《うんどう》が必要《ひつえう》である。詰《つま》り中肉《ちうにく》で堅《かた》く引締《ひきしま》つた強《つよ》い彈力《だんりよく》のある身體《からだ》を造《つく》るのが肝要《かんえう》である。だから、油濃《あぶらこ》くない而《しか》も滋養分《じやうぶん》の多《おほ》い肉類《にくるゐ》や蔬菜《そさい》を食《た》べて、器械體操《きかいたいさう》、柔術《じうじゆつ》、劍術《けんじゆつ》、鯱鉾立《しやちほこだち》宙返《ちうがへ》り、何《なん》でもござれで練習《れんしふ》する。

身輕《みがる》く動《うご》くには、息《いき》を吽《うん》と吸込《すひこ》んで五躰《たい》がはち切《き》れるやうに緊張《きんちやう》するのを待《ま》ち、息《いき》を微塵《みぢん》も洩《も》らさずに、火《ひ》に炙《あぶ》つた護謨毬《ごむまり》の如《ごと》き身體《からだ》の彈力《だんりよく》に、燃《も》え立《た》つ樣《やう》な精神《せいしん》の活氣《くわつき》を注《そゝ》いで、一氣《き》に敏速《びんそく》に動《うご》けば、鼠《ねづみ》が走《はし》る如《ごと》く、猫《ねこ》の飛上《とびあが》る如《ごと》くになるのも。敢《あへ》て難事《なんじ》ではない。

足早《あしはや》に歩《ある》くには。普通《ふつう》の歩《ある》き方《かた》では駄目《だめ》である。歩《ある》く方向《はうかう》に身體《からだ》の横《よこ》を向《む》けて、股《また》を開《ひら》いて、丁度《ちやうど》蟹《かに》の這《は》ふやうに横歩《よこある》きをする。さうすると、普通前《ふつうまへ》を向《む》いて歩《ある》くのと比《ひ》較《かく》すれば、二歩《ほ》と三歩《ぽ》の割合《わりあひ》になる。其方《そつち》が二歩《ほ》進《すゝ》む間《ま》に此方《こつち》は三方《は》進《すゝ》む、一歩《ほ》の差《さ》は些《さゝい》のやうだが、それが五百歩《ぽ》千歩《ぽ》となれば。其間《そのあひだ》に三百歩《ぼ》、五百歩《ぽ》の大差《たいさ》が出來《でき》て來《く》る。

之《これ》を練習《れんしふ》するに當《あた》り、最初《さいしよ》の間《あひだ》は、股《また》を交叉《かうさ》する時《とき》工《ぐ》合《あひ》が惡《わる》いものであるが、慣《な》れると普通《ふつう》の歩《ある》き方《かた》より樂《らく》に早《はや》く歩《ある》けるから面白《おもしろ》い。物《もの》を食《く》つたり小便《せうべん》したりするにも、余《よ》程《ほど》工《ぐ》合《あひ》が好《よ》いもので、實驗家《じつけんか》の話《はなし》に依《よ》ると、夏《なつ》の日《ひ》の長《なが》い時分《じぶん》なら、一日《にち》に三十里《り》を横歩《よこある》きする事が出來《でき》たと云《い》ふ。これは法螺話《ほらはなし》ではないから、行《や》つて見《みる》と面白《おもしろ》い。

横歩《よこある》きは、早《はや》いばかりでなく、塀《へい》や壁《かべ》にピタリと身體《からだ》を引付《ひつつ》けて、人目《ひとめ》忍《しの》んで進退《しんたい》する時《とき》、又《また》は狹《せま》い所《ところ》を磨《す》り拔《ぬ》ける時《とき》などに、是非《ぜひ》必要《ひつえう》であつて、忍術《にんじゆつ》には缺《か》くべからざる秘術《ひじゆつ》になつて居《ゐ》る。

困苦災害に耐える法

之も忍術《にんじゆつ》の一大要件《だいえうけん》であつて、食《く》はずに飢《う》えぬ法《はふ》、眠《ねむ》らずに疲《つか》れぬ法《はふ》、水火《すゐくわ》に焼《や》けぬ法《はふ》、身體《しんたい》の炎害《さいがい》に耐《た》える法《はふ》などを研究《けんきう》するのであるが、實際《じつさい》吾等《われら》の日常生活《にちじやうせいくわつ》には、強《つよ》く身體《からだ》を打《う》つたとか、高《たか》い所《ところ》から飛降《とびお》るとか又《また》は飛上《とびあが》るとか手足《てあし》を打《う》つたとか、負傷《ふしやう》したとか、火焰《くわえん》に包《つゝ》まれたとか、水中《すゐちう》に陷《おちい》つたとか、不測《ふそく》の災害《さいがい》が何時《いつ》如何《いか》なる場合《はあひ》に突發《とつぱつ》するか知《し》れたものではない。だから身體《からだ》を守護《しゆご》するには是《ぜ》非練習《ひれんしふ》の必要《ひつえう》が起《おこ》るので、殊《こと》に飛行家《ひかうか》、探險家《たんけんか》など、苟《いやしく》も大事《だいじ》を成《な》さうと云《い》ふ人《ひと》には、一日《にち》も缺《か》くべからざる法《はふ》ではあるまいか。

身體の物理的法則に一致する事

忍術《にんじゆつ》の傳書《でんしよ》には、『睫毛《まつげ》に止《とゞ》まりて目《め》を逃《のが》れよ』とか『燈《たう》火《くわ》の下《もと》に萬兵《まんぺい》を伏《ふく》す』などゝ、何《なん》だか謎《なぞ》みたいな文句《もんく》が澤《たく》山《さん》書《か》いてあるが、煎《せん》じ詰《つ》めた所《ところ》、身體《からだ》の約束《やくそく》を物理的法則《ぶつりてきはふそく》に一致《ち》させる事と、身體《からだ》の動作《どうさ》を物理的法則《ぶつりてきはふそく》に一致《ち》させる事《こと》になるのである。

例《たと》へば、忍術《にんじゆつ》の實行者《じつかうしや》の衣服《いふく》は、絹《きぬ》では歩《ある》く時音《ときおと》がするから、柔《やはら》かい木綿《もめん》の着物《きもの》を着《き》る、又其色《またそのいろ》は純黒色《じゆんこくしよく》だと、却《かへ》つて暗夜《あんや》に目《め》に立《た》つから、黒《くろ》に赤味《あかみ》を含《ふく》んだ色《いろ》に染《そ》め、頬《ほゝ》冠《かむ》りをして面部《めんぶ》を包《つゝ》む手拭《てぬぐひ》も、同《おな》じ色《いろ》に染《そ》めて、夜《よる》の色《いろ》に紛《まぎ》れて頭部《たうぶ》が人目《ひとめ》に付《つ》かぬ用心《ようじん》をする。又手拭《またてぬぐひ》は普通《ふつう》のより長《なが》くして、身輕《みがる》な支度《したく》で物《もの》を多《おほ》く持《も》つ事《こと》は出來《でき》ぬから、之《これ》を色々《いろ〳〵》の役《やく》に立《た》てる。刀《かたな》も塀《へい》などを越《こ》える場合《ばあひ》には、それを立《たて》かけて踏台《ふみだい》となし得《う》るだけの寸法《すんぱふ》に造《つく》り、其刄《そのやいば》の長《なが》さは、どんな狹《せま》い所《ところ》でも使《つか》へるだけにするし、又其下《またそのさ》げ緒《を》は、踏台《ふみだい》にした刀《かたな》を身體《からだ》と共《とも》に塀《へい》の上《うへ》へ引上《ひきあ》げる時《とき》、口《くち》に啣《くは》へて居《を》られるだけの長《なが》さにする。草鞋《わらじ》は音《おと》のせぬやう、麻《あさ》で造《つく》つたのを水《みづ》に濕《しめ》して穿《は》くなど、色々《いろいろ》な身體《からだ》の約束《やくそく》を物理的法則《ぶつりてきはふそく》に一致《ち》させる準備《じゆんび》をする。

次《つぎ》に身體《からだ》の動作《どうさ》に就《つい》ては、夜中《やちう》敵《てき》の家《いへ》に忍込《しのびこ》むに燈火《たうくわ》を避《さ》けながら、自分《じぶん》の動《うご》く位置《ゐち》と之《これ》に因《よ》つて此方《こつち》を見《み》やうとする敵《てき》の位置《ゐち》とを考《かんが》へ、どう進《すゝ》んだら人目《ひとめ》を避《さ》け得《う》るかを知《し》らねばならず、又自分《またじぶん》の身體《からだ》を横《よこ》にしたら好《よ》いか、斜《なゝめ》にしたら好《よ》いか、平《ひら》たくしたら好《よ》いかと、自分《じぶん》の身體《からだ》を動《うご》かす角度《かくど》を見定《みさだ》めて、それが物理的法則《ぶつりてきはふそく》と寸分《すんぶん》の違《ちが》ひのないやうに一致《ち》させる。又敵《またてき》に發見《はつけん》されさうになつた危險《きけん》の場合《ばあひ》には、近《ちか》くに在《あ》る石《いし》や木《き》に倚《よ》り、或《あるひ》は地《ち》に伏《ふ》して身《み》を隱《かく》すなど。敵《てき》の視線《しせつ》を避《さ》け得《う》る方法《はうはふ》を研究《けんきう》するのである。

妖術は忍術の活用

話《はなし》が此處《こ》まで進《す》んで來《く》ると、勢《いきほ》ひ忍術《にんじゆつ》は妖術《ようじゆつ》と同一《どう》のやうに考《かんが》へられる。

芝居《しばゐ》で演《す》る仁木彈正《につきだんしやう》、仙臺侯御殿《せんだいこうごてん》の床下《ゆかした》、赤筋《あかすぢ》の入《い》つた勇《いさま》しい顏《かほ》をした男之助《をとこのすけ》が、大《おほ》きな鼠《ねずみ》を右足《うそく》にふんまへてせり上《あが》ると、鐵扇《てつせん》を振上《ふりあ》げて『汝《うぬ》なア只《たゞ》の鼠《ねづみ》ぢやあんめえ』と一喝《かつ》を喰《くわ》して、怪《あや》しげな鼠《ねづみ》の眉間《みけん》をはつしと打《う》つ。鼠《ねづみ》はキリ〳〵舞《まひ》をしながら、花道《はなみち》で消《き》えると、白《しろ》い煙《けむり》がぱつと立《た》つて、鼠色《ねづみいろ》の𧘕𧘔《かみしも》の仁木彈正《につきだんじやう》、眉間《みけん》に血《ち》を染《そめ》た凄《すご》い顔色《かほいろ》一卷《くわん》を口《くち》に啣《くは》へて印《いん》を解《ほど》くと、につたり笑《わら》つて悠々《いう〳〵》と立去《たちさ》る有樣《ありさま》は、天晴《あつぱれ》忍術《にんじゆつ》の極意《ごくい》に達《たつ》した曲者《くせもの》と思《おも》はれる。人間《にんげん》が鼠《ねづみ》に化《は》けて敵地《てきち》に入《い》る、即《すなは》ち之《これ》が妖術《ようじゆつ》である。仁木彈正《につきだんじやう》ばかりではない鞠川玄蕃《まりかはげんば》も鼠《ねづみ》の術《じゆつ》を使《つか》ふ。其他《そのた》兒雷也《じらいや》の蝦《が》蟇《ま》の術《じゆつ》、大蛇丸《おろちまる》の蟒蛇《うはゞみ》の術《じゆつ》、綱手《つなで》の蛞蝓《なめくじ》の術《じゆつ》、若菜姫《わかなひめ》の蜘《く》蛛《も》の術《じゆつ》、藤波由縁之丞《ふぢなみゆかりのじやう》の蝴蝶《こてふ》の術《じゆつ》など、昔《むかし》から名高《なだか》いものであるが、要《えう》するに妖術《ようじゆつ》は、忍術《にんじゆつ》を更《さら》に極度《きよくど》まで應用《おうよう》したものであると言《い》へる。變《へん》な手《て》つきをして印《いん》を結《むす》び、呪文《じゆもん》を唱《とな》へると、見《み》る間《ま》に煙《けむ》のやうに消《き》え失《う》せるとか、陸地《りくち》を大《たい》海《かい》に變《へん》じて敵《てき》を苦《くる》しめるとか、平野《へいや》に忽《たちま》ち高《たか》い山《やま》を湧《わ》かすとか、白晝《はくちう》が忽《たちま》ち黒暗々《こくあん〳〵》の闇夜《やみよ》になるとか、晴天《せいてん》に風雲《ふううん》を捲起《まきおこ》すとか、空中《くうちう》を飛行《ひかう》するとか、水《みづ》の上《うへ》をする〳〵と辷《すべ》るとか、蝦蟇《がま》に變《へん》じ、大蛇《おろち》に變《へん》じ、蛞蝓《なめくぢ》、蝴蝶《こてふ》に形《かたち》を變《へん》ずるとか、千變萬化《ぺんはんくわ》、自由自在《じいうじざい》の妖術《ようじゆつ》は忍術《にんじゆつ》を思《おも》ひ切《き》つて活《くわつ》用《よう》したもので、理《り》想《さう》的《てき》變《へん》身《しん》術《じゆつ》である。

鼠の術

仁木《につき》彈正《だんじやう》の鼠《ねずみ》の術《じゆつ》は、子供《こども》でも知《し》つて居《ゐ》る天下《てんか》御《ご》免《めん》の奇《き》術《じゆつ》であるが、決《けつ》して仁木《につき》の專賣《せんばい》特許《とくきよ》ではない。『折《をり》しも庭《には》の草《くさ》がくれ、現《あら》はれ出《いで》たる數多《あまた》の鼠《ねずみ》』と云《い》ふ文《もん》句《く》で、大鼠《おほねずみ》が澤山《たくさん》飛出《とびだ》す奴《やつ》を、ぐつと睨《にら》んで『汝《なんぢ》は時政《ときまさ》の身《み》内《うち》にて、忍《しの》びに名《な》を得《え》し鞠川《まりかは》よな、首《くび》引拔《ひきぬ》くは易《やす》けれど』などと大氣《だいき》焰《えん》を吐《は》くのは、『八陣《ぜん》守《しゆ》護《こ》本城《ほんじやう》』の加《か》藤《とう》清正《きよまさ》、引攫《ひつつか》んで抛《ほ》り出《だ》すと、鼠《ねずみ》になつてドロ〳〵と消《き》えるのが鞠川玄蕃《まりかはげんば》である。

近世《きんせ》では、彼《か》の鼠小僧《ねづみこぞう》なども、妖術《ようじゆつ》の名人《めいじん》であつた。敏《びん》捷《せう》な進退掛引《しんたいかけひき》が、目《め》にも止《と》まらぬ早業《はやわざ》であつた所《ところ》から、鼠《ねづみ》の如《ごと》しと渾名《あだな》を取《と》つた譯《わけ》である。成程《なるほど》、驅《か》けること電《いなづま》の如《ごと》く、柱《はしら》に昇《のぼ》り、長押《なげし》を渡《わた》り、障子《しやうじ》襖《ふすま》の隙間《すきま》をするりと抜《ぬ》ける事《こと》自由自在《じいうじざい》、『ヲヤ、今《いま》のは何《なん》だらう』と怪《あや》しむ時《とき》、『鼠《ねづみ》か知《し》らん』『どうも鼠《ねづみ》のやうだ』『鼠《ねづみ》だらう』と云《い》ふうち遂《つひ》には『今《いま》のは鼠《ねづみ》に違《ちが》ひない』となつて、到頭《たうとう》鼠《ねづみ》に決《き》まつて了《しま》ふ目《め》に止《と》まらぬ早業《はやわざ》であつたら、人間《にんげん》五尺有余《しやくいうよ》の身體《からだ》でも、之《これ》を鼠《ねずみ》と形容《けいよう》しても不思議《ふしぎ》はない事《こと》になるのである。

蝦蟇の術

蝦蟇《がま》は實際《じつさい》怪《あや》しい奴《やつ》で、大盥《おほだらひ》に一疋《ぴき》伏《ふ》せて、上《うへ》から大石《おほいし》を載《の》せて置《お》くと、一夜《や》の中《うち》に煙《けむ》となつたか、影《かげ》も形《かたち》も見《み》せぬ事は、誰《たれ》でも實驗《じつけん》すれば直《す》ぐ分《わか》る事《こと》である。

蝦蟇《がま》の術《じゆつ》と云《い》ふのは、敵《てき》の目《め》をくらます時《とき》、十分《ぶん》に息《いき》を吸込《すひこ》んで置《お》いて吽《うん》と耐《こら》へて居《ゐ》る數分間《すうふんかん》は、精神《せいしん》も身體《からだ》も共《とも》に靜止《せいし》不動《ふどう》の極《きよく》、人間《にんげん》も無機物《むきぶつ》と同樣《どうやう》で、夜中《やちう》に庭石《にはいし》の間《あひだ》に五體《たい》を縮《ちゞ》めて居《ゐ》たら、いかにも庭石《にはいし》と一つに見《み》えやう、石《いし》の間《あひだ》に平《ひら》たくなつた蝦蟇《がま》とも見《み》えやう。木立《こだち》の間《あひだ》に身《み》を潜《ひそ》めたら、木《き》とも見《み》えやう。見現《みあら》はされまいと、忍術《にんじゆつ》を行《おこな》ふ者《もの》が、平地《ひらち》にぴたりと身《み》を吸附《すひつ》けて、俯向《うつむき》に突伏《つゝぷし》たら、今見《いまみ》えたばかりの人影《ひとかげ》も、忽然《こつぜん》として消《き》え失《う》せたやうに思《おも》はれるに違《ちが》ひない。

蛇の術、蝴蝶の術、蜘蛛の術

蛇《へび》の術《じゆつ》は、狭《せま》い所《ところ》を自由自在《じいうじざい》に磨《す》り抜《ぬ》ける意味《いみ》で、理窟《りくつ》は鼠《ねずみ》の術《じゆつ》も違《ちが》つた所《ところ》はない。

蝴蝶《こてふ》の術《じゆつ》は、翩々《へん〳〵》として身輕《みがる》く動《うご》くのを形容《けいよう》したので、是亦《これまた》同《おな》じ意味《いみ》である。

蜘蛛《くも》の術《じゆつ》は、人《ひと》の掌《てのひら》や胸《むね》、腹《はら》、腿《もゝ》、脚《あし》などの肉《にく》の間《あひだ》を凹《へこ》ませて眞空《しんくう》の部分《ぶぶん》を造《つく》り、身《み》を隱《かく》さうとする瞬間《しゆんかん》、ぴたりと壁《かべ》や羽目《はめ》の中途《ちうと》に縱《たて》に吸着《すひつ》いて、數分間《すうふんかん》下《した》へ落《お》ちないで居《ゐ》る。之《これ》を形容《けいやう》して蜘蛛《くも》と云《い》つたものである。

火遁の術

火《ひ》を利用《りよう》して身《み》を隱《かく》すのが即《すなは》ち火遁《くわとん》の術《じゆつ》で、何《なに》か突然《とつぜん》起《おこ》つた火影《ほかげ》を便《たよ》りに、咄嗟《とつさ》の間《あひだ》に姿《すがた》を消《け》す。敵《てき》が火《ひ》の方《はう》へ視線《しせん》を轉《てん》じた一瞬間《しゆんかん》、非常《ひじやう》に敏捷《びんせふ》な動作《どうさ》を以《もつ》て、敵《てき》の目《め》の及《およ》ばぬ範圍《はんゐ》に我身《わがみ》を脱《ぬ》けるのである。例《たと》へば突然《とつぜん》マッチの火《ひ》をぱつと投付《なげつ》ける、はつと思《おも》ふ刹那《せつな》、敵《てき》の目《め》がそれに留《と》まる、其瞬間《そのしゆんかん》に素《す》早《はや》く身《み》を隱《かく》すのである。

玆《こゝ》に、大勢《おほぜい》の人《ひと》が車坐《くるまざ》になつて、ランプの火《ひ》の下《した》で話《はなし》をして居《ゐ》る。すると一人《ひとり》が『己《お》れが今忍術《いまにんじゆつ》を使《つか》ふから見《み》て居《を》れ』と云《い》が早《はや》いか、ふつとランプの火《ひ》を吹消《ふきけ》した。一同《どう》は『馬鹿《ばか》にするな、黒闇《くらやみ》にすれば、見《み》えないに極《きま》つて居《ゐ》る』と云《い》ひつて、マッチを磨《す》つてランプに火《ひ》を點《つ》けた。見《み》ると床《とこ》の間《ま》に臀部《しり》を此方《こつち》に向《む》けて突伏《つゝぷ》して居《ゐ》る。一同《どう》は、『貴樣《きさま》の忍術《にんじゆつ》は、頭隠《あたまかく》くして尻隠《しりかく》さずだ。アッハッハ』と大笑《おほわらひ》をする途端《とたん》、車坐《くるまざ》に居《を》つた人《ひと》の中《なか》から、底力《そこぢから》の籠《こも》つた笑聲《せうせい》が聞《きこ》えたから、氣《き》が附《つ》いて見《み》れば、其男《そのをとこ》は皆《みんな》の間《あひだ》に坐《すわ》つて居《ゐ》る。熟々《つくづく》見《み》ると、床《とこ》の間《ま》のは、置物《おきもの》の上《うへ》に被《かぶ》せた彼《かれ》の羽織《はおり》であつた。

さ、此處《こゝ》だ。火《ひ》を消《け》した瞬間《しゆんかん》、毬《まり》の如《ごと》く輕《かる》く身《み》を動《うごか》して豫《かね》て目《め》を着《つ》けて置《お》いた床《とこ》の間《ま》の置物《おきもの》に自分《じぶん》の羽織《はおり》を脱《ぬ》ぎ掛《か》けて、咄嗟《とつさ》身《み》を轉《かは》して、元《もと》の坐《ざ》でなく、外《ほか》の隙間《すきま》に割込《わりこ》んで坐《すわ》る。皆《みな》が床《とこ》の間《ま》に目《め》を着《つ》けた瞬間《しゆんかん》、『アッハッハ』と強《つよ》く重《おも》く笑《わら》つて人《ひと》の心《こゝろ》の不意《ふい》を突《つ》いた其《その》一刹那《せつな》は、確《たし》かに忍《にん》術《じゆつ》の極意《ごくい》を實現《じつげん》したものである。

精神鍛錬法

忍術《にんじゆつ》を心《しん》身《く》鍛錬法《たんれんはふ》として活用《くわつよう》するには、現今《げんこん》行《おこな》はるゝ各《かく》種《しゆ》の運動《うんどう》、高飛《たかとび》、幅飛《はゞとび》などを極度《きよくど》に行《や》る。『凡胎《ぼんたい》を脱《だつ》する』と稱《しよう》して、身體《からだ》の余分《よぶん》の水分《すゐぶん》と脂肪分《しはうぶん》とを拔取《ぬきと》つて了《しま》ふ。古《むかし》の忍術者《にんじゆつしや》は重《おも》い皮衣《かはころも》を着《き》て山谷《さんや》を驅《か》け廻《まは》る、すると身體《からだ》の余分《よぶん》の水分《すゐぶん》、脂肪分《しはうぶん》は汗《あせ》をなつて排出《はいしゆつ》され皮衣《かはころも》に吸取《すひと》られて、引締《ひきしま》つた強《つよ》い身體《からだ》とする事が出來《でき》ると云《い》つて居《ゐ》る。

又《また》彼等《かれら》は『氣《き》血《けつ》を純潔《じゆんけつ》ならしむる法《はふ》』だと稱《しよう》して、一種《しゆ》の精神《せいしん》療法《れうはふ》を實行《じつかう》したものである、それは、極《きは》めて裕《ゆるや》かに胡坐《あぐら》をかいて、無念無想《むねんむさう》の境《さかひ》に入《い》り、天界《てんかい》から今《いま》我《わ》が頭上《づじやう》に、清《きよ》く冷《ひやゝ》かなる水《みづ》がぽた〳〵と降《ふ》り始《はじ》めたと想像《さう〴〵》する。段々《だん〴〵》さうやつて居《ゐ》る中《うち》に、單《たん》に想像《さう〴〵》ばかりでなく事實《じじつ》であると思込《おもひこ》んで了《しま》ふ。すると、今《いま》まで身體《からだ》に充滿《ぢうまん》した惡血《あくけつ》は悉《こと〴〵》く驅逐《くちく》され、天《てん》の清水《しみづ》が我《わ》が頭腦《づのう》に一杯《ぱい》になり、惡血《あくけつ》は頭《あたま》から胴《どう》に、胴《どう》から脚《あし》に下《お》り、遂《つひ》には十本《ぽん》の足《あし》の指先《ゆびさき》から外《そと》へ出《で》て了《しま》ふ。

此《こ》の想像《さう〱》を幾度《いくたび》となく繰返《くりかへ》して居《ゐ》ると、神氣《しんき》爽快《さうくわい》、血色《けつしよく》純明《じゆんめい》、玉山《ぎよくざん》夜行《よるゆ》くが如《ごと》しと說《と》いて居《ゐ》る。

確《たし》かに一種《しゆ》の精神療法《せいしんれうはふ》であつて、之《これ》を活用《くわつよう》すれば、何人《なにびと》も無病健全《むびやうけんぜん》、頭腦明確《づのうめいかく》、激烈《げきれつ》な生存競爭場裡《せいぞんきやうそうぢやうり》に泰山《たいざん》の如《ごと》き立脚地《りつきやくち》を占《し》めて、思《おも》ふ存分活動《ぞんぶんくわつどう》し、以《もつ》て人生《じんせい》の目的《もくてき》を達《たつ》する事《こと》が出來《でき》るのである。

一

兩手《りやうて》を懷《ふところ》にして居《ゐ》る時《とき》、敵來《てききた》つて突如《いきなり》右《みぎ》の手《て》を以《もつ》て我《わ》が胸《けう》襟《きん》を捕《とら》へたのを放《はな》すには、どうすれば可《よ》いか。

敵《てき》の右《みぎ》に我《わ》が左《さ》足《そく》を踏《ふ》み込《こ》みながら、敵《てき》の脇《わき》の下《した》を外《そと》から潜《くゞ》つて右《みぎ》の肩《かた》に引掛《ひきか》け、又《また》左《さ》足《そく》を我《わ》が左《ひだり》の方《はう》に引《ひ》きながら、丹田《たんでん》に力《ちから》を込《こ》め、急《きふ》に身《み》を左《ひだり》の方《はう》へ引《ひ》いて振《ふ》り放《はな》すのである。而《しか》して此時《このとき》には、懷《ふところ》の兩手《りやうて》で內襟《うちえり》を摑《つか》んで右《みぎ》の通《とほ》り技《わざ》を施《はどこ》すのである。

二

若《も》し肩《かた》に引掛《ひきか》けても放《はな》れなかつた時《とき》には、どうすれば好《よ》いか。

其時《そのとき》は、先《ま》づ兩足《りやうあし》をうんと踏開《ふみひら》いて、腰《こし》を下《さ》げつゝ、急《きふ》に前《まへ》の方《はう》に屈《かゞ》んで、前方《ぜんぱう》にどんと投付《なげつ》けるのである。

三

兩手《りやうて》を懐《ふところ》にして居《ゐ》る時《とき》、敵來《てききた》つて後《うしろ》の方《はう》から右《みぎ》の手《て》を以《もつ》て我《わ》が後襟《うしろえり》を捕《とら》へたなら、どうすれば振放《ふりはな》すことが出來《でき》る。

先《ま》づ左《さ》足《そく》を後《うしろ》の方《はう》に踏出《ふみだ》して置《お》いて、直《す》ぐ後向《うしろむき》になつて、敵《てき》の腕《うで》の下《した》を潜《くゞ》り、敵《てき》の右《みぎ》の腕《うで》を我《わ》が右肩《うけん》に引掛《ひつか》け、押《おし》下《さ》げて引放《ひきはな》すのである。

四

兩手《りやうて》を懷《ふところ》にして居《ゐ》る時《とき》、敵來《てききた》つて後《うしろ》の方《はう》から、我《わ》が兩腕《りやううで》を抱締《だきし》めたら、どうすれば可《よ》いか。

先《ま》づ兩肘《りやうしち》に力《ちから》を入《い》れて張《は》つて置《お》いて、腰《こし》を下《さ》げ、左《ひだり》の方《はう》から後《うしろ》に向《む》いて、左《さ》足《そく》を敵《てき》の右脇《みぎわき》から踏《ふ》み入《い》れ、右《みぎ》の膝《ひざ》を折《を》り、左肘《ひだりひぢ》にて敵《てき》の腿《もゝ》の番《つが》ひを押《お》して後《うしろ》に倒《たふ》すのである。

さもなくば、兩肘《りやうひぢ》を張《は》ると同時《どうじ》に、兩足《りやうあし》を踏《ふ》み開《ひら》き、突然《とつぜん》我《わ》が體《たい》を前《まへ》の方《はう》に十分屈《ぶんかゞ》めて、敵《てき》を前《まへ》に投《な》げるのである。

五

敵《てき》の一人《にん》は、後《うしろ》から我《わ》が兩腕《りやううで》を體《たい》と共《とも》に抱締《だきし》め、他《た》の一人《にん》は前《まへ》の方《はう》から棒《はう》を持《も》つて打《う》つてかゝる時《とき》は、どうすれば可《よ》いか。

先《ま》づ丹田《たんでん》に力《ちから》を込《こ》め、身《み》をかはしながら、急《きふ》に右足《うそく》を左《ひだり》前《まへ》に踏《ふみ》こたえ、頭《あたま》を前《まへ》の方《はう》に屈《かゞ》めて、先《ま》づ抱締《だきし》めた敵《てき》を打《う》たせて置《お》いて、直《す》ぐ前《まへ》の敵《てき》につけ入《い》り、右《みぎ》の手《て》で棒《ぼう》を持《も》つた手《て》を摑《つか》んで防《ふせ》ぐのである。

六

二人《にん》は兩手《りやうて》にて、我《わ》が左右《さいう》の手《て》を取《と》り、他《た》の一人《にん》は、前《まへ》の方《はう》から棒《ぼう》を持《も》つて打《う》かゝつた時《とき》は、どうすれば防《ふせ》げるか。身體《からだ》を固《かた》めて急《きふ》に左足《さそく》を後《あと》の方《はう》に引《ひ》きながら、右《みぎ》の敵《てき》を前《まへ》の方《はう》に引寄《ひきよ》せて、共打《ともう》ちにさせ打《う》ちかゝつて來《く》るや、直《す》ぐ左《ひだり》の方《はう》の敵《てき》を前《まへ》に引寄《ひきよ》せ、右足《うそく》を後《あと》に引《ひ》いて敵《てき》の蔭《かげ》になつて、左《ひだり》の敵《てき》を打倒《うちたふ》させ、再《ふた》び打《うち》かゝるや、直《す》ぐ前《まへ》に飛込《とびこ》んで、右手《みぎて》を以《もつ》て棒《ぼう》を持《も》つた手《て》を捕《とら》へ、睾丸《きんたま》を蹴《け》つて倒《たふ》すのである。

七

敵《てき》に投付《なげつけ》られた時《とき》に、痛《いた》みを感《かん》ぜぬやうにするには、どうすれば好《よ》いか。

我《わ》が身體《からだ》の地《ち》に着《つ》かうとする其時《そのとき》に、手《て》足《あし》を以《もつ》てハタと地面《ぢめん》を打《う》ちて體《たい》の重《おも》みを支《さゝ》へ、手足《てあし》をバネの如《ごと》き作用《はたらき》として、體《たい》を浮《う》かせば、痛《いた》むことはない。

八

武術家《ぶじゆつか》が常《つね》に手拭《てぬぐひ》を携帶《けいたい》するのは、何《なん》の理由《りいう》か。

賊《ぞく》に逢《あ》つた時《とき》、其目《そのめ》を暗《くら》ますのに用《もち》ひ、又途中《またとちう》負傷《ふしやう》した時《とき》は、繃帶《ほうたい》又《また》は血止《ちど》めとなし、下駄《げた》の鼻緒《はなを》の切《き》れた時《とき》は、之《これ》を裂《さ》いて用《もち》ふるのである。又鉢卷《またはちまき》とする時《とき》は、頭《あたま》の傷《きず》から流《なが》れる血潮《ちしほ》が兩眼《りやうがん》に入《い》らぬやうに防《ふせ》ぐことが出來《でき》るのである。

九

力《ちから》の弱《よは》い者《もの》が、強敵《きやうてき》を即座《そくざ》に倒《たふ》すにはどうすれば好《よ》いか。

當身《あてみ》を行《おこな》ふに限《かぎ》る、即《すなは》ち滿身《まんしん》の力《ちから》を込《こ》めて、敵《てき》の睾丸《きんたま》を蹴上《けあ》げて倒《たふ》すか、女《をんな》ならば乳房《ちぶさ》の下《した》を拳《こぶし》で突《つ》いて倒《たふ》すのである。

一〇

銃《じう》を以《もつ》て射《う》たれんとする時《とき》は、どうして之《これ》を防《ふせ》ぐか。

周圍《しうゐ》の地物《ちぶつ》を利用《りよう》して身《み》を躱《かは》すか、又《また》は千鳥形《ちどりがた》に突進《とつしん》して敵《てき》に近《ちか》づいて、適宜《てきぎ》の技《わざ》を施《ほどこ》すのである。

一一

仰向《あふむ》きに臥《ね》て居《ゐ》る時《とき》、敵《てき》が我《わが》腹部《ふくぶ》に跨《また》がつて、面部《めんぶ》を突《つ》かんとする時《とき》は、どうして之《これ》を防《ふせ》ぐか。
敵《てき》の股間《またぐら》から睾丸《きんたま》を蹴上《けあ》げて倒《たふ》し、直《す》ぐ飛起《とびお》きて取押《とりおさ》へるのである。

三

夜行《やかう》するには、明《あか》るい處《ところ》が好《よ》いか、暗《くら》い處《ところ》が好《よ》いか。明《あか》るい處《ところ》から暗《くら》い處《ところ》は見《み》え難《にく》いものであるが、暗《くら》い處《ところ》から明《あか》るい處《ところ》は、好《よ》く見《み》えるものであるから、自分《じぶん》の姿《すがた》を見《み》せぬ用心《ようじん》に、暗《くら》い處《ところ》を歩《ある》くが好《よ》い。だから提灯《てふちん》を持《も》つが如《ごと》きは、敵《てき》の目切《めじるし》になる虞《おそれ》がある。

一三

難船《なんせん》の時《とき》、助《たす》かるには、どうすれば最《もつと》も安全《あんぜん》であるか。

船《ふね》が難破《なんぱ》した時《とき》に、衣服《いふく》を脱捨《ぬぎす》てゝ水中《すちちう》に入《い》る人《ひと》が多《おほ》いが、之《これ》が却《かへ》つて危険《きけん》である。衣服《いふく》を脱《ぬ》がずに、日頃《ひごろ》よりも一倍帯《はいおび》を堅《かた》く締《し》めて、有合《ありあ》に簀板《すいた》三四枚《まい》を手拭《てぬぐひ》か縄《なは》にて縛《くゝ》りて水中《すゐちう》に入《い》る豫備《よび》が出來《でき》たら、船《ふね》の沈《しづ》むのを待《ま》つて、水中《すゐちう》に飛込《とびこ》む。飛込《とびこ》んだら、其板《そのいた》を右脇《みぎわき》に挾《はさ》み、左《ひだり》手《て》を以《もつ》て水《みづ》を搔《か》きながら、目的《もくてき》の方向《はうかう》に泳《をよ》ぐのである。

衣服《いふく》を脱《ぬ》いではならぬと注意《ちうい》したのは、さうすると、波《は》浪《らう》の爲《ため》に身體《からだ》を巖《がん》石《せき》に打《うち》付《つけ》られて負《ふ》傷《しやう》するばかりでなく、裸體《はだか》で長時《ちやうじ》間《かん》激《げき》浪《らう》に打《う》たれて居《ゐ》ると、身《しん》體《たい》が痺《しび》れて自《じ》由《いう》が利《き》かなくなるからである。

又《また》衣《い》服《ふく》を着《き》たまゝ河《か》中《ちう》に落《お》ちた時《とき》には、急《きふ》に上《あが》らうとせずに、只《たゞ》水《みづ》に浮《うか》んで流《なが》れて行《ゆ》く積《つも》りで、暫《しばら》く流《なが》されて居《ゐ》る間《ま》に、着《つ》き易《やす》い場《は》所《しよ》を見《み》定《さだ》めて、それから徐々《そろ〳〵》岸《きし》に上《あが》るやうにするが安《あん》全《ぜん》である。落《お》ちて狼《らう》狽《はい》の餘《あま》り直《す》ぐ上《あが》らうとすれば、却《かへ》つて危《き》險《けん》である。

水中《すゐちう》にて人《ひと》を救《すく》ふ場合《はあひ》には、どうすれば好《よ》いか。

水《みづ》の中《なか》に溺《おぼ》れやうとする者《もの》は、苦《くる》しまぎれに、助《たす》ける人《ひと》の手足《てあし》に取付《とりつ》くから、諸共《もろとも》に溺死《できし》する虞《をそれ》がある。だから、先《ま》づ落《お》ちた人《ひと》の後《うしろ》か横手《よこて》に泳《およ》ぎ着《つ》き、取付《とりつ》かれぬやうに手《て》を伸《のば》して、淺瀬《あさせ》の方向《はうかう》か又《また》は引上《ひきあ》げるに都合《つがふ》好《よ》き方《はう》へグイと突《つ》きやり、泳《およ》ぎ着《つ》いては又《また》グイと突《つき》やり、然《しか》していよ〳〵便利《べんり》な場所《はしよ》まで行《い》つてから、徐々《そろ〳〵》に引揚《ひきあ》げてやる。

若《も》し溺《おぼ》れた人《ひと》に取付《とりつ》かれた場合《はあひ》には、狼狽《らうはい》せずに、直《す》ぐ自分《じぶん》で水中《すゐちう》深《ふか》く沈《しづ》むが好《よ》い。さうすると、大概《たいがい》の者《もの》は驚《おどろ》いて手《て》を放《はな》すものである。

一五

水中《すゐちう》で『コムラガヘリ』をした時《とき》には、どうすれば治《なほ》るか。

『コムラガヘリ』は脛骨《けいこつ》の裏《うら》の筋肉《きんにく》が感覺《かんかく》を失《うしな》つて足《あし》が利《き》かなくなつたのを云《い》ふのであるが、溺死《できし》するのは、主《しゆ》として之《これ》が爲《ため》であるから、水中《すゐちう》に入《い》る以前《いぜん》に、足《あし》の拇指《おやゆび》を上《うへ》に引伸《ひきのは》すやうに數回《すうくわい》行《や》つて之《これ》を防《ふせ》ぐのである。若《も》し既《すで》に『コムラガヘリ』に罹《かゝ》つたら、拇指《おやゆび》を摑《つか》んで膝《ひざ》を伸《の》ばすやうにすれば治《なほ》る。

又男《またをとこ》なら陰莖《いんけい》、女《をんな》なら乳首《ちくび》を掴《つか》んで引伸《ひきのは》すやうにすれば、直《す》ぐ治《なほ》るものである。

一六

絶息《ぜつそく》した者《もの》を蘇生《そせい》さすには、どうすれば好《よ》いか、絶息者《ぜつそくしや》の面部《めんぶ》や胸部《けうぶ》に水《みづ》を吹《ふ》きかけて蘇生《そせい》することもあれど、適宜《てきぎ》の活《くわつ》を施《ほどこ》すも可《よ》い。眩暈《めまい》の如《ごと》きは、水《みづ》を吹《ふき》かけて、知覺神經《ちかくしんけい》を恢復《くわいふく》さするのである。

一七

首《くび》を縊《くゝ》つて死《し》んだ者《もの》や水《みづ》に溺《おぼ》れて死《し》んだ者《もの》の、生死《しやうし》の判斷《はんだん》は、どうすれば好《よ》いか。

鏡《かゞみ》又《また》は洋刀《ないふ》を其口《そのくち》に當《あ》て、幾分《いくぶん》曇《くも》るときは、蘇生《そせい》の見込《みこ》みがある。又葱《またねぎ》の白根《しろね》を鼻《はな》の中《なか》に差入《さしい》れ、血《ち》が附着《ふちやく》すれば、未《ま》だ死《し》に切《き》らぬ證據《しやうこ》であるから、活《くわつ》を施《ほどこ》せば蘇生《そせい》する。

一八

太刀山《たちやま》の如《ごと》き强者《きやうしや》と戰《たゝか》つて、奇勝《きしやう》を博《はく》すには、どうすれば好《よ》いか。

敵《てき》と眞劍勝負《しんけんしやうぶ》を爭《あらそ》ふ場合《はあひ》には、騷《さは》がずして心《こゝろ》を落付《おちつ》け、我《われ》の強《きやう》と敵《てき》の弱《じやく》とを咄嗟《とつさ》の間《ま》に比較《ひかく》して、我《われ》の強《きやう》を以《もつ》て敵《てき》の弱《じやく》を突《つ》くが、護身術《ごしんじゆつ》の秘訣《ひけつ》である。だから、假《か》りに太刀山《たちやま》、西《にし》の海《うみ》の如《ごと》き大力無双《だいりきむさう》の敵《てき》と戰《たゝか》ふとせんか、我《われ》の眼中《がんちう》には、太刀《たち》も西《にし》も無《な》い。只《たゞ》肥満《ひまん》した肉塊《にくくわい》が見《み》えるばかり、ヤッと云《い》つて立向《たちむか》ふ瞬間《しゆんかん》、手《て》を突出《つきだ》して敵《てき》の眼《がん》球《きう》を二本《ほん》の指《ゆび》で抉《えぐ》る、眼球《がんきう》には、太刀《たち》でも西《にし》でも、五人《にん》力《りき》や十人力《にんりき》のある筈《はづ》はないから、敵《てき》の弱《よは》き眼《め》を見《み》て、我《われ》の強《つよ》き腕《うで》を以《もつ》て之《これ》に當《あた》るのである。

此《こ》の理《り》を明《あきらか》にせんが爲《ため》、更《さら》に一例《れい》を擧《あ》げやう。

茲《こゝ》に大兵肥滿《たいひやうひまん》の男《をとこ》と五尺《しやく》に足《た》らぬ小男《こをとこ》と戰《たゝか》つたとする。身體《からだ》の各部分《かくぶぶん》は無論《むろん》大男《おほをとこ》の方《はう》が長《ちやう》じで居《ゐ》るが、小男《こをとこ》に護身術《ごしんじゆつ》の眞理《しんり》が分《わか》つて居《ゐ》たなら、ヤッと云《い》ふが早《はや》いか、足《あし》を上《あ》げて敵《てき》の股倉《またぐら》を蹴《け》る。即《すなは》ち急所《きふしよ》の睾丸《きんたま》を蹴《け》つて敵《てき》を倒《たふ》すことが出來《でき》るのである。自分《じぶん》の足《あし》の長《なが》さと大男《おほをとこ》の手《て》の長《なが》さとを比《くら》べるだけの餘裕《よいう》があつたら、大男《おほをとこ》ちつとも怖《おそ》ろしい所《ところ》はないのである。いかに大男《おほをとこ》の手《て》でも、此方《こつち》の足《あし》の長《なが》さに及《およ》ばないから、勝負《しやうぶ》は瞬間《しゆんかん》に決《けつ》して了《しま》ふ。

武術《ぶじゆつ》では、よく『實《じつ》は虛《きよ》に勝《か》つ』と云《い》ふが、これは我《われ》は豫《あらかじ》め敵《てき》に備《そな》へて居《ゐ》て、敵《てき》の備《そな》へない所《ところ》を打《う》つの意味《いみ》で此方《こつち》には十分《ぶん》氣合《きあひ》をかけて居《ゐ》て、先方《せんぱう》の氣《き》の拔《ぬ》けた所《ところ》を制《せい》するに外《ほか》ならぬ。阿《あ》吽《うん》の呼《こ》吸《きふ》と云《い》ふのも、阿《あ》は息《いま》を吐《はき》出《だ》す形《かたち》、吽《うん》は息《いき》を吸込《すひこ》む形《かたち》であつて、息《いき》を吐出《はきだ》せば、筋《きん》肉《にく》が緩《ゆる》むし、息《いき》を吸込《すひこ》めば、其反對《そのはんたい》に筋肉《きんにく》が締《しま》る。此《こ》の締《しま》つた吽《うん》の形《かたち》を以《もつ》て、緩《ゆる》んだ阿《あ》の隙《すき》を打《う》てば、必《かなら》ず勝《か》てるのである。例《たと》へば敵《てき》に胴締《どうじめ》を掛《か》けられた時《とき》、我《わ》が吽《うん》の形《かたち》を以《もつ》て、下腹《したはら》に力《ちから》を入《い》れゝば、之《これ》を防《ふせ》ぐ事《こと》が出來《でき》るのである。之《これ》と反對《はんたい》に、敵《てき》が息《いき》をつく時《とき》、即《すなは》ち一息《いき》して下《した》腹《ばら》に力《ちから》の無《な》い阿《あ》の形《かたち》の時《とき》に乘《ぢよう》じて、我《われ》は吽《うん》の形《かたち》を以《もつ》て一時《じ》に足《あし》に力《ちから》を入《い》れて、敵《てき》の胴《どう》を締《し》めれば、いかなる强敵《きやうてき》でも、容易《ようい》に締《し》めることが出《で》來《き》るのである。

武術《ぶじゆつ》に達《たつ》した者《もの》は、寢込《ねこみ》に斬付《きりつけ》られても、敵《てき》を取《と》つて抑《おさ》へるが、之《これ》は寢込《ねこみ》に敵《てき》の襲《おそ》つた事《こと》を知《し》つて居《ゐ》て、敵《てき》の近《ちか》づくを窺《うかが》つて居《ゐ》るから出《で》來《き》る技《わざ》であるが、寢込《ねこ》みと信《しん》じ又《また》は油斷《ゆだん》して居《ゐ》ると思《おも》つて斬付《きりつ》けるから、ちよつ身《み》を轉《かは》しても、空《くう》を斬《き》る、仕損《しそん》じたと思《おも》ふ刹那《せつな》が則《すなは》ち虚《きよ》であるから、此所《こゝ》を一撃《げき》して、持《も》つた刄《やいは》を奪取《うはひと》るとか、投付《なげつ》けるのである。

一九

顎骨《がくこつ》が脱《ぬ》けた時《とき》、應急手當《おうきふてあて》はどうすれば好《よ》いか。

顎骨《がくこつ》の脱《ぬ》けた人《ひと》に頬冠《ほゝかむ》りをさせ、其人《そのひと》がハックショーをなす時《とき》は、容易《ようい》に治《なほ》るものである。

二〇

當身《あてみ》の急所《きふしよ》は、男女《なんによ》とも同一《どう》であるか。

男《をとこ》は睾丸《さんたま》、女《をんな》は乳房《ちぶさ》の直《す》ぐ下《した》である。

二一

武《ぶ》術《じゆつ》とは關係《くわんけい》なけれど、麥酒《ビール》を飲《の》んで下痢《げり》することがある、之《これ》を防《ふせ》ぐにはどうすれば好《よ》いか。

日本《にほん》の風《ふう》として、麥酒《ビール》を飲《の》む時《とき》、果實《くわじつ》を以《もつ》て酒《さけ》の下物《さかな》とするが、之《これ》は誤解《ごかい》であつが、西洋《せいやう》では鹽辛《しほから》き物《もの》の小量《せうりやう》を用《もち》ふる風《ふう》がある。例《たと》へば魚卵《ぎよらん》を醃藏《えんざう》したる筋子《すじのこ》又《また》は鹽《しほ》からの類《るゐ》が最《もつと》も妙《みう》であるのに、果物《くだもの》を合《あは》せ食《く》ふから下痢《げり》するのである。

二二

體格力量《たいかくりきりやう》、我《われ》に倍《はい》した強敵《きやうてき》が、後《うしろ》から抱付《だきつ》いて、何等《なんら》の技《わざ》も施《ほどこ》す事《こと》が出來《でき》ない場合《はあひ》、どうして之《これ》を防《ふせ》ぐか。

齒《は》を嚙《か》みしめて、自分《じぶん》の後頭部《こうとうぶ》を以《もつ》て、敵《てき》の面部《めんぶ》をガンと當《あ》てるのである。

二三

我《わ》れが敵《てき》に抑《おさ》へられた時《とき》、彈《は》ね返《か》へさんとしても効《かう》なく敵《てき》は兩足《りやうそく》の踵《かゝと》を我《わ》が背《せ》の下《した》に入《い》れた時《とき》、どうして之《これ》を彈《は》ね返《か》して抑《おさ》へるか。

此《こ》の場合《はあひ》、敵《てき》の注意力《ちういりよく》は手《て》の方《はう》に集《あつま》り、上體《じやうたい》が上前方《かみぜんぱう》に乘出《のりだ》して居《ゐ》るから、急《きふ》に我《わ》が身體《からだ》をすり下《さ》げながら、左《さ》右何《いういづ》れかへ腰《こし》を捻《ひね》つて膝《ひざ》を立《た》てれば、敵《てき》は仰向《あふむけ》に倒《たふ》れるから、此時《このとき》我《われ》は取《と》つて抑《おさ》へるのである。

二四

敵《てき》一人《にん》、右《みぎ》の手《て》を以《もつ》て眞向《まつかう》から打《う》つて掛《か》かる時《とき》、どうして敵《てき》を倒《たふ》すか。

先《ま》づ我《わ》が左《ひだり》の手《て》にて受止《うけと》めて置《お》いて、右足《うそく》を上《あ》げて睾丸《きんたま》を蹴《け》ると同時《どうじ》に、敵《てき》の右《みぎ》の手《て》首《くび》を下《した》より摑《つか》み、直《す》ぐ左足《さそく》を踏開《ふみひら》いて、我《わ》が左《ひだり》の方《はう》へ捻《ね》じ投《な》げるのである。

二五

敵《てき》二人《にん》の中《うち》、一人《にん》は後《うしろ》の方《はう》から我《わ》が腰《こし》を抱締《だきし》め、他《た》の一人《にん》は前方《ぜんほう》から飛付《とびつ》いて、上體《じやうたい》を抱締《だきし》めた時《とき》、どうして之《これ》を倒《たふ》すか。

先《ま》づ前《まへ》の敵《てき》を我《わ》が兩《ふたつ》の拳《こぶし》で兩稻妻《りやういなづま》に當《あ》て、兩肘《りやうひぢ》を張《は》り敵《てき》の兩腕《りやううで》をこぢ上《あ》げ、頭《あたま》と顋《あご》を取《と》つて捻倒《ねぢたふ》して置《お》いて、我《わ》が兩足《りやうあし》を踏耐《ふみこた》え、兩《ふたつ》の拳《こぶし》で後《うしろ》から抱締《だきし》めた兩手《りやうて》の甲《かふ》に當《あ》て、我《わ》が左手《さしゆ》にて敵《てき》の右手《みぎて》の甲《かふ》を上《うへ》より取《と》り、右手《みぎて》にて其手《そのて》を下《した》から手首《てくび》を摑《つか》み添《そ》へて押上《おしあ》げ、腕《うで》を逆《ぎやく》に右《みぎ》の肩《かた》に掛《か》け、背負投《しよいなげ》で投《な》げて置《お》いて、足《あし》を以《もつ》て當身《あてみ》を入《い》れるのである。

二六

敵《てき》三人《にん》の中《うち》、二人《にん》は我《わ》が左右《さいう》に廻《まは》つて、兩手《りやうて》を以《もつ》て我《わ》が左《さ》右《いう》の手《て》を取《と》り、左右《さいう》とも捻上《ねぢあ》げて、背《せ》の脇《わき》に廻《まは》して抑《おさ》へ、他《た》の一人《にん》は前《まへ》の方《はう》から兩手《りやうて》にて我《わ》が胸襟《むなえり》を取《と》つた時《とき》は、どうして敵《てき》を倒《たふ》すか。

先《ま》づ前方《ぜんぱう》に立《た》つた敵《てき》の睪丸《きんたま》を蹴《け》つて倒《たふ》して置《お》いて、左《さ》右《いう》の敵《てき》に對《たい》しては、丹田《たんでん》に力《ちから》を入《い》れて上體《じやうたい》を前《まへ》の方《はう》に屈《かゞ》

背負投

(二五の部參照)

めながら、急《きふ》に我《わ》が左方《さはう》に身《み》を躱《かは》し、左足《さそく》にて左《ひだり》の方《はう》から向《むか》つた敵《てき》の睾丸《きんたま》を當《あ》て、倒《たふ》すが早《はや》いか、咄嗟《とつさ》左足《さそく》を後《うしろ》の方《はう》に引《ひ》きながら後《うしろ》に向《む》き、右《みぎ》から向《むか》つた敵《てき》の左《ひだり》の腕《うで》を我《わ》が左肘《ひだりひぢ》にて押放《おしはな》すや否《いな》や、左《ひだり》の拳《こぶし》で敵《てき》の左胸《さけう》を當《あ》てゝ倒《たふ》すのである。

二七

敵《てき》四人《にん》の中《うち》、一人《にん》は我《わ》が後方《こうはう》に廻《まは》りて、兩腕《りやううで》共《とも》に上體《じやうたい》を抱《だき》締《し》め、他《た》の二人《にん》は、我《わ》が左右《さいう》に廻《まは》つて、兩手《りやうて》にて我《わ》が左右《さいう》の手《て》を取《と》り、又他《またた》の一人《にん》は、前方《ぜんぱう》から兩手《りやうて》を以《もつ》て我《わ》が前帶《まへおび》を取《と》つた時《とき》、どうして敵《てき》を倒《たふ》すか。

先《ま》づ我《わ》が身體《からだ》を固《かた》めて丹田《たんでん》に力《ちから》を入《い》れ、眞先《まつさき》に、前帶《まへおび》を取《と》つた敵《てき》の睾丸《きんたま》を蹴《け》上《あ》げて放《はな》させ、左右《さいう》の敵《てき》は、我《わ》が兩《りやう》腕《うで》を縮《ちゞ》めて敵《てき》の身體《からだ》に接近《せつきん》し、左右《さいう》共《とも》に睾丸《きんたま》を當《あ》てゝ倒《たふ》し、左右《さいう》の足《あし》を踏耐《ふみこら》え、丹田《たんでん》に力《ちから》を集《あつ》めて置《お》いて、兩肘《りやうひぢ》を張《は》つて後方《うしろ》から抱締《だきし》めた敵《てき》の腕《うで》をこぢ上《あ》げながら、右《みぎ》の手《て》を以《もつ》て敵《てき》の右前肩下《みぎまへかたした》を捕《と》り、左手《さしゆ》にて睾丸《きんたま》を逆《ぎやく》に掴《つか》み上《あげ》ると同時《どうじ》に、右手《みぎて》を前《まへ》に引下《ひきさ》げ、背負投《しよいな》げて倒《たふ》すのである。

二八

敵《てき》五人《にん》の中《うち》、二人《にん》の敵《てき》は我《わ》が左右《さいう》に廻《まは》りて、右《みぎ》の敵《てき》は右手《みぎて》を以《もつ》て我《わ》が右《みぎ》の手首《てくび》を取《と》り左手《さしゅ》を我《わ》が右腕《みぎうで》の下《した》、外脇《そとわき》から入《い》れ腕《うで》を伸《のば》しながら、我《わ》が右首脇《みぎくびわき》を摑《つか》み、腕《うで》を張《は》つて攻《せ》め、左方《さはう》の敵《てき》は、左《ひだり》から我《わ》が左手《さしゅ》を取《と》り、右手《めて》を我《わ》が左腕《さわん》の下《した》、外脇《そとわき》から入《い》れて腕《うで》を伸《の》ばし、我《わ》が左首脇《ひだりくびわき》を摑《つか》み、腕《うで》を張《は》つて攻《せ》める。次《つぎ》の一人《にん》は、我《わ》が前《まへ》から右手《めて》にて胸襟《むなえり》を取《と》り、左手《しふ》にて前帯《まへおび》を取《と》つて攻《せ》め、又他《またた》の一人《にん》は、我《わ》が後方《こはう》から腰《こし》を抱締《だきし》め、次《つぎ》の一人《にん》は我《わ》が左後《ひだりうしろ》から、右手《めて》に後襟《うしろえり》を取《と》つた時《とき》に、どうして敵《てき》を倒《たふ》すか。

先《ま》づ丹田《たんでん》に力《ちか》を集《あつ》めて、左右《さいう》の敵《てき》の草靡《さうび》を當《あ》てると同時《どうじ》に、取《と》られた左右《さいう》の拳《こぶし》に力《ちから》を込《こ》めてこき離《はな》し、直《す》ぐ首脇《くびわき》を摑《つか》みたる腕《うで》を左右《さいう》共肘《ともひぢ》にて打落《うちおと》し、左右《さいう》の敵《てき》を拳《こぶし》にて當《あ》てゝ倒《たふ》し、直《す》ぐ胸襟《むなえり》を取《と》つた敵《てき》の手首《てくび》を左手《さしゆ》にて上《うへ》から摑《つか》み、右手《めて》にて帶《おび》の手《て》を摑《つか》み、睪丸《きんたま》を當《あ》てゝ押放《おしはな》し、直《す》ぐ胸襟《むなえり》を取《と》つた手《て》を。下《した》から矢筈《やはず》に摑《つか》み添《そ》へ、左《さだり》の方《はう》に捻倒《ねぢたふ》すと同時《どうじ》に、左足《さそく》を踏開《ふみひら》いて、後襟《うしろえり》を取《と》つた敵《てき》の右肘《みぎひぢ》を左《ひだり》の拳《こぶし》で突倒《つきたふ》し、後《うしろ》から抱締《だきし》めた敵《てき》の兩手《りやうて》の甲《かふ》を我《わ》が兩拳《りやうけん》にて當《あ》て、直《す》ぐ左手《さしゆ》にて敵《てき》の右手《めて》の甲《かう》を上《うへ》から摑《つか》み、右手《めて》にて其手《そのて》の下《した》より兩手首《りやうてくび》を摑《つか》み添《そ》え、押上《おしあ》げながら兩足《りやうあし》を踏耐《ふみこた》え、其腕《そのうで》の下《した》を右《みぎ》の方《はう》に頭《あたま》を潜《くゞ》らせ、敵《てき》の腕《うで》を左《ひだり》の肩《かた》に掛《か》けて前《まへ》の方《はう》に投落《なげおと》し、直《す》ぐ左足《さそく》にて右首《うしゆ》を踏止《ふみと》め、右手《めて》にて敵《てき》の拳《こぶし》の甲《かう》の方《はう》を我《わ》が手《て》の小指《こゆび》を上《うへ》にして摑《つか》み換《か》へ、左手《さしゆ》にて敵《てき》の肘《ひぢ》の處《ところ》を摑《つか》み、腕《うで》を背《せ》の方《はう》に捻廻《ねぢまは》し、右膝《みぎひざ》を掛《か》けて抑《おさ》え、右手《めて》を握《にぎ》り拳《こぶし》にして、再《ふたゝ》び掛《かゝ》り來《く》る敵《てき》に對《たい》して用意《ようい》をするのである。

人《じん》工《こう》呼《こ》吸《きふ》法《はふ》を施《ほどこ》す際《さい》、腹《はら》を押《お》す人は、どうすれば好《よ》いか。

甲《かう》の人《ひと》が絶息者《ぜつそくしや》の兩手《りやうて》を引伸《ひきの》ばした時《とき》は、乙《おつ》の時《ひと》は其《その》腹部《ふくぶ》を靜《しづ》かに押《お》し、更《さら》に甲《かう》が絶息者《ぜつそくしや》の手《て》を屈《くつ》する時《とき》は、乙《おつ》は手《て》を緩《ゆる》め、少《すこ》しも押《お》さずに、只其所《たゞそこ》に手《て》を置《お》くだけであるから、斷《た》えず押《お》して居《ゐ》る譯《わけ》ではない。

三〇

敵《てき》の出足《であし》を掃《はら》はふとする時《とき》、敵《てき》が足《あし》を出《だ》さなかつたら、どうして之《これ》を行《や》るか。

我《わ》が右足《うそく》を敵《てき》の左足《さそく》の外方《そと》に踏込《ふみこ》むと同時《どうじ》に、左手《さしゆ》に

足拂

(三〇の部參照)

て敵《てき》の右袖《みぎそで》を引《ひ》きながら、我《わ》が左足《さそく》にて敵《てき》の右足《うそく》を掃《はら》ふのである。

三一

角力《すまふ》を取《と》つて足首《あしくび》を怪我《けが》して、痛《いた》みの烈《はげ》しき時《とき》は、どうして癒《なほ》すか。

かゝる場合《はあひ》には、打撲傷《だぼくしやう》や脱臼《だつきう》や、挫骨《ざこつ》や、種々《しゆ〴〵》あるから、それ〴〵適法《てきはふ》を用《もち》ひなければならぬけれど、大體《だいたい》の應急策《おうきふさく》としては、患部《くわんぶ》の足首《あしくび》を正《たゞ》しく強《つよ》く引伸《ひきの》ばして骨《ほね》を整《とゝの》へ、百倍《はい》の醋酸鉛《さくさんえん》にて患部《くわんぶ》に冷罨法《れいあんはふ》を施《ほどこ》し、繃帶《ほうたい》をして患部《くわんぶ》を動《うご》かさぬやう靜《しづか》にして置《お》けば、暫時《ざんじ》にして痛《いた》み去《さ》り癒《なほ》るものである。

二二

足先《あしさき》が痺《しび》れた時《とき》、どうすれば早《はや》く治《なほ》るか。

痺《しび》れた方《はう》の足《あし》に力《ちから》を入《い》れて伸《の》ばしながら、手《て》を以《もつ》て其《その》股《もゝ》の外側《そとがは》を強《つよ》く揉《も》めば、直《す》ぐ治《なほ》るものである。

二三

即坐《そくざ》に人《ひと》が動《うご》けぬやうにするには、どうすれば好《よ》いか。

手《て》の肘《ひぢ》の所《ところ》を強《つよ》く握《にぎ》れば、人《ひと》は動《うご》けぬものである。之《これ》は肘關節《ひぢくわんせつ》の周圍《しうゐ》の筋肉中《きんにくちう》、最《もつと》も痛《いた》みを感《かん》ずる部分《ぶぶん》に指先《ゆびさき》を當《あ》てゝ、其指先《そのゆびさき》に力《ちから》を入《い》れて強《つよ》く摑《つか》むと、摑《つか》まれた人《ひと》は、其局部《そのきよくぶ》に疼痛《いたみ》を感《かん》ずるから、全身《ぜんしん》の働《はたら》きを失《うしな》ひ動《うご》けなくなるのである。腦《のう》は一つであるから、一局部《きよくぶ》に烈《はげ》しき苦痛《くつう》を感《かん》ずれば、腦《のう》の全力《ぜんりよく》は其局部《そのきよくぶ》に注《そゝ》がれて、他《た》の部分《ぶぶん》を働《はたら》かす腦《のう》の力《ちから》が一時《じ》中止《ちうし》するからである。

三四

敵《てき》の持《も》つ火箸《ひはし》を曲《ま》げるには、どうすれば好《よ》いか。

手先《てさき》に力《ちから》を込《こ》め、肘《ひぢ》を張《は》つて小指《こゆび》を屈《くつ》し、其小指《そのこゆび》の元《もと》の所《ところ》に火箸《ひはし》を當《あ》てゝ曲《ま》げれば、片手《かたて》の全力《ぜんりよく》にて曲《ま》げ得《う》るだけのものは、必《かなら》ず曲《ま》げ得《う》るものである。

三五

二人《にん》の敵棒《てきぼう》の兩端《りやうたん》を押《お》す時《とき》、平氣《へいき》で耐《こら》へるには、どうすれば好《よ》いか。

棒《はう》の中間《ちうかん》を握《にぎ》つて、少《すこ》し手《て》先《さき》を動《うご》かし、二人《にん》の押《お》す力《ちから》を一致《ち》させるやうにすれば、二人《にん》の力《ちから》は一人分《にんぶん》の働《はたらき》もなくなるから、我《われ》に一人分《にんぶん》の力《ちから》があれば、平氣《へいき》で耐《こら》へる事《こと》が出來《でき》る譯《わけ》である。

三六

五六人《にん》の敵《てき》に攻《せ》められた時《とき》は、どうして之《これ》を防《ふせ》ぐか。

實地《じつち》に當《あた》つては、臨機應變《りんきおうへん》、千變萬化《せんぺんばんくわ》、電光石火《でんくわうせきくわ》の活《くわつ》動《どう》をせねばならぬから、一々說明《せつめい》は出來《でき》ぬが、其《その》一例《れい》を示《しめ》して見《み》やう。

先《ま》づ我《わ》が膽力《たんりよく》を落《さ》ち着《つ》け、如何《いか》なる大敵《たいてき》にも必《かなら》ず勝《か》つぞと云《い》ふ自信《じしん》と、勝《か》たずんば唯《たゞ》死《し》あるのみと云《い》ふ決死《けつし》の覺悟《かくご》とを以《も》つて立向《たちむか》ふのである。敵《てき》いかに多勢《たぜい》なりとも我《わ》が敏活《びんくわつ》に働《はたら》き居《ゐ》る間《あいだ》は、一人《にん》より多《おほ》くは、決《けつ》して同時《どうじ》に掛《か》かれるものではない。だから、我《われ》に最《もつと》も近《ちか》く肉迫《にくはく》して來《く》る敵《てき》は、一人《にん》に限《かぎ》られて居《ゐ》るから、投《な》げるか拳《こぶし》で當《あ》てるか、敏速《びんそく》に一人《にん》を倒《たふ》せば、次《つぎ》〳〵と五六人位《にんぐらゐ》の敵《てき》は立《たち》どころに倒《たふ》す事《こと》も出來《でき》る。此際《このさい》、兎《と》に角敵《かくてき》の機先《きせん》を制《せい》することが肝要《かんえう》であるから、敵《てき》に組付《くみつ》かるゝまで持《ま》つてはならぬ。突如《いきなり》一人《にん》を倒《たふ》すと同時《どうじ》に、大聲《おほごゑ》を發《はつ》して非常《ひじやう》なる威力《ゐりよく》を敵《てき》に示《しめ》す。即《すなは》ち氣合《きあひ》を以《もつ》て敵《てき》の膽《たん》を碎《くだ》くのである。

三七

即坐《そくざ》に腹痛《ふくつう》を留《と》むるには、どうすれば好《よ》いか。

脊柱《せぼね》の第《だい》九節《せつ》と第《だい》十節《せつ》の間《あひだ》の兩脇《りやうわき》を、拇指《おやゆび》の腹《はら》に力《ちから》を入《い》れてグッと押《お》すと治《なほ》るものである。

二八

氣合《きあひ》で强壯《きやうそう》になるのは、どうすれば好《よ》いのか。

近來《ちかごろ》氣合《きあひ》療法《れうはふ》が大《おほい》に流行《りうかう》して居《ゐ》るが、これは患者《くわんじや》に向《むか》つて術《じゆつ》を施《ほどこ》す人《ひと》が、全身《ぜんしん》の力《ちから》を込《こ》めて『エイッ』と大聲《おほごゑ》に叫《さけ》んだゞけで、種々《しゆ〳〵》の病氣《びやうき》を癒《なほ》す方法《はうはふ》である。其《その》『エイッ』と叫《さけ》ぶのを、氣合《きあひ》を掛《か》けると稱《しよう》するのである。

氣《き》合《あひ》療《れう》治《はふ》は、實際大《じつさいおほい》に効果《かうくわ》があつて、醫藥《いやく》で治《なほ》らぬ慢《まん》性病《せいびやう》が、之《これ》に因《よ》つて癒《なほ》るのは珍《めづら》しくない。然《しか》るに氣《き》合《あひ》療《れう》法《はふ》には、格別複雜《かくべつふくざつ》な形式《けいしき》があるのでもなく、又何等《またなんら》の秘《ひ》密《みつ》が潜《ひそ》んで居《ゐ》る譯《わけ》でもない。外觀《ぐわいくわん》から言《い》へば、只施術者《たゞしじゆつしや》が患者《くわんじや》に向《むか》つて『ヱイッ』と大聲喝破《たいせいかつぱ》するだけである。此《こ》の簡單極《かんたんきは》まる掛聲《かけごゑ》が、如何《いか》にして疾病《しつぺい》を治《なほ》し得《う》るかと云《い》ふに、全《まつた》く施術者《しじゆつしや》の精神力《せいしんりよく》に因《よ》るので、施術者《しじゆつしや》が患者《くわんじや》に對《たい》して與《あた》ふる『必《かなら》ず疾病《ひつぺい》は此《こ》の喝破《かつぱ》で全治《ぜんぢ》する』と云ふ強《つよ》い信念《しんねん》が患者《くわんじや》の心《こゝろ》に働《はたら》き、患者《くわんじや》の心《こゝろ》に起《おこ》つた『強力《きやうりよく》』

の念《ねん》が、生理作用《せいりさよう》に變化《へんくわ》を及《およ》ぼし、其結果觀念《そのけつくわくわんねん》の内容通《ないようどほ》りに病氣《びやうき》が癒《なほ》ると云《い》ふ譯《わけ》である。此理《このり》は、氣合療法《きあひれうはふ》が不《ふ》成功《せいこう》の場合《はあひ》を考察《かうさつ》すれば、直《す》ぐ分《わ》かる。此法《このはふ》とても、十が十まで成功《せいこう》すると限《かぎ》つた譯《わけ》ではなく、同《どう》一の術者《じゆつしや》が同《どう》一の患者《くわんじや》に施《ほどこ》しても、効果《かうくわ》の現《あら》はれる場合《はあひ》と然《しか》らざる場《は》合《あひ》とある。施術者《しじゆつしや》の精神力《せいしんりよく》の足《た》りない時《とき》には、同《おな》じやうに大《おほ》きな聲《こゑ》で云《い》つても、全心《ぜんしん》の力《ちから》を込《こ》めた『ユイツ』と掛《か》けた聲《こゑ》とは、精神《せいしん》の籠《こも》り方《かた》が非常《ひじやう》に違《ちが》つて居《ゐ》る。之《これ》はたとひ局外者《きよくぐわいしや》には知《し》れないにしても、患者《くわんじや》の心《こゝろ》には、以《い》心《しん》傳《でん》心《しん》に感《かん》通《つう》するもので、只《たゞ》聲《こゑ》の大《おほ》きいだけでは、耳《みゝ》に大《おほ》きく聞《きこ》えるだけで、心《こゝろ》には大《おほ》きく強《つよ》く感《かん》ぜられない。即《すなは》ち心《こゝろ》の奥《おく》底《そこ》には些《いさゝ》かも動《どう》搖《えう》變《へん》化《くわ》を及《およ》ぼさないのだから、一向《かう》效《かう》能《のう》がない譯《わけ》である。

氣《き》合《あひ》療《れう》法《はふ》は、術《じゆつ》者《しや》の強《つよ》い精《せい》神《しん》力《りよく》の感《かん》化《くわ》であつて、大《たい》聲《せい》喝《かつ》破《ぱ》『ヱイッ』と叫《さけ》ぶのは、只《たゞ》其《その》力《ちから》を發《はつ》表《ぴやう》する形《けい》式《しき》に過《す》ぎないのである。身《しん》體《たい》虚《きよ》弱《じやく》な人《ひと》が、氣《き》合《あひ》を掛《か》けて強《きやう》壯《そう》になるのは、事《じ》實《じつ》である。殊《こと》に多《た》勢《ぜい》の敵《てき》を相《あひ》手《て》に身《み》を護《まも》る場《は》合《あひ》には、腕《わん》力《りよく》ばかりで防《ふせ》ぐ事《こと》は到《たう》底《てい》出《で》來《き》ないから、是《ぜ》

非《ひ》とも此《この》氣《き》合術《あひじゆつ》を利用《りよう》して、勝《かち》を制《せい》せねばならぬ。之《これ》を要《えう》するに、氣《き》合《あひ》は强壯術《きやうそうじゆつ》であると同時《どうじ》に、護《ご》身術《しんじゆつ》である

三九

敵《てき》に目《め》潰《つぶ》しを喰《く》はすには、どうすれば好《よ》いか。

目《め》潰《つぶ》しは敵《てき》の目《め》を眩《くら》ます方法《はうはふ》で、此方《こつち》の手《て》の甲《かう》が指先《ゆびさき》などにて、突如《だしぬけ》に敵《てき》の面部《めんぶ》を打《う》つか、又《また》は面部《めんぶ》に唾《つば》を吐《は》きかけ、或《あるひ》は灰《はい》を投付《なげつ》け、石《いし》を投付《なげつ》けるが如《ごと》きを云《い》ふので、かくして敵《てき》の眼《め》を眩《くら》まして置《お》いて、一瞬間《しゆんかん》の隙《すき》に乘《ぜう》じて、適宜《てきぎ》の技《わざ》を行《おこな》ふのである。

四〇

護身術《ごしんじゆつ》と呪文《じゆもん》とは、どんな關係《くわんけい》があるか。

呪文《じゆもん》と云《い》ふは、俗《ぞく》に唱言《となへごと》と稱《しよう》するものであつて、誠意《せいい》誠心《せいしん》に自分《じぶん》の信《しん》ずる神佛《しんぶつ》を念《ねん》じ、神文《しんもん》、經句《けいく》などを唱《とな》へて、身《み》を護《まも》り危難《きなん》を遁《のが》れる事《こと》である。即《すなは》ち邪念《じやねん》を去《さ》り、心《こゝろ》を一にする方法《はうはふ》であるから、强《あなが》ち呪文《じゆもん》を唱《とな》へずとも、心氣力《しんきりよく》を集注《しふちう》する事《こと》が出來《でき》さへすれば、好《よ》い譯《わけ》である。精神《せいしん》を一に到《いた》らしめた此《こ》の力《ちから》は、實《じつ》に靈妙《れいめう》な働《はたらき》をなすものである。彼《か》の那須與市《なすのよいち》が波間《なみま》に馬《うま》を乘入《のりい》れつゝ、扇《あふぎ》の要《かなめ》を射止《ゐと》めたとか、羽柴秀吉《はしばひでよし》が佐久間《さくま》玄蕃《げんば》の馬《うま》を睨《にら》み倒《たふ》したとか云《い》ふのは、皆是《みなこ》れ精神《せいしん》一到《たう》の偉力《ゐりよく》であつて、柔術《じゆうじゆつ》を熱心《ねつしん》に練磨《れんま》すれば、終《つひ》には此妙域《このめうゐき》に達《たつ》するものである。

四一

婦人《ふじん》が血《ち》を上《あ》げ又《また》は癪《しやく》を起《おこ》し、木《き》から落《お》ちて癲癇《てんかん》を起《おこ》し苦《くる》しむ時《とき》には、どうして應急手當《おうきふてあて》をするか。

俗《ぞく》に婦人《ふじん》の血《ち》を上《あ》げると云《い》ふのは、實《じつ》は血《ち》を下《さ》げたのであつて、腦貧血《のうひんけつ》を起《おこ》した場合《はあひ》が多《おほ》いのである。此場合《このはあひ》には、枕《まくら》を低《ひく》くして仰臥《あふぐわ》せしめ置《お》くが好《よ》い。又《また》實際《じつさい》血《ち》を上《あ》げて、面部《めんぶ》赤《あか》く熱《ねつ》する時《とき》は、枕《まくら》を高《たか》くして頭部《とうぶ》を冷《ひや》し足先《あしさき》を温《あたゝ》むるが好《よ》い。

癪《しやく》は脊柱《せぼね》の第《だい》九節《せつ》第《だい》十節《せつ》の左右《さいう》を拇指《おやゆび》の腹《はら》で強《つよ》く押《お》して居《ゐ》る時《とき》は、落着《おちつ》くものである。

癲癇《てんかん》は一時《じ》痙攣《けいれん》を起《おこ》して知覺《ちかく》を失《うしな》ふが、暫《しばら》くすると自《し》然《ぜん》に活《いき》るものであるから、頭部《とうぶ》を動《うご》かさぬやうに臥《ね》かして置《お》くだけで好《よ》いものである。

咽喉《のど》を締《し》められて絶息《ぜつそく》した者《もの》は、何分經《なんぷんた》つたら蘇生《そせい》するか。

柔術《じつじゆつ》の技《わざ》で締殺《しめころ》した者《もの》なら、普通《ふつう》五分間以内《ふんかんいない》に自《みづか》ら蘇生《そせい》する事《こと》あれど、十分間以上《ぶんかんいじやう》を經過《けいくわ》したものには、活《くわつ》を施《ほどこ》さねば蘇生《そせい》しない。死後《しご》二時間《じかん》を經過《けいくわ》する時《とき》は、活《くわつ》を入《い》れても多《おほ》くは功《こう》を奏《そう》さぬものである。

四三

三寸《ずん》の木葉《このは》隠《がく》れと云《い》つて、敵《てき》の攻撃《こうげき》を避《さ》ける法《はふ》は、どうするのか。

木《こ》の葉《は》隠《がく》れと云《い》ふのは、敵《てき》の眼《め》に留《と》まらぬ早業《はやわざ》を指《さ》して形容《けいよう》した言葉《ことは》であつて、實際木《じつさいこ》の葉《は》に身《み》をかくす譯《わけ》ではないけれど、目潰《めつぶ》しにて敵《てき》の眼《め》を眩《くら》ませば、木《こ》の葉《は》の如《ごと》き微小《びせう》の物體《ぶつたい》にも身《み》を隱《かく》くして、敵《てき》の襲擊《しうげき》を防《ふせ》ぐ事《こと》が出《で》來《き》る意味《いみ》を云《い》つたものである。敏速《びんそく》なる活動《くわつどう》は、護身術《ごしんじゆつ》の活法《くわつはふ》である。

四四

敵《てき》が勢好《いきほひよ》く走《はし》り來《く》るを投倒《なげたふ》すには、どうすれば好《よ》いか。

我《わ》が右《みぎ》の手《て》にて敵《てき》の右襟《みぎえり》の上部《じやうぶ》を取《と》り、仰向《あふむけ》に突倒《つきたふ》すが最《もつと》も便利《べんり》である。總《そう》じて走《はし》り來《きた》る者《もの》には、技《わざ》が掛《か》け易《やす》いものであるが、若《も》しそれでも倒《たふ》れざる時《とき》は、大外苅《おほそとがり》を連《れん》續《ぞく》して掛《か》けるが好《よ》い。

四五

シャクリを早《はや》く治《なほ》すには、どうすれば好《よ》いか。

十分《ぶん》に空氣《くうき》を吸込《すいこ》み、我慢《がまん》の出來《でき》る限《かぎ》り呼吸《こきふ》せずに居《ゐ》れば、直《す》ぐ治《なほ》る。

四六

血留《どめ》の妙藥《めうやく》を製《せい》するには、何《なに》が好《よ》いか。

夏《なつ》の土用中《どようちう》、桐《きり》の葉《は》を蔭干《かげぼし》となし、粉末《ふんまつ》にして傷所《きづしよ》に塗《と》布《ぷ》する。又之《またこれ》を豚《ぶた》の脂《あぶら》と當分《たつぷん》にして用《もち》ひても好《よ》い。

四七

倒《たふ》れる時《とき》の受身法《うけみはふ》はどうするか。

肘《ひぢ》を張《は》り手《て》の平《ひら》にて疊《たゝみ》を打《う》つやうにして倒《たふ》れる時《とき》は、安全《あんぜん》にして痛《いた》みもせぬものである。

四八

敵《てき》に我《わ》が身體《からだ》を抱《いだ》き上《あ》げさせぬには、どうすれば好《よ》いか。

敵《てき》の上體《じやうたい》を我《わ》が體《たい》に密着《みつちやく》せしめぬやうにすれば好《よ》いので、試《こゝろ》みに指先《ゆびさき》で敵《てき》の面部《めんぶ》を押《お》して居《ゐ》て、抱《だ》き上《あ》げさせて見《み》れば、直《す》ぐ分《わか》るので、必《かなら》ず上《あが》るものではない。

四九

敵《てき》が我《わ》が脇下《わきした》に兩手《りやうて》を入《い》れて、強《つよ》く抱付《だきつ》いた時《とき》には、どうして之《これ》を投《な》げるか。

我《わ》が兩手《りやうて》の握《にぎ》り拳《こぶし》にて、敵《てき》の兩脇腹《りやうわきはら》を一寸《ちよつと》押《お》したら、敵《てき》の抱《だ》き手《て》は必《かなら》ず緩《ゆる》むものであるから、其機《そのき》に乘《ぜう》じて投《な》げ技《わざ》を掛《か》ければ、容易《ようい》に勝《かち》を制《せい》することが出來《でき》る。

五〇

敵《てき》の攻撃《こうげき》を避《さ》くるに、九字《じ》を切《き》り、印《ゐん》を結《むす》ぶと云《い》ふは、どうするのか。

餘念《よねん》を去《さ》り、心《こゝろ》を一にする方法《はうはふ》で、呪《じう》と同《おな》じものである。

九字《じ》とは、摩利支天尊《まりしてんそん》の秘授兵法《ひじゆへいはふ》であつて、之《これ》を切《き》る方《はう》法《はふ》は、誠意《せいい》摩利支天《まりしてん》を念《ねん》じ、邪念《じやねん》を驅逐《くちく》し去《さ》つて、左《ひだり》の手《て》を腰《こし》に按《お》き、右《みぎ》の手《て》の人指《ひとさしゆび》と中指《なかゆび》とを伸《の》ばし、他《た》の三指《し》を握《にぎ》りて顏《かほ》の前《まへ》に出《だ》し、「臨兵鬪者皆陣烈在前《りんぴやうたうしやかいぢんれつざいぜん》」の九字《じ》を三度《ど》唱《とな》へ終《をは》りて、右手《みぎて》を其儘《そのまゝ》前方《ぜんぱう》に眞直《まつす》ぐに伸《の》ばすのである。

印《ゐん》を結《むす》ぶ法《はふ》は、兩手《りやうて》を合掌《がつしやう》し、左《さ》の歌《うた》を三度《ど》唱《とな》へるのである。

嵐吹《あらしふ》く外山《とやま》の霞曇《かすみくも》りなく
向《むか》ふ悪魔《あくま》を皆切《みなき》り拂《はら》ふ

五一

護身術《ごしんじゆつ》に必要《ひつえう》な坐禪練膽《ざぜんれんたん》の法《はふ》と云《い》ふのを、簡單《かんたん》にするには、どうすれば好《よ》いか。

坐禪《ざぜん》は正坐《せいざ》或《あるひ》は胡坐《あぐら》をかいて、何事《なにごと》をも思《おも》はず、全《まつた》く無《む》念無想《ねんむさう》の境《さかひ》に入《い》り、下腹《したはら》に力《ちから》を入《い》れるのであつて、昔《むかし》の武術家《ぶじゆつか》の所謂《いはゆる》丹田《たんでん》に力《ちから》を込《こ》めると同《おな》じ事《こと》をするのである

五二

敵《てき》と相對《あひて》した時《とき》、組付《くみつ》かるゝのを待《ま》たずに、我《われ》より先《さき》に手《て》を出《だ》しても、法律上罪《はふりつじやうつみ》とはならぬか。

法律《はふりつ》は正當防衛《せいたうばうゑい》として之《これ》を保護《ほご》するのであつて、何《なん》に依《よ》らず、敵《てき》の機先《きせん》を制《せい》するのが、武術《ぶじゆつ》の本領《ほんりやう》である。

五三

自分《じぶん》より大《おほ》きい人《ひと》を投《な》げるには、どう云《い》ふ技《わざ》が最《もつと》も功《こう》を奏《そう》するか。

總《そう》じて自分《じぶん》より大《おほ》きい人《ひと》を投《な》げるには、捨身技《すてみわざ》が便利《べんり》で

捨身

(五三部の參照)

ある。

五四

敵《てき》が我《わ》が體《たい》の上《うへ》に乗《の》つて抑《おさ》へ込《こ》まうとする時《とき》、どうして之《これ》を倒《たふ》すか。

敵《てき》の左膝裏《ひだりひざうら》に我《わ》が右手《めて》を差入《さしい》れ、敵《てき》の體《たい》を我《わ》が左横《ひだりよこ》に倒《たふ》すのである。

五五

我《わ》れの四つ這《はい》になつた時《とき》、敵《てき》は我《わ》が右肩《うけん》の上《うへ》より我《わ》が左頸《ひだりくび》元《もと》の襟《えり》を取《と》り、左手《さしゆ》にて我《わ》が左脇下《ひだりわきした》より我《わ》が右上襟《みぎうはえり》を取《と》り敵《てき》は仰向《あふむけ》に倒《たふ》れ、兩足《りやうあし》にて我《わ》が後《うしろ》より腹《はら》を挾《はさ》み締《し》めた時《とき》どうして之《これ》を外《は》づすか。

我《わ》が腹《はら》を挾《はさ》みたる敵《てき》の兩足首《りやうあしくび》に、我《わ》が兩足先《りやうあしさき》を乘《の》せて押《お》す時《とき》は、敵《てき》の足《あし》は外《は》づれる。又《また》手《て》の方《はう》は、我《わ》が左襟《ひだりえり》を兩《りやう》手《て》にて摑《つか》み外《は》づす事《こと》が出來《でき》るものである。

五六

敵《てき》が我《われ》を前《まへ》の方《はう》に引付《ひきつ》け、我《われ》の上體《じやうたい》が前《まへ》に屈《かゞ》みたる時《とき》、我《わ》が首《くび》を敵《てき》の右腋下《みぎわきした》に抱締《だきし》め、敵《てき》の左手《さしゆ》を我《わ》が右腋下《みぎわきした》に後方《ごはう》より差入《さしい》れ、我《わ》が首《くび》を抱締《だきし》めたる手先《てさき》を握《にぎ》り、兩足《りやうあし》にて我《わ》が胴《どう》を挾《はさ》み締《し》めた場《は》合《あひ》、容易《ようい》に之《これ》を外《は》づすには、どうすればば好《よ》いか。

此《この》場《は》合《あひ》、我《わ》れの兩手《りやうて》は自由《じいう》であるから、敵《てき》の手首《てくび》左右《さいう》何《いづ》れかを我《わ》が兩手《りやうて》にて内方《うちかた》に曲《ま》げ、敵《てき》の手首《てくび》に苦痛《くつう》を感《かん》ぜしめる時《とき》は、容易《ようい》に外《は》づれるものである。

五七

敵《てき》我《わ》が腹《はら》は上《うへ》に乘《の》りかゝつて、我《われ》を抑《おさ》へんとする時《とき》、直《す》ぐ之《これ》を外《は》づすには、どうすれば好《よ》いか。

我《わ》が左足《さそく》か右足《うそく》の拇指《おやゆび》を敵《てき》の後帶《うしろおび》に引掛《ひつか》けて置《お》いて、力《ちから》一杯《はい》伸《の》ばせば敵《てき》は抑《をさ》へ切《き》れずして外《はづ》れるものである。

五八

四人《にん》の敵《てき》に組伏《くみふ》せられた時《とき》は、どうして逃《の》がれる事《こと》が出來《でき》るか。

降伏《こうふく》の意《い》を示《しめ》して敵《てき》を油斷《ゆだん》せしめ、敵《てき》の氣《き》の緩《ゆる》むに乘《ぜう》じて、敏速《びんそく》に當身《あてみ》の技《わざ》を施《ほどこ》すより外《ほか》には仕方《しかた》がない。

五九

二人《にん》の敵《てき》が我《わ》が喉《のど》に棒《ぼう》を横《よこ》たへ、我《われ》を仰向《あふむ》きに抑付《おさへつ》けた時《とき》どうして之《これ》を脱《のが》れ得《う》るか。

十分《ぶん》空氣《くうき》を吸込《すひこ》み、頸《くび》に力《ちから》を入《い》れ居《を》り、急《きふ》に横向《よこむ》きとなりながら、臀部《しり》の方《はう》から先《さ》きに起上《おきあ》がれば、棒《ぼう》は我《わ》が頭《あたま》の上《うへ》の方《はう》に辷《すべ》り脱《ぬ》けるものである。

六〇

繩《なは》で縛《しば》られたのを拔《ぬ》ける、所謂《いはゆる》繩《なは》拔《ぬ》けの法《はふ》は、どうすれば出《で》來《き》るか。

繩《なは》にかゝる時《とき》に、空氣《くうき》を十分《ぶん》吸込《すひこ》んで置《お》いて、全身《ぜんしん》に力《ちから》を込《こ》めて居《ゐ》れば、繩《なは》が堅《かた》く締《しま》らぬから、幾分體《いくぶんからだ》の自由《じいう》が利《き》く。だから、巧《たく》みに身體《からだ》を動《うご》かせば、繩《なは》を拔《ぬ》け得《う》るのである。

俗《ぞく》に言《い》ふ繩拔《なはぬけ》の法《はふ》は、繩《なは》を結《むす》ぶ時《とき》、解《と》けるやうに逆《ぎやく》に結《むす》ばせるのであるから、一の手品《てじな》に過《す》ぎないもので、實地《じつち》の役《やく》に立《た》たぬものである。

六一

卒倒《そつたう》して死《し》んだ者《もの》を蘇生《そせい》させるには、どうすれば好《よ》いか。

卒倒《そつたう》したばかりの時《とき》ならば、直《す》ぐ頭部《とうぶ》や肩部《けんぶ》に蛭《ひる》を澤山《たくさん》着《つ》けて血《ち》を吸取《すひと》らせ、足先《あしさき》を暖《あた》め、頭部《とうぶ》を冷却《れいきやく》すれば、蘇生《そせい》さす事《こと》が出來《でき》るものである。

六二

敵《てき》が前方《ぜんぱう》に屈《かゞ》みて組《く》みに來《く》る時《とき》、敵《てき》を投《な》げるには、どうすれば好《よ》いか。

此場合《このはあひ》、我《われ》は屈《かゞ》まずに、右《みぎ》の手《て》を以《もつ》て敵《てき》の後帯《うしろおび》を取《と》り、自《みづか》ら仰向《あふむけ》に倒《たふ》れて、敵《てき》を我《わ》が頭《あたま》の上方《じやうはう》に廻轉《くわいてん》させて倒《たふ》すのである。

六三

又《また》、此場合《このはあひ》、敵《てき》の首《くび》を我《わ》が右腋下《みぎわきした》に抱込《だきこ》み、自《みづか》ら仰向《あふむけ》に倒《たふ》れて敵《てき》を投《な》げるのも妙《めう》である。

手足共《てあしとも》に抱《いだ》かれて動《うご》く能《あた》はざる時《とき》、敵《てき》を倒《たふ》すにはどうすれば好《よ》いか。

此場合《このはあひ》、到底《たうてい》普通《ふつう》の手段《しゆだん》で脫《の》がれる事は出來《でき》ない。世《よ》に魔法《まはふ》と云《い》ふものは、實際《じつさい》ないとすれば、我《わ》れ動《うご》く能《あた》はずして敵《てき》を倒《たふ》さんと欲《ほつ》せば、言《げん》を巧《たくみ》にして敵《てき》の心《こゝろ》を動《うご》かし、其虛《そのきよ》に乘《ぜう》じて何等《なんら》かの技《わざ》を施《ほどこ》す外《ほか》はない。

若《も》し此場合《このはあひ》、手足《てあし》を抱《だ》かれただけで、頭《あたま》が動《うご》くならば齒《は》を噛《か》みしめて居《ゐ》て、頭《あたま》を敵《てき》の急所《きうしよ》に打當《うちあ》てるか、氣合《きあひ》の術《じゆつ》を施《ほどこ》す事も出來《でき》るのである。

六四

多勢《たぜい》の者《もの》が石《いし》を投《な》げて、接近《せつきん》し來《きた》らざる場合《はあひ》には、どうすれば好《よ》いか。

物蔭《ものかげ》に隱《かく》れるか、其場《そのは》を避《さ》けるかすれば安全《あんぜん》であるが、敵《てき》を苦《くる》しめんと欲《ほつ》せば、地《ち》を這《は》つて突進《とつしん》し、臨機《りんき》の技《わざ》を行《おこな》ふが好《よ》い。

六五

柱《はしら》に脊《せ》を押付《おしつ》けられ、棒《ぼう》を喉《のど》に當《あ》てゝ押《お》された時《とき》は、どうすれば助《たす》かるか。

空氣《くうき》を十分《ぶん》に吸込《すひこ》み、口《くち》を堅《かた》く塞《ふさ》ぎ、喉頸《のどくび》に力《ちから》を入《い》れる氣持《きもち》にて、呼吸《こきふ》せずに前《まへ》の方《はう》に押《お》すやうにすれば、容易《ようい》に耐《た》へる事が出來《でき》るものであるが、此場合《このばあひ》、棒先《ぼうさき》がなるべく顎《あご》の直下《ちよくか》に當《あ》たるやうに注意《ちうい》せねばならぬ。

六六

石《いし》を拳《こぶし》で割《わ》るには、どうすれば好《よ》いか。

石《いし》を火《ひ》の中《なか》で三十分程《ぶんほど》燒《や》き、水《みづ》を掛《か》けて冷却《れいきやく》し置《お》き、拳《こぶし》にて強《つよ》く打《う》てば、容易《ようい》に割《わ》れるものである。

當身《あてみ》の練習《れんしふ》を永年《ながねん》續《つゞ》ければ、一寸位《すんぐらゐ》の板《いた》は拳《こぶし》にて割《わ》る事《こと》は出來《でき》るものである。

六七

燃《も》える火《ひ》に手《て》を近《ちか》づけた時《とき》、熱《あつ》さを感《かん》ぜぬやうにするには、どうすれば好《よ》いか。

手《て》の平《ひら》に火《ひ》を入《い》れ、平《たひら》にして呼吸《こきふ》せずに上《うへ》より燃《も》える火《ひ》を抑《おさ》へるやうにすれば、手《て》を火中《くわちう》に入《い》るゝも熱《あつ》さを感《かん》じないものである。

六八

肘關節《ひぢくわんせつ》の最《もつと》も痛《いた》みを感《かん》ずる部分《ぶぶん》は、何所《どこ》であるか。

敵《てき》を捺握《おしにぎ》りにしたり、打突《うちつき》にしたりする時《とき》は、小指《こゆび》の方《はう》の突起《とつき》せる骨《ほね》の側《そば》、又逆《またぎやく》に締《し》める時《とき》は、關節《くわんせつ》全部《ぜんぶ》であつて、急所《きうしよ》は指頭《ゆびさき》にて押《お》して見《み》れば能《よ》く分《わ》かるのである。

六九

敵《てき》の身體《からだ》に觸《ふ》れずに、急所《きうしよ》を當《あ》てるにはどうすれば好《よ》いか。

之《これ》を行《や》るには、氣《き》合術《あひじゆつ》を施《ほどこ》すのであつて、下腹《したはら》に力《ちから》を込《こ》めて、氣力《きりよく》を集注《しふちう》一致《ち》させれば、敵《てき》の身體《からだ》に觸《ふ》れずに、敵《てき》を制《せい》する事《こと》が出來《でき》るので、之《これ》を遠當《とほあ》てと稱《しよう》して居《を》る。

七〇

腰《こし》の筋《すぢ》を違《ちが》へた時《とき》には、どう云《い》ふ手當《てあ》てをすれば好《よ》いか。

兩足《りやうあし》を強《つよ》く正《たゞ》しく引伸《ひきの》ばして能《よ》く揉《も》み、摩擦《まさつ》する時《とき》は、容易《ようい》に治《なほ》るものであるが、痛《いた》みが全《まつた》く治《なほ》らぬ時《とき》は、入浴《にふよく》して腰《こし》の運動《うんどう》を十分《ぶん》に行《や》り、膏藥《こうやく》を貼《は》れば可《よ》い。

七一

敵《てき》に對《たい》して身《み》を隱《かく》くす術《じゆつ》とは、どうすれば好《よ》いのであるか。
武術上《ぶじゆつじやう》の隱身術《ゐんしんじゆつ》と俗間《ぞくかん》に所謂《いはゆる》隱身術《ゐんしんじゆつ》とは、其意味《そのいみ》が大《おほい》に違《ちが》つて居《ゐ》る。
武術上《ぶじゆつじやう》の所謂《いはゆる》隱身術《ゐんしんじゆつ》とは、武術熟達《ぶじゆつじゆくたつ》し、心氣力《しんきりよく》一致《ち》の敏《びん》捷《せう》神《しん》速《そく》なる活動《くわつどう》を指《さ》して言《い》つたものである。例《たと》へば、荒《あら》木《ほ》又《また》右《う》衛《ゑ》門《もん》が扇中《せんちう》に身《み》を隱《かく》す忍術《にんじゆつ》を隨處《ずゐしよ》に行《や》つたと傳《つた》へられて居《ゐ》るけれど、又右衛門《またうゑもん》の身體《からだ》が小《ち》さな扇《あふぎ》の中《なか》に消《きえ》失《う》せる意味《いみ》ではなく、又右衛門《またうゑもん》が鐵扇《てつせん》を持《も》つて身構《みがま》へすると、敵《てき》は斬込《きりこ》む隙《すき》を發見《はつけん》する事《こと》が出來《でき》ないと云《い》ふ意味《いみ》である。或《あるい》は敵《てき》の面部《めんぶ》に物《もの》を投付《なげつ》け、唾《つば》を吐《は》き掛《か》けて敵《てき》の眼《め》を一瞬間《しゆんかん》眩《くら》まして、咄嗟《とつさ》の間《ま》に技《わざ》を行《おこな》ふが如《ごと》きを云《い》ふのである。

俗間《ぞくかん》に所謂《いはゆる》隱身術《ゐんしんじゆつ》とは、手品師《てじなし》や、奇術師《きじゆつし》の行《や》る演藝《えんげい》であつて、箱《はこ》の一部《ぶ》に脱出《ぬけで》る仕掛《しかけ》がしてあつて、一人《にん》は箱《はこ》に入《い》り、一人《にん》は觀客《けんぶつ》の視線《しせん》を他《た》の方《はう》に導《みちび》き、其間《そのま》に箱《はこ》の人《ひと》を隱《かく》したり、又《また》は薄暗《うすくら》き座敷《ざしき》の中央《ちうわう》に三尺《じやく》四方位《はうぐらゐ》の鏡《かゞみ》を眞直《まつすぐ》に立《た》てれば、觀客《けんぶつ》には鏡《かゞみ》のある事《こと》は分《わか》らぬから、其鏡《そのかゞみ》の後《うしろ》に入《い》りて隱《かく》れたり、或《あるひ》は空卵《くうらん》の中《なか》に石灰《いしばい》の粉末《ふんまつ》を入《い》れ、其下部《そのかぶ》に少《すこ》しの爆發火藥《はくはつくわやく》を詰《つ》めて懷中《くわいちう》し居《を》り、之《これ》を地《ち》に投《な》げて白煙《はくえん》の中《なか》に身《み》を隱《かく》したりするのを指《さ》して言《い》ふのである。之等《これら》を即座《そくざ》隱身術《ゐんしんじゆつ》とか、妖烟起霧《えうえんきむ》の隱身《ゐんしん》術《じゆつ》などゝ稱《しよう》したのである。

七二

兩手《りやうて》を垂《た》れて歩《ある》いて居《ゐ》る時《とき》、敵《てき》不意《ふい》に後《うしろ》から我《われ》を肘《ひぢ》の上《うへ》から抱《だ》いて、持上《もちあ》げんとする時《とき》は、どうして敵《てき》を投《な》げるか。

我《わ》が後頭部《こうとうぶ》にて敵《てき》の面部《めんぶ》を一寸《ちよつと》打《う》てば、敵《てき》の手《て》は必《かなら》ず一時《じ》緩《ゆる》むものであるから、直《す》ぐに背負《しよひ》投《な》げを掛《か》ければ、敵《てき》を倒《たふ》す事《こと》が出來《でき》る。

又《また》、わざと敵《てき》に抱上《だきあ》げられ、敵《てき》の腰《こし》が伸《の》びて後方《こうはう》に反《そ》つた時《とき》、我《わ》が兩足《りやうあし》を後方《こうはう》に曲《ま》げ、敵《てき》の兩足《りやうあし》の外側《そとがは》から強《つよ》く搦《から》み付《つ》けると同時《どうじ》に我體《わがたい》を後《うしろ》に反《そ》らば、敵《てき》は仰向《あふむけ》に倒《たふ》れるものである。

七三

當身《あてみ》を以《もつ》て向《むか》ひ來《く》る敵《てき》を制《せい》するには、どうすれば好《よ》いか。

左《ひだた》を前《はへ》に斜身《はす》に構《かま》へ、隙《すき》を見《み》て急《きふ》に組付《くみつ》くのであつて、敵《てき》の袖《そで》なり襟《えり》なり取《と》つた以上《いじやう》は、離《はな》れずに適宜《てきぎ》の技《わざ》で倒《たふ》し、直《す》ぐ締《し》めれば、十分《ぶん》に勝《かち》を制《せい》する事《こと》が出《で》來《き》るものである。

七四

寢室《しんしつ》の我《わ》が枕元《まくらもと》に、敵《てき》が白刄《はくじん》を提《さ》げて立《た》つて居《ゐ》る時《とき》は、どうして此敵《このてき》を降伏《かうふく》させる事《こと》が出來《でき》るか。

此場合《このはあひ》、臨機應變《りんきおうへん》に活動《くわつどう》せねばならぬが、例《たと》へば夜具《やぐ》を冠《かぶ》りて敵《てき》の足《あし》を取《と》り、引《ひ》き倒《たふ》して當身《あてみ》を施《ほどこ》すが如《ごと》き、敵《てき》の油斷《ゆだん》に乘《ぜう》ずる機略《きりやく》が必要《ひつえう》である。

七五

氣《き》合術《あひじゆつ》の上達《じやうだつ》したか否《いな》かを試驗《しけん》する方法《はうはふ》は何《なに》か。

友人《いうじん》の胸襟《けうきん》を捕《と》り、或《あるひ》は掛聲《かけごゑ》を發《はつ》して、其顔色《そのかほいろ》を幾分《いくぶん》にても蒼《あほ》からしむるを得《う》れば、多《た》少《せう》氣《き》合《あひ》に上達《じやうたつ》したもので吠《ほ》える犬《いぬ》を睨《にら》み附《つ》け、其《その》吠《ほえ》聲《ごゑ》を止《とゞ》むることが出來《でき》たら、大分《だいぶん》上達《じやうだつ》したものである。

兎《と》に角《かく》、相手《あひて》の精神《せいしん》を喪失《そうしつ》せしむることが十分《ぶん》に出來《でき》れば、氣合《きあひ》の妙域《めうゐき》に達《たつ》したものである。かうなれば、身《み》を護《まも》る利器《りき》ともなるのである。

七六

身長《しんちやう》を增加《ぞうか》するには、どうすれば好《よ》いか。

每夜《まいよ》寢《しん》に就《つ》きて眠《ねむ》るまでの間《あひだ》、每朝《まいあさ》起床前《きしやうまへ》二十分間《ぷんかん》、足《あし》及《およ》び上體《じやうたい》を眞直《まつす》ぐに十分《ぶん》伸《の》ばすことを續《つゞ》けて行《や》ると、身《しん》長《ちやう》は幾分《いくぶん》增加《ぞうか》するものである。

七七

敵《てき》が銃器《ぢうき》を持《も》つて居《ゐ》る時《とき》は、どうして之《これ》を制服《せいふく》するか。

隙《すき》を見《み》て敵《てき》に組付《くみつ》き、銃器《ぢうき》を奪取《うばひと》るが好《よ》い、頼《たの》む力《ちから》の武《ぶ》器《き》を失《うしな》つては、非常《ひじやう》に弱《よわ》くなるものである。

七八

手腕骨《しゆわんこつ》の脱臼《だつきう》を助手《じよしゆ》なしに治《なほ》すには、どうすれば好《よ》いか。

患者《くわんじや》を坐《すわ》らせ、施術者《しじゆつしや》は其前偶《そのぜんぐう》に在《あ》つて、臀部《しり》を疊《たゝみ》に付《つ》け、兩足《りやうあし》の裏《うら》を患者《くわんじや》の腋下《えきした》に當《あ》て、右手《めて》にて其四指《そのしし》(拇指《おやゆび》を除《のぞ》き)を握《にぎ》りて強《つよ》く引伸《ひきの》ばし居《を》り、左手《さしゆ》にて患部《くわんぶ》を揉《も》み擦《さす》り、突起《とつき》せる骨《ほね》があらば、之《これ》を指先《ゆびさき》にて揉《も》み込《こ》み、整《せい》復《ふく》した時《とき》、右手《めて》を徐《しづ》かに緩《ゆる》め、患者《くわんじや》をして手首《てくび》の運動《うんどう》や五指《し》の屈伸《くつしん》をなさしめ、整復《せいふく》を確《たし》かめた後《のち》、塗《ぬ》り薬《ぐすり》を塗《ぬ》つて、副木《そへぎ》をして繃帯《ほうたい》するのである。

若《も》し屈伸自在《くつしんじざい》ならざる指《ゆび》あらば、其指《そのゆび》を正《たゞ》しく引伸《ひきの》ばすことを忘《わす》れてはならぬ、又引伸《またひきの》ばす時《とき》には、必《かなら》ず患者《くわんじや》の掌《てのひら》を下《した》に向《む》けて行《おこな》ふものである。

七九

敵《てき》が両手《りやうて》を我《わ》が脇《わき》下《した》に差入《さしい》れ、後帯《うしろおび》を捕《と》つて投《な》げんとする時《とき》は、どうして之《これ》を防《ふせ》ぐか。

敵《てき》の首《くび》を我《わ》が脇《わき》の下《した》に抱込《だきこ》みて締《し》めるか、又《また》は、我《わ》が後《うしろ》帯《おび》を取《よ》れる敵《てき》の手《て》を抱込《だきこ》んで、敵《てき》の肘關節《ひぢくわんせつ》に痛《いた》みを與《あた》ふるのである。

八〇

敵《てき》右手《みぎて》に抜刀《はつたう》を提《さ》げ、左《さ》手《しゆ》にて我《わ》が胸襟《むなえり》を取《と》つた時《とき》は、どうして敵《てき》を制服《せいふく》するか。

敵《てき》が兇器《けうき》を持《も》つて居《ゐ》る場合《ばあひ》には、投《な》げるのは禁物《きんもつ》である。必《かなら》ず締《し》めるか、拳《こぶし》を使《つか》はねばならぬ。此場合《このばあひ》、兩手《りやうて》にて敵《てき》の左手《ひだりて》首《くび》を握《にぎ》るや否《いな》や、敵《しき》の背後《はいご》に捻《ね》ぢ上《あ》げ、左手《さしゆ》に敵《てき》の手《て》を握《にぎ》つたまゝ、右手《めて》を敵《てき》の右肩《うけん》の上《うへ》から廻《ま》はして敵《てき》の咽喉《のど》を抱《かゝ》へて締《し》めるが好《よ》い。又《また》面部《めんぶ》の急所《きふしよ》或《ある》は睾丸《きんたま》等《とう》に當身《あてみ》を施《ほどし》すも好《よ》い。

八一

敵《てき》に組伏《くみふ》せられた時《とき》に、最《もつと》も用《もち》ゐ易《やす》き急所《きふしよ》は何處《どこ》であるか。

組伏《くみふ》せられる狀態《じやうたい》に依《よ》りて一樣《やう》に言《い》へぬが、我《わ》れ仰向《あふむ》きなら、敵《てき》の面部《めんぶ》、睾丸《きんたま》等《とう》最《もつと》も當《あ》て易《やす》く、若《も》し下向《したむ》きに組《くみ》伏《ふ》せられたら、敵《てき》の足部《そくぶ》の急所《きふしよ》に當《あ》て身《み》を喰《く》はす。

又當《またあ》て身《み》の熟達《じゆくたつ》した人《ひと》なら、頭《あたま》、肘《ひぢ》、膝《ひざ》にて當《あ》て身《み》が巧《うま》く行《ゆ》くから、何處《どこ》の急所《きふしよ》にも當《あ》てられるのである。

八二

護身術《ごしんじゆつ》として傳《つた》へられた中《うち》に、塵投げの傳、蚊帳張りの傳暗夜見の傳と云《い》ふのがあるが、どう云《い》ふ意味《いみ》か。

塵投《ちりな》げの傳《でん》と云《い》ふのは、眼潰《めつぶ》しの事《こと》である。敵《てき》が兇器《けうき》を持《も》つて居《ゐ》る場合《はあひ》には、突然《とつぜん》塵《ちり》、埃《ごみ》などを敵《てき》の面部《めんぶ》に投付《なげつ》けつて、飛込《とびこ》んで技《わざ》を施《ほどこ》すべきであることを敎《をし》へたものである。

蚊帳張《かちやうは》りの傳《でん》と云《い》ふは、夏《なつ》の夜《よ》蚊帳《かちやう》を釣《つ》つて寝《ね》る時《とき》、其《その》裾《すそ》を蒲團《ふとん》の下《した》に挾《はさ》み込《こ》むに、全部《ぜんぶ》を挾込《はさみこ》まずに、其《その》四偶《すみ》だけを挾《はさ》んで置《お》く。若《も》し盗賊《とうぞく》が忍入《しのびい》りて、蚊帳《かちやう》の釣《つ》り手《て》を切落《きりおと》した時《とき》、四偶《すみ》だけ挾《はさ》んであれば、直《す》ぐ脱出《だつしゆつ》して對《たい》抗《こう》する事が出來《でき》るが、全部《ぜんぶ》挾込《はさみこ》んで居《ゐ》ると、容易《ようい》に出《で》られないから、平日《へいじつ》油斷《ゆだん》があつては、如何《いか》なる妙術《めうじゆつ》も、時《とき》に臨《のぞ》んで用《よう》をなさぬと云《い》ふ事《こと》を戒《いまし》めたものである。

暗夜見《あんやみ》の傳《でん》と云《い》ふのは、暗夜《あんや》身《み》を護《まも》るには、物《もの》を見《み》る譯《わけ》には行《ゆ》かぬから、音《おと》と匂《にほひ》とに注意《ちうい》して、不測《ふそく》の禍《わざはひ》を免《まぬ》がれよと云《い》ふのである。

酒《さけ》の猪口《ちよこ》の底《そこ》に穴《あな》をあけ、其穴《そのあな》に朱鷺《さぎ》の羽《はね》の莖《じく》を四寸《すん》の長《なが》さに切《き》りて挿《さ》し、猪口《ちよこ》の内面《ないめん》に金箔《きんぱく》を貼《は》り、内面《ないめん》を眼《め》に當《あ》てゝ、羽莖《はちく》の穴《あな》より見《み》ると、暗夜《あんや》も月夜《つきよ》の如《ごと》しと、古《ふる》き武術傳授書《ぶにゆつでんじゆしよ》に記《しる》してある。之《これ》は暗夜《あんや》の視力練習法《しりよくれんしふはふ》を說《と》いたものであらう。

八三

裸體《らたい》の敵《てき》の首《くび》を締《し》めるには、どうすれば好《よ》いか。

敵《てき》の首《くび》を我《わ》が右腋下《みぎわきした》に抱込《だきこ》み、其右手《そのめて》の握《にぎ》りを左手《さしゆ》にて摑《つか》み、體《たい》を反《そ》らすやうにして敵《てき》の咽喉《のど》を締《し》めるのである。

又《また》敵《てき》が坐《すわ》つた姿勢《しせい》で居《ゐ》る時《とき》、我《わ》れ其《その》後方《こうはう》から右腕《みぎうで》を敵《てき》の右肩《うけん》の上《うへ》より横《よこ》さまに喉咽《のど》に當《あ》て、我《わが》右肩《うけん》で敵《てき》の後頭《こうとう》を押《お》し、左手《さしゅ》にて右手《めて》の先《さき》を握《にぎ》り、敵《てき》の咽喉《のど》を締《し》める事も出來《でき》る。

八四

利腕《きゝうで》を打《う》つには、どうすれば好《よ》いか。

手刀《しゅとう》を以《もつ》て打《う》てば、何所《どこ》を打《う》つても功《こう》を奏《そう》するものである。

八五

利《き》腕《うで》を打《う》たれた時《とき》は、どうして敵《てき》に當《あた》れば好《よ》いか。
片手《かたて》と足《あし》とを働《はたら》かせて、當《あ》て身《み》を行《おこな》ふ外《ほか》はないものである。

八六

柔術《じうじゆつ》と劍術《けんじゆつ》と、同級《どうきふ》の仕合《しあひ》には、何《いづ》れが勝《か》つか。

試合《しあひ》としては、柔術《じうじゆつ》の勝《かち》である。劍術《けんじゆつ》の方《はう》は、面《めん》、籠手《こて》胴《どう》を打《う》たねばならぬから、柔術《じうじゆつ》の方《はり》が斜身《はすみ》に構《かま》へて、敏《びん》速《そく》に飛込《とびこ》んだら容易《ようい》に打《う》たれるものではない。

八七

西洋《せいやう》の拳《けん》闘《たう》掛《じゆつ》に對《たい》する身構《みがま》へ及《およ》び敵《てき》に技《わざ》を施《ほどこ》すには、どうすれば好《よ》いか。

拳闘家《けんたうか》に對《たい》するには、斜身《はすみ》に構《かま》へて勢猛《いきほひするど》く敵《てき》に組付《くみつ》き、足技《あしわざ》を以《もつ》て投《な》げ倒《たふ》すが最《もつと》も利益《りえき》である。眞劍勝負《しんけんしやうぶ》なら、締《し》めるか當《あ》て身《み》を施《ほどこ》すべきである。何《いづ》れにしても、組付《くみつ》くや否《いな》や、技《わざ》を掛《か》けねばならぬ。而《しか》して技《わざ》を掛《か》ける機會《きくわい》は、立合《たちあ》ひたる時《とき》か、敵《てき》が突《つ》き來《く》る時《とき》であつて、敵《てき》の機《き》先《せん》を制《せい》するが肝要《かんえう》である。

八八

途《と》中《ちう》暴《あば》れ馬《うま》に逢《あ》つて、逃《に》げる道《みち》が無《な》い時《とき》は、どうすれば好いか。

いかに暴《あば》れる馬《うま》でも、其《その》面《めん》部《ぶ》に馬《ば》糞《ふん》を投《なげ》付《つ》けると、忽《たちま》ち止《と》まるものである。是《こ》れ馬《うま》は同《どう》類《るゐ》の糞《くそ》を頻《しき》りに嗅《か》ぎ廻《ま》はるものであるからである。

八九

男《をとこ》の兒《こ》の水《すゐ》中《ちう》に溺《おぼ》れたのを、五分《ふん》間《かん》經《けい》過《くわ》してから救《すく》上《ひあ》げて、見《み》ると、顏《かほ》は赤《あか》味《み》を帯《お》び、爪《つめ》の色《いろ》變《かは》らず、尻《しり》の穴《あな》も開《ひら》かず、時々《ときぐ》鼻《はな》より泡《あわ》を吹《ふ》き居《ゐ》る者《もの》には、どうすれば、蘇生《そせい》せしめ得《う》るか。

此場合《このはあひ》、吐水法《とすゐはふ》を施《ほどこ》せば必《かなら》ず蘇生《そせい》する。患者《くわんじや》を仰向《あふむけ》に臥《ね》かし、其腰《そのこし》の邊《へん》に坐蒲團《ざぶとん》の如《ごと》きものを入《い》れて腹部《ふくぶ》を高《たか》くし、顔《かほ》を右《みぎ》に向《む》かしめ、掌《てのひら》を以《もつ》て腹《はら》を押《お》し揉《も》めば可《よ》いのである。

九〇

敵《てき》が洋服《やうふく》を着《ちやく》し、拳闘術《けんたうじゆつ》を以《もつ》て向《むか》ひ來《く》る時《とき》は、どうすれば好《よ》いか。

拳鬪《けんたう》は主《しゆ》として上體《じやうたい》のみを突《つ》き來《く》るものであるから、投《な》げる技《わざ》を掛《か》けるなら、出足《であし》を掃《はら》ふか、締《し》めるなら、腕挫《うでくぢ》き、足挫《あしくぢ》きを用《もち》ひ、其他《そのた》當《あ》て身《み》も惡《わる》くはない。

洋服《やうふく》は袖襟《そでえり》を取《と》るに不便《ふべん》のやうに思《おも》はれるが、慣《な》れると和服《わふく》よりも便利《べんり》である。袖《そで》は必《かなら》ず外側《そとがは》を摑《つか》むべきである。

九一

女《をんな》に施《ほどこ》す活《くわつ》はどうすれば好《よ》いか。

女《をんな》の癪《しやく》を起《おこ》した時《とき》、脊柱《せぼね》の第《だい》九節《せつ》、第《だい》十節《せつ》の左右《さいう》を拇指《おやゆび》にて押《お》すのを癪活《しやくわつ》と稱《しよう》して居《ゐ》るが、之《これ》は女《をんな》ばかりでなく男《をとこ》にも應用《おうよう》の出來《でき》るものである。

九二

敵《てき》に咽喉《のど》を締《し》められた時《とき》の心得《こゝろえ》はどうするか。

空氣《くうき》を吸込《すひこ》み呼吸《こきふ》せずに臼齒《おくは》を噛《かみ》しめて居《ゐ》れば、咽喉《のど》の抵抗力《ていこうりよく》は益々《ますます》強《つよ》くなるものである。

九三

敵《てき》が強大《きやうだい》にして、投《な》げ技《わざ》は掛《か》からぬ時《とき》はどうすれば好《よ》いか。

此場合《このはあひ》、當《あ》て身《み》か締《し》める外《ほか》はないものである。

九四

敵《てき》と行違《ゆきちが》ふ時《とき》、敵《てき》が右手《めて》にて當《あ》て身《み》に來《く》る時《とき》、之《これ》を投《な》げるには、どうすれば好《よ》いか。

敵《てき》の手《て》を拂《はら》つて身《み》を轉《かは》しながら臨機《りんき》の技《わざ》を掛《か》ければ好《よ》い。此場合《このはあひ》何《なに》が最《もつと》も有効《いうかう》かと云《い》ふ事《こと》は、俄《にはか》に言《い》ふ事《こと》は出《で》來《き》ないが、腰《こし》を低《ひく》くして、敵《てき》の下腹《したはら》へ付《つけ》ると同時《どうじ》に、腰《こし》を上《あ》げて横《よこ》に抱《かゝ》へるやうに腰技《こしわざ》を試《こゝろ》みるも好《よ》い。

九五

脇腹《わきはら》を力《ちから》一杯《はいう》打たせても、苦痛《くつう》を感《かん》ぜぬやうになるには、どうすれば好《よ》いか。

腰投

(九四の部參照)

肋骨部《ろくこつぶ》を多年《たねん》打《う》ち慣《な》らし其抵抗力《そのていこうりよく》を強《つよ》くすれば、平氣《へいき》で居《ゐ》られるものであるが、其法《そのはふ》は空氣《くうき》を十分《ぶん》に吸込《すひこ》み、胸部《けうぶ》に力《ちから》を入れるのである。

九六

一生涯《しやうがい》劍難《けんなん》を免《まぬか》れる法《はふ》があると云《い》ふが、どうすれば好《よ》いのか。

腹《はら》の赤《あか》い錢龜《ぜにがめ》を捕《とら》へて、常《つね》に携《たづさ》へ居《ゐ》れば、刀劍《たうけん》に傷《きず》つけられる心配《しんぱい》はないなどと云《い》ふ俗説《ぞくせつ》もあるが、そんな事《こと》より、寧《むし》ろ清正公《せいしやうこう》の守護札《まもりふだ》でも持《も》つて居《ゐ》た方《はう》が、信心《しんじん》の力《ちから》は非常《ひじやう》に勇氣《いうき》を養《やしな》ふものであるから、利益《りえき》であらう。

九七

敵打《てきう》ちかゝる時《とき》、身動《うご》きの出來《でき》ぬやうにするには、どうすれば好《よ》いか。

逆手《ぎやくで》にピタリと抑《おさ》へたら、動《うご》けるものではない。

九八

簡易《かんい》に絶息者《ぜつそくしや》を蘇生《せい》さるには、どうすれば好《よ》いか。

右《みぎ》の手《て》拇指《おやゆび》にて、下昆《かこん》の急所《きふしよ》を押《お》し、左手《さしゆ》にて胃《ゐ》の部《ぶ》を揉《も》むやうに、七八回《くわい》押上《おしあ》げれば、死後《しご》三十分《ぶん》以内《ない》なら、功《こう》を奏《そう》する事《こと》がある。是《こ》れ簡易《かんい》人工《じんこう》呼吸法《こきふはふ》である。

九九

柔術練習《じうじゆつれんしふ》の時《とき》、首《くび》を突《つ》き込《こ》んだら、どう云《い》ふ手當《てあて》をすれば好《よ》いか。

首《くび》を突込《つきこ》んだ時《とき》は、初《はじ》め十秒時間《べうじかん》程《ほど》顋《あご》を胸《むね》に着《つ》けて居《ゐ》て然《しか》る後苦痛《のちくつう》を耐《こら》へ右肩《うけん》の上《うへ》より脊中《せなか》を見《み》るやうにし、又《また》左肩《さけん》より脊中《せなか》を見《み》るやうにする事《こと》を、數回繰返《すうくわいくりかへ》して居《ゐ》ると、直《す》ぐ治《なほ》るものである。回復《くわいふく》したら、痛《いた》みを去《さ》るべく冷水《れいすゐ》にて首筋《くびすぢ》を冷《ひ》やすが好《よ》い。

若《も》し又《また》首《くび》を突込《つきこ》んだ人《ひと》を手當《てあ》てしてやる場合《はあひ》には、患者《くわんじや》を仰臥《あふぐわ》せしめ、我《わ》が兩足《りやうあし》を其人《そのひと》の兩肩《りやうかた》に當《あ》て、兩手《りやうて》にて其首《そのくび》を引《ひ》き拔《ね》くやうにしつゝ、數回左右《すうくわいさいう》に廻《ま》はし、さて患者《くわんじや》を坐《すわ》らせて、首《くび》を前《まへ》に屈《かゞ》ましめ、首《くび》の附《つ》け根《ね》を揉《も》む時《とき》は、直《ぢ》きに治《なほ》るものである。

一〇〇

前後《ぜんご》から强敵《きやうてき》に翼締《はがひじめ》にされた時《とき》は、どうして敵《てき》を倒《たふ》すか。頭《あだま》を以《もつ》て前後《ぜんご》の敵《てき》に當《あ》て身《み》を施《ほどこ》せば、二人共同時《にんともどうじ》に倒《たふ》れる。若《も》し倒《たふ》れなかつたら、臨機應變《りんきおうへん》の投《な》げ技《わざ》を施《ほどこ》せば、敵《てき》は既《すで》に當《あ》て身《み》を喰《く》つて、勇氣《ゆうき》を挫《くぢ》かれて居《ゐ》るから、容易《ようい》に投《な》げる事《こと》が出來《でき》る。

一〇一

自分《じぶん》獨《ひと》りで、即座《そくざ》に鼻血《はなぢ》を止《と》める法《はふ》は、どうすれば好《よ》いか。出來《でき》る限《かぎ》り上《うへ》を向《む》き、體《たい》を反《そ》らす位《くらゐ》にして、口《くち》を開閉《かいへい》し下顎《したあご》を烈《はげ》しく動《うご》かすと、直《ち》きに止《と》まるものである。

一〇二

武術《ぶじゅつ》の心得《こゝろえ》ある者《もの》は、手《て》の遊《あそ》び居《ゐ》る限《かぎ》り、どうして居《ゐ》れば安全《あんぜん》であるか。

拇指《おやゆび》を中《なか》に入《い》れて、他《た》の四指《し》を外《そと》にして握《にぎ》つて居《ゐ》るが安《あ》全《ぜん》である。何故《なにゆゑ》となれば、敵《てき》に拇指《おやゆび》を握《にぎ》られたら、他《た》の四指《し》は用《よう》をなさぬものである事《こと》を忘《わす》れてはならぬ。

一〇三

創傷《きりきづ》、火傷《やけど》、凍傷《しもやけ》、毒傷等《どくしやうとう》に對《たい》する手當《てあて》は、どうすれば好《よ》いか。

創傷《きりきづ》には、第《だい》一血《ち》を止《と》める事《こと》、疵口《ぎづぐち》を清潔《せいけつ》にする事《こと》、之《これ》に用《もち》ふる薬《くすり》は、硼散軟膏《ほうさんなんこう》、絆創膏《はんそうこう》、秘傳薬《ひでんやく》として傳《つた》へられたのは、桐《きり》の葉《は》の蔭干《かげぼし》である。

火傷《やけど》には、患部《くわんぶ》に物《もの》を觸《ふ》れぬやう注意《ちうい》し、直《す》ぐに胡麻油《ごまのあぶら》を塗《ぬ》るが可《よ》い。

凍傷《しもやけ》には、輕《かる》ければ、章魚《たこ》を煮《に》た湯《ゆ》に鹽《しほ》を適宜《てきぎ》に加《くわ》へて患部《くわんぶ》を洗《あら》ふ。藥《くすり》はアルコール四にグリスリン二の割合《わりあひ》に混合《こんがふ》したものを塗《ぬ》るが宜《よろ》しい。大凍傷《だいとうしやう》にて死《し》に至《いた》りたる者《もの》は、雪叉《ゆきまた》は冷水《れいすゐ》を手拭《てぬぐい》に浸《した》して凍部《とうぶ》を摩擦《まさつ》し、體《たい》に微《び》温《おん》の生《しやう》ずるを待《ま》つて徐々《そろ〳〵》に温《あたゝ》め、葡萄酒《ぶどうしゆ》の類《るゐ》を少量《せうりやう》づゝ數回《すうくわい》に飲《の》ませる。

毒傷《どくしやう》には、直《す》ぐに疵口《きづぐち》の上下《じやうげ》を縛《しば》り、疵口《きづぐち》から血《ち》を紋《しぼ》り出《だ》すか、吸《す》ひ取《と》るかするが宜《よろ》しい。秘《ひ》傳《でん》秘《ひ》藥《やく》はない。

一〇四

敵《てき》が後《ご》方《はう》から不《ふ》意《い》に來《き》て、我《われ》の兩手《りやうて》を後《うしろ》から取《と》つた時《とき》は、どうして之《これ》を放《はな》すか。

手《て》を固《かた》く握《にぎ》り拳《こぶし》となし、直《す》ぐ急《きふ》に肘《ひぢ》を屈《くつ》しながら後《うしろ》を向《む》けば、容易《ようい》に放《はな》れるものである。

一〇五

水中《すゐちう》に長時《ちやうじ》間《かん》居《ゐ》るには、どうすれば好《よ》いか。

空氣《くうき》を十分《ぶん》に吸込《すひこ》んで水中《すゐちう》に入《い》り、空氣《くうき》を少《すこ》し吐《は》いて水《みづ》を飲《の》み、水中《すゐちう》に呼吸《こきふ》するのであるが、之《これ》は十分《ぶん》に水練《すゐれん》が達《たつ》してからでなければ出來《でき》ぬ技《わざ》で、衛生上《ゑいせいじやう》大《おほい》に害《がい》があるから好《この》んですべき事《こと》ではない。かゝる水練者《すゐれんしや》は何《いづ》れも短命《めい》である。

一〇六

敵《てき》のかけた手《て》を解《と》くには、どうすれば早《はや》く出來《でき》るか。

我《わ》が指《ゆび》を敵《てき》の拇指《おやゆび》にかけて、敵《てき》の手《て》を外方《そと》に捻《ひね》るやうにすれば、直《す》ぐ解《と》けるものである。

一〇七

鎗《やり》や棒《ぼう》を持《も》つて向《むか》ふ敵《てき》に對《たい》する身構《みがま》へはどうすれば好《よ》いか。

總《すべ》て兇器《けうき》を持《も》つた敵《てき》に對《たい》するには、左斜身《ひだりはすみ》に構《かま》へて、臨機應變《りんきおうへん》、千變萬化《ぺんはんくわ》に活動《くわつどう》すべきものである。

一〇八

敵《てき》を即座《そくざ》に倒《たふ》す急所《きふしよ》の中《なか》に、外黒節《そとくろぶし》を加《くは》へて居《ゐ》る人があるが、果《はた》して効果《かうくわ》があるか。

昔《むかし》は外黒節《そとくろぶし》の直《す》ぐ下《した》を急所《きふしよ》としてあつたが、實驗《じつけん》の結果《けつくわ》功力《こうりよく》が確實《かくじつ》でない爲《ため》に、今日《こんにち》では急所《きふしよ》の一つに數《かぞ》へて居《ゐ》ないのである。

一〇九

武術《ぶじゆつ》に引目《ひきめ》に虚實《きよじつ》と云《い》ふ事《こと》があるが、どう云《い》ふ心得《こゝろえ》になるか。

引目《ひきめ》の虚實《きよじつ》と云《い》ふ事《こと》は、總《す》べての武術《ぶじゆつ》の極意《ごくい》であつて、大《おほい》に必要《ひつえう》な教訓《けうくん》を含《ふく》んで居《ゐ》る。引目《ひきめ》とは引《ひ》き際《ぎは》の事《こと》で、攻撃《こうげき》を終《をは》つた瞬間《しゆんかん》を指《さ》したものである。例《たと》へば面《めん》を打《う》つて其刀《そのかたな》を引《ひ》く途端《とたん》、或《あるひ》は定掃《あしはら》ひを掛《か》けて、其足《そのあし》を地《ち》に着《つ》けんとする瞬間《しゆんかん》であつて、此《この》一刹那《せつな》は一寸《ちよつと》油斷《ゆだん》するものであるから、敵《てき》に其隙《そのすき》に乘《ぜう》じられたら、我《われ》は必《かなら》ず敗《はい》を取《と》る。だから此《この》引《ひ》き際《ぎは》は最《もつと》も大事《だいじ》であつて、隙《すき》の生《しやう》ぜぬやう注意《ちうい》して居《ゐ》ねばならぬと云《い》ふ事《こと》である。

虚實《きよじつ》とは、虚《きよ》に乘《ぜう》じ實《じつ》を避《さ》けよと云《い》ふ事《こと》であつて、虚《きよ》とは用心《ようじん》せずして隙《すき》のあるを云《い》ひ、實《じつ》とは、用心《ようじん》して隙《すき》の無《な》いのを云《い》ふので、我《われ》の實《じつ》を以《もつ》て敵《てき》の虚《きよ》を撃《う》つ時《とき》は、恰《あたか》も石《いし》を卵《たまご》に投《と》ずるが如《ごと》く打潰《うちつぶ》し得《う》るに極《き》まつて居《ゐ》る。

武術《ぶじゆつ》は總《すべ》て我《わ》が油斷《ゆだん》なき心《こゝろ》を以《もつ》て、敵《てき》の油斷《ゆだん》を撃《う》つと云《い》ふ所《ところ》に、勝利《しやうり》が伴《ともな》ふのであるから、此《この》虚實《きよじつ》妙用《めうよう》の心得《こゝろえ》がなくてはならぬのであるが、敵《てき》の引目《ひきめ》の隙《すき》に乘《ぜう》じて、勝《かち》を制《せい》すれば安全《あんぜん》である。

一一〇

竹折《たけを》りの術《じゆつ》と云《い》ふは、どう云《い》ふものか。

昔《むかし》から武術《ぶじゆつ》極意《ごくい》などと唱《とな》へて居《ゐ》る竹折《たけを》りの術《じゆつ》と云《い》ふは、三尺位《じやくぐらゐ》の青竹《あをだけ》を地上《ちじやう》二尺《しやく》五六寸位《すんぐらゐ》の高《たか》さに横《よこ》に水平《すゐへい》となし、其両端《そのりやうたん》を支《さゝ》へる薄《うす》き紙《かみ》又《また》はコップに水《みづ》を盛《も》りたるものなどを用《もち》ゐ、木刀《ぼくたう》を頭上《づじやう》に振《ふり》かざし、極力《きよくりよく》地を打《う》つ心《こゝろ》にて、其竹《そのたけ》の中程《なかほど》を打《う》つ時《とき》は、両端《りやうたん》を支《さゝ》へたる紙《かみ》も破《やぶ》れず、コップの水《みづ》も溢《こぼ》れずに、竹《たけ》は中程《なかほど》より折《を》れるのである。之《これ》は一寸《ちよつと》不思議《ふしぎ》なやうであるが、竹《たけ》の中央《ちうわう》を打《うつ》のだから、其兩端《そのりやうたん》は跳《は》ね上《あが》つて、紙《かみ》にもコップにも響《ひゞ》かずに落《お》つる譯《わけ》である。

此術《このじゆつ》を行《おこな》ふ時《とき》に、熱心《ねつしん》を籠《こ》めて『利劍《りけん》三王《わう》』とか『八幡《まん》大軍人《だいぐんじん》』とか、『兩《な》無《む》あぶらんけんそわか』などゝ唱へるのは、餘念《よねん》を去《さ》つて了《しま》つて、一心《しん》に力《ちから》を竹刀《ちくたう》に籠《こ》める方《はう》便《べん》である。

一二

非常《ひじやう》に汗《あせ》かきで、敵《てき》と戰《たゝか》ふ場《は》合《あひ》不利益《ふりえき》の點《てん》多《おほ》きには、どうすれば治《なほ》るか。

汗《あせ》の出《で》る事《こと》を防《ふせ》ぐには、毎朝《まいあさ》古《ふる》き梅干《うめぼし》を二三個《こ》食《しよく》し、一日《にち》二三回食鹽水《くわいしよくえんすゐ》を飲《の》み居《を》れば、發汗《はつかん》は漸次《ぜんじ》に減《げん》ずるものである。鹽水《しほみづ》一回《くわい》の量《りやう》は、茶飲茶碗《ちやのみちやわん》に一杯《ぱい》で宜《よろ》しい。

一一二

自分《じぶん》より身長《みのたけ》低《ひく》き者《もの》に背負投《しよひな》げを掛《か》けるは困難《こんなん》なものであるが、どうすれば好いか。

背負投《しよひな》げを掛《か》けるに、敵《てき》が我《わ》れより身長《みのたけ》低《ひく》き時《とき》は、殆《ほとん》ど膝《ひざ》が地《ち》に付《つ》く位腰《くらゐこし》を下《さ》げねばならぬものであるが、肩《かた》に脊負《しよ》はずに、横腹《よこはら》に乘《の》せるやうにして投《な》げれば、いかに低《ひく》い者《もの》にでも十分《ぶん》に掛《か》かるのである。

一一三

小《こ》指《ゆび》にて鐵《てつ》棒《ぼう》を曲《ま》げるには、どうすれば出來《でき》るか。

鐵《てつ》棒《ぼう》を小《こ》指《ゆび》と藥指《くすりゆび》との間《あひだ》の掌《てのひら》にて支《さゝ》へ、片手《かたて》にて強《つよ》く敏《びん》速《そく》に押曲《おしま》げるのである。かくする時《とき》は、一見《けん》小《こ》指《ゆび》で曲《ま》げた樣《やう》であるが、其《その》實《じつ》兩手《りやうて》の全力《ぜんりふく》で曲《ま》げるのであるから、何《なん》でも兩手《りやうて》の全力《ぜんりよく》で曲《ま》げ得《う》るだけは曲《ま》げ得《う》る譯《わけ》である。

一一四

一人《ひとり》で人工呼吸法《じんこうこきふはふ》を施《ほどこ》すには、どうすれば好いか。

絶息者《ぜつそくしや》を正《たゞ》しく抑臥《あふぐわ》せしめ、施術者《しじゆつしや》は其頭《そのあたま》の方《はう》に在《あ》つて前《まへ》に説明《せつめい》した如《ごと》く、患者《くわんじや》の兩手《りやうて》を持《も》つて、一分間《おんかん》二十回《くわい》の割合《わりあひ》に屈伸《くつしん》するのである。

一一五

居合《ゐあひ》拔《ぬ》きは、どうして行《おこな》ふのか。

居合術《ゐあひじゆつ》の要點《えうてん》は、腰《こし》の捻《ひね》りと手《て》の働《はたら》きと一致《ち》せしむるにあるので、彼《か》の野師《やし》が手《て》を結《むす》びて長《なが》き刀《かたな》を拔《ぬ》くのは、刀《たう》身《しん》が柄《つか》の方《はう》に出入《しゆつにふ》するやうに拵《こしら》へてあるのである。

一六

直《す》ぐに起《お》き上《あが》り得《う》る寝方《ねかた》は、どうすれば好《よ》いか、

片足《かたあし》を屈《くつ》して寝《ね》れば、容易《ようい》に敏速《びんそく》に起《お》きる事《こと》が出來《でき》るものである。

一七

脊負腰《しよひごし》にて、敵《てき》に擔《かつ》がれんとするのを防《ふせ》ぐには、どうすれば好《よ》いか。

擔《かつ》がれて了《しま》つては防《ふせ》ぎ様《やう》もないが、擔《かつ》がれんとする瞬間《しゆんかん》に、我足《わがあし》を敵《てき》の股《もゝ》の邊《へん》に後《うしろ》から搦《から》めば防《ふせ》げるものである。

一一八

仰向《あふむ》きに倒《たふ》れて、敵《てき》を投《な》げんとして、投《な》げ損《そん》じた時《とき》、敵《てき》の我《わ》が腹《はら》の上《うへ》に乗《の》るのを防《ふせ》ぐには、どうすれば可《よ》いか。

總《すべ》ての技《わざ》は、掛《か》け損《そん》じた場合《はあひ》には、敏速《びんそく》に平體《へいたい》に復《ふく》するが、最《もつと》も安全《あんぜん》であるが、此場合《このはあひ》には、敵《てき》に腹《はら》の上《うへ》に乗《の》らるゝ虚《きよ》があるから、急速《きふそく》に足《あし》を縮《ちゞ》めて我《わ》が腹《はら》の上《うへ》に置《お》き敵《てき》を乘《の》せぬやうにし、胴《どう》を締《し》めるか、足《あし》を搦《から》めて敵《てき》を攻《せ》めるのである。

一一九

闇夜《やみよ》、敵《てき》が四面《めん》から、槍或《やりあるひ》は棒《ぼう》を以《もつ》て我《われ》を撃《う》たんとする時《とき》は、どうして之《これ》を防《ふせ》ぐか。

此場合《このはあひ》、心《こゝろ》を平靜《へいせい》にして邪念《じやねん》を去《さ》り、日頃己《ひごろおのれ》の信仰《しんかう》する神佛《しんぶつ》を念《ねん》ずれば、我身《わがみ》に危險《きけん》はないものである。普通《ふつう》の武術《ぶじゆつ》を以《もつ》て之《これ》を防《ふせ》ぐ法《はふ》とては無《な》い。總《す》べて武術《ぶじゆつ》を行《おこな》ふ場合《はあひ》には、平常誠意《へいじやうせいい》敬神《けいしん》が大事《だいじ》である。

一二〇

拳固《げんこ》や手刀《しゆたう》で敵《てき》を倒《たふ》す練習《れんしふ》をする中《うち》、手先《てさき》が腫《はれ》上《あが》り、『タコ』が出來《でき》て、其内節《そのないぶ》がサクサク痛《いた》む時《とき》は、どうして拳法《けんぽふ》の練《れん》習《しふ》を續《つゞ》けるか。

氷嚢《ひやうのう》か醋酸鉛《さくさんえん》の百倍《はい》にて冷罨法《れいあんはふ》をするが可《よ》い。此場合《このはあひ》、練習《れんしふ》を續《つゞ》けるには、盥《たらひ》に水《みづ》を半《なか》ば入《い》れ、手刀《しゆたう》を以《もつ》て之《これ》を急速《きふそく》に打《う》ち、水《みづ》が二つに分《わか》れて底《そこ》が見《み》える樣《やう》になる練習《れんしふ》をするが可《よ》い。

一三

脫臼《だつきう》と骨《ほね》を折《を》つたのと打撲《だぼく》とを見分《みわ》けるには、どうすれば可《よ》いか。

脫臼《だつきう》は關節部《くわんせつぶ》が變形《へんけい》して動《うご》かす事《こと》が出來《でき》ぬから直《す》ぐ分《わか》る

骨《ほね》を折《を》つたのは、關節《くわんせつ》でない所《ところ》であつて、少《すこ》し動《うご》かすと非常《ひじやう》に烈《はげ》しき痛《いた》みを覺《おぼ》えるものである。打撲《だぼく》は動《うご》かしたのでは余《あま》り痛《いた》みはないが、患部《くわんぶ》を抑《おさ》へる時《とき》は痛《いた》むのであつて、何《いづ》れも實地《じつち》に當《あた》つて考《かんが》へれば、直《す》く區《く》別《べつ》が付《つ》くのである。

一三三

劍術《けんじゆつ》に於《おい》て、竹刀《しなへ》の先《さき》で敵《てき》を倒《たふ》すには、どうすれば可《よ》いか。

我《わ》が左足《さそく》にて敵《てき》の右足《うそく》を拂《はら》ふと同時《どうじ》に、竹刀《しなへ》を以《もつ》て敵《てき》の左横頸《ひだりよこくび》を強《つよ》く押《お》して倒《たふ》すのである。

又《また》敵《てき》の左《さ》足《そく》の浮《う》いた時《とき》ならば、足《あし》を掃《はら》はずとも、竹刀《しなへ》だけで倒《たふ》す事《こと》が以來《でき》るのである。之《これ》は柔術《じうじゆつ》で言《い》ふ所《ところ》の足掃《あしはら》ひ、胸倒《むなだふ》しなどの應用《おうよう》である。

一二三

捕《ほ》縛《はく》する時《とき》の早《はや》繩術《なはじゆつ》は、どうすれば好《よ》いか。

素人《しろうと》は早繩《はやなは》と云《い》ふと、亂暴《らんばう》して居《ゐ》る者《もの》に、直《す》ぐ施《ほどこ》し得《う》る術《じゆつ》と思《おも》ふけれど、そんなものではない。抑《おさ》へ付《つ》けてから繩《なは》を掛《か》けるのであるから、柔術《じうじゆつ》を知《し》らぬ者《もの》には、暴漢《ばうかん》を捕《ほ》縛《はく》するは、因難《こんなん》である。

早縄《はやなは》は、敵《てき》の片手《かたて》を締付《しめつ》けて施《ほどこ》すものである。

一二四

敵《てき》を胴締《どうじめ》に掛《か》けた時《とき》、相手《あひて》が體《たい》を右《みぎ》又《また》は左《ひだり》に捻《ひね》り、又兩手《またりやうて》にて我《わ》が足《あし》を押《お》して掛《か》からぬ時は、どうしたら可《よ》いか。

此場合《このはあひ》、相手《あひて》の兩袖《りやうそで》即《すなは》ち肘《ひぢ》の所《ところ》を取《と》りて引付《ひきつ》けながら、急激《きふげき》に成《な》るべく胴《どう》の上部《じやうぶ》を締《し》めるが可《よ》い。相手《あひて》が働《うご》けぬから、容易《ようい》に防《ふせ》げぬ爲《ため》に、直《す》ぐ締《し》まるものである。要《えう》するに、胴締《どうじめ》は敵《てき》を横《よこ》に倒《たふ》しながら、急《きふ》に締《し》める事《こと》が肝要《かんえう》である。

一三五

氣《き》合《あひ》の一喝《かつ》を「エイ」と發《はつ》するには、どうすれば有効《いうかう》であるか。

氣《き》合《あひ》の掛聲《かけごゑ》を發《はつ》するには、下腹《したはら》に力《ちから》を入《い》れるのであるが、空氣《くうき》を吸込《すひこ》んで、下腹《したはら》を張出《はりだ》すやうにするのである。

一三六

武術練習中《ぶじゆつれんしふちう》、過《あやま》つて尾骶骨《みづおち》を打《う》ち苦悶《くもん》して居《ゐ》る時《とき》、どう云《い》ふ手當《てあ》てをすれば可《よ》いか。

早速抱起《さつそくだきおこ》して、烈《はげ》しく歩行《ほかう》させれば、直《す》ぐに回復《くわいふく》する。

若《も》し後《おち》に疼痛《いたみ》があれば、患部《くわんぶ》に冷罨法《れいあんはふ》を施《ほど》すが可《い》い。

一二七

高《たか》き處《ところ》から飛下《とびお》りるには、どうすれば身體《しんたい》に反動《はんどう》がないやうに出來《でき》るか。

臼齒《おくは》を嚙締《かみし》め、手《て》を堅《かた》く握《にぎ》り、膝《ひざ》を少《すこ》しく屈《くつ》して、足《あし》の爪先《つまさき》が地《ち》に着《つ》くやうにすれば、反動《はんどう》は少《すくな》いものである。

一二八

練習《れんしゆう》の際《たい》相手《あひて》の睾丸《きんたま》を蹴《け》つて絶息《ぜつそく》せしめ、活《くわつ》を入《い》れて蘇生《そせい》したる後《のち》、尿道《にうだう》が腫《は》れて痛《いた》む時《とき》は、どうすれば直《す》ぐ治《なほ》るか。

睾丸《きんたま》を蹴《け》る時《とき》、陰囊《いんのう》と共《とも》に陰莖《いんけい》を打《を》つた爲《ため》、尿道《にうだう》が腫《は》れて痛《いた》む場《は》合《あひ》には、氷囊《こほりぶくろ》か冷水《れいすゐ》濕布《しつぷ》にて患部《くわんぶ》を冷《ひ》やせば、直《す》ぐ活《なほ》る。

一二八

棒《ぼう》を以《もつ》て飛石《とぶいし》や彈丸《だんぐわん》を避《さ》くるには、どうすれは可《よ》いか。

六尺《しやく》或《あるひ》は四尺《しやく》の樫棒《かしぼう》を兩手《りやうて》或《あるひ》は片手《かたて》にて前後左右《ぜんごさいう》にくるくると振廻《ふりまわ》し、棒《ぼう》にて空氣《くうき》を切《き》る音《おと》卽《すなは》ち棒鳴《ぼうな》りがするやうになれば、石《いし》を投付《なげつ》けても、棒《ぼう》にばかり當《あた》つて、容易《ようい》に身體《しんたい》には當《あた》らぬものである。之《これ》を棒術《ぼうじゆう》の棒振《ぼうふ》りと稱《しよう》するのである。

一二九

顎外《あごはづ》しの術《じゆつ》は、どうすれば可《よ》いか。

耳《み》の直《す》ぐ下《した》を手刀《しゆとう》にて横《よこ》より打《う》てば、顎骨《がくこつ》脱臼《だつきう》するものであるが、敵《てき》が歯《は》を噛締《かみし》めて居《ゐ》る時《とき》は、脱臼《だつきう》するものではない。

一三〇

眼力《がんりき》を強《つよ》くするには、どうすれば可《よ》いか。

常《つね》に一寸物《ちよつともの》を見《み》るにも、熱心《ねつしん》に注目《ちうもく》するやうにすれば、眼力《がんりき》は自《し》然《ぜん》銳《するど》くなるものである。動作《どうさ》を平素《へいそ》敏活《びんくわつ》にするも、大《おほい》に眼力《がんりき》の發達《はつだつ》を助《たす》くるものである。武術《ぶじゆつ》の練修《れんしふ》を積《つ》んだ者《もの》が、眼力《がんりき》銳《するど》きは之《これ》が爲《ため》である。

一三一

陰嚢《いんのう》を石《いし》や木《き》にて打《う》ち、非常《ひじやう》の疼痛《とうつう》を感《かん》ずる時《とき》、最《もつと》も早《はや》く快癒《くわいゆ》する自家《じか》療法《れうはふ》は何《なに》か。

手拭《てぬぐひ》を冷水《れいすゐ》に浸《ひた》し、適度《てきど》に絞《しぼ》りて陰嚢《いんのう》に當《あ》て、其上《そのうへ》に褌《ふんどし》を堅《かた》く締《し》めて、睪丸《きんたま》の動搖《どうえう》せぬやうになし置《お》き、時々《とき〴〵》手拭《ぬぐひ》を冷《ひ》やし換《か》へて、患部《くわんぶ》を冷却《れいきやく》するが、最良《さいりやう》の便法《べんはふ》である。

一三二

雷《らい》に撃《う》たれて、氣《き》絶《ぜつ》した者《もの》を蘇《そ》生《せい》せしむるには、どうすれば可《よ》いか。

省《ちちく》接《せつ》電《でん》撃《げき》に逢《あ》ふ時《とき》は、電《でん》氣《き》の射《しや》入《にふ》した部《ぶ》分《ぶん》に於《おい》て、衣《い》服《ふく》には圓孔《あな》を穿《うが》たれ、皮《ひ》膚《ふ》には數《あま》多《た》の大《だい》小《せう》燒《やけ》痂《ど》及《およ》び樹《じゆ》枝《し》狀《じやう》の紅《べに》色《いろ》樣《も》樣《やう》を現《あら》はして死《し》し、蘇《そ》生《せい》は困《こん》難《なん》であるが、多《おほ》くは間《かん》接《せつ》電《でん》撃《げき》即《すなは》ち極《きは》めて近《きん》傍《ばう》に落《らく》雷《らい》した爲《ため》に腦《なう》震《しん》盪《たう》の症《しやう》狀《じやう》を呈《てい》し、甚《はなは》しきは絶《ぜつ》息《そく》するのである。

此場合《このはあひ》には活《くわつ》を入《い》れてから、土浴《どよく》即《すなは》ち患者《くわんじや》を裸體《らたい》とし、頸部《けいぶ》までも土中《どちう》に埋沒《まいぼつ》するのである。それは、電擊《でんげき》患者《くわんじや》は呼吸《こきう》を初《はじ》めてからも、手足《てあし》が麻痺《まひ》して、人事不省《じんじふせい》の狀態《じやうたい》にあるからである。

一三三

學校《がくかう》の道場《だうぢやう》などで足《あし》を痛《いた》めた時《とき》は、どうして治《なほ》すか。

道場《だうぢやう》で武術練習中《ぶじゆつれんしふちう》の負傷《ふしやう》は、多《おほ》く打撲《だぼく》や脫臼《だつきう》の輕微《けいび》なものであるから、手足《てあし》なら直《す》ぐに伸縮《しんしゆく》し、或《あるひ》は患部《くわんぶ》を揉《も》めば治《なほ》るものである。

一三四

敵《てき》に倒《たふ》された時《とき》、起上《おきあが》るに、どう云《い》ふ心得《こゝろえ》が要《い》るか。

足《あし》は上體《じやうたい》を乘《の》せる基礎《きそ》であるから、足《あし》を能《よ》く据《こしら》えて上《あが》るやうにする。即《すなは》ち早《はや》く足《あし》を縮《ちゞ》めるやうにして起上《おきあが》るのである。

一三五

食物《しよくもつ》が咽喉《のど》につまつて絶息《ぜつそく》した者《もの》、又《また》は烈《はげ》しく驚《おどろ》き、腦貧《なうひん》血《けつ》を起《おこ》して絶息《ぜつそく》した者《もの》に活《くわつ》を入《い》れる時《とき》は、どうすれば可《よ》いか。

咽《の》喉《ど》に詰《つま》つた食物《しよくもつ》を取《と》り除《の》けた後《あと》で活《くわつ》を入《い》れ、又《また》後者《こうしや》は活《くわつ》を入《い》れた後《あと》で、頭部《とうぶ》を稍《やゝ》低《ひく》く仰臥《ぎやうぐわ》せしめ置《お》く事《こと》を忘《わす》れてはならぬ。

一三六

拳固《げんこ》を以《もつ》て敵《てき》を當《あ》て、又《また》は絶息《ぜつそく》した者《もの》に活《くわつ》を入《い》れるのはどういふ理由《わけ》があるか。

人體《じんたい》の急所《きうしよ》を突《つ》いて、敵《てき》を即死《そくし》、又《また》は即倒《そくたふ》させるのは、內臟《ないざう》や神經《しんけい》を刺戟《しげき》する爲《ため》、之等《これら》の機《き》能《のう》作《さ》用《よう》を一時《じ》失《うしな》ひ亂《みだ》すからである。

活《くわつ》を入《い》れるのは之《これ》と反對《はんたい》に、内臓《ないざう》や神經《しんけい》に或《あ》る震《し》動刺戟を與《あた》へて、失亂《しつらん》したる機《き》能《のう》作《さ》用《よう》を誘起《いうき》せしむる爲《ため》、起死《きし》回生《くわいせい》の効《かう》を奏《さう》するものである。

一三七

木刀《ぼくとう》の作《つく》り方《かた》は、どうすれば可《よ》いか。

本式《ほんしき》の木刀《ぼくとう》は、總丈《そうた》け三尺《じやく》三寸《すん》五分《ぶ》に、柄《え》を九寸《すん》五分《ぶ》とし、柄頭《えがしら》の太《ふと》さは、直徑《ちよくけい》一寸《すん》五分《ぶ》に一寸《すん》二分《ぶ》の隋《だ》圓形《ゑんけい》にて赤樫《あかがし》を以《もつ》て作《つく》るのである。

一三八

敵《てき》の袖襟《そでえり》を持《も》たずに、敵《てき》の手首《てくび》を取《と》つて投《な》げるには、どうすれば好《い》いか。

敵《てき》の右手《みぎて》首《くび》を我《わ》が左手《さしゆ》にて小指《こゆび》の方《はう》の側《かは》より握《にぎ》り。我《わ》が右肩《うけん》を敵《てき》の右腋下《みぎわきした》に入《い》れると同時《どうじ》に、我《わ》が右手《みぎて》を敵《てき》の右《みぎ》手首《てくび》に上《うへ》より加《くわ》へ、兩手《りやうて》にて敵《てき》の右手首《みぎてくび》を掌《てのひら》の方《はう》を上方《じやうはう》に向《む》けて握《にぎ》り、敵《てき》の腕《うで》を逆《さか》に挫《くぢ》きながら投《な》げるので、普《ふ》通《つう》の脊負《しよい》投《なげ》とは稍《やゝ》趣《おもむき》を異《こと》にして居《ゐ》るものである。

一三九

肋骨《ろくこつ》を打《う》ち込《こ》みたる時《とき》は、どうして治《なほ》せば可《よ》いか。

脊柱《せぼね》と胸骨《むなぼね》を同時《どうじ》に強《つよ》く押《お》し、兩手《りやうて》を上《うへ》に伸《のは》はせば治《なほ》る。若《も》し一度《ど》で回復《くわいふく》しない場合《はあひ》には、數回《すうくわい》之《これ》を繰返《くりかへ》し、患部《くわんぶ》を掌《てのひら》にて輕《かる》く摩擦《まさつ》し、藥《くすり》を塗附《ねりつ》け、堅《かた》く繃帶《ほうたい》を施《ほど》して置《お》けば必《かなら》ず癒《い》える。又《また》輕症《けいしやう》ならば、患者《くわんじや》をして肺《はい》に力《ちから》を入《い》れて緊脹《きんちやう》せしめるだけでも回復《くわいふく》するのである。

一四〇

顎骨《あご》が脱臼《だつきう》した時《とき》は、どうすれば可《よ》いか。

患者《くわんじや》の頭部《とうぶ》を柱《はしら》に結付《むすびつ》けて動《うご》けぬやうになし置《お》き、我《わ》が左右《さいう》の拇指《おやゆび》を愚者《くわんじや》の口中《こうちう》に入《い》れ、其《その》拇指《おやゆび》の腹《はら》を患者《くわんじや》の左《さ》右下顎《いうしたあご》臼齒《おくは》に當《あ》てゝ、患者《くわんじや》の下顎骨《したあご》を下方《した》斜《なゝめ》に引伸《ひきの》ばして押込《おしこ》むやうにすれば回復《くわいふく》するものである。拇指《おやゆび》は滑《すべ》り易《やす》き故《ゆゑ》、布《ぬの》を卷《ま》きて臼齒《うすは》に當《あて》てるが可《よ》い。之《これ》は男子《だんし》に施《ほどこ》すものにて、女子《ぢよし》の場合《はあひ》には、關節《くわんせつ》が淺《あさ》いから、外部《ぐわいぶ》から揉込《もみこ》めば回復《くわいふく》するものである。

一四一

武術家《ぶじゆつか》は果實《くわじつ》を食《く》つて、眼力《がんりき》を強《つよ》くすると傳《つた》へて居《ゐ》るがどうすれば効《かう》があるか。

林檎《りんご》、桃《もゝ》、無花果《いちじく》などを食《く》ふのであるが、一時《じ》に多量《たりやう》では却《かへ》つて効《かう》が無《な》い。三食《しよく》の後《のち》に一個《こ》づゝ毎日食《まいにちしよく》すれば、一週間《しうかん》で効果《かうくわ》が現《あら》はれる。又生大根《またなまだいこん》も眼力《がんりき》を強《つよ》める効《かう》がある。

一四二

敵《てき》を締《し》める場合《はあひ》に、指《ゆび》の力弱《ちからよは》き時《とき》は、功《かう》を奏《さう》することが出來《でき》ぬが、指《ゆび》の運動《うんどう》は、どうすれば可《よ》いか。

毎朝《まいあさ》、深呼吸《しんこきう》をなす時《とき》などに、指《ゆび》に力《ちから》を込《こ》めて敏速《びんそく》に伸縮《しんしゆく》し、次《つぎ》に兩手《りやうて》を握《にぎ》り合《あ》ひ、或《あるひ》は揉《も》み合《あ》つて發熱《はつねつ》せしめた後《のち》、微温湯《びをんたう》にて手《て》を洗《あら》ひ、暫《しはら》く指《ゆび》を休《やす》めるが可《よ》い。又《また》人《ひと》の肩《かた》を強《つよ》く揉《も》むのも、指力運動法《しりよくうんどうはふ》として簡便且《かんべんか》つ有効《いうかう》である。

一四三

敵《てき》が仰向《あをむけ》になりたる我《わ》が體《からだ》の上《うへ》に棒《ぼう》を横《よこ》たへ、其兩端《そのりやうたん》を押《おし》付《つ》けた時《とき》、どうして之《これ》を脫《ぬ》けるか。

仰向《あをむけ》に大《だい》の字《じ》なりに臥《ふし》て居《ゐ》る我《われ》の胸部《きやうぶ》或《あるひ》は喉《のど》の上《うへ》に、竹《たけ》又《また》は棒《ぼう》を横《よこ》たへ、強《つよ》く押付《おしつ》けた時《とき》、我《われ》は急速《きうそく》に横《よこ》を向《む》き、臀部《しり》を高《たか》くして伏向《うつむき》となれば、容易《ようい》に棒《ぼう》は頭《あたま》の先《さ》きの方《はう》に脫《ぬ》けるものである。

此技《このわざ》の秘訣《ひけつ》は、敵《てき》が棒《ぼう》の兩端《りやうたん》を押付《おしつ》ける時《とき》、呼吸《こきふ》せずに全身《ぜんしん》に力《ちから》を込《こ》めて伏向《うつむき》になることであるが、此理《このり》を應用《おうよう》すれば、立《た》つて居《ゐ》て二本《ほん》の棒《ぼう》に我《わ》が喉《のど》を挾《はさ》みて締《し》めさせても、容易《ようい》に脱《ぬ》けるものである。

一四四

身長《しんちやう》を簡單《かんたん》に增加《ぞうか》するには、どうすれば可《よ》いか。

其最《そのもつと》も簡便《かんべん》なる方法《はうはふ》は、毎夜《まいよ》寝《ね》る時《とき》、及《およ》び毎朝《まいてう》起《お》きる前《まへ》に、十五分《ふん》か二十分間《ふんかん》仰臥《あをぐわ》して、全身《ぜんしん》を十分《ぶん》に伸《の》ばすだけで宜《よろ》しい。普通《ふつう》六ヶ月《げつ》も續《つゞ》ければ、一寸位《すんくらゐ》は增加《ぞうか》するものである。

一四五

我《わ》れ仰向《あをむ》きに倒《たふ》れた時《とき》、敵《てき》は両手《りやうて》を延《の》べて我《わ》が襟《えり》を取《と》つて締《しめ》に掛《か》かつた時《とき》、どうして敵《てき》を苦《くる》しめるか。

敵《てき》の延《の》ばした手首《てくび》を握《にぎ》るや否《いな》や、足《あし》を延《の》ばして敵《てき》の肘《ひぢ》の邊《へん》にかけ、我《わ》が體《からだ》を横《よこ》に廻《ま》はして、敵《てき》の肘《ひぢ》に苦痛《くつう》を與《あた》へるのである。

一四六

絶息後《ぜつそくご》、直《す》ぐに活《くわつ》を入《い》れて蘇生《そせい》させるには、どうすれば可《よ》いか。

絶息者《ぜつそくしや》を後《うしろ》から抱《だ》き、我《わ》が兩膝《りやうひざ》を患者《くわんじや》の腰部《えうぶ》に當《あ》て、兩《りやう》手《て》を患者《くわんじや》の臍《へそ》の上《うへ》、二寸程《すんほど》の所《ところ》にて合掌《がつしやう》を組《く》み、口《くち》を患《くわん》者《じや》の耳《みゝ》に當《あ》てゝ、「ヤッ」と云《い》ふ氣合《きあひ》と共《とも》に、患者《くわんじや》の體《からだ》を引締《ひきし》めれば、蘇生《そせい》するものであるが、絶息後五分以上經《ぜつそくごふんいじやうけい》過《くわ》した者《もの》には困難《こんなん》である。

一四七

夜間睡眠《やかんすいみん》する時《とき》の姿勢《しせい》は、衞生上《ゑいせいじやう》と護身上《ごしんじやう》とどう違《ちが》ふか。衞生上《ゑいせいじやう》から云《い》へば、手足《てあし》を十分伸《ぶんの》ばして仰向《あをむ》きに臥《ね》るの足《あし》が最《もつと》も良《よ》いのであるが、萬《まん》一の場《ば》合《あひ》油《ゆ》斷《だん》なき寢《ね》方《かた》は、足《あし》を少《すこ》し屈《かゞ》めて横《よこ》向《む》きに臥《ふせ》るのが安《あん》全《ぜん》である。

一四八

敵《てき》と我《われ》と肩《かた》を並《なら》べて、同《おな》じ方《はう》向《かう》に歩《あゆ》む時《とき》に、最《もつと》も容《よう》易《い》に投《な》げるには、どうすれば可《よ》いか。

片《かた》手《て》にて敵《てき》の後《うしろ》襟《えり》を取《と》りて、後《こう》方《はう》直《ちよく》下《か》に急《きう》激《げき》に引《ひき》き倒《たふ》すのである。

一四九

彼《ひ》我《が》共《とも》に重《かさ》なりて倒《たふ》れ、下《した》になつた者《もの》が胸《きやう》部《ぶ》を強《つよ》く打《う》たれ苦《くる》しむ時《とき》は、どうすれば治《なほ》るか。

此場合《このはあひ》、多《おほ》くは肺《はい》、心臓《しんざう》、胃《ゐ》などを壓迫《あつぱく》された爲《ため》であるから直《す》ぐ抱起《だきおこ》し、脊柱《せぼね》六節《せつ》の邊《へん》を輕《かる》く震動《しんどう》するやうに二三回《くわいう》打てば治《なほ》るものである。

一五〇

敵《てき》と相對《あいたい》したる時《とき》、睾丸《きんたま》を當《あ》てられぬやう防《ふせ》ぐには、どうすれば可《よ》いか。

右《みぎ》か左《ひだり》、何《いづ》れにても足《あし》を一歩《ぽ》後方《こうはう》に退《ひ》けば、當《あ》てられる虞《おそれ》はないものである。

一五一

敵《てき》に抱上《だきあ》げられた時《とき》、我《わ》が體《からだ》を重《おも》くするには、どうすれば好《よ》いか。

此場合《このはあひ》、敵《てき》が抱《だ》く時《とき》、自分《じぶん》の片方《かたはう》人差指《ひとさしゆび》を敵《てき》の胸《むね》に付《つ》け、片手《かたて》を強《つよ》く握《にぎ》つて相手《あいて》の肱《ひぢ》を上《うへ》に揚《あ》げて體《からだ》を反《そ》るのである。

一五二

手利劍《しゆりけん》を打《う》つには、どうすれば可《よ》いか。

手利劍《しゆりけん》の刄《やいば》を上《うへ》に向《む》け、指先《ゆびさき》から少《すこ》し出《だ》して掌《てのひら》に乘《の》せ、拇指《おやゆび》にて支《さゝ》へ、自分《じぶん》の肩《かた》の上《うへ》まで上《あ》げて目標《もくへう》を定《さだ》め、手《て》を前方《ぜんはう》に延《の》べ、下《おろ》しながら投《な》げるのである。

一五三

焼《や》いた金棒《かなぼう》を手《て》でしごくには、どうすれば可《よ》いか。

身心《しんしん》共《とも》に脱離《だつり》して宇宙《うちう》の精神《せいしん》と合體《がつたい》した達人《たつじん》や肉體《にくたい》の痛《つう》苦《く》に毫《がう》も妨《さまた》げられざる勇猛《ゆうもう》な信仰心《しんかうしん》ある者《もの》にして、始《はじ》めてかゝる妙術《めうじゆつ》を行《おこな》ひ得《う》るのであつて、要《えう》するに精神力《せいしんりよく》の充實《じうじつ》が焼傷《やけど》を防《ふせ》ぐのであるが、鹽《しほ》を手《て》に摑《つか》んで置《お》いて、急激《きうげき》に金棒《かなぼう》をしごくも、其《その》一方《はう》である。

一五四

我《わ》れマントを着《き》て居《ゐ》る時《とき》、敵《てき》後方《こうはう》より抱付《いだきつ》きたる時《とき》は、どうして勝《か》つか。

我《わ》が後頭部《こうとうぶ》を以《もつ》て、敵《てき》の面部《めんぶ》を當《あ》てゝ倒《たふ》すのである。

一五五

敵二人《てきふたり》前後《ぜんこ》に現《あら》はれ、後《うしろ》の敵《てき》は左手《さしゆ》にて我《わ》が後襟《あとえり》を摑《つか》み、右手《めて》に拔刀《はつたう》を振上《ふりあ》げ、前《まへ》なる敵《てき》は、左手《さしゆ》にて我《わ》が襟《えり》を取《と》り、右手《めて》に拔刀《はつたう》を持《も》つて突《つ》かんとする時《とき》、どうして勝《かち》を制《せい》するか。

我《われ》は急激《きふげき》に座《ざ》するか。又《また》は左足《さそく》を一歩《ぽ》退《ひ》きながら、右足《うそく》を上《あ》げて脇腹《わきはら》を蹴《け》り、後《うしろ》の敵《てき》が切込《きりこ》まんとする時《とき》、身《み》を開《ひら》いて避《さ》けながら、當《あ》て身《み》を施《ほどこ》すが宜《よろ》しい。

一五六

自分《じぶん》より長身《ちやうしん》の敵《てき》を倒《たふ》すには、どう云《い》ふ技《わざ》が最《もつと》も有効《いうかう》であるか。

敵《てき》の上體《じやうたい》を引付《ひきつ》けて、我《わ》が足裏《あしうら》を敵《てき》の下腹《したはら》に當《あ》てると同時《どうじ》に、我《わ》が體《からだ》を仰向《あをむき》に倒《たふ》して、體《からだ》を越《こ》えて向《むか》ふへ投《な》げるのが宜《よろ》しい。

一五七

砲彈除《はうだんよ》けの禁厭《まじなひ》は、どうすれば可《よ》いか。

「拚々々々」と四字書《じか》き、十分下腹《ぶんしたはら》に力《ちから》を入《い》れ、滿腔《まんくう》の心力《しんりき》を集注《しふちう》して「ラン」と一聲叫《せいさけ》び、其時《そのとき》吐出《はきだ》す息《いき》を右《みぎ》の符《ふ》に吹《ふ》きかけると効《かう》があると傳《つた》へて居《ゐ》る。凡《およ》そ呪文《じゆもん》の如《ごと》きものは精神《せいしん》を集注《しふちう》するの手段《しゆだん》で、之《これ》を信《しん》ずる時《とき》は非《ひ》常《じやう》の勇猛心《ゆうもうしん》を生《しやう》じ、彈丸雨《だんぐわんう》飛《ひ》の間《あひだ》に立《た》つて狼狽《らうはい》せずに、自己《じこ》の本分《ほんぶん》を盡《つく》す事《こと》が出來《でき》る理《り》を說明《せつめい》したものに過《す》ぎないのである。

一五八

敵《てき》不意《ふい》に、我《わ》が後《うしろ》より首《くび》を右腋下《みぎわきした》に挾《はさ》みて後《うしろ》に引《ひ》き、我《わ》が重心《じゆうしん》を崩《くづ》して首《くび》を絞《し》めんとする時《とき》は、どうして防《ふせ》ぐか。

此場合《このはあひ》、我《わ》が左手《ひだりて》で敵《てき》の顔面《がんめん》を當《あ》てるか或《あるひ》は肘《ひぢ》で敵《てき》の胸《きやう》部《ぶ》を當《あ》てる。又《また》は我《わ》が仰向《あをむき》になつて居《ゐ》る姿勢《しせい》を利用《りよう》して、後樣《うしろざま》に回轉《くわいてん》して、敵《てき》の背上《はいじやう》に乘《の》り、臨機《りんき》の攻撃《こうげき》を取《と》るも妙《めう》である。

一五九

强敵《きやうてき》我が腹《はら》の上《うへ》に馬乘《うまの》りになり、兩手《りやうて》にて、我《わ》が兩手《りやうて》を下《した》に押付《おしつ》けた時《とき》は、どうし之《これ》を脱《ね》けか。

我《わ》が兩手《りやうて》を脱《ね》く振《ふ》りして、敵《てき》の注意《ちうい》を其方《そのはう》に誘《さそ》ひながら我《わ》が腹《はら》を上《あ》げて横《よこ》に返《かへ》るか、急激《きうげき》に足《あし》の方《はう》に下《さが》るのであるが、膝頭《ひざがしら》で敵《てき》の背《せな》を打《う》つと宜《よろ》しい。

一六〇

敵《てき》が我《わ》が頭上《づじやう》を打《う》ちかゝる時《とき》、どうして之《これ》を防《ふせ》ぐか。

左腕《さわん》を我《わ》が頭上《づじやう》にかざして受止《うけと》めつゝ、右《みぎ》の手《て》で拳《こぶし》を固《かた》めて急所《きうしよ》を突《つ》くか、我《あるひ》は足《あし》を上《あ》げて睾丸《きんたま》を蹴《け》る、又《また》は振《ふり》上《あ》げし瞬間《しゆんかん》飛《と》び付《つ》いて投《な》げる。

一六一

暗夜《あんや》、敵《てき》四尺程《しやくほど》の棒《ぼう》を縦横《じうわう》に振廻《ふりまは》しつゝ我《わ》れ向《むか》ひ來《く》る時《とき》は、どうして防《ふせ》ぐか。

いかに暗《くら》くとも、棒《ぼう》を振《ふ》れば音《おと》を生《しやう》じるから、體《たい》を低《ひく》く屈《かゞ》めて敵《てき》の背後《はいご》に出《いで》て適宜《てきぎ》の技《わざ》を以《もつ》て倒《たふ》す事《こと》が出來《でき》る。或《あるひ》は體《からだ》を低《ひく》くして敵《てき》の迫《せま》るのを待《ま》ち、急激《きうげき》に手元《てもと》へ飛込《とびこ》んで臨機《りんき》の術《じゆつ》を施《ほどこ》せば可《よ》い。

一六二

暗夜《あんや》、懐手《ふところて》をして道《みち》を行《い》く時《とき》、敵《てき》に兩袖口《りやうそでくち》を取《と》られて手《て》を出《だ》す事能《ことあた》はず、又敵餘《またてきあま》りに近《ちか》くして睾丸《きんたま》を當《あ》てる事《こと》も出來《でき》ぬ場合《はあひ》には、どうして敵《てき》を屈伏《くつぷく》せしめるか。

敵近《てきちか》すぎる場合《はあひ》には、膝頭《ひざがしら》を上《あ》げて睾丸《きんたま》を蹴《け》る。又袖口《またそでくち》を取《と》られても、襟《えり》の間《あひだ》から兩手《りやうて》を出《だ》せば何《なん》でもない。又《また》前頭部《ぜんとうぶ》で敵《てき》の面部《めんぶ》を打《う》つ事《こと》も出來《でき》るのである。

一六三

食物《しよくもつ》の咽喉《のど》に塞《つ》まりし時《とき》は、どうして治《なほ》すか。

右肩《みぎかた》の上《うへ》より自分《じぶん》の背《せな》を見《み》るやうに頭《あたま》を後《うしろ》へ曲《ま》げれば、食物《しよくもつ》は胃《ゐ》に下《さが》つて了《しま》ふものである。

一六四

敵《てき》に組伏《くみふ》せられ、我《わ》れに馬乘《うまの》りになり、我《わ》が兩手《りやうて》を背部《はいぶ》に廻《ま》はして押付《おしつけ》られた時《とき》は、どうして防《ふせ》ぐか。

此《この》場《は》合《あひ》は、一方《はう》の手《て》に全力《ぜんりよく》を注《そゝ》いで脫《だつ》する風《ふう》を裝《よそほ》ひ、敵《てき》の注意《ちうい》を其方《そのはう》に誘《さそ》ひ、他《た》の一方《はう》の手《て》を急《きう》に脫《だつ》して敵《てき》の隙《すき》に乘《じやう》ずるのである。

一六五

敵《てき》拔刀《ぬきみ》にて、我《われ》に切付《きりつ》くる時《とき》、手《て》を以《もつ》て之《これ》を防《ふせ》ぐには、どうすれば可《よ》いか。

手《て》を以《もつ》て拔刀《ねきみ》を受《う》けるには、刀《かたな》の刄《は》を受《う》けるのではなく、刀《かたな》を斜《なゝめ》を打《う》ち拂《はら》ふか、握柄《にぎりえ》を受止《うけと》めるのである。

一六六

戸《と》を開《ひら》いて外《そと》に出《い》づるに、敵《てき》拔刀《ねきみ》にて切付《きりつ》くる時《とき》は、どうして防《ふせ》ぐか。

護身術《ごしんじゆつ》から言《い》へば戸《と》外《ぐわい》に出《いつ》るには、戸《と》を開《ひら》くと共《とも》に片足《かたあし》を出《だ》し、然《しか》る後頭《のちあたま》を出《だ》して四邊《へん》を窺《うかが》ひ、次《つぎ》に全身《ぜんしん》を出《だ》すのが安全《あんぜん》である。片足《かたあし》を出《だ》すのは、戸外《こぐわい》の敵《てき》の不意《ふい》打《うち》の氣勢《きせい》を探《さ》ぐる爲《ため》で、次《つぎ》に顏《かほ》を出《だ》すのは、稍《やゝ》離《はな》れたる敵《てき》を見《み》る爲《ため》である。かく平常注意《へいじやうちうい》すれ敵《てき》の不意打《ふいうち》に狼狽《らうばい》する氣遣《きづかひ》はない。

一六七

就眠中《しうみんちう》何時《いつ》敵《てき》に襲《おそ》はれても直《す》ぐ眼《め》を覺《さ》ますには、どうすれば可《よ》いか。

武術練磨《ぶじゆつれんま》の結果《けつくわ》、精神《せんしん》玲瓏《れいらう》玉《たま》の如《ごと》くなり、無念無想《むねんむさう》にして至誠《しせい》天《てん》に通《つう》ずるの悟道《ごだう》に達《たつ》して、始《はじ》めて之《これ》を能《よ》くするものであるが、平生《へいぜい》其心得《そのこゝろえ》で寢《しん》に就《つ》くやうに勉《つと》めれば、心眼《しんがん》開《ひら》けて心理的《しんりてき》微妙《びめう》の作用《さよう》で、何時《いつ》でも直《す》ぐ眼《め》を覺《さま》ます境地《きやうち》に到達《たうたつ》するのである。

一六八

宙返《ちうがへ》りは、どうして練習《れんしふ》するか。

相手《あひて》の一人《ひとり》を坐《すわ》らせ、自分《じぶん》は其後方《そのこうはう》から少《すこ》し走《はし》り來《き》て、兩手《りやうて》を拇指《おやゆび》を前《まへ》にして相手《あひて》の兩肩《りやうかた》に掛《か》けて回轉《くわいてん》し、其回《そのくわい》轉《てん》し終《おは》りて足《あし》が下《した》に付《つ》く時《とき》、相手《あひて》に上背《じやうはい》を支《さ》へて起《おこ》して貰《もら》ふのである。併《しか》し稍《やゝ》熟達《じゆくたつ》すれば、相手《あひて》に支《つか》へて貰《もら》はずとも出來《でき》るやうになり、次《つぎ》には人間《にんげん》でなくとも行《や》れるやうになり、終《つひ》には物體《ぶつたい》に據《よ》らずして回轉《くわいてん》する事《こと》が出來《でき》るのである。

一六九

前方《ぜんぱう》より敵《てき》が槍《やり》の如《ごと》き武器《ぶき》を以《もつ》て突《つ》き來《きた》る時《とき》は、どうして防《ふせ》ぐか。

體《たい》を轉《かは》して武器《ぶき》を握《にぎ》り、左《ひだり》か右《みぎ》か、又《また》は高《たか》き所《ところ》よりならば。下《した》の方《はう》へ押付《おしつ》けて折《を》る或《あるひ》は奪《うは》ひ取《と》れば可《よ》いのである。

一七〇

我《わ》が立《た》てる時《とき》、敵後《てきうしろ》より抱締《だきし》めたら、どうして之《これ》を外《はつ》すか。

我《わ》が兩手《りやうて》を揚《あ》げて敵《てき》の指《ゆび》を握《にぎ》りつゝ、急激《きうげき》に我《わ》が體《からだ》を地《ち》に下《おろ》せば、脱《ぬ》ける事《こと》が出來《でき》るものである。

一七一

敵銃劍《てきじうけん》を以《もつ》て、我《わ》が左胸《さきよう》を突《つ》かんとする時《とき》は、どうして之《これ》を防《ふせ》ぐか。

敵《てき》は左胸《さきよう》を突《つ》かんとするのであるから、右足《うそく》を一歩前《ぽまへ》に進《すゝ》めるか、或《あるひ》は左足《さそく》を一歩退《ぽの》けば突《つ》きを避《さ》ける事《こと》が出來《でき》るから、手元《てもと》に付入《つけい》つて、臨機《りんき》の術《じゆつ》を施《ほど》すべきである。

一七二

敵《てき》二人《にん》我《わ》が兩手《りやうて》を引《ひ》き、他《た》の一人《ひとり》は懷中《くわいちう》にある財布《さいふ》を奪《うば》はんとするも、財布《さいふ》は我《わ》が胴《どう》に結付《むせびつ》けある爲容易《ためようい》に取《と》れず。此場合《このはあひ》どうして防《ふせ》ぐか。

兩手《りやうて》は取《と》られても、兩足《りやうそく》は自由《じいう》が利《き》くのであるから、敵《てき》の伸《の》ばして居《ゐ》る腕《うで》を蹴《け》つて折《を》る事《こと》も出來《でき》るし、又財布《またさいふ》を奪《うば》はんとする敵《てき》は、頭部《とうぶ》を以《もつ》て當《あ》て身《み》を喰《く》はす事《こと》も出來《でき》るのである。

一七三

足《あし》の甲《かう》を突《つ》いて敵《てき》を倒《たふ》すには、何處《どこ》を打《う》てば可《い》いか。

足《あて》の甲《かふ》の急所《きうしよ》は、拇指《おやゆび》と二の指《ゆび》との骨《ほね》の間《あひだ》で、指《ゆび》の付根《つけね》

から一寸《すん》程《ほど》上《うは》の所《ところ》であるから、其所《そのところ》を突《つ》けば即倒《そくたふ》をさせる事《こと》が出來《でき》るのである、

一七四

鎖鎌《くさりがま》はいかに用《もち》ふべきか。

此武術《このぶじゆつ》は、鎖《くさり》の兩端《りやうたん》へ分銅《ぶんどう》と柄《え》の短《みぢか》い鎌《かま》とを付《つ》け、右手《みぎて》に鎌《かま》を持《も》ち、左手《ひだりて》に鎖《くさり》を持《も》ちて分銅《ぶんどう》を前面《ぜんめん》にて打振《うちふ》りて、敵《てき》の武器《ぶき》或《あるひ》は腕《うで》に引《ひ》きからませ、手元《てもと》に引寄《ひきよ》せ、鎌《かま》にて首《くび》を掻切《かきき》るか、或《あるひ》は鎌《かま》にて授止《うけと》め、分銅《ぶんどう》にて敵《てき》の面部《めんぶ》を打《う》つのである。

一七五

敵後方《てきこうはう》より布切《ねのきれ》にて、我《わ》が首《くび》を引掛《ひきか》け、背負《しよ》ふて首《くび》を絞《し》めんとする時《とき》は、どうして防《ふせ》ぐか。

引掛《ひさか》けられた首《くび》を左《さ》右《いう》何《いづ》れかへ少《すこ》しでも捻《ひね》り、其方《そのはう》の頸《けい》動脈《どうみやく》の邊《へん》へ指《ゆび》を一本《ほん》でも二本《ほん》でも入《い》れゝば、首《くび》は絞《し》まらないから、死《し》んだ振《ふり》をして、敵《てき》が背《せな》から下《くだ》したら、咄嗟《とつさ》に當《あ》て身《み》を施《ほどこ》すが宜《よろ》しい。

一七六

强力《がうりき》の敵《てき》に我《ね》が右《めぎ》足《あし》を取《と》られし時《とき》は、どうして之《これ》を防《ふせ》ぐか。

最《もつと》も簡單《かんたん》に防《ふせ》ぐには、其取《そのと》られたる足《あし》を敵《てき》の股間《またぐら》に差入《さしい》れて防《ふせ》ぐのであるが、又取《またと》られた足《あし》の裏《うら》を敵《てき》の腹部《ふくぶ》に當《あ》てると同時《どうじ》に、自《みづか》ら仰向《あほむ》きに倒《たふ》れて、頭《あたま》の向《むか》ふへ投《な》げるのも好《よ》い。

一七七

敵後方《てきこうはう》より片手《かたて》にて、我《わ》が後襟《うしろえり》を取《と》り、片膝頭《かたひざがしら》を我《わ》が背《せ》に當《あ》てゝ、急《きう》に其襟《そのえり》を引《ひ》きながら膝頭《ひざがしら》を以《もつ》て押《お》された時《とき》は、どうして防《ふせ》ぐか。

敵《てき》右手《みぎて》にて取《と》りし時《とき》は、我《わ》が右足《みぎあし》を後《うしろ》へ引《ひ》きて腰《こし》を下《おろ》し、體《たい》を横向《よこむ》きにしながら、右手《みぎて》を敵《てき》の股《また》へ差入《さしい》れ左手《ひだりて》に手《て》首《くび》を取《と》りて投《な》げるのである。

一七八

敵《てが》が右《みぎ》の手刀《しゆとう》にて我《わ》が頭《あたま》を打《う》たんとする時《とき》は、どうして防《ふせ》ぐか。

我《わ》が左手《ひだりて》にて受《う》けて捕《とら》へ、右手《みぎて》を敵《てき》の胸《むね》に當《あ》て、左足《ひだりあし》にて敵《てき》の右足《みぎあし》を掃《はら》つて投《な》げるのである。

一七九

道路《だうろ》にて一人《いちにん》の敵《てき》兩手《りやうて》にて、我《わ》が前肩《まへかた》の邊《へん》を攫《つか》み、腕《うで》を伸《の》ばして押《お》し來《きた》り、我《わ》が後《うしろ》に溝《みぞ》ありて落《お》ちる憂《うれい》ある時《とき》、どうして防《ふせ》ぐか。

敵《てき》の兩手《りやうて》を下《した》から拂《はら》ひ上《あ》げながら、敵《てき》の足元《あしもと》に體《からだ》を入《い》れ、片膝《かたひざ》を突《つ》きて我《わ》が頭《あたま》を敵《てき》の股間《またくら》に入《い》れる如《ごと》くにし、兩手《りやうて》の指先《ゆびさき》を下《した》にして敵《てき》の兩脛《りやうすね》に當《あ》て、我《わ》が後方《こうはう》へ投捨《なげす》てれば勝《かち》を制《せい》することが出來《でき》るのである。

一八〇

武術《ぶじゆつ》の素養《そやう》なきも、蹴《け》ること頗《すこぶ》る敏速《びんそく》にして、近寄《ちかよ》る事《こと》の出來《でき》ぬ敵《てき》に對《たい》しては、どうして倒《たふ》すか。

敵《てき》の足《あし》を引《ひ》くに付入《つけい》つて適宜《てきぎ》の技《わざ》を施《ほどこ》すか、蹴《け》り來《く》る足《あし》を手《て》にて強《つよ》く掃《はら》へば倒《たふ》れるものである。

一八一

敵《てき》我《わ》れに催眠術《さいみんじゆつ》をかけんとする時《とき》、どうして之《これ》を防《ふせ》ぐか。

敵《てき》の精神力《せいしんりよく》に壓倒《あつたう》されぬ樣《やう》恐《おそ》れずに平氣《へいき》で居《を》れば、決《けつ》してかゝるものではないのである。

一八二

敵《てき》眞向《まむか》より拳固《げんこつ》にて打《う》ち來《く》る時《とき》は、どうして之《これ》を防《ふせ》ぐか。

我《わ》が片腕《かたうで》を頭上《づじやう》に翳《かざ》して之《これ》を受止《うけと》め、體《たい》を敵《てき》の直下《ちよくか》に廻《まは》し込《こ》み、腕《うで》を擔《かつ》いで背負投《しよいなげ》にするか片手《かたて》にて受《う》けるや否《いな》や、片手《かたて》又《また》は足《あし》にて急所《きうしよ》を當《あ》てるのである。

一八三

二人《ふたり》の敵《てき》我《わ》が兩手《りやうて》を捕《と》りて左右《さいう》に引《ひ》く時《とき》はどうして、之《これ》を脫《ね》くか。

我《わ》が兩手《りやうて》を握拳《にぎりこぶし》となし、急《きう》に臀部《しり》を地《ち》に付《つ》けるやうにして右手《みぎて》を引脫《ひきね》くか、又《また》は急《きう》に仰向《あほむけ》に倒《たふ》れながら敵《てき》の腕《うで》を蹴《け》つて、手《て》を放《はな》さしめるのである。

一八四

椽先《えんさき》に立《た》ちて、後《うしろ》より押《お》されても前《まへ》に倒《たふ》れぬやうにするには、どうすれば出來《でき》るか。

氣合術《きあひじゆつ》で出來《でき》るものであるが、普通《ふつう》の場合《はあひ》で云《い》へば、下腹《したはら》にうんと力《ちから》を入《い》れて、膝《ひざ》を少《すこ》しく屈《かゞ》めれば倒《たふ》れぬものである。

一八五

手足《てあし》がしびれて動《うご》かなくなつた時《とき》、直《す》ぐ治《なほ》すには、どうすれば可《よ》いか。

しびれた部分《ぶぶん》を摩擦《まさつ》すれば治《なほ》る。

一八六

敵《てき》が咽喉《のど》を締《し》めんとする時《とき》、急《きう》に之《これ》を防《ふせ》ぐにはどうすれば可《よ》いか。

臼齒《おくは》を嚙《か》み締《し》め、力《ちから》を極《きは》めて顋《あご》を胸《むね》に付《つ》けるやうに頸《くび》を縮《ちゞ》めれば、暫《しはら》く防《ふせ》ぐ事《こと》が出《で》來《き》るものである。

一八七

敵《てき》不《ふ》意《い》に前《ぜん》方《はう》から小《こ》刀《がたな》を以《もつ》て切《きり》かゝる時《とき》は、どうして防《ふせ》ぐか。

切《き》らんとする肘《ひぢ》上《うへ》を押《おさ》へて、腕《うで》を逆《ぎやく》に捕《とら》へるのである。

一八八

高《たか》き所《ところ》よる墜落《つゐらく》する時《とき》は、どうして身《み》の安全《あんぜん》を計《はか》るか。

兩手《りやうて》を左右《さいう》に伸《の》ばし、兩足《りやうそく》を縮《ちゞ》めて落《おち》れば、クル〳〵回《くわい》轉《てん》する事《こと》を免《まぬか》れるのである。

一八九

敵《てき》我《わ》が寢所《しんじよ》に忍入《しのびい》り、胴《どう》に跨《またが》り、刀《かたな》を我《わ》が頸《くびすぢ》に當《あ》てゝ、威《おど》す時《とき》は、どうして之《これ》を防《ふせ》ぐか。

片手《かたて》にて刀柄《つか》か敵《てき》の手《て》を捕《とら》へ、片手《かたて》にて急所《きうしよ》に當《あ》て身《み》を施《ほどこ》すのである。

一九〇

横腹《よこはら》を強《つよ》く打《う》つて絶息《ぜつそく》した時《とき》は、どうして蘇生《そせい》させるか。

後方《こうぼう》より抱起《だきおこ》し、脊柱《せぼね》の第《だい》五、六節《せつ》の邊《へん》を打《う》てば、直《す》ぐ回復《くわいふく》する。

一九一

縊《い》死者《ししや》に輕便《けいべん》な灌腸《くわんちやう》を行《おこな》ふには、どうすれば可《よ》いか。

煙草《たばこ》の烟《けむり》を肛門《こうもん》から吹込《ふきこ》むのである。之《これ》は肛門《こうもん》大腸《だいちやう》に刺《し》戟《げき》を與《あた》へて、神經作用《しんけいさよう》で生氣《せいき》を呼起《よびおこ》すのである。

一九二

敵體《てきからだ》を低《ひく》くし、角力《すまう》の反《そ》りの手《て》を我《われ》に掛《か》けんとする時《とき》は、どうして防《ふせ》ぐか。

兩手《りやうて》を以《もつ》て敵《てき》の兩襟《りやうえり》を十字《じ》に捕《つかま》へて頸締《くびじめ》を掛《か》ければ、容易《ようい》に防《ふせ》ぎ且《か》つ勝《かち》を制《せい》する事《こと》が出來《でき》るのである。

一九三

發狂者《はつきやうしや》に不意《ふい》に組付《くみつ》かれた時《とき》は、どうすれば防《ふせ》ぐ事《こと》が出來《でき》るか。

狂者《きやうしや》は非常《ひじやう》に力強《ちからつよ》く且《か》つ痛苦《つうく》の感覺《かんかく》なき者故《ものゆゑ》、投《な》げたり、逆手《ぎやくて》を施《ほどこ》しても屈服《くつぷく》する者《もの》ではないのみならず、互《たがひ》に負《ふ》傷《しやう》する虞《おそれ》があるから、咽喉《のど》を締《し》めるに限《かぎ》る。さすれば狂《きやう》者《しや》は一時《じ》絶息《ぜつそく》するが故《ゆゑ》に、負傷《ふしやう》の心配《しんぱい》もなく、縛《ばく》するにも便利《べんり》である。又兇器《またきようき》を振《ふ》つて迫《せま》つた場合《ばあひ》には、拳《こぶし》を以《もつ》て急所《きつしよ》を當《あ》てるのが宜《よろ》しい。

一九四

蜂《はち》の針《はり》を利《き》かなくして、其巣《そのす》を取《と》るも刺《さ》されぬやうにするには、どうすれば、可《よ》いか。

心力《しんりよく》を凝めて『アウンアビラウンケンソワカ』と云《い》ふ呪《じゆ》文《もん》を三度《ど》唱《とな》へると刺《さ》されない。又芋《またいも》の莖《くき》の汁《しる》を面部《めんぶ》手先《てさき》に塗《ぬ》るも刺《さ》されぬものである。

一九五

敵《てき》急激《きうげき》に我《わ》が後《うしろ》より、我《わ》が兩脚《りやうあし》を兩手《りやうて》に捕《と》りて倒《たふ》さんとし、我《われ》は將《まさ》に倒《たふ》れんとする時《とき》は、どうして防《ふせ》ぐか。

振《ふ》り向《む》きざま、敵《てき》の何所《どこ》でも引摑《ひきつか》み、一緒《しよ》に倒《たふ》れて、締《し》めるか、急所《きうしよ》を當《あ》てるのである。倒《たふ》されても恐《おそ》るゝに足《た》らぬ場《ば》合《あひ》であるから、其儘《そのまゝ》倒《たふ》されて敵《てき》の兩手《りやうて》を振離《ふりはな》して立上《たちあが》り、近《ちか》づくを待《ま》つて臨機《りんき》の技《わざ》を施《ほどこ》すも宜《よろ》しい。

一九六

我《わ》れ無手《むて》にて座《ざ》す時《とき》、敵後方《てきこうはう》より一刀《たう》にて切下《きりおろ》す時《とき》は、どうして防《ふせ》ぐか。

振向《ふりむ》きざま一歩進《ぽすゝ》みて、刀《かたな》の下《した》より敵《てき》に近《ちか》づき、敵《てき》の刀に空打《からうち》をさせて置《お》いて、適宜《てきぎ》の技《わざ》を施《ほどこ》すのである。

一九七

敵《てき》が腰《こし》投《な》げにて、我《われ》を倒《たふ》さんとする時《とき》は、どうして防《ふせ》ぐか。

腰《こし》投《な》げを防《ふせ》ぐには、上體《じやうたい》を反《そ》るやうにするか、體《たい》を下《おろ》して兩肱《りやうひぢ》を下《した》より捕《とら》へて敵《てき》の接近《せつきん》するのを防《ふせ》げば可《よ》いのである。

一九八

敵《てき》我《わ》れの右《みぎ》脇《わき》下《した》へ頭《あたま》を差《さし》入《い》れ、兩手《りやうて》を我《わ》が兩手《りやうて》の上《うへ》より、右手《みぎて》に、我《わ》が後褌《うしろみつ》を取《と》り、左手《ひだりて》に我《わ》が右腕《みぎうで》の上部《じやうぶ》を持《も》ち、體《からだ》を後《うしろ》に反《そ》りて、我《わ》れを後《うしろ》に投《な》げんとする時《とき》は、どうして防《ふせ》ぐか。

急激《きうげき》に膝《ひざ》を屈《かゞ》めて體《たい》を下《おろ》せば防《ふせ》ぐ事《こと》が出來《でき》るのである。

一九九

敵《てき》我《わ》れの兩襟《りやうえり》を取《と》つて十字《じ》に首《くび》を締《し》めんとする時《とき》は、どうして防《ふせ》ぐか。

我《わ》れ敵《てき》の下《した》にある時《とき》は、敵《てき》の首《くび》を兩手《りやうて》に抱《かゝ》へて之《これ》を倒《たふ》しながら上《うへ》に乘《の》るか、我《わ》れ上《うへ》にあつて、下《した》より絞《しめ》られし時《とき》は、敵《てき》の頭《あたま》を抱《かゝ》へ、我《わ》が胸《むね》を敵《てき》の上《うへ》に擦《す》るやうにして前《まへ》へ乘《の》り出《いだ》せば防《ふせ》ぐ事《こと》が出來《でき》るのである。

二〇〇

强敵後方《きやうてきこうはう》より我《わ》れを抱止《だきと》めたる時《とき》は、どうして之《これ》を脫《ぬ》けるか。

踵《かゝと》にて後方《こうはう》へ睾丸《きんだま》を蹴《け》上《あ》げるか、後頭《こうとう》にて敵《てき》の面部《めんぶ》を當《あ》てるのである。

二〇一

強力《がうりき》の敵前面《てきぜんめん》より我《わ》が帶《おび》を固《かた》く握《にぎ》りたる爲《ため》、逃《にげ》る事《こと》の出來《でき》ぬ時《とき》は、どうすれば可《よ》いか。

拳《こぶし》を固《かた》めて敵《てき》の眼《め》と眼《め》の間《あひだ》を力《ちから》一杯《はいつ》突く。

二〇二

高《たか》き處《ところ》から水中《すゐちう》に飛入《とびい》るには、どうしたら安全《あんぜん》であるか。

水《みづ》の深《ふか》さ五尺以上《しやくいじやう》の所《ところ》へ飛入《とびい》る時《とき》は、『順飛《じゆんとび》』と稱《しよう》する方《はう》法《はふ》を用《もち》ひ、それより淺《あさ》き所《ところ》へ飛入《とびい》るには、『逆飛《ぎやくとび》』と稱《しやう》する方法《はうはふ》を用《もち》ひるが宜《よろ》しい。

『順飛《じゆんとび》』の法《はふ》。先《ま》づ體《たい》を屈《かゞ》めて、膝頭《ひざがしら》を我《わ》が胸部《きようぶ》に接近《せつきん》せしめ、兩脚《りやうあし》の脛《すね》の上《うへ》を兩手《りやうて》を廻《まは》して抱《かゝ》へ、手先《てさ》きを繋《つな》いで水際《みづぎは》まで飛《と》び、將《まさ》に水際《みづぎは》に着《き》かうとする時《とき》手《て》を放《はな》すのである。

『逆飛《ぎやくとび》』の法《はふ》。兩手《りやうて》を眼《め》の下《した》の前方《ぜんぱう》へ伸《の》ばし、又《また》其指《そのゆび》も悉《ことごと》く伸《の》ばし、前方《ぜんぱう》へ俯伏《うつぶし》になる心持《こゝろもち》にて飛入《とびい》り、兩足《りやうあし》の地《ち》を離《はな》るゝや、膝《ひざ》を屈《かゞ》め兩足《りやうあし》を後《うしろ》へ曲《ま》げて反《そ》らし、頭下《あたまさが》りに斜《なゝめ》になつて水中《すゐちう》に落《お》ち潜《くゞ》り入《い》るのである。かく斜《なゝめ》に潜《くゞ》り入《い》るのは、水《みづ》が淺《あさ》いからで、淺《あさ》い所《ところ》へ『順飛《じゆんとび》』で飛《とび》込《こ》むと、怪《け》我《が》をする事《こと》があるから注《ちう》意《い》せねばならぬ。

二〇三

河《なは》を泳《およ》ぎ越《こ》す時《とき》は、どうすれば安《あん》全《ぜん》であるか。

河《かは》を泳《およ》ぎ渡《わた》るには、一直線《ちよくせん》に對岸《むかうぎし》に渡《わた》る事《こと》は困難《こんなん》である。水勢《すゐせい》に壓《お》されて、泳《およ》ぎながら多少《たせう》流《なが》されるものであるから、初《はじめ》から其心持《そのこゝろもち》で、一、二、三と對岸《むかうぎし》へ泳《およ》ぎ着《つ》く目標《めじるし》を定《さだ》めて置《お》き、對岸《むかうぎし》に泳《およ》ぎ着《つ》くまでは、目標《めじるし》に構《かま》はず泳《およ》いで、いよ〱岸《きし》に近《ちか》づいた時《とき》、第《だい》一の目標《めじるし》に、流《なが》れに逆《さか》らはず着《つ》き得《う》るやうなら、之《これ》に向《むか》つて進《すゝ》み、若《も》しそれより下流《かはし》に渡《なが》されて居《ゐ》た場《は》合《あひ》には第《だい》二の目《め》標《じるし》に、又《また》更《さら》にそれより下流《かはしも》に流《なが》された時《とき》は、第《だい》三の目《め》標《じるし》へ泳《およ》ぎ着《つ》くやうにするのである。

又《また》最《さい》初《しよ》から對岸《むかう》へ泳《およ》ぎ着《つ》くまでに、どの位《くらゐ》流《なが》されるかを見《み》定《さだ》め、流《なが》されると思《おも》つただけ豫《あらかじ》め上流《かはかみ》に溯《さかのぼ》つて渡《わた》るが好《よ》い。水《すゐ》勢《せい》に逆《さから》ひ一直線《ちよくせん》に泳《およ》ぎ渡《わた》らうとすると、疲《ひ》勞《らう》して危《き》險《けん》があるばかりか、意《い》外《ぐわい》な下流《かはしも》に流《なが》されて了《しま》ひ、上《じやう》陸《りく》すべき地《ち》點《てん》が無《な》くて大《おほい》に困《こん》難《なん》する事《こと》がある。

全《ぜん》體《たい》、河《か》湖《こ》を泳《およ》ぎ渡《わた》る場《ば》合《めひ》には、對岸《むかう》を見《み》ずに、却《かへつ》てどれ程《ほど》程《およ》いだかと、後方《うしろ》を見返《みかへ》つた方《はう》が好《よ》いものである。かくして河幅《かははゞ》の半《なか》ば以上《いじやう》を泳《およ》いだら、其所《そこ》で初《はじ》めて對岸《むかう》を見《み》ると、まう少《すこ》しだと思《おも》つて、勇氣《ゆうき》が出《で》るから、進《すみ》み方《かた》も自然《しぜん》早《はや》くなるのである。

二〇四

水《みづ》早《はや》き瀬《せ》を泳《およ》ぎ越《こ》すには、どうすれば安全《あんぜん》であるか。

早瀬《はやせ》を泳《およ》ぎ渡《わた》るのは非常《ひじやう》に困難《こんなん》なものであるが、殊《こと》に岩《がん》石《せき》の多《おほ》い水《みづ》の打落《うちおと》して居《ゐ》る處《ところ》の早瀬《はやせ》では、泳《およ》ぐ時《とき》に平常《へいぜい》の如《ごと》く水踏《みづよみ》をすると、足《あし》や膝《ひざ》に岩石《がんせき》が衝《あた》つて怪我《けが》をする事《こと》がある。淺瀬《あさせ》を泳《およ》ぐには、手《て》も足《あし》も充分《じうぶん》左右《さいう》に開《ひら》いて、水面《すゐめん》に身體《からだ》を浮《う》かせ、手足《てあし》にてチョツ〳〵と水《みづ》をあしらい水《みづ》に伸《の》びる心《こゝろ》を止《や》めて泳《およ》ぐのである、水勢《すゐせい》が激《はげ》しいのであるから、自分《じぶん》の力《ちから》で伸《の》さずとも、水《みづ》の力《ちから》で自然《しぜん》に伸《の》せるものである。

又早瀬《またはやせ》を歩《ある》いて渡《わた》るには、左右《さいう》の足《あし》を廣《ひろ》く八天字《てんじ》に踏開《ふみひら》いて渡《わた》るのであつて、足《あし》を廣《ひろ》く踏《ふ》まないと、水勢《すゐせい》に押流《おしなが》されるものであるから、足《あし》の開《ひら》き方《かた》に注意《ちうい》しなければならぬ。

二〇五

渦《うづ》の巻《ま》く水中《すゐちう》を泳《およ》ぐ時《とき》は、どうすれば安全《あんぜん》であるか。

游泳《いうえい》の極意《ごくい》は、總《すべ》て水勢《すいせい》に逆《さか》らはぬやうに柔《やわ》らかに泳《およ》ぐ事《こと》である。だから渦《うづ》の巻《ま》く水中《すゐちう》を泳《およ》ぐには、水勢《すゐせい》に從《したが》つて水中《すゐちう》にて潜《くゞ》り拔《ぬ》ければ、容易《ようい》に泳《およ》ぎ拔《ぬ》けらるものである。それを強《し》いて一直線《ちよくせん》に無理《むり》に泳《およ》ぎ拔《ぬ》けやうとする時《とき》は、渦《うづ》に巻《ま》き込《こ》まれて危險《きけん》である。

二〇六

海《うみ》の高波《たかなみ》を泳《およ》ぐ時《とき》は、どうすれば安全《あんぜん》であるか。

海水《かいすゐ》は川《かは》の水《みづ》の如《ごと》くに流《なが》れぬものであるから、上下《かみしも》が分《わか》らず、又潮《またしほ》の満干《みちひ》で流《なが》れの變《かは》るものである。だから木《み》の葉《は》などを水《みづ》に浮《うか》べて見《み》れば、其《そ》の流《なが》れ方《かた》で知《し》る事《こと》が出來《でき》る。海《うみ》は一寸《ちよつと》泳《およ》ぎ惡《にく》いものであるが、潮《しほ》に從《したが》つて泳《およ》げば、存外《ぞんぐわい》泳《およ》ぎ好《よ》く進《すゝ》みの早《はや》いものである。併《しか》し波浪《はらう》の高《たか》い時《とき》は、なか〳〵困難《こんなん》であるから初心者《しよしんしや》は大《おほい》に注意《ちうい》すべきである。

高波《たかなみ》の中《なか》を泳《およ》ぐには、手《て》も足《あし》も左右《さいう》に柔《やわ》らかにあしらひ、水《みづ》に添《そ》ふて波揚《なみあが》れば波《なみ》に乘上《のりあ》げ、波《なみ》の打込《うちこ》む時《とき》は、氣《き》を静《しづか》にして波《なみ》の内《うら》に入《い》れば、波《なみ》に伴《つ》れて其儘《そのまゝ》身體《からだ》が揚《あが》るものであるから、打込《うちこ》むと揚《あが》る心持《こゝろもち》になり、かくして乗入《のりい》り乗揚《のりあ》げすれば、非常《ひじやう》に面白《おもしろ》く泳《およ》げるものであるが、常《つね》の如《ごと》く泳《およ》がうとすれば、忽《たちま》ち疲《なみ》の底《そこ》に打込《うちこ》まれて一命《めい》を危《あやう》くするものである。

二〇七

遠《とほ》く泳《およ》いで疲《つか》れた時《とき》は、どうすれば安全《あんぜん》であるか。

遠《とほ》く泳《およ》いて疲《つか》れた時《とき》、泳《みづ》の上《うへ》で休息《きうそく》するには、先《ま》づ静《しづか》に仰向《あふむ》きになり、首《くび》も腰《こし》も曲《ま》げずに頭《かしら》の後部《うしろ》を水《みづ》に入《い》れ、顔《かほ》と胸《むね》と兩足《りやうあし》の指《ゆび》とを水面《すゐめん》に出《いだ》し、掌《てのひら》を俯向《うつむけ》て斜《なゝめ》に下《した》の方《はう》へ銜《つ》き、水《みづ》を壓《お》して身體《からだ》を浮《うか》ばせるのである。
頭《かしら》を背《せ》の方《はう》に曲《ま》げて脊骨《せぼね》を窪《くぼ》めれば、水泳《すゐえい》の出來《でき》ぬ者《もの》でも水《みづ》に浮《う》くものであるから、此場合《このはあひ》かくするのであるが、前方《ぜんぽう》が見《み》えぬ爲《ため》に通行《つうかう》の舟《ふね》や橋杭《はしくひ》へ頭《あたま》を打當《うちあ》てる事《こと》であるから大《おほい》に注意《ちうい》せねばならぬ。

二〇五

水泳練習中《すゐえいれんしふちう》。水中《すゐちう》に入《い》る前《まへ》には、どうすれば安全《あんせん》であるか。

水泳《すゐえい》をするのに、時《とき》を構《かま》はず水《みづ》に入《い》るのは危險《きけん》で、期節《きせつ》は大底《たいてい》六月《ぐわつ》から九月《ぐわつ》までゞある。空腹《くうふく》の時《とき》、飲食《いんしよく》の直《す》ぐ後《ご》、疲勞《ひらう》した時《とき》、早朝《さうてう》、惡寒《さむけ》のする時《とき》、頭痛《づつう》のする時《とき》などは水《みづ》に入《い》らぬが宜《よろ》しい。

凡《およ》そ水《みづ》に入《い》る前《まへ》には、先《ま》づ顔面《がんめん》を濡《ぬ》らし、耳《みゝ》、鼻《はな》、眼《め》等《とう》を能《よ》く水《みづ》にて濡《しめ》し、胸《むね》の邊《へん》から二三回《くわい》手《て》にて腹《はら》の下《した》まで撫下《なでおろ》し、充分《じうぶん》に空氣《くうき》を吸込《すひこ》み、心《こゝろ》を落《おち》つけて入《い》るので、耳《みゝ》鼻《はな》眼《め》等《とう》を濡《しめ》すのは、水《みづ》の入《はい》るのを防《ふせ》ぐのである。

護身術　終

大正四年七月十日印刷
大正四年七月十五日發行

定價金參拾八錢

護身術
著作權所有

帝國武道研究會編纂

東京市京橋區南鞘町二十九番地
發行者　西川清吉

東京市神田區表神保町二番地
印刷所　弘文堂印刷所

東京市京橋區南鞘町二十九番地
發行所　興成館書店
（振替東京二七九八八番）

柔道極意図解奥伝　神機活法　空手護身術

※収録した原本書籍の状態によって、文字の欠落や擦れ、頁の汚損・欠損等が見られるが、原本通りのため御了承願います。

愛洲佐々木高明編

神機活法

空手護身術

東京
神武館發行

序

昔しのやうに刀劍その他の武器を白晝公然携へて居た時代にあつても、柔術は一層必要であつた、然るに現代の如く文化の世に於いては軍人や警察官の外には一般の人々がその必要を感じて居らない傾があるが、これは一を知つて二を識らざる者の言ふことである、蓋し柔術と護身とは宛然車の兩輪の如き連鎖がある、且體育上最も緊切なものであつて、大は以て富國强兵の礎となり、小は以て一身の安危に係るものがある、本書は單に武德の神髓を述べ武術活劇の末技のみを云爲するものでは無い、一には空手的彼我對敵の護身術を解き、二は挌物奇正の活智活才を應用的に述べたのである、此に於いて窮理實驗二つながら完きを得ん、かくして元氣内に滿ち綽々として常に餘裕を生じ、以て靈通の妙趣を現ぜん哉、嗚呼天地秀靈の氣凝つては百煉の鐵となり、發しては萬朶の櫻となる、所謂花は櫻木、人は武士たるの美を濟さんことは、眞にこれ吾人の眞面目たり讀者幸ひに靜思以讀せよ、

大正甲子仲春

愛洲生識

神機活法 空手護身術目次

神機活法 空手護身術目次完

神機活法 空手護身術

愛洲佐々木高明編

○空手護身とは何か

○銃劍《じうけん》や棒《ぼう》などの護身器《ごしんき》を携《たづさ》へて居《ゐ》れば、いざと云《い》ふ場合《ばあひ》には護身用《ごしんよう》としてそれ相當《さうたう》に自己《じこ》の身邊《しんぺん》を護《まも》ることが出來《でき》るけれども、これは誰《だれ》でも出來《でき》ることであるが、實際空手《じつさいからて》で身《み》を護《まも》ると云《い》ふことは、誰《だ》れも一様《やう》に出來《でき》るとは言《い》へない、これには相當《さうたう》の修養《しうよう》が必要《ひつえう》である。何人《なにびと》と雖《いへど》も心身《しん〳〵》の鍛錬《たんれん》により此《こ》の空手《くうしゆ》護身術《ごしんじゆつ》を習得《しうとく》したらんには、何等《なんら》の護身用具《ごしんようぐ》を用《もち》ゐずして自身《じしん》を護《まも》ることは言《い》ふに及《およ》ばず、一氣《き》相手方《あひてかた》の虚《きよ》を衝《つ》いて勝《かち》を得《う》ることが出來《でき》るのである。これ皆《みな》心身《しん〳〵》の鍛錬《たんれ》によつて何人《なにびと》でも自由自在《じゆうじざい》に習《なら》ひ得《え》らるゝのである。

○この空手護身術《くうしゆごしんじゆつ》を修得《しうとく》するには、先《ま》づ啊吽《あうん》の呼《こ》吸《ゆう》と氣合活法《きあひくわつはふ》とを能《よ》く練習《れんしう》し且《かつ》心身《しん〳〵》の鍛錬《たんれん》により信念《しんねん》を凝集《ぎしう》し以《もつ》て身內《みうち》に潜《ひそ》んで居《ゐ》る、偉大《ゐだい》なる力《ちから》の現《あら》はれんことを期《き》さなければならない、それには柔道《じうどう》を心得《こゝろえ》て置《お》く必要《ひつえう》がある。武術《ぶじゆつ》に就《つ》いては己《おの》れが體《からだ》のみではなく、相手《あひて》の體《からだ》をも、共《とも》に我《わ》が心《こゝろ》となし心《こゝろ》のまゝに體《かゝだ》を使《つか》はなければならぬのである。即《すなは》ち同化《どうくわ》された五體《たい》はその靈妙《れいめう》なる偉大《ゐだい》なる力《ちから》に依《よ》つて自由《じゆう》に左右《さゆう》することが出來得《できう》るのである。そしてその主要《しゆえう》なるものは氣力《きりよく》であるから、能《よ》く啊吽《あうん》の氣《き》を身體內《しんたいない》に充實《じゆうじつ》せしめ、心身《しん〳〵》一致《ち》の境《けふ》に達《たつ》するやう修練《しうれん》しなければならぬ。

○そこで氣《き》を心《こゝろ》の客《きやく》として啊吽《あうん》の息《いき》を詰《つ》めて五臟《ざう》六腑《ぶ》へ氣《き》を充《み》たし、吸《ひ》く息《いき》を陰《いん》となし、吐《は》く息《いき》を陽《やう》にし、陰《いん》の息《いき》を體內《たいない》に罩《こ》め丹田《たんでん》に收《おさ》め臍下《さか》の氣《き》と一致《ち》させ、以《もつ》て天地《てんち》陰陽合體《いんやうがつたい》と稱《しやう》する不動《ふどう》の體《たい》となり、相手《あひて》に對《たい》するならばこの活氣《くわつき》の充實《じゆうじつ》せる氣合《きあひ》に依《よ》つて忽《たちま》ち相手方《あひてかた》を自由自在《じゆうじざい》に爲《な》すことが出來《でき》るのである。即《すなは》ちこの奧儀《いくぎ》に達《たつ》しこの術《じゆつ》を實地《じつち》に活用《くわつよう》するのが空手護身術《くうしゆごしんじゆつ》である。以下章《いかしやう》を追《お》ひて柔道《じうど》柔術《じうじゆつ》の極意《ごくい》を解說《かいせつ》し傍《かたわ》ら護身《ごしん》の要法《えうはふ》を述《の》ぶることにする、故《ゆゑ》に能《よ》く本書《ほんしよ》の各章《かくしやう》を通讀《つうどく》し、鍛錬日《たんれんひ》を積《つ》み月《つき》を輕《ふ》るに至《いた》れば知《し》らず識《し》らず、この術《じゆつ》の極意《ごくい》に達《たつ》し、自分《じぶん》ながらその偉大《ゐだい》なる効果《かうくわ》に一驚《けふ》を喫《きつ》するに至《いた》るであらう。

〇要《えう》するに空手護身《くうしゆごし》術《じゆつ》は啊吽《あうん》の呼吸《いき》の一致《ち》とその崩《くづ》しとの活用《くわつよう》の妙《めう》が體現《たいげん》するものである、故《ゆゑ》にこの術《じゆつ》を應用《おうよう》して相手方《あいてかた》に接《せつ》するときは死活《しくわし》速《すみやか》にして自由《じゆう》自在《じざい》に實行《じつかう》さるゝのである。これは單《たん》に自身《じしん》を護《まも》ると云《い》ふのみではなくして、この術《じゆつ》を習得《しうとく》し以《もつ》て人事《じんじ》百般《ぱん》の事《こと》に應用《おうよう》せば、常《つね》に事《こと》に當《あた》り物《もの》に接《せつ》して機先《きせん》を制《せい》し優勝者《ゆうしやうしや》の地位《ちゐ》を占《し》むることが出來《でき》るのである。此《かく》の如《ごと》く一身上《しんじやう》に就《つ》いても重大《じうだい》なる關係《くわんけい》があり、社交上《しやかうじやう》に就《つ》いても亦頗《まれすこぶ》る有効《いうかう》のものであることは明《あき》らかなる理《り》である。然《しか》れば空手護身術《くうしゆごしんじゆつ》を習得《しうとく》する上《うへ》に於《お》いては柔道柔術《じうどうじうじゆつ》は一と通《とほ》り心得《こゝろえ》て置《お》けば宜《よ》いのである。要《えう》は啊吽《あうん》の氣《き》と氣合《きあひ》の妙趣《めうしゆ》とがその主要《しゆえう》なるものであることを能《よ》く理解《りかい》しなければならぬ。

○啊吽の活法

○綱要《かうえう》（調整座法《こうせいざはふ》）

一嚴然《げんぜ》として正身端座《せいしんたんざ》すること、
二心《こゝろ》を靜《しづ》かに平《たひ》らにし純一《じゆん》にすること、
三他《た》の方面《はうめん》に散亂《さんらん》したる雜念《ざつねん》を排除《はいぢよ》すること、
四下腹部《かふくぶ》に力《ちから》を籠《こ》むること、
五眼《め》を中正《ちうせい》の一點《てん》に止《とゞ》むること、

○啊《あ》とは即《すなは》ち下腹《したはち》の力《ちから》が拔《ぬ》け氣《き》も心《こゝろ》も浮動《ふどう》し自己《じこ》の本體《ほんたい》を喪失《さうしつ》し居《を》る時《とき》の狀態《じやうたい》を云《い》ふ。

(息《いき》を吐《は》く場合《ばあひ》は人《ひと》の弱點《じやくてん》を現《あら》はす時《とき》である)

○吽《うん》とは即《すなは》ち下腹《したはら》に充分《じゆうぶん》力《ちから》が籠《こも》り身《み》にも心《こゝろ》にも毛筋程《けすぢほど》の隙《すき》もなく油斷《ゆだん》もなき時《とき》の狀態《じやうたい》を言《い》ふ。

(息《いき》を吸《す》ふ場合《ばあひ》は偉大《ゐだい》なる力《ちから》が伴《ともな》つて居《ゐ》る時《とき》である)

○此《こ》の修養《しうやう》に依《よ》り滿《まん》十二日間《にちかん》を經過《けいくわ》せば自《みづか》ら超人的《てうじんてき》作用《さよう》の現象的能力《げんしやうてきのうりよく》を體得《たいとく》しその妙趣《めうしゆ》を悟得《ごとく》するに至《いた》れば瞬間《しゆんかん》に容易《たやす》く之《こ》れを行《おこな》ふことを得《う》ると共《とも》に、精銳《せいえい》勁敏《けいびん》なる精神《せいしん》は常《つね》に凜然《りんぜん》として威力《ゐりよく》を備《そな》へ、身體《しんたい》は益々《ますます》強健《きやうけん》となり、從《したが》つて意《い》思《し》は鞏固《けふこ》不動《ふどう》となり、如何《いか》なる重大事《じうだいじ》に觸接《しよくせつ》するも、更《さ》らに心身《しんしん》を動搖《どうよう》することなく、能《よ》く機宜《きぎ》の處置《しよち》を爲《な》し得《え》らるゝのである。

○啊吽呼吸實習法

一先《ま》づ正身端座《せいしんたんざ》姿勢《しせい》を整《とゝの》へたる後《のち》、徐《おもむ》ろに左《さ》の呼吸法《こきふはふ》を行《おこな》ふ。

○息《いき》を吸《す》ふときには腹凹《はらへこ》まさぬようにし、吐《は》くときも亦凹《またへこ》まさぬやうにす、そして吸《す》ふときには充分《じゆうぶん》に肩《かた》を上《あ》げ胸《むね》を張《は》り吐《は》くときには綿々《めん〳〵》として肩《かた》を下《さ》げ胸《むね》を窄《すぼ》め、充分《じゆうぶん》に腹《はら》を前《まへ》の方《はう》へ膨《ふく》らし息《いき》の盡《つ》きるまで吐《は》くやうにする、兩《りやう》手《て》は何時《いつ》も腋《わき》の下《した》に當《あ》てるのである。

○呼吸修養の眼目

呼吸《こきう》を行《おこな》ふのは臍下《せいか》丹田《たんでん》に全身《ぜんしん》の力《ちから》を集中《しうちう》せんが爲《た》めである。故《ゆゑ》に下腹部《かふくぶ》の凡《すべ》ての部分を殺《ころ》してその力《ちから》を拔《ぬ》くこと、臍以上《へそいじやう》は空虚《くうきよ》にして力《ちから》を入《い》れぬこと下腹《したはら》を張《は》つて全身《ぜん》の力《ちから》を下腹《したはら》に籠《こ》むること。

○啊吽呼吸法に就いての注意

啊吽《あうんて》呼吸法《きうこふ》を行《おこな》ふに當《あだ》りては、我《わ》が身體《しんたい》は我れの支配《しはい》する所《ところ》にして斷乎《だんこ》として他《た》の侵害《しんがい》を許《ゆる》さず、と決意《けつい》し苟《いやし》くも私欲《しよく》あらば我《わ》れ何《なん》ぞ外物《ぐわいぶつ》の爲《た》めに我《わ》が心《こゝろ》を奪《うば》はれんやと奮起《ふんき》すべし、又病患《またびやうわん》あらんか、我《わ》れに強大なる抵抗力《ていかうりよく》あり瞬時《しゆんじ》も我《わ》が身體《しんたい》を侵《おか》すことなし速《すみや》かに去《さ》れと、滿身《まんしん》の力《ちから》を罩《こめ》て體内《たいない》の活氣《くわつき》を排出《はいしゆつ》することにせよ、純良《じゆんれう》なる血液《けつえき》は全身《ぜんしん》に循環《じゆくわん》し健康無比《けんこうむひ》の狀態《じやうたい》に入《い》るに至《いた》るのである。

○この啊呍呼吸《ううんこきふ》の法《はふ》を修得《しうとく》しこれを實地《じつち》に應用《おうよう》し以《もつ》て氣合《きめい》の妙味《めうみ》を發現《はつげん》するに於《お》いては眞《しん》に空手護身《くうしゆごしん》の妙術《めうじゆつ》に達《たつ》し、到《いた》る所無敵《ところむてき》となるに至《いた》るや必然《ひつぜん》である、そしてその修法《しうはふ》は成《な》るべく早朝《さうてう》に行《おこな》ふを適良《てきれう》とするのである。若《も》し早朝《さうてう》に行《おこな》ふことを得《え》ざる人《ひと》は夜間《やかん》に行《おこな》ふも差支《さしつかひ》なしとす、即《すなは》ち一回《くわい》の修法時間《しうはふじかん》は十分間《ぶんかん》以上《じやう》二十分間以内《ぶんかんいない》とす、一朝熟達《ちやうじゆくたつ》する上《うへ》に於《おい》ては時《とき》と場所《ばしよ》とを問《と》はず、隨時隨所《ずゐじずゐしよ》何《いづ》れの箇所《かしよ》にてもこれを行《おこな》ふことを得《う》るのである。

○氣合活法

氣合術《きあひじゆつ》は、啊吽呼吸術《あうんこきうじゆつ》を修得《しうとく》したる上《うへ》にて行《おこな》ふものである。即《すなは》ち前節《ぜんせつ》に於《お》いて解說《かいせつ》したる正身端座《せいしんたんざ》により、完全《くわんぜん》に姿勢《しせい》を整《ととの》へ、啊吽《あうん》の呼吸《こきう》を行《おこな》ひ、心氣《しんき》鎭靜《ちんせい》したるを待《ま》つて、兩手《りやうて》を兩方《りやうはう》の腋《わき》の下《した》に當《あ》て下腹部《かふくぶ》に力《ちから》を籠《こ》め、背《せ》を少《すこ》し延《のば》し眼を相手方《あひてかた》の心臟部《しんざうぶ》に注《そゝ》ぐことに心得《こゝろえ》、エイッエイッと掛聲《かけごゑ》を發《はつ》するのである。此くして鍛錬《たんれん》して行《ゆ》くときは、自《みづか》ら氣合《きあひ》の術《じゆつ》に熟達《じゆくたつ》し、追々《おひ／＼》鍛錬《たんれん》するに從《したが》ひ、隨時隨所《ずゐじずゐしよ》に於《お》いて咄嗟《とつさ》の間《あひだ》にこれを行《おこな》ふことを得《う》るのである。要《えう》は專《もつぱ》ら心身《しん／＼》を鍛錬《たんれん》して不斷《ふだん》に修行《しうかう》するにあるのである。それには氣力《きりよく》を發揚《はつよう》するが爲《た》め時々《とき／＼》早起《はやおき》し新鮮《しんせん》なる空氣《くうき》を吸《す》ひながら庭前《ていぜん》又《また》は森林《しんりん》若《も》しくは小高《こだか》き所《ところ》に登《のぼ》りて大聲《おほごゑ》を發《はつ》することが必要《ひつえう》である。

○柔道とはどんなものか

○そも〳〵柔道《じうどう》とはどんなものかと言《い》へば、それは元《もと》より武術《ぶじゆつ》の一つであることは勿論《もちろん》である。即《すなは》ち身體《しんたい》の力《ちから》と動作《どうさ》とを以《もつ》て相手《あひて》を攻撃《こつげき》し又《また》は自身《じしん》を防禦《ばうぎよ》する術《じゆつ》であるのである。そしてこの柔道《じうどう》が武術《ぶじゆつ》であるけれどもその特色《とくしよく》とする點《てん》は那邊《なへん》に在《あ》るかといへば、素手《すで》で動作《どうさ》すると言《い》ふことである。一體《たい》武術《ぶじゆつ》といへば劍道《けんどう》その他《た》の如《ごと》く竹刀《しない》又《また》は槍長刀弓矢《やりなぎなたゆみや》等《とう》を用《もち》ゆるものなれども、獨《ひと》り柔道《じうどう》にあつては武器《ぶき》や用具《ようぐ》等《とう》は更《さ》らにこれを要《えう》しないのである。

○この柔道《じうどう》の起源《きげん》を討究《たうきう》するに實際《じつさい》は明《あき》らかに分《わか》らない、大體《だいたい》支那《しな》から傳《つた》はつて來《き》たと云《い》ふ説《せつ》もあれど、矢張《やは》り茫漠《ばうばく》として判然《はんぜん》しない。即《すなは》ち柔道《じうどう》が一個の技《ぎ》術《じゆつ》としてその體裁《ていさい》を備《そな》へて來《き》たのは中古《ちうこ》の時代《じだい》であつて、何人《なにびと》がそれを創始《し》したと云《い》ふ譯《わけ》でもなく、長《なが》い年月《としつき》の間《あひだ》多《おほ》くの武藝者《ぶげいしや》によつて鍛錬され工夫《くふう》されて次第《しだい》に進歩《しんぽ》發達《はつたつ》して遂《つひ》に今日《こんにち》の如《ごと》くになつたのである。そして柔道《じうどう》と云《い》ふ名稱《めいしよう》も亦《また》そう古《ふる》いものでなくして極《きは》めて新《あら》しいものである、一昔《むかし》は柔術《じうじゆ》、和《やわら》、體術《じゆつ》、捕手《ほしゆ》、拳法《けんぽふ》、白打《はくだ》、小具足《こぐそく》、搏打《はくだ》、死活術《しくわつじゆつ》、組打《くみうち》、手搏《てうち》等《とう》と云《い》ふ名稱《めいしよう》の下に行《おこな》ほれて居《ゐ》たのである。そして此等《これら》の諸種《しよしき》の名稱《めいしよう》の下《もと》に行《おこな》はれて來《き》た術《じゆつ》も皆《みな》その主《しゆ》とする所《ところ》の技《わざ》を異《こと》にして居《ゐ》たのである。從《したが》つてその中《なか》に種々《しゆじゆ》の流派《りうは》が生《うま》れたのである。楊心流《ようしんりう》、竹内流《たけうちりう》、關口流《せきぐちりう》、福野流《ふくのりう》、起倒流《きたうりう》、天神眞揚流《てんしんしんようりう》、扱心流《きうしんりう》、澁川流《しぶかはりう》、夢想流《むさうりう》、無念流《むねんりう》、柳生流《やぎうりう》、荒木流《あらきりう》、本傳《ほんでん》三浦流《うらりう》、水月流《すゐげつりう》、鞍馬流《くらまりう》等《とう》はその重《おも》なる流派《りうは》である。今此《いまこゝ》に注意《ちうい》して置《お》くことがある。それは柔道《じうどう》と柔術《じうじゆつ》と云《い》ふことであるが、一言《ごん》にしてこれを言《い》へば柔道《じうどう》は相手《あひて》の力《ちから》を利用《りよう》して柔術《じうじゆつ》を行《おこな》ふものであるといつてよい。即《すなは》ち柔道《じうどう》は正《しやう》で柔術《じうじゆつ》は從《じう》であるのである此《こ》の點《てん》を能《よ》く理理《りかい》して置《お》かねとそれ等《ら》の極意《ごくい》に達《たつ》することが出來《でき》ない。柔術《じうじゆつ》は柔能く剛《ごう》を制《せい》するの意《い》で强者《けうしや》の腕力《わんりよく》に對《たい》する術《じゆつ》で柔道《じうどう》は剛《ごう》に對《たい》する道《みち》を言《い》ふのである。心膽《しんたん》の練習《れんしう》や修養《しうよう》と云《い》ふのはそれである、されば柔道《じうどう》と柔術《じうじゆつ》とを混同《こんどう》してはならぬ。現代《げんだい》の如《ごと》くに柔道《じうでう》と柔術《じうじゆつ》とを混同《こんどう》して道《どう》も術《じゆつ》も同《おな》じやうに呼《よ》んで居《を》るのは、その道《みち》や術《じゆつ》に達《たつ》する順序《じゆんじよ》からいつても穩當《おんたう》ではない、この點《てん》は大《おほ》いに注意《ちうい》を要《えう》することである。

○柔術修得上の利益

○柔術《じうじゆつ》は前章《ぜんしやう》に解説《かいせつ》する如《ごと》く別《べつ》に護身用《ごしんよう》の器具《きぐ》を用《もち》ゐないで相手《あいて》を制服《せいふく》する活《くわつ》術《じゆつ》である。故《ゆゑ》に自身《じしん》の少《すこ》しの力《ちから》を以《もつ》て相手《あひて》の力《ちから》を利用《りよう》して勝利《しやうり》を占《し》むるのであるされば、此《こ》の術《じゆつ》を用《もち》ゆればどんな弱者《じやくしや》でも强者《けふしや》を制服《せいふく》し優《ゆう》に勝利《しやうり》を得ることが出來《でき》るのである。又如何《またいか》なる敵《てき》に對《たい》しても我《わ》が身《み》を安全《あんぜん》に護《まも》ることが出來《でき》る空手護身術《くうしゆごしんじゆつ》の名《な》は此《こ》の術《じゆつ》の上《うへ》にも附《つ》けらるゝのである。今柔術《いまじうじゆつ》を修得《しうとく》したる上《うへ》に於《お》いて得《う》る所《ところ》の利益《りえき》はどう云《い》ふものであるかといへば先《ま》づ左《さ》に擧《あ》ぐるものがその主要《しゆえう》なるものである。

○一身體《しんたい》を健全《けんぜん》にし筋肉《きんにく》の發育を能《よ》くす

凡《およ》そ吾人《ごじん》の動作《どうさ》と云《い》ふものは筋肉《きんにく》の伸縮《しんしゆく》によつて起《おこ》るものである。そして身體《しんたい》の強弱は筋肉《きんにく》の發育《はついく》如何《いかん》に因《よ》るものである。故《ゆゑ》に筋肉《きにく》は使用《しよう》すればする程《ほど》その本質《ほんしつ》を消耗《せうもう》すれども、榮養《えいやう》によりて恢復《くわいふく》することが出來《き》るのである。且《かつ》それを増《ま》すことも出來るこれを新陳代謝《しんちんたいしや》と稱《しよう》するのである。即《すなは》ちこの理から考《かんが》へて見るも柔術《じうじゆつ》が身體《しんたい》に及《およ》ぼす効果《かうくわ》の著大《ちよだい》なることが分《わか》るのである。

○二道徳心《だうとくしん》を増《ま》し正義《せいぎ》を重《おも》んず

○柔術《じうじゆつ》を修行《しうかう》したる者《もの》は道徳《だうとく》を守《まも》り正義《せいぎ》を重《おも》んずるに至《いた》るのである。又他人《またたにん》に對《たい》して禮儀《れいぎ》を厚《あつ》くし自己《じこ》に在《あ》つては能《よ》く進退去就《しんたいきよしう》を中節《ちうせつ》にし忍耐《にんたい》の心強《こころづよ》く百難《なん》に遇《あ》ふも決《けつ》して屈《くつ》することがない。

○三智力《ちりよく》を増《ま》し記憶力《きおくりよく》強大《けうだい》となる

○柔術《じうじゆつ》が進《すゝ》むに從《したが》ひ智《ち》識增進《しきぞうしん》し記憶力《きおくりよく》も亦强大《またけうだい》となる。從《したが》つて事《こと》に接《せつ》し物《もの》に觸《ふ》れ注意力深《ふか》くなり、總《すべ》ての事物に對《たい》し觀察力《くわんさつりよく》增大となるに至《いた》るを以て常識《じやうしき》の觀念《くわんねん》に富《と》み、心身《しんしん》に餘裕《よゆう》を生《せう》じ言辭明瞭《めいれう》となり寬宏雄大人格《くわんこうゆうだいじんかく》を高《たか》むるに至《いた》る。

○室手《くうしゆ》で相手《あひて》を制服《せいふく》す

○柔術《じうじつ》を修得《しうとく》して居《ゐ》るとどんな場合《ばあひ》でも後《おく》れを取《と》るやうなことが無《な》い、如何《いか》に無鐵砲《むてつぱう》な者《もの》でも向《むか》ふ見《み》ずの者《もの》が自身《じしん》に向《むか》つて來《き》たとするも、その刹那氣合《せつなきあひ》を以《もつ》て相手《あひて》の氣勢《きせい》を挫《くぢ》き咄嗟《とつさ》の間《あひだ》に機先《きせん》を制《せい》し勝《か》ちを得《う》るに至《いた》るのである。

○柔術修行に就ての心得

○第《だい》一　一心不亂《しんふらん》になれ

如何《いか》なる事《こと》でも一心不亂《しんふらん》になりその事《こと》に向《むか》つて獅子《しし》奮迅《ふんじん》の勢《いきほひ》を以《もつ》て修行《しうかう》しなければ決《けつ》して堂奥《どうおく》に入《い》ることは出來《でき》ない。古《いにし》への武藝者《ぶげいしや》と云《い》はれたる人々《ひとびと》は皆《みな》一心不亂《しんふらん》に修行《しうかう》し事《こと》は神明《しんめい》に擔《ちか》ひ鍛錬《たんれん》に鍛錬《たんれん》を重《かさ》ね、臥薪嘗膽心《ぐわしんせうたんこゝろ》を練《ね》つたものである。故《ゆゑ》に非常《ひじやう》なる決心《けつしん》と覺悟《かくご》とを以《もつ》て倒《たふ》れて後《のち》に已《や》むと云《い》ふ底《てい》の不《ふ》動心《どうしん》がなければならぬ。

○第《だい》二　容易《たやす》く心《こゝろ》を動《うごか》してはならぬ

一旦柔術《たんじうじゆつ》を修行《しうかう》する上《うへ》は如何《いか》に苦心《くしん》するとも、如何《いか》なる危險《きけん》を感《かん》ずるとも決《けつ》して中途《ちうと》で心《こゝろ》を動《うごか》してはならぬ。飽《あく》までも初《しよ》一念《ねん》を貫《つらぬ》くと云《い》ふ最大強固《さいだいけうこ》の決《けつ》心《しん》を持《ち》たなくてはならぬ。常《つね》に心《こゝろ》正《たゞ》しく落附《おちつ》いて居《ゐ》て、假令《たとえ》泰山《たいざん》前《ぜん》面に倒《たほ》るゝも恐《おそ》れず波濤背後《はたうはいご》に迫《せま》るも屈《くつ》せず、泰然自若《たいぜんじじやく》として毫《がう》も恐怖《けうふ》せざる底《てい》の沈勇《ちんゆう》の態《たい》度を持《も》たねばならぬ。

○第《だい》三心膽《しんたん》を練磨《れんま》せよ

總《そう》じて武術《ぶじゆつ》と云《い》ふものは心膽《しんたん》を練磨《れんま》することが肝要《かんえう》である。柔術修行中《じうじゆつしゆぎやうちう》は大《たい》敵《てき》と見《み》て恐《おそ》るゝ勿《なか》れ、小敵《せうてき》と見《み》て侮《あなど》る勿《なか》れと云《い》ふ金言《きんげん》を能《よ》く守《まも》りて一擧手《きよしゆ》一投足輕卒《とうそくけいそつ》にしてはならぬ、且《かつ》常《つね》に心膽《しんたん》を練《ねる》ことを怠《おこた》つてはならぬ。それには如何《いか》なる場合《ばあひ》でも沈勇《ちんゆう》にして綽々餘裕《しやくしやくよゆう》あるやうに心掛《こゝろが》けねばならぬ。

○第《だい》四　無我《むが》なれ無心《むしん》なれ

如何《いか》なる事《こと》でも不動《ふどう》の鐵石心《てつせきしん》を持《も》ち且沈着心《かつちんちやくしん》を有《いう》して居《ゐ》ないと完全《くわんぜん》に遂行《すいかう》することが出來《でき》ない。向《むか》つて來《く》る敵《てき》に對《たい》しては心《こゝろ》を鎭《しづ》めて居《ゐ》なければならない急《いそ》いではならぬ。そして機先《きせん》を制《せい》して勝《かち》を得《え》ねばならぬ。それには無我無心《むがむしん》で無《な》ければならない。

○第《だい》五　誰《だれ》でも相手《あひて》にせよ

柔術《じうじゆつ》を習《なら》ふに就《つい》ては相手《あひて》を毛嫌《けぎら》ひしてはならぬ、誰《だれ》でも撰《えら》ばず相手《あひて》にするが宜《よ》い、相手《あひて》を撰《えら》むやうでは決《けつ》して上達《じやうたつ》するものでない、故《ゆゑ》にどんな人《ひと》でも相《あひ》手《て》となし一生懸命《しやうけんめい》に修行《しうかう》しなければならぬ。それから自身《じしん》より上手《うわて》の者《もの》に對《たい》しても亦下手《またしたて》の者《もの》に對《たい》しても親切《しんせつ》と禮儀《れいぎ》とを守《まも》りて、上下《じやうげ》の區別《くべつ》をしてはならぬ。

○第六《だい》　態度《たいど》を柔順《じうじゆん》にせよ

如何《いか》なる事《こと》に對《たい》しても柔順《じうじゆん》でないと上達《じやうたつ》するものでない、殊《こと》に自分《じぶん》より先輩《せんぱい》の人《ひと》に對《たい》しては最《もつと》も態度《たいど》を柔順《じうじゆん》にしなければならぬ。決《けつ》して自慢《じまん》、强情《ごうじやう》、ではならない。

○第七《だい》　禮儀《れいぎ》を守《まも》れ

人《ひと》として禮儀《れいぎ》を守《まも》ると云《い》ふことは最《もつと》も大切《たいせつ》の事《こと》であるが、柔術《じうじゆつ》を習《なら》ふ者《もの》には特《とく》にその必要《ひつえう》を感《かん》ずるのである。昔《むかし》は武士《ぶし》は禮節《れいせつ》で生きて行《ゆ》くとまで言《い》はれた位《くらゐ》である。

○第八《だい》　稽古《けいこ》は眞面目《まじめ》にして氣《き》を滿《み》たせ

柔術《じうじゆつ》の稽古《けいこ》はどこまでも眞面目《まじめ》でなければならぬ。決《けつ》して苟《いやし》くもしてはならぬ。それから稽古《けいこ》に臨《のぞ》んでは、滿身《まんしん》總て力《ちから》と云ふやうに全身《ぜんしん》に氣力《きりよく》を滿たし毛筋程《けすぢほど》も隙《すき》のないやうにせねばならない、假令《たと》へば十一面觀世音《めんくわんぜおん》のやうに心《こゝろ》は一つでも十方《はう》に働《はたら》きを現《あら》はし、摩利支天《まりしてん》のやうに心《こゝろ》は一つでもその心《こゝろ》が六つの手《て》に行《ゆ》き渡《わた》つて居《ゐ》ると云《い》ふやうにして我《わ》が身《み》に隙《すき》のないやうにせんければならぬ。

○第《だい》九　相手《あひて》を侮《あなど》つてはいけぬ

獅子《しし》が兎《うさぎ》を捕《とら》ふるには決《けつ》して油斷《ゆだん》せず輕々《かる〲》しくしない。兎《うさぎ》のやうなか弱《よわ》い小《せう》獸《じう》を捕《とら》ふるにも全身《ぜんしん》の力《ちから》を注《そゝ》いで向《むか》ふのである。故《ゆゑ》に決《けつ》して捕《と》り損《そこな》ふことがない。大敵《たいてき》と見《み》て恐《おそ》れず小敵《せうてき》と見《み》て侮《あなど》らずとはこの謂《い》ひである。柔術《じうじゆつ》を習《なら》ふ者《もの》は特《とく》に此《こ》の點《てん》に留意《りうい》しなければならぬ。

○第《だい》十　品性《ひんせい》と高潔《かうけつ》にせよ

柔術《じうじゆつ》を習《なら》ふ者《もの》は常《つね》に品行《ひんかう》を愼《つゝし》み虚飾《きよしよく》に流《なが》れずどこまでも、穩健《おんけん》で着實《ちやくじつ》でなければならない。苟《いやし》くも酒食《しきしよく》に溺《おぼ》れるやうな事《こと》があつてはならぬ。酒食《しゆしよく》に心《こゝろ》を奪《うば》はるゝと自然品性《しぜんひんせい》が亂《みだ》れ隋弱《だじやく》に流《なが》れ氣力《きりよく》が消耗《せうもう》して稽古《けいこ》を眞面目《まじめ》にすることが出來《でき》ない。

○柔術修行に就ての順序

○柔術《じうじゆつ》を習《なら》ふに就《つい》てはその順序《じゆんじよ》を心得《こゝろえ》て置《お》かなければならぬ。先《ま》づ双方共《さうはうとも》に組《くみ》つき始《はじ》めたるときは、先《ま》づ釣込《つりこ》みを掛《か》け、次《つ》ぎに崩《くづ》し、それから掛《か》け技《わざ》と云《い》ふ順《じゆん》になつて行《ゆ》くのであるけれども、時《とき》としては釣込《つりこ》みから他《た》の釣込《つりこ》みに移《うつ》ることもある。これは臨機應變《りんきおうへん》の處置《しよち》を施《ほどこ》さなければならぬ。又相手《またあひて》の手《て》をば防禦《ばうぎよ》する場合《ばあひ》もある。それから又防《またふせ》ぎから再《ふたゝ》び釣込《つりこ》みに移《うつ》ることもある。そう云《い》ふ順序の下《もと》に成《な》るべく空《むだ》な手《て》を使《つか》はぬやうにせねばならぬ。尚《な》ほ相手《あひて》の仕掛《しか》けやうによりて千變萬化《せんぺんばんくわ》することは免《まぬ》かれない。そこで技《わざ》の順序《じゆんじよ》とはどう云《い》ふものであるかと言《い》へば、或技《あるわざ》を施《ほどこ》して相手《あひて》がそれを防《ふせ》ぎたる場合《ばあひ》に此方《こつち》では反對《はんたい》にそれを利用《りよう》して次《つ》ぎの技《わざ》に掛《か》る。再《ふたゝ》び相手《あひて》がその技《わざ》を防《ふせ》ぎたるとき、相手《あひて》の掛《か》けやうで更《さ》らに次《つ》ぎの技《わざ》を掛《か》くるのである。又相手《またあひて》が或技《あるわざ》を掛《か》けて來《き》たときにそれを防《ふせ》ぎ反對《はんたい》にその働《はたら》きを利用《りよう》して此方《こつち》から掛《か》け技《わざ》を施《ほどこ》すのである。此《か》くして双方共《さうはうとも》に亂鬪《らんとう》に入《い》るのである。左にその技《わざ》の順序《じゅんじょ》を擧《あ》ぐることにする。

一　浮落《うきおと》し、大外《おほそと》前

二　大外刈《おほそとかり》、巴投《ともえな》げ、大内刈《おほうちがり》

三　巻《ま》き、込《こ》み、縦四方《たてしはう》、逆襟《ぎやくえり》、腕挫《うでくぢ》り

○次《つ》ぎに相手《あひて》と自分《じぶん》との技《わざ》の順序《じゅんじょ》を擧《あ》ぐると左《さ》の如《ごと》くである。

一　相手《あひて》大外刈《おほそとかり》、我《わ》れ大外刈《おほそとがり》返し

二　相手《あひて》釣込《つりこ》み足《あし》、我《わ》れ小外刈《こそとがり》、相手《あひて》巴投《ともえな》げ、我《わ》れ袈裟固《けさがた》め

三　相手《あひて》片手投《かたてな》げ、我《わ》れ浮腰《うきごし》

四　相手《あひて》裏投《うらな》げ、我《わ》れ移《うつ》し腰《こし》

○以上列擧《いじやうれつきよ》したる順序《じゆんじよ》を能《よ》く辨《わきま》へ、勉《つと》めて空《むだ》な手《て》を使《つか》はぬやうにせねばならぬ

○初心者の注意すべき事項

○柔術《じうじゆつ》は一般《ぱん》に師《し》に就《つ》いて習《なら》ふより外《ほか》に途《みち》がないと云《い》ふけれども決《けつ》してさうではない。柔術《じうじつ》の極意《ごくい》たる微妙《びめう》なる呼吸《こきう》は師《し》に手《て》を取《と》つて教《をし》へらるゝものではない。自《みづか》ら工夫《くふう》發明《はつめい》しなければ達《たつ》せられるものではない。古《いにし》へより一流《りう》を開《ひら》いた名人等《めいじんら》の苦心談《くしんだん》を讀《よ》んでも分《わか》るのである。それ故《ゆゑ》師《し》に就《つ》いて學《まな》ぶと同時《どうじ》に教科書《けうくわしよ》にも據《よ》らなければならぬのである。即《すなは》ち教科書《けうくわしよ》を能《よ》く熟讀《じゆくどく》して殆《ほと》んどそれを暗記《あんき》しなければ何等《なんら》の効《かう》も現《あら》はれぬのである。初心者《しよしんしや》が柔術《じうじゆつ》を修行《しゆかう》するに就《つ》いては先《ま》づ第《だい》一に食事《しよくじ》と稽古《けいこ》の關係《くわんけい》を知《し》つて置《お》かぬと大《おほ》いに不利《ふり》な點《てん》がある。

○大體《だいたい》に於《お》いて食事後《しよくじご》に直《す》ぐ稽古《けいこ》することは宜《よろ》しくない。少《すく》なくとも三十分以上《じやう》を經過《けいくわ》した上《うへ》が最良《さいりやう》の時機《じき》である。そして最《もつと》も烈《はげ》しい稽古《けいこ》をする場合《ばあひ》には食

後《ご》一時間《じかん》以上《いじやう》經過《けいくわ》した上《うへ》が宜《よ》いのである。又《また》それと反對《はんたい》に非常《ひじやう》に空腹《くうふく》の場合《ばあひ》は絶對《ぜつたい》に避《さ》けねばならぬ。これは身體《しんたい》の疲勞《ひらう》を甚《はなは》しく感《かん》ずるからである。それから稽古《けいこ》する前《まへ》には必《かなら》ず兩便《りやうべん》をすることを忘《わす》れてはならぬ。此以外《これいぐわい》の注意《ちうい》すべき事項《じかう》は左《さ》に列擧《れつきよ》することにする。

一身體《しんたい》に力《ちから》を入《い》れ過《す》ぎること勿《なか》れ、

○身體《しんたい》に力《ちから》が入《い》り過《す》ぎると稽古《けいこ》に無理《むり》が生《しやう》じ負傷《ふしやう》することがある。殊《こと》に力《ちから》を入《い》れて居《ゐ》ると疲勞《ひらう》し易《やす》い、

二瞬間《しゆんかん》の隙《すき》を見《み》て技《わざ》を掛《か》けること、

○相手《あひて》の隙《すき》を見《み》て極《きは》めて瞬間《しゆんかん》に技《わざ》を掛《か》けぬと直《す》ぐその機會《きくわい》を失《うしな》つて仕舞《しま》ふことになる、

三左右《さいう》何《いづ》れも利《き》くやうに練習《れんしう》すること

○左《ひだり》でも右《みぎ》でも自由《じゆう》に働《はたら》かせるやうに練習《れんしう》せぬと技《わざ》が片寄《かたよ》つて仕舞《しま》ひ實際《じつさい》

の勝負《しやうぶ》に損《そん》がある、

四手足《てあし》の爪《つめ》を短《ひか》くせよ、

〇手《て》足《あし》の爪《つめ》が伸《のび》て居《ゐ》ると負傷《ふしやう》する虞《おそれ》がある、

五口《くち》を開《ひら》いてするな、

〇稽古《けいこ》の際口《さいくち》を開《ひつ》いて居《ゐ》ると口《くち》が乾《かわ》いて疲勞《ひろう》し易《やす》く且舌《かつした》を嚙《か》む虞《おそ》れがある

六稽古後《けいこご》は必《かな》らず入浴《にうよく》せよ

〇稽古《けいこ》の後入浴《のちにうよく》すると疲勞《ひろう》を恢復《ふくこう》するのみではなく、體育上非常《たいいくじやうひじやう》の効果《かうくわ》がある

七稽《けい》古の後《のち》には必らず運動《うんどう》せよ、

〇稽古《けいこ》を了《おは》りたる後直《のちす》ぐ休息《きうそく》するのは宜《よろ》しくない。最《もつと》も輕《かる》い運動《うんどう》を行《おこな》つてから休息《きうそく》するが呼吸《こきう》を平調《いちゆう》にして良《よ》い。

○道場と禮儀作法

一道場《どうぢやう》は柔術《じうじゆつ》を修行《しうかう》する場所《ばしよ》であつて最《もつと》も清淨《せいじやう》を尊《たつと》ぶのである。故《ゆゑ》にこの場所《はしよ》に對《たい》しては敬意《けいい》を拂《はら》はねばならぬ。道場《どうぢやう》には席《せき》の上下《じやうげ》があつて向《むか》つて正面《せうめん》を師《し》範《はん》の席《せき》とし、それより向《むか》つて右《みぎ》を上席《じやうせき》とし左《ひだり》を下席《したせき》とするのである。或《あるひ》は正面《せうめん》の側《がは》を上席《じやうせき》としそれに對《たい》する所《ところ》を下席《したせき》とする所《ところ》もある。そも〳〵道場《どうぢやう》は武藝《ぶげい》を稽古《けいこ》する場所《はしよ》である。その廣《ひろ》さは人數《にんずう》に對《たい》して一樣《やう》ではない、一組《くみ》即《すなは》ち二人《にん》につき十疊敷位《じようじきぐらゐ》が必要《ひつえう》である。この正式《せいしき》の作《つく》り方《かた》としては、周圍《しうゐ》に羽目板《はめいた》を張《は》り七尺位《しやくぐらゐ》の高《たか》さに武者窓《むしやまど》を設《もう》け、疊《たゝみ》は琉球表《りうきうおもて》にしてその上《うへ》を糸《いと》で十通《とほ》り乃至《ないし》十五通《とほ》り位《ぐらゐ》縫《ぬ》ふものである。床板《ゆかいた》の張《は》り方《かた》は本式《ほんしき》に造《つく》れば非常《ひじやう》に六《むつ》かしいが、つまり彈力性《だんりよくせい》を帶《お》びて居《ゐ》るやうになし、踏《ふ》めば上下《じやうげ》に搖《ゆ》れるやうなのが可《よ》いのである。且《かつ》身體《しんたい》が痛《いた》まぬのが第《だい》一である。

〇禮儀作法《れいぎさはふ》

〇稽古《けいこ》或《あるひ》は仕合《しあ》ひをするときには双方共《さうはうとも》に禮儀《れいぎ》を交《まじ》へねばならぬ、そして古參《こさん》者《しや》又《また》は上段者《じやうだんしや》と仕合《しあ》ふときには自己《じこ》ぱ下席《したせき》について禮《れい》をするのである。禮《れい》の仕《し》方《かた》は、兩足《りやうあし》を爪立《つまだ》て足指《あしゆび》の裏《うら》と膝頭《ひざがしら》とを疊《たゝみ》につけた姿勢《しせい》で、兩手《りやうて》を疊《たゝみ》に突《つ》き、頭《あたま》は肩《かた》の高《たか》さ位《ぐらゐ》まで下《さ》げれば宜《よ》い、此《こ》の禮儀《れいぎ》の仕方《しかた》は柔道《じうどう》の各派《かくは》を通《つう》じての一般《ぱん》の仕方《しかた》である。今《いま》禮儀《れいぎ》を區別《くべつ》すると左《さ》の三通《みとほ》りである。

〇型《かた》の禮儀《いぎ》

型《かた》とは或《あ》る一定《てい》したる技《わざ》の練習《れんしう》である。そしてその技《わざ》を掛《か》ける方《はう》の人《ひと》を捕手《とりて》と云ひ、掛《か》けらるゝ方《はう》の人《ひと》を受手《うけて》と云《い》ふ。捕手《とりて》も受手《うけて》も一定《てい》したる動作《どうさ》の順《じゆん》序《じよ》に從《したが》ひて技《わざ》を掛《か》けまた掛《か》けらるゝのである。故《ゆゑ》に自分勝手《じぶんかつて》の動作《どうさ》をすることは出來《でき》ぬのである。捕手《とりて》が下手《したて》で受手《うけて》が技《わざ》の爲《た》めに倒《たふ》れない場合《ばあひ》であつても型《かた》を行《おこな》ふ場合《ばあひ》には倒《たふ》れなくてはならぬのである。

即《すなは》ち型《かた》とは或《あ》る技《わざ》の行《おこな》はれ方《かた》を示《しめ》す所《ところ》のものである。型《かた》の時《とき》の禮儀《れいぎ》は

初《はじ》め双方《さうはう》十四五尺《しやく》の距離《きより》で互《たが》ひに禮《れい》をなし、禮《れい》が終《をは》つたなら直《す》ぐ靜《しづ》かに立《た》つて双方《さうはう》五六歩《ほ》づゝ進《すゝ》み四五尺隔《しやくへだ》つた所《ところ》に立停《たちど》まりて型《かた》に定《さだ》める所《ところ》の體勢《たいせい》に移《うつ》るのである。

亂捕《らんどり》の時《とき》の禮儀《れいぎ》は

自分《じぶん》が是《こ》れまでに修得《しうとく》したる技《わざ》を勝手《かつて》に應用《おうよう》し相手《あひて》と組打《くみう》ちを續《つゞ》けることである。この場合《ばあひ》の禮儀《れいぎ》も前《まへ》の通《とほ》りであるが、これは時《とき》に相撲《すまう》の勝負《しやうぶ》のやうに行司役《ぎやうじやく》があつて、勝負《しやうぶ》を宣告《せんこく》し一勝負《やうぶ》を以《も》つて亂捕《らんど》りをさせることがある。こう云《い》ふ時《とき》は初《はじ》めに審判者《しんぱんしや》に向《むか》つて一禮《れい》しそれから互《たが》ひに禮《れい》をするのであるそして四五尺《しやく》の所《ところ》に立止《たちど》まつて自分《じぶん》の思《おも》ふまゝの姿勢《しせい》を取《と》ればよいのである

仕合《じあ》ひの時《とき》の禮儀《れいぎ》は

仕合《しあ》ひと云《い》ふのは稽古《けいこ》ではなくして、全《まつた》くの勝負《しやうぶ》であるから禮儀《れいぎ》の仕方《しかた》も前《まへ》

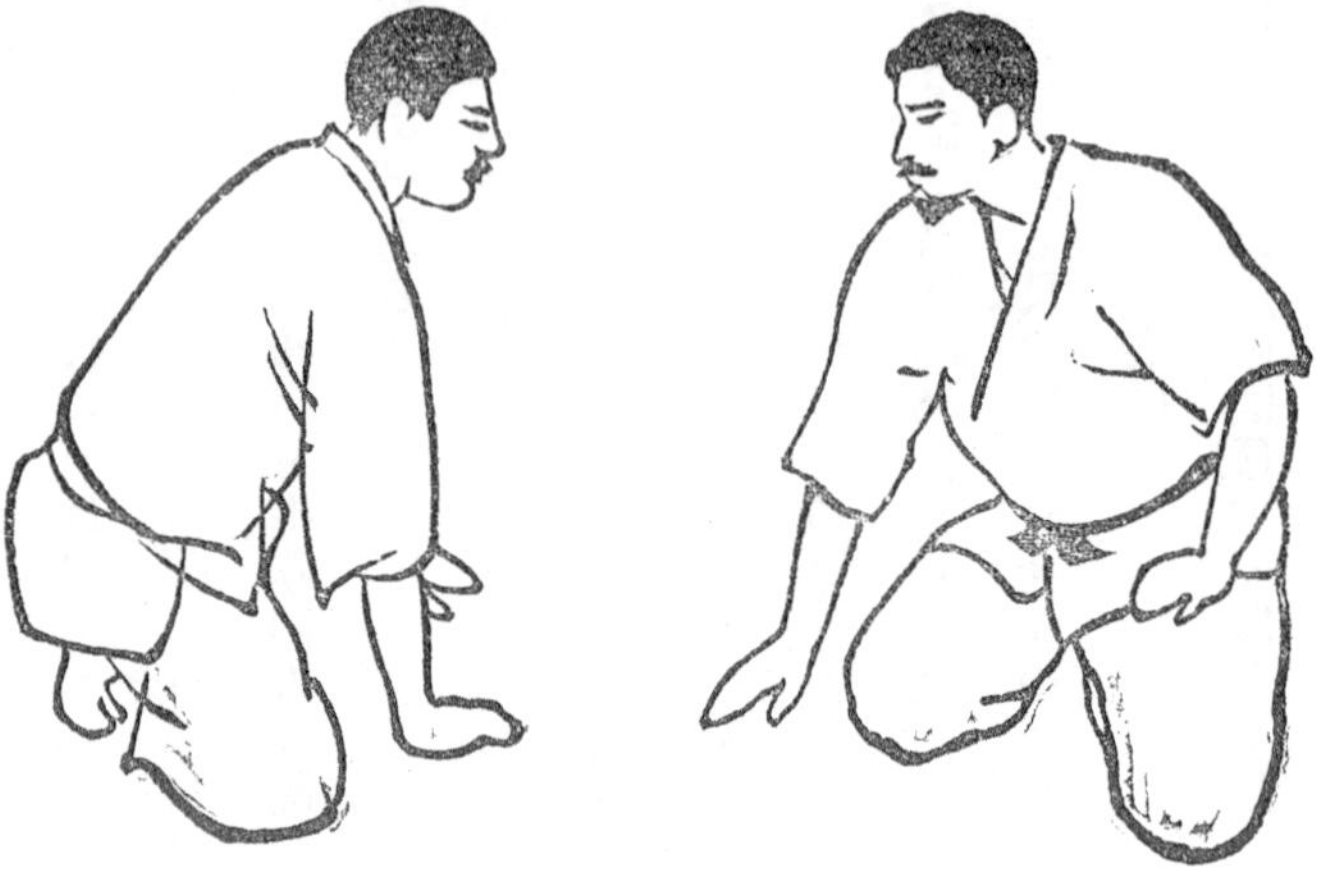

の二者《じや》とは異《こと》なつて居《ゐ》るのである。双方《さうはう》五六尺《しやく》を隔《へだ》てゝ相對《あひたい》し、兩膝《りやうひざ》を開《ひら》いて足《あし》の指《ゆび》の裏《うら》を疊《たゝみ》に着《つ》け蹠《きびす》の上《う》に臀《しり》の載《の》るやうに腰《こし》をおろし、膝頭《ひざがしら》は疊《たゝみ》に着《つ》けず下腹《したはら》を張《は》り出《だ》して兩手《りやうて》を膝頭《ひざがしら》の上《う》に輕《かろ》く置《お》くのである。そして後《のち》に兩手《りやうて》を疊《たゝみ》に突《つ》き上體《じやうたい》を少《すこ》し前《まへ》に倒《た》ほすやうにして、頭《あたま》は下《さ》げず相《あひ》手《て》の方《はう》と眼《め》を見合《みあ》ふのである。この禮《れい》が終《お》はれば立《た》ち上《あが》つて各自《かくじ》の體勢《たいせい》を取《と》るのである。それから勝負《しようぶ》が終《お》はつて互《たが》ひに退《ひ》く時《とき》にも亦《また》前《まへ》と同《おな》じ

やうに禮儀《れいぎ》をせんければならぬのである。

○柔術と掛け聲

○柔術《じうじゆつ》を行《おこな》ふときには型《かた》の場合《ばあひ》でも亂捕《らんどり》の場合《ばあひ》でも仕合《しあ》ひの場合《ばあひ》でも或《あ》る技《わざ》を掛《か》けるに當《あた》りては、必《かな》らず掛《か》け聲《ごゑ》を發《はつ》するものである。これを氣合《きあひ》の聲《こゑ》と云ふのである。この氣合《きあひ》の聲《こゑ》は眞《しん》に太切《たいせつ》なものである。前章《ぜんしやう》の啊吽《あうん》の活法《くわつぽふ》を能《よ》く會《ゑ》得《とく》し常《つね》に修養《しうよう》するのが肝要《かんえう》である。それは技《わざ》を掛《か》けやうとする時《とき》、臍下丹田《さいかたんでん》に力《ちから》を罩《こ》め、全身《ぜんしん》の氣力《きりよく》をその技《わざ》に注入《ちうにう》するのである。この氣合《きあひ》に長《ちやう》ずるときはそれが爲《た》めに技《わざ》が一層《いつそう》冴へて相手《あひて》の者《もの》はその氣合《きあひ》に負《ま》け我《われ》に屈《くつ》するに至《いた》るのである。それは一般《ぱん》に『エイッ』との標語《ひようご》を用《もち》ゆれども、人《ひと》によりて『イヤ』『ヨウ』と云《い》ふのを用《もち》ゆるも差支《さしつか》へはない。

○稽古着に就いて

○柔術《じうじゆつ》を捕《と》るに就《つ》いて用《もち》ゆる所《ところ》の稽古着《けいこぎ》は現代《げんだい》でも昔日《せきじつ》でも多少恰好《たせうかつかう》が異《こと》なれども大體《だいたい》に於《お》いて差《ざ》したる相違《さうゐ》はないのである。今《いま》その仕立方《したてかた》を述《の》ぶると大要《たいえう》左《さ》の如《ごと》くである。

○上衣《うはい》の胴《どう》は白地《しろぢ》晒木綿《さらしもめん》を紺《こん》の糸《いと》にて刺《さ》し、肩《かた》と袖《そで》とは十字《じ》絞《しぼ》りに縫《ぬ》ひ、腰《こし》から下《した》の方《はう》は格子形《かうしがた》に二筋《すぢ》に縫《ぬ》つたのが昔《むかし》の型《かた》である。帯《おび》は半幅《はんはゞ》の木綿《もめん》を縦《たて》に四つ折《をり》にして縫《ぬ》ひ合《あ》はすのである、その縫《ぬ》ひ方《かた》は木地《きぢ》によつて黒《くろ》或《あるひ》は白糸《しろいと》で刺《さ》したのである。そこで現代《げんだい》に於《お》いて用《もち》ゆる所《ところ》の稽古着《けいこぎ》はどんなものかと云ふに、流派《りうは》によつて多少異《たせうこと》なつて居《ゐ》るが、舊來《きうらい》に比《くら》べると丈《たけ》が比較的長《ひかくてきなが》いのと横《よこ》に刺《さ》したゞけで帯《おび》は是《こ》れまでの通《とほ》りである。

一稽古着《けいこぎ》は階級《かいきふ》によつて夫々異《それ〴〵こと》なつて居《ゐ》る。それは黒色《くろいろ》が有段者《だんしや》である。茶色《ちやいろ》は一級《き》と二級《きう》、青色《あをいろ》は三級《きう》と四級《きう》とに區別《くべつ》されて居《ゐ》る。但《たゞ》し股引《もゝひき》は膝《ひざ》の下《した》二三寸位《すんぐらゐ》の所《ところ》で紐《ひも》を締《し》める、稽古《けいこ》の時《とき》には結《むす》ばなくとも宜《よ》いのである。

○爰《こゝ》に稽古着《けいこぎ》に就《つ》いての注意《ちうい》を述《の》ぶることにする。

近來上着《きんらいうはぎ》の袖《そで》の短《みじか》いのを好《この》む風《ふう》があるが。これは稽古《けいこ》の上《う》から言《い》つても面白《おもしろ》くない、殊《こと》に初心者《しよしんしや》にあつては感心《かんしん》しないのである。どう云《う》ふ譯《わけ》かといへば自然防禦《しぜんばうぎよ》の方《はう》に重《おも》きを置《お》き姿勢《しせい》が防禦《ばうぎよ》のみに偏《へん》する憂《うれ》ひがあるからである。且體《かつからだ》の働《はたら》きが不充分《ふじうぶん》で技《わざ》の發達上《はつたつじやう》に少《すくな》からぬ障害《しやうがい》があるのである。大體柔術《だい〳〵じうじゆつ》をとるときに相手《あひて》が假令裸體《たとひらたい》だらうが、どんな着衣《ちやくい》だろうと、それに應《おう》ずる用意《ようい》をして置《お》かねばならぬ、けれども稽古着《けいこぎ》は先《ま》づ昔《むかし》から傳《つた》はつて來《き》て居《ゐ》るものが良《よ》いやうである。

○眞の位(直立體)

柔術《じうじゆつ》には眞《しん》の位《くらい》が一番大切《はんたいせつ》である總《すべ》て單《たん》に武術《ぶじゆつ》のみでなく、總身《さうしん》を活動《くわつどう》させるにはこの眞の位《くらゐ》を取《と》ることは是《もつと》も必要《ひつえう》である、即《すなは》ち直《ちよ》立體《たい》は重心《じうしん》が外《はづ》れぬやうに下腹《したはら》に力《ちから》を入《い》れて固《かた》く口《くち》を結《むす》び無念無《じねんむ》想《さう》の態度《たいど》で起立《きりつ》するのである。

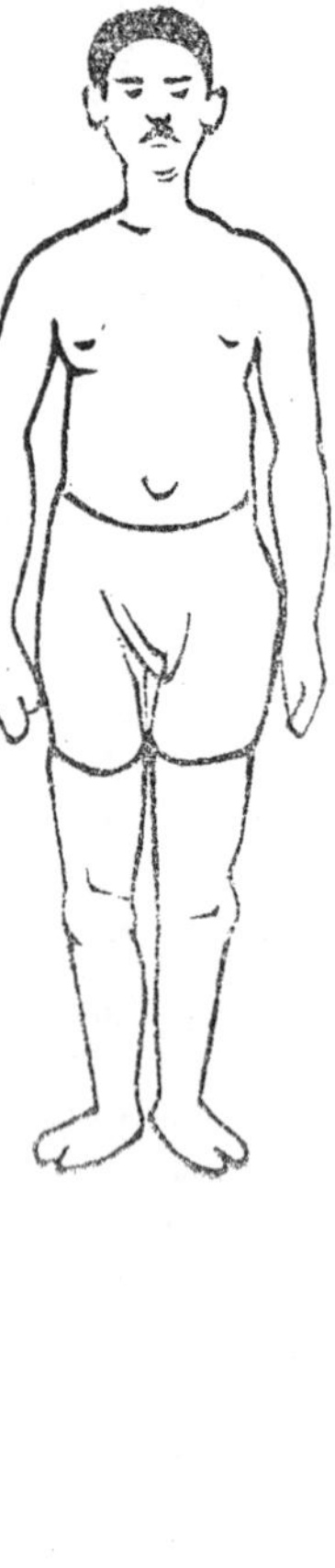

○奥の位（中心體）

○此《こ》の體勢《たいせい》は中身《ちうしん》と云《い》って正面《せうめん》に睨《にら》み兩方《りやうはう》の手掌《てのひら》にて陰臺《いんだい》を圍《かこ》みて兩足《りやうあし》は左右《さいう》は一文字《もんじ》に開《ひら》き

爪先《つまさき》き及《およ》び下腹《したはら》に力《ちから》をこめて腰《こし》を少《すこ》しく下《さ》げ全身《ぜんしん》の力《ちから》をこめたる體勢《たいせい》である。

○柔術と自然體(力の用ひ方)

○總《すべ》て全體《ぜんたい》の力《ちから》を完全《くわんぜん》に有効《いうかう》に用《もち》ゆることは柔術《じうじゆつ》を行《おこな》ふに就《つ》いて最《もつと》も大切《たいせつ》な事《こと》である。今物理學《いまぶつりがく》の定則《ていそく》に據《よ》るも相手《あひて》を制服《せいふく》する時《とき》だけ重心《じうしん》の理《り》が見《み》られるものではない。自身《じしん》の體《からだ》の姿勢《しせい》の上《うへ》にも見《み》られるものである。即《すなは》ち人《ひと》が眞直《まつす》ぐに立《た》つて居《ゐ》る時《とき》は重心《じうしん》が支撐面《しせうめん》より外《ほか》に出《で》る事《こと》はないので倒《たふ》れるやうなことはないのである。これを自然體《しぜんたい》と云《い》ふ。

自然本體の圖

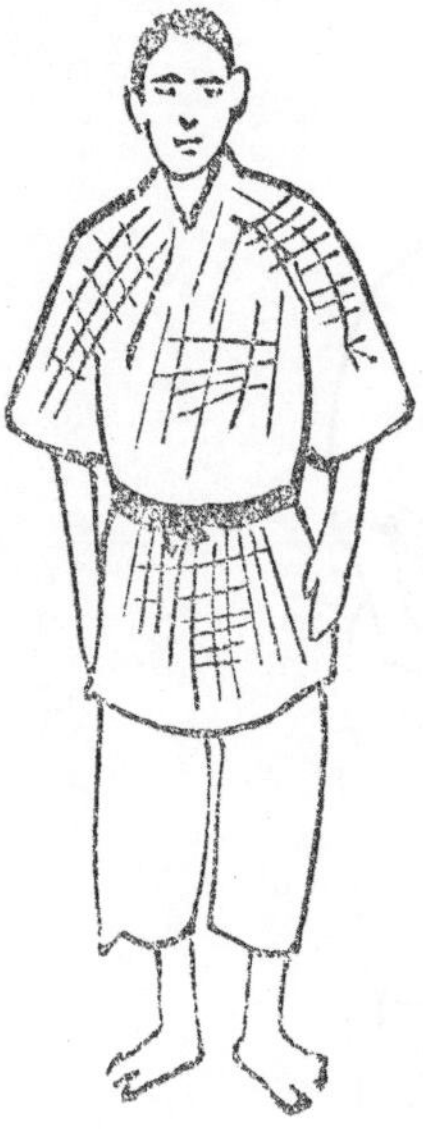

一般《ぱん》に普通《ふつう》の姿勢《しせい》を自然體《しぜんたい》と云《い》ふけれども、姿勢《しせい》をかへて一方《ぱう》の足《あし》を前《まへ》に出《い》だし同時《どうじ》に身體《しんたい》の上部《じやうぶ》を斜《なゝ》めになし顔《かほ》を相手《あひて》の方《はう》に向《む》け左《ひだり》の足《あし》を前《まへ》に出《だ》して姿勢《しせい》をつくりたるときはこれを左《ひだ》自然體《しぜんたい》と云《い》ふ。

○柔術と自護體

愈々《いよ／＼》仕合《しあ》ひとなつて相手《あひて》が、自身《じしん》に向《むか》つて來《く》る場合《ばあひ》、それに對《たい》する手段《しゆだん》は數多《あまた》あれども

左自然體の圖

左自然體の圖

少《すこ》しく膝《ひざ》を曲《ま》げて腰《こし》を下《おろ》し支撑面《ししやうめん》の割合《わりあひ》に高《たか》きを減《げん》じて中々《なか／＼》重心《じうしん》を失《うしな》はぬやうになすを自護體《じごたい》と云《い》ふのである。そして左足《ひだりあし》を踏《ふ》み出《だ》したるを右自護體《みぎじごたい》といふ

○柔術と腕の働き

○右《みぎ》の襟《えり》を摑《つか》むには小指《こゆび》から紅指《べにゆび》と次第《しだい》に力《ちから》を入《い》れ人指《ひとゆび》を輕《かる》く握《にぎ》るのである、總《そう》じて襟《えり》を取《と》るには拇指《おやゆび》と小指《こゆび》に力《ちから》を入《い》れるのが定法《ていはふ》である。

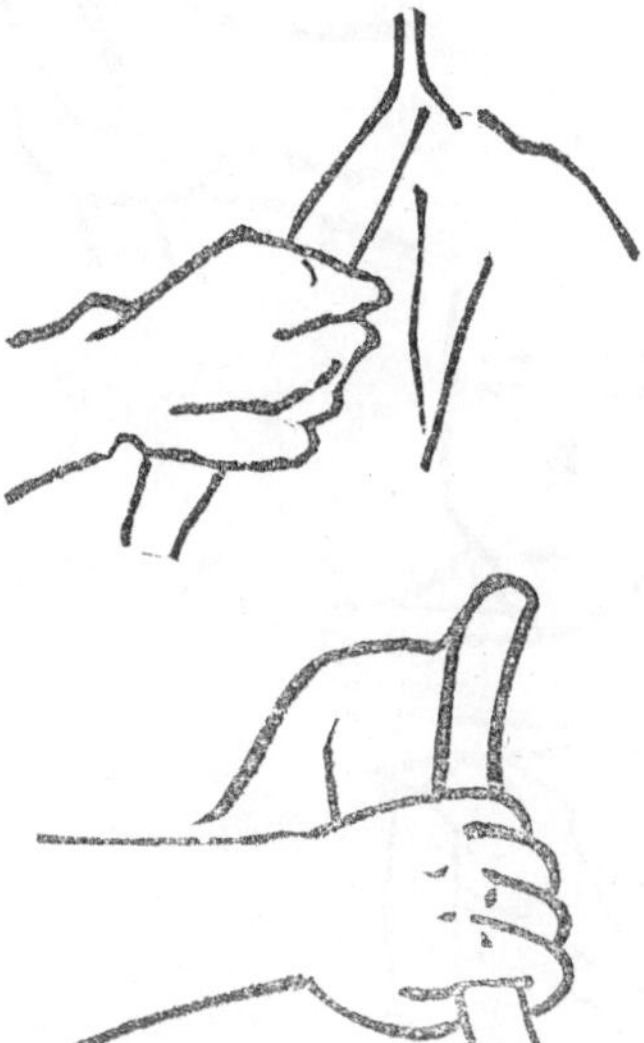

○腕《うで》は柔術《じうじゆつ》の取組《とりく》みに於《お》いて最《もつと》も重大《じうだい》なる働《はたら》きを爲《な》す役《やく》目《め》を持《も》つて居《ゐ》るから、腕《うで》の働《はたら》きには大《おほ》いに注意《ちうい》を拂《はら》はなければならぬ。

○咽喉締めの法

咽喉《のど》の締《し》め方《かた》には種々《しゆ〱》なる法《はふ》があるが組打《くみう》ちや亂捕《らんど》りの時《とき》に締《し》めるには第《だい》一に相《あひ》手の内襟《うちゑり》に右《みぎ》の手《て》の拇指《おやゆび》を深《ふか》く入《い》れて摑《つか》み左《ひだり》の手《て》にて相手《あひて》の左《ひだり》の襟口《ゑりくち》に拇指《おやゆび》を襟《ゑり》の外《そと》に出《だ》

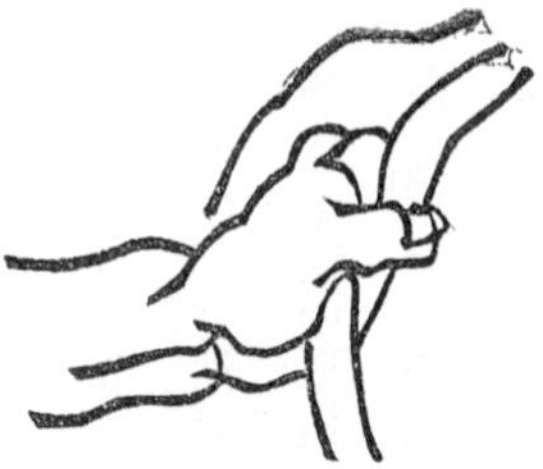

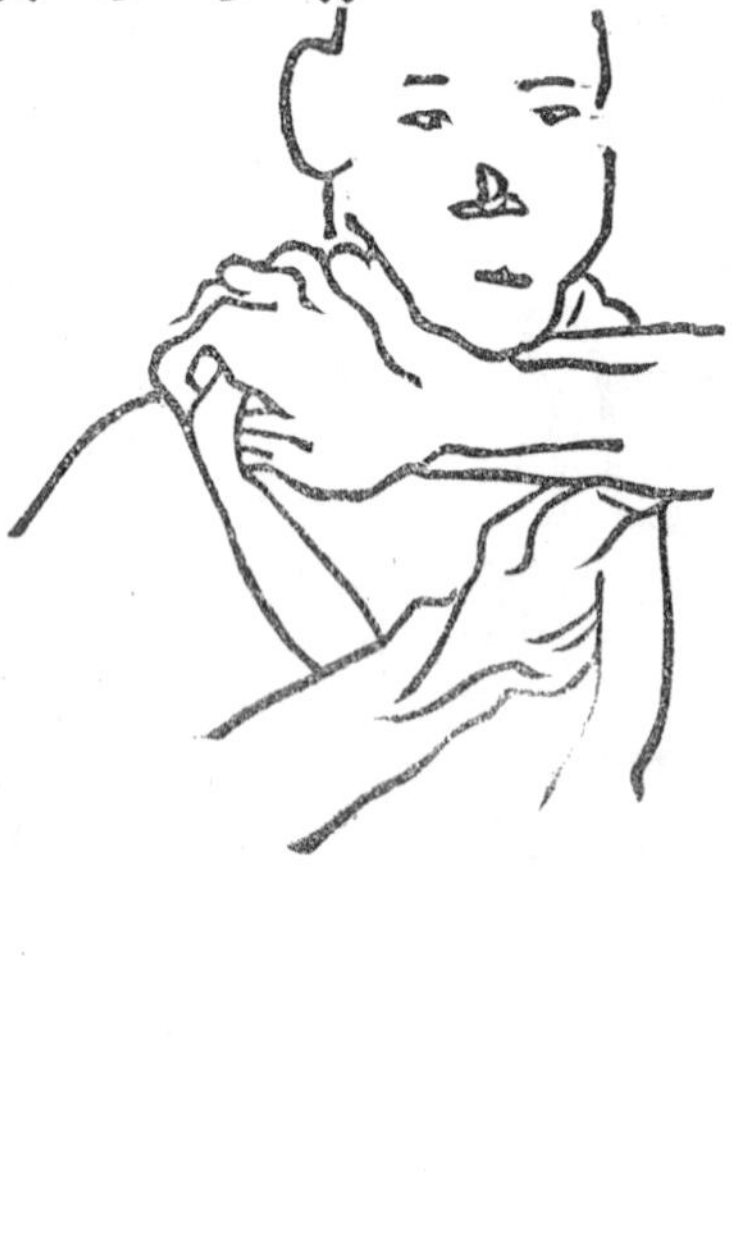

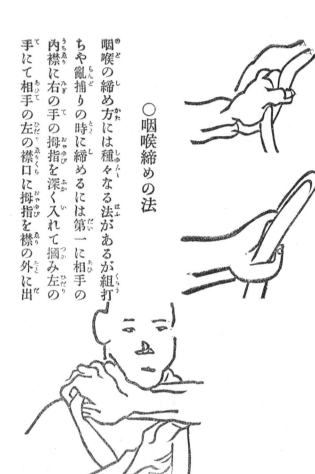

して摑《つか》み兩腕《りやううで》を横《よこ》に張《は》つて相手《あひて》の顎《あご》の下《した》を締《し》めるのである。

○帶を摑む法

○帶《おび》の摑《つか》み方《かた》は倒《たふ》れた時《とき》に危險《きけん》である故《ゆゑ》矢張《やは》り袖襟《そでゑり》と同《おな》じやうに取《と》るのが宜《よ》い、即《すなは》ち前後《ぜんご》左右《さゆう》を圖《づ》の如《ごと》くに握《にぎ》るのである。

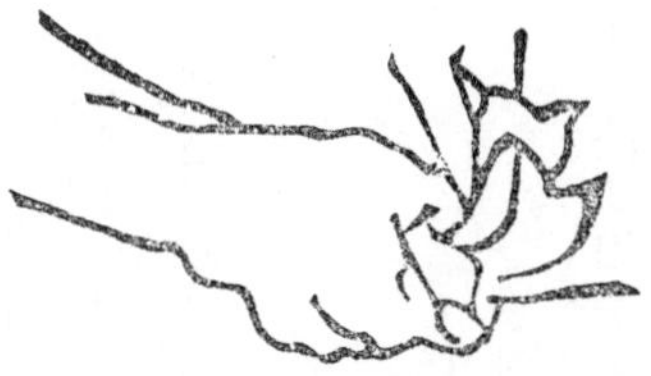

○下方《かはう》の圖《づ》は帶《おび》を逆《ぎやく》に摑《つか》む法《はふ》である、即《すなは》ち掌《てのひら》を上《うへ》に向《む》けて摑《つか》むのである。

○柔術打込みの法

○此《こ》の打込《うちこ》みの法《はふ》は先《ま》づ敵《てき》に對《たい》し眞《しん》の位《くらゐ》に起立《きりつ》し『エイッ』と掛《か》け聲《ごゑ》して右《みぎ》の

手《て》握《にぎ》り拳《こぶし》で前面《ぜんめん》凡《およ》そ二尺位《しやくくらゐ》の所《ところ》へ右《みぎ》の足《あし》を踏《ふ》み延《の》ばすと同時《どうじ》に拳《こぶし》を擧《あげ》て『ヤッ』と掛《か》け聲《こゑ》して打込《うちこ》むのである。

○片手受けの法

○此《こ》の法《はふ》は相手《あひて》が右《みぎ》の手《て》で打込《うちこ》んで來《く》るのを受《う》ける構《かま》へである。第《だい》一に眞《しん》の位《くらゐ》に立《た》ち次《つ》ぎに第《だい》二眞《しん》の位《くらゐ》になり右《みぎ》の手掌《てのひら》を外《そと》に向《む》けて前額《ぜんがく》に横《よこ》一文字《もんじ》に當《あ》てゝ相手《あひて》の手《て》を受《う》け止《と》めると同時《どうじ》に左《ひだり》の足《あし》を横《よこ》の方《はう》へ二尺計《しやくばか》り差《さ》し伸《の》べ腰《こし》を下《おろ》して下腹《したはら》に力《ちから》をこめ相手《あひて》の打《う》ち込《こ》んで來《き》た手首《てくび》を捕《とら》へるのである。

○兩手受けの法

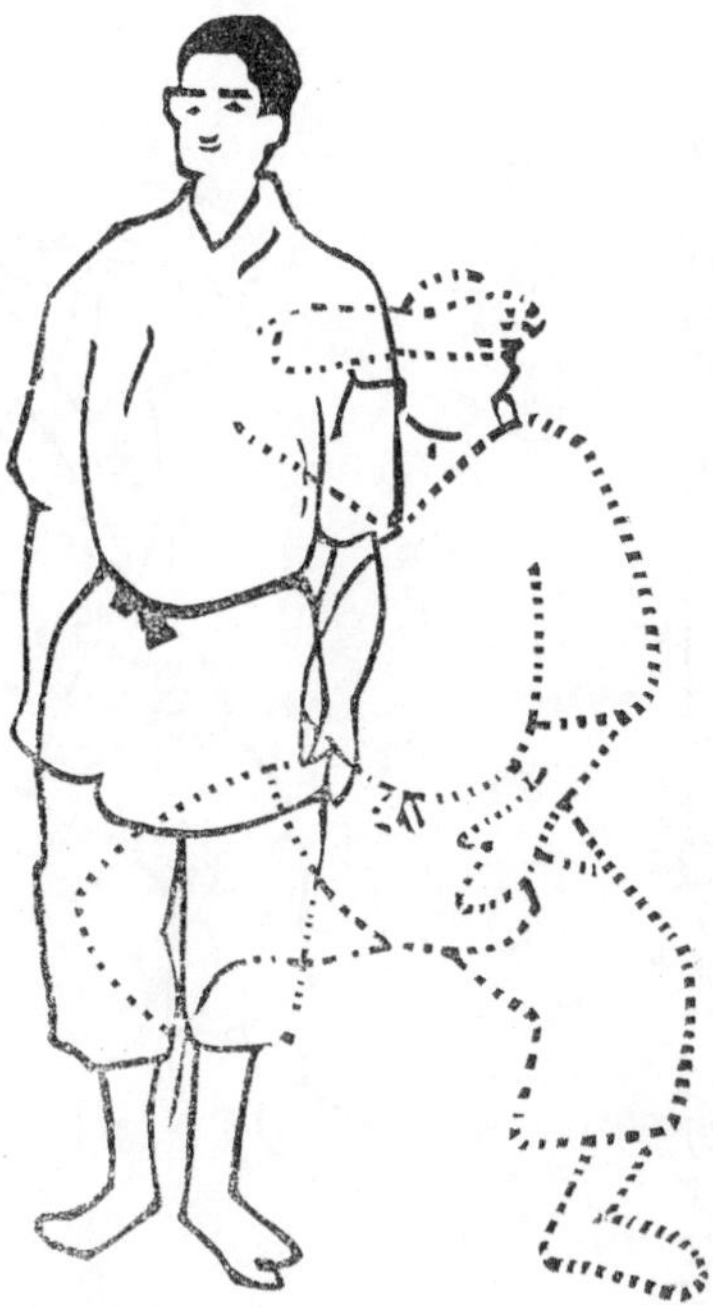

○此《こ》の法《はふ》は相手《あひて》の打《う》ち込《こ》み來《きた》るを兩手《りやうて》で受《う》ける構《かま》へである。第《だい》一眞《しん》の位《くらゐ》の構《かま》へで打《う》ち込《こ》み來《き》たるものとし若《も》しも相手《あひて》が右《みぎ》の手《て》で向《むか》つて來《き》たときは兩手《りやうて》を圖《つ》の

如《ごと》く額《ひたい》の所《ところ》で組《く》み合《あは》せて、手《て》の下《した》から相手《あひて》の兩眼《りやうがん》を睨《にら》むのでそれと同時《どうじ》に右《みぎ》の足《あし》を後《うしろ》の方《はう》へ二尺《しやく》ばかり開《ひらか》しのである。

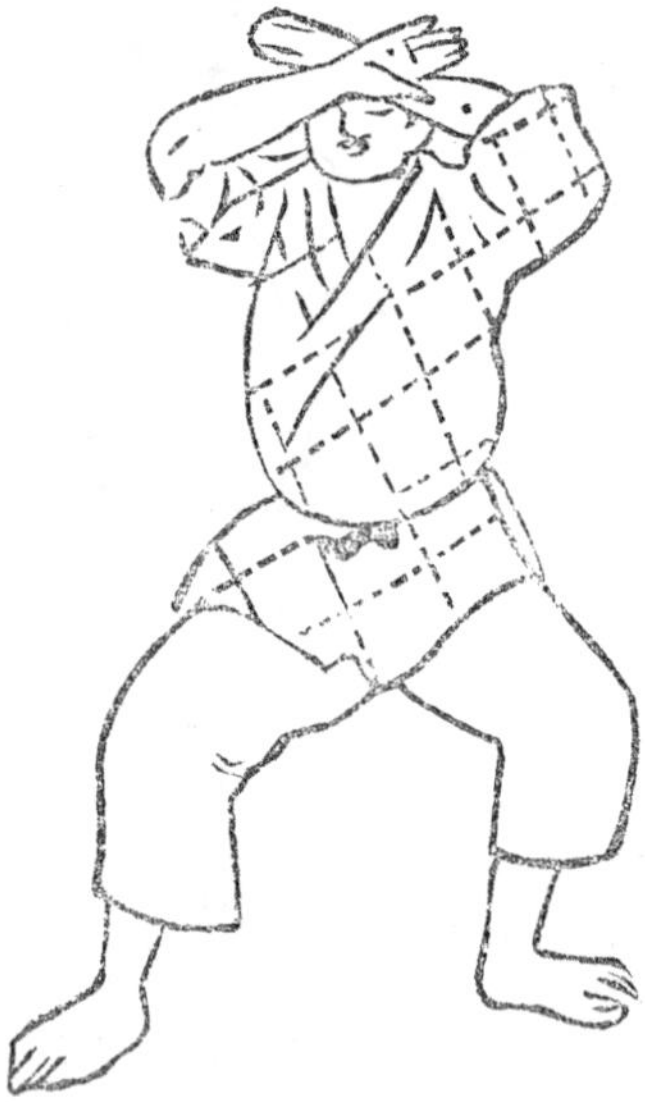

○車返りの法（第一圖）

○此《こ》の車返《くるまがへ》りと云《い》ふのは投《な》げらるゝときに自己《じこ》の身體《しんたい》を地《ち》につけずに早《はや》く起《お》き

上《あ》がることが出來《でき》る法《はふ》である。此《こ》の技《わざ》は第《だい》二眞《しん》の位《くらゐ》から立《た》つて兩手《りやうて》を擴《ひろ》げ右《みぎ》の手《て》を下《した》にして左《ひだり》の掌《てのひら》を上《うへ》に向《む》け兩足《りやうあし》を横《よこ》一文字《もんじ》に開《ひら》くのである。

○車返りの法（第二圖）

○此《こ》れは左《ひだり》の掌《てのひら》を地《ち》につけて右《みぎ》の手《て》を疊《たゝみ》につけると同時《どうじ》に右《みぎ》の足《あし》の先《さき》に力《ちから》をこめて下圖《づ》の如《ごと》くにして直《たゞ》ちに横《よこ》になるのである。

○柔術の名稱

○柔術《じうじゆつ》を大別《たいべつ》して投《な》げ技《わざ》と固《かた》め技《わざ》との二種《しゆ》とす、そして投《な》げ技《わざ》は腰投《こしな》げ、手技《てわざ》、足技《あしわざ》横捨身技《よこすてみわざ》、眞捨身技《しんすてみわざ》の五種《しゆ》に分類《ぶんるゐ》し、固《がた》め技《わざ》は手固《てがた》め、首固《くびがた》め、足固《あしがた》め、體固《からだがた》めの四種《しゆ》に分類《ぶんるゐ》すれども又《また》は抑《おさ》へ、絞《し》め、逆《ぎやく》の三種《しゆ》にも分類《ぶんるゐ》す、今《いま》これを細《こま》かに區別《くべつ》すると

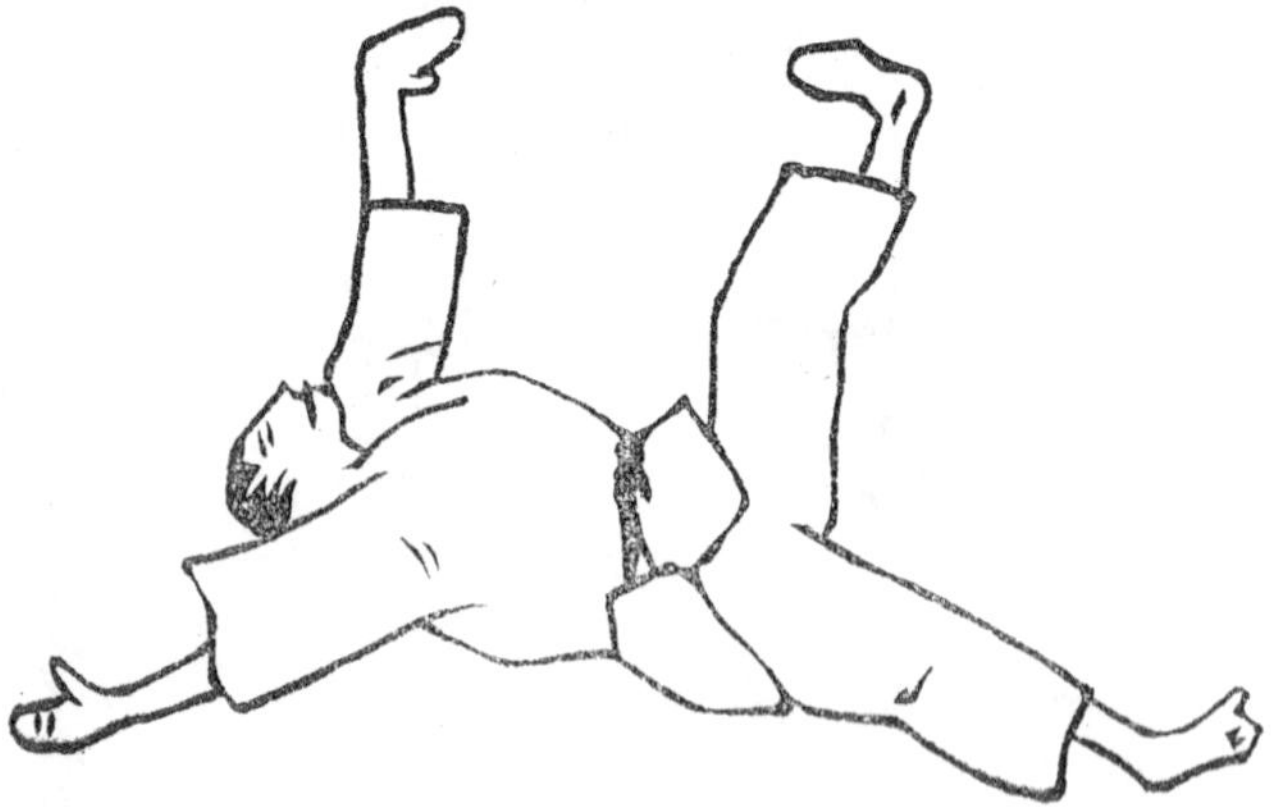

左《さ》の如《ごと》くである。

（一）投《なげ》技《わざ》

（イ）手《て》技《わざ》
背負《せお》ひ投《な》げ、浮落《うきおとし》、體落《たいおとし》、掬《すく》ひ投《な》げ、肩車《かたぐるま》、帯落《おびおとし》、背負落《せおひおとし》

（ロ）足《あし》技《わざ》
支釣込足《さゝへつりこみあし》、内股《うちまた》、送足掃《おくりあしはらひ》、膝車《ひざぐるま》、出足掃《であしはらひ》、大外車《おほそとぐるま》、小内刈《こうちがり》、足車《あしぐるま》、大《おほ》内刈《うちがり》、掃釣込足《はらひつりこみあし》、谷落《たにおとし》、大外車《おほそとぐるま》、山嵐《やまあらし》、大外落《おほそとおとし》、

（ハ）腰技《こしわざ》
浮腰《うゆこし》、釣込腰《つりこみごし》、腰車《こしぐるま》、掃腰《はらひごし》、大腰《おほごし》、後腰《あとごし》、移腰《うつしごし》、跳腰《はねごし》、

（ニ）横捨身技《よこすてみわざ》
横車《よこぐるま》、横掛《よこがけ》、浮技《うきわざ》、抱分《かゝへわざ》、横分《よこわけ》、巻込《まきこみ》、横落《よこおとし》、

（ホ）眞捨身技《しんすてみわざ》

裏投《うらなげ》、巴投《ともえなげ》、俵返《たわらがへし》、隅返《すみがへし》、釣落《つりおとし》、

（二）固《かため》技《わざ》

（イ）手固《てがため》

小手挫《こてくじき》、腕挫《うでくじき》、逆指《ぎやくゆび》、腕緘《うでがらみ》、

（ロ）足固《あしがため》

足詰《あしづめ》、足挫《あしくじき》、足緘《あしがらみ》、

（ハ）首固《くびかため》

首挫《くびくじき》、咽喉締《のどし》め、十字締《じし》め、並十字《なみじ》、逆十字《ぎやくじ》、突込締《つきこみしめ》、裸締《はだかしめ》、兩手締《りやうてし》め、中手締《なかてしめ》、袖車《そでぐるま》、送襟《おくりえり》、

（ニ）體固

胴締《どうしめ》、柳込《おさこみ》、四方固《はうがため》、上四方《うへはう》、縦四方《たてはう》、袈裟固《けさがため》、本袈裟《ほんげさ》、後袈裟《うしろげさ》、崩《かた》袈裟《げさ》、肩固《かたがため》、浮固《うきがため》、

○柔術の階級

○柔術《じうじゆつ》の楷級《かいきう》は一級《きう》から五級《きう》までに分《わか》れて居る。左《さ》にその分類《ぶんるい》を記述《きじゆつ》し以《もつ》て修《しう》業上《かうじやう》の參考《さんかう》に資《し》す。

○第《だい》一級《きう》

浮腰《うきごし》、友釣込足《ともつりこみあし》、膝車《ひざぐるま》、大外刈《おほそとがり》、體落《からだおとし》、横落《よこおとし》、出足掃《であしはらひ》、

○第《だい》二級《きう》

小内刈《こうちがり》、腰車《こしぐるま》、大腰《おほごし》、隅返《すみかへし》、背負投《せおひなげ》、谷落《たにおとし》、巴投《ともえなげ》、

○第三級《きう》

掃腰《はらひごし》、裏投《うらなげ》、足車《あしぐるま》、内股《うちまた》、逆足掃《おくりあしはらひ》、後股《うしろま》、帶落《おびおとし》、跳腰《はねごし》、

○第《だい》四級《きう》

浮技《うきわざ》、抱込《だきこみ》、浮落《うきおとし》、肩車《かたぐるま》、外巻込《そとまきこみ》、引込返《ひきこみかへし》、釣腰《つりこし》、大外落《おほそとおとし》、俵返《たわらかへし》、

○第五級《だいきう》
横車《よこぐるま》、内巻込《うちまきこみ》、横分《よこわけ》、小外刈《こそとがり》、足車《あしぐるま》、横掛《よこがけ》背負投《せおひなげ》、山嵐《やまあらし》、大外車《おほそとぐるま》、掃《はらひ》釣込足《つりこみあし》、

○柔術の三大別と分類

○柔術《じうじゆつ》に用《もち》ゆる所《ところ》の技《わざ》は種々《しゆんい》ありと雖《いへど》もこれを大別《たいべつ》すると投《な》げ技《わざ》、固《かた》め技《わざ》、當《あて》身《み》技《わざ》の三種《しゆ》に過《す》ぎないのである。

（一）　投《な》げ技《わざ》
投《な》げ技《わざ》は相手《あひて》を重《お》もに倒《た》ほす方法《はうはふ》である。

（二）　固《かた》め技《わざ》
固《かた》め技《わざ》は投《な》げ技《わざ》が瞬間的《しゆんかんてき》に力《ちから》を働《はたら》かして相手《あひて》の體勢《たいせい》を變動《へんどう》せしむる動の技《わざ》に對《たい》し、これは或《あ》る時間《じかん》持續《ぢぞく》して力《ちから》を働《はたら》かし同《おな》じ體勢《たいせい》に相手《あひて》を保《たも》ち苦痛《くつう》を

感《かん》ぜしむる所《ところ》の技《わざ》である。

（三）當身技《うてみわざ》

當身技《あてみわざ》は相手《あひて》の急所《きうし》の部分《ぶぶん》を突《つ》いて暫時《ざんじ》抵抗力《ていかうりよく》を失《うしな》はしむる所《ところ》の技《わざ》である

○投《な》げ技《わざ》の分類《ぶんるい》

（一）手技《てげざ》 ｛背負投、浮落、肩車、體落、 背負落、掬ひ投げ、｝

手技《くわざ》と云《い》ふのは主《しゆ》として手《て》の働《はたら》きで相手《あひて》を投《な》げる技《わざ》である。

（二）腰技《こしわざ》 ｛浮腰、掃腰、釣込腰、大腰、腰車、 後腰、跳腰、釣腰、移り腰、｝

腰技《こしわざ》は主《しゆ》として腰《こし》の働《はた》ぎで投《な》げる技《わざ》である。

（三）足技《あしわざ》 ｛送足掃、出足掃、支釣込足、内股、膝車、大外刈、小外刈、 大内刈、小内刈、拂釣込足、山嵐、大外車、大外落、｝

足技《あしわざ》は主《しゆ》として足《あし》の働《はたら》きで投《な》げるのである。

（四）眞捨身技《しんすしみわざ》 ｛巴投、裏投、隅返、 引込返、釣落、俵返、｝

眞捨身技《しんすてみわざ》は我《わ》が身《み》を相手《あひて》よりも先《さ》きに自《みづか》ら仰向《あふむ》けに倒《た》ほし、眞後《まうしろ》に身《み》を捨《す》て、相手《あひて》を自分《じぶん》の頭越《あたまご》しに後方《うしろ》へ投《な》げ倒《た》ほす技《わざ》である。

（五）横捨身技《よこすてみわざ》　横掛、横車、浮業、横落、横分、抱分、外卷込、內卷込、谷落、

横捨身技《よこすてみわざ》は同《おな》じく自身《じしん》を捨《す》てるのであるが、これは眞後《まうしろ》ではなくして少《すこ》しへ横向《よこむ》きに捨《す》てるのである。そしてこの技《わざ》は相手《あひて》の體《からだ》が自分《じぶん》の體《からだ》と並行《へいかう》する位置《ゐち》になつて倒《たふ》れるのである。

○固《かた》め技《わざ》の分類《ぶんるゐ》

（一）押込技《おしこみわざ》（上《うへ》四方固《はうがため》、崩《くづし》四方固《はうがため》、横四方固《はうがため》、袈裟固《けさがため》、肩固《かたがため》）

押込技《おしこみわざ》は相手《あひて》を倒《た》ほしてその胴體《どうたい》若《も》しくは手足《てあし》を押《おさ》れるか押《お》し附《つ》けるかして起上《おきあが》ることの出來《でき》ぬやうにする技《わざ》である。

（二）絞技《しぼりわざ》（並《なみ》十字《じ》、片《かた》十字《じ》、逆十字《ぎやくじ》、裸《は》絞《かしぼり》、送襟《おくりえり》、片羽絞《かたはしぼり》）

絞技《しぼりわざ》は相手《あひて》の咽喉《のど》又《また》は胴《どう》を我《わ》が手《て》か足《あし》で絞《し》め附《つ》けて勝《かち》を得《う》る技《わざ》である

（三）關節技《くんせつわざ》（腕緘《うでふうじ》、腕挫《うでくじき》、十文字固《もんじがため》、腕固《うでがため》、膝固《ひざがため》、足緘《あしふうじ》）

關節技《くわんせつわざ》は相手《あひて》の手足《てあし》の骨《ほね》の關節《くわんせつ》を強《つよ》く曲《ま》げて無理《むり》に伸《の》ばし又《また》は捻《ね》ぢ上《あ》げて勝《かち》を得《う》る技《わざ》である。

○當身技《あてみわざ》の分類

當身技《あてみわざ》の分類《ぶんるゐ》といつても別《べつ》に分《わか》つ程《ほど》のことはなく唯當《たゞあ》てる急所《きうしよ》の位置《いち》によつて技《わざ》が異なるのみである。その行《おこな》ふ所《ところ》の動作《どうさ》は(イ)打《う》つ、(ロ)蹴《け》る、(ハ)突《つ》くの三種であつて打《う》つには手掌《てのひら》、又《また》は手掌《てのひら》の側面《そくめん》を用《もち》ゐ、蹴《け》るには足《あし》を用《もち》ゐ突《つく》には指《ゆび》、拳固、肘《ひぢ》、膝頭《ひざがしら》等《とう》を用《もち》ゐて勝《かち》を得《う》る所《ところ》の技《わざ》である。

○柔術の型の區別

(一)　投《な》げの型《かた》

(イ)手技《てわざ》——浮落《うきわとし》、肩車《かたぐるま》、背負投《せおひなげ》、

(ロ)腰技——掃腰《はらひごし》、釣込腰、浮腰《うきごし》、

(ハ)足技《あしわざ》——送足掃《おくりあしはらひ》、支釣込足《さゝへつりこみあし》、内股《うちまた》、

(ニ)横捨身技《よこすてみわざ》——横掛《よこがけ》、横車《よこぐるま》、浮技《うきわざ》、

(ホ)眞捨身技《しんすてみわざ》——巴投《ともえなげ》、隅返《すみがへし》、裏投《うらなげ》、

(二) 固《かた》めの型《かた》

(イ)締技《しめわざ》——片《かた》十字締《じしめ》、送襟締《おくりえりしめ》、裸締《はだかしめ》、片羽締《かたはじめ》、送《おくり》十字締《じしめ》、

(ロ)抑込技《おさへこみわざ》——肩固《かたがため》、袈裟固《けさがため》、上《うへ》四方固《はうかため》、權《よこ》四方固《はうがため》、崩上四方固《くづしかみはうかため》、

(ハ)關節技《くわんせつわざ》——十字固《じがため》、腕固《うでがため》、足緘《あしふうじ》、膝固《ひざがため》、腕緘《うでふうじ》、

(三) 極《きめ》の型《かた》

(イ)居《ゐ》捕、兩手捕《りやうてとり》、突掛《つきかけ》、横打《よこうち》、突込《つきこみ》、後捕《うしろとり》、摺上《すりあげ》、切込《きりこみ》、横突《よこつき》、

(ロ)立合《たちあひ》、兩手捕《りやうてとり》、突掛《つきかけ》、袖捕《そでとり》、突上《つきあげ》、摺上《すりあげ》、蹴上《けあげ》、横打《よこうち》、後捕《うしろとり》、突込《つきこみ》、切《きり》下《さげ》、秡掛《ぬきがけ》、

○捕り方の種類

○捕《と》り方《かた》の種類《しゆるい》に就《つ》いては前章《ぜんしやう》に圖解《づかい》したる如《ごと》くであるが、大體《だいたい》捕《と》り方《かた》には種々な遣《や》り方《かた》があつて順《じゆん》に捕《と》ることもあれば逆《ぎやく》に捕《と》ることもあり表《おもて》で捕《と》ることもあれば裏《うら》で捕《わ》ることもある。要《えう》するに腕の働《はたら》きが肝要《かんえう》である。捕《と》つて居《ゐ》る場合《ばあひ》に腕《うで》や手先《てさ》きに非常《ひじやう》に力《ちから》をこめて一生懸命《しやうけんめい》に離《はな》すまいとするのは宜《よろ》しくない。柔術《じうじゆつ》はどこまでも働《はたら》きであり變化《へんくわ》であるから刹那《せつな》の機會《きくわい》に乘《じやう》じて技《わざ》を行《おこな》ふことを主眼《しゆがん》とせんければならぬ。力《ちから》のみを以《もつ》て體勢《たいせい》を持續《ぢぞく》しやうとするのは柔術《じうじゆつ》を行《おこな》ふ目的《もくてき》ではない。

○そも〳〵腕《うで》は柔術《じじじゆう》の取組《とりく》みに於《お》いて最《もつと》も大切《たいせつ》なる役目《やくめ》を有《いう》するものであつて相手《あひて》の狀態《じやうたい》を見《み》て何處《どこ》に力《ちから》が入《はい》つたか何處《どこ》に隙《すき》が出來《でき》たかを眼《め》で見《み》るよりも腕《うで》で知《し》らなければならぬ。上手《じやうづ》な者《もの》が相手《あひて》の隙《すき》を知《し》るのは腕《うで》の感覺《かんかく》によるのである。所謂《いはゆる》心眼《しんがん》と云《い》ふのは畢竟《ひつけう》腕《うで》を通《つう》じて感《かん》ずることの働《はたら》ぎに外《ほか》ならない。

○腕《うで》は以上《いじやう》の如《ごと》き働《はたら》きをしなければならない。前《まへ》にも言《い》へる如《ごと》く餘《あま》り腕《うで》に力《ちから》を入《い》れて固《かた》く捕《と》り腕《うで》を突張《つきは》つて居《ゐ》ると腕《うで》の筋肉《きんにく》が凝《こ》り固《かた》まり棒《ぼう》のやうになつて仕《し》舞《ま》ふから、相手《あひて》の狀勢《じやうせい》を腕《うで》を通《つう》じて知《し》ることが出來《でき》ない。反《かへ》つて自身《じしん》の隙《すき》が相《あひ》手《て》に知《し》れて仕舞《しま》ふことになる。その上《うへ》引《ひ》くにも押《お》すにも自由《じゆう》な働《はたら》きが出來《でき》なくなる。以上《いじやう》の譯《わけ》であるから相手《あひて》を捕《と》るには成《な》るべく輕《かろ》く握《にぎ》つて、自身《じしん》の腕《うで》は相《あひ》手《て》と自分《じぶん》とを結《むす》び附《つ》ける所《ところ》の連鎖《れんさ》であると思《おも》ひ、必要《ひつえう》に應《おう》じて力《ちから》を入《い》れるやうにすればよいのである。そう云《い》ふ風《ふう》にして引《ひ》くときも押《お》すときも働《はたら》きが自由自《じゆうじ》在《ざい》に出來《でき》るやうにして置《お》かなければならぬ。

○柔術と進退の法

○柔術《じうじゆつ》を捕《と》るに就《つい》て自然體《しぜんたい》が最《もつと》も安全《あんぜん》であることは明《あき》らかな理《り》である。即《すなは》ち柔《じう》術《じゆつ》の取組《とりく》みに於《お》いて勝《か》ちを得《う》る法《はふ》を一方面《はうめん》からいつて見《み》れば、何時《いつ》もこの自然《しぜん》體《たい》を保《たも》つて居《ゐ》ると云《い》ふことである。そこで柔術取組《じうじゆつとりくみ》の際《さい》の進退法《しんたいはふ》と言《い》へば何時《いつ》ても自然體《しぜんたい》を崩《くづ》さないと云《い》ふ所《ところ》から割出《わりだ》されるのである。凡《およ》そ身體《しんたい》の重量《じうれう》はその動《うご》かうとする方《はう》と反對《はんたい》の足《あし》に載《の》せ、動《うご》かうとする方《はう》に近《ちか》い足《あし》を上部《じやうぶ》に擧《あ》げず輕《かろ》く疊《たゝみ》を擦《こす》りながら一と足《あし》を進《すゝ》める、そうして身體《しんたい》の重量《じうれう》をその足《あし》に載《のせ》るや否《いな》や、跡《あと》の足《あし》を同《おな》じやうに疊《たゝみ》に輕《かろ》く擦《こす》りながら近《ちか》づける。それからその足《あし》に重《おも》みを移《うつ》し又前《またまへ》の足《あし》を一歩《ほ》進《すゝ》めることにするのである。柔術《じうじゆつ》を捕《と》る場合《ばあひ》は普通《ふつう》の歩《あゆ》みとは異《こと》なり初《はじ》め先《さ》きへ出《で》て居《ゐ》たる足《あし》が常《つね》に先《さ》きになつて居《ゐ》るので、左自然體《ひだりしぜんたい》ならば左《ひだり》の足《あし》、右自然體《みぎしぜんたい》ならば右《みぎ》の足《あし》が何時《いつ》でも先《さ》きへ出《で》て居《ゐ》るのである。

〇そこで足《あし》を進《すゝ》めるに幅《はゞ》を廣《ひろ》くしてはならぬ、幅《はゞ》を廣《ひろ》くしては體勢《たいせい》が崩《くづ》れることになるのである。又力《またちから》を多《お》ほく入《い》れると疲勞《ひろう》を感《かん》じ易《やす》いから注意《ちうい》を要《えう》するのである。それ故足《ゆゑあし》の進《すゝ》め方《かた》は狹《せま》くすると同時《どうじ》にその動《はたら》きは速《すみや》かにせんければならぬ。尚《なほ》ほ腰《こし》から上部《じやうぶ》は何時《いつ》も足《あし》に應《おう》じて動《うご》き、自然體《しぜんたい》を維持《ゐぢ》して居《ゐ》るやうにしなければならぬ。相手《あひて》が押《おそ》うと引かうと、それに應《おう》じて進退《しんたい》して居《お》れば倒《た》ほれる氣支《きづか》ひはないのである。けれども是《こ》れ丈《だ》けでは未《ま》だ全勝《ぜんしやう》を得ることは出來《でき》ぬから、自身《じしん》は此《か》くして何時《いつ》も自然體《しぜんたい》を維持《ゐぢ》して行《ゆ》きながら、相手《あひて》の進《すゝ》んで來《く》るよりは一層《そう》退《ひ》き、相手《あひて》が退《ひ》いて行《ゆ》くよりは一層《そう》より多《お》ほく進《すゝ》んで、相手《あひて》の體《たい》勢《せい》を崩《くづ》すやうに努力《どりよく》せねばならぬのである。柔術《じうじゆつ》を捕《と》るに就《つ》いて進退《しんたい》の法《はふ》は最《もつと》も緊要《きんよう》なる重大事《ぢうだいじ》であると言《い》はねばならぬ。

○柔術練習の仕方

○柔術《じうじゆつ》の技《わざ》が投《な》げ技《わざ》、固《かた》め技《わざ》、當技《あてわざ》からなつて居《ゐ》ることは前章《ぜんしやう》に解說《かいせつ》した如《ごと》くであるが今茲《いまここ》にはその練習《れんしう》の仕方《しかた》を述《の》ぶることにする。

(一)前《まへ》と後《うし》ろに倒《たふ》れる場合《ばあひ》

○倒《な》ほされたときに自身《じしん》の體《からだ》の倒《たほ》れ方《かた》、轉《ころが》り方《かた》を心得《こゝろえ》て置《お》かねばならぬ、凡《およ》そ倒《たほ》れ方《かた》の中《なか》で一番多《ばんお》ほいのは、後《あと》へ倒《たほ》れる場合《はあひ》である。そしてその倒《たほ》れ方《かた》で危《き》險《けん》があるのは、うつかりすると後頭部《こうとうぶ》を打《う》つのと、倒《たほ》れるのを防《ふせ》がうとして手《て》を突《つ》きて手先《てさ》きを傷《きづゝ》けることである。そこで後《うしろ》へ倒《たほ》れるときに、反《そ》ることや、兩手《りやうし》を思《おも》ふやう擴《ひろ》く支《さゝ》へやうとするのは宜《よろ》しくない。全身《ぜんしん》に力《ちから》を入《い》れて身體《しんたい》を少《すこ》しく屈《かゞ》めるやうにし、頭《あたま》にも存分力《ぞんぶんちから》を入《い》れて自己《じこ》の胸《むね》を見《み》る程《ほど》に起《おこ》しそれで倒《たほ》れるのである。しかし手《て》は肘《ひぢ》を折《を》らないで肩《かた》から指先《ゆびさ》きまで眞直《まつす》ぐに伸《の》ばし五本《ほん》の指《ゆび》は皆密接《みなみつせつ》せしめ、身體《しんたい》の下《した》の方《くう》に落《おち》つくと同時《どうじ》か若《も》しくはそれよりも一瞬間《しゆんかん》も早《はや》く手《て》の掌《ひら》で疊《たゝみ》を打《う》つのである、こう云《い》ふ風《ふう》にすれば決《けつ》して負傷《ふしやう》をすることがない。されば重心《ぢうしん》を保《たも》つことが出來《でき》ないで負《ま》けるときには速《すみや》かに倒《たほ》れるのが宜《よ》いのである。

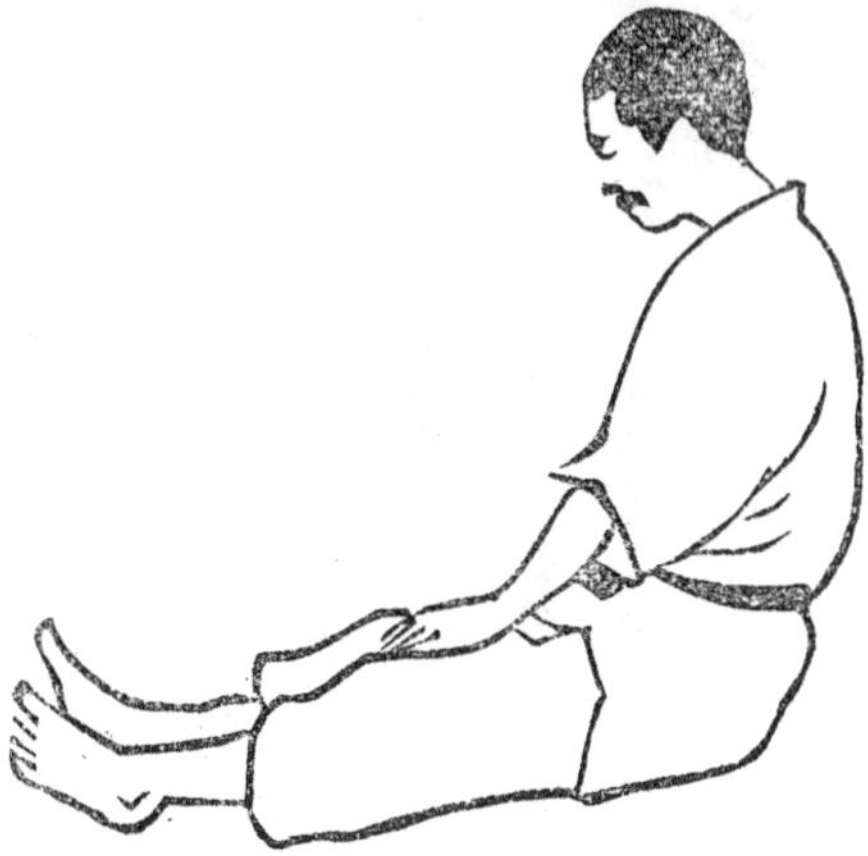

○それから前《まへ》の方《はう》へ倒《たほ》れる場合《ばあひ》には何《なに》よりも先《ま》づ第《だい》一に顔《かほ》に注意《ちうい》せねばならぬ。けれども兩手《りやうて》は必《かなら》ずしも揃《そろ》へなくとも宜《よ》いのである。しかし顔《かほ》の下部《かぶ》に來《く》るやうに疊《たゝみ》に附《つ》かねばならぬのである。又《はた》その時《とき》に稍内側《やゝうちがは》の方《はう》に向《むか》ひ、肘《ひぢ》は外《そと》の方に一ぱひ張《は》るのである。されば肘《ひぢ》から身體《しんたい》の全部《ぜんぶ》が疊《たゝみ》に接《せつ》することになる、しかし手《て》首《くび》を折《を》つたり手首《てくび》の關節《くわんせつ》の部分《ぶぶん》を突《つ》くやうにしてはならぬ、即《すなは》ち主《しゆ》として身體《しんたい》を支《さゝ》へるのは手掌《てのひ》であることを忘《わす》れてはならない。

(二)手《て》の突《つ》き方《かた》

○柔術《じうじゆつ》を捕《と》るに當《あた》つては手《て》を下《した》の方《はう》に突《つ》く場合《はあひ》が多《お》ほくある。それには何時《いつ》でも正《たゞ》しく手《て》を突《つ》かねばならぬ。正《たゞ》しく突《つ》くには手先《てさ》きを内《うち》の方《はう》へ向《む》け、肘《ひぢ》を外《そと》に張《は》つて突《つ》くのである。そしてその反對《はんたい》に手先《てさ》きの外《そと》の方《はう》へ向《む》けて突《つ》くのを逆《ぎやく》と云《い》ふ。殊《こと》に逆《ぎやく》の突《つ》き方《かた》は負傷《ふしやう》をする危險《きけん》があるから絶對《ぜつたい》に避《さ》けねばならぬ。この手《て》の突《つ》き方《かた》は常《つね》に心掛《こゝろが》けて咄嗟《とつさ》の間《あひだ》にも必《かな》らず正《たゞ》しく突《つ》かねばならぬ。

(三)引繰《ひつく》り返《か》へる練習《れんしう》

○倒《た》ほさるゝ場合《はあひ》にその勢《いきほ》ひが激《はげ》しい時《とき》には、手《て》を突《つ》いたのみでは受《う》け切《き》れないことがある。その時《とき》は前《まへ》の方《はう》へ引繰《ひきく》り返《かへ》つて立《た》たなければならぬ。それには未《ま》だ體《からだ》が疊《たゝみ》に附《つ》かぬ前《まへ》に右《みぎ》の足《あし》を前《まへ》へ出《だ》して居《ゐ》たら左《ひだり》の方《はう》の手《て》、左《ひだた》の足《あし》を出《だ》して居《ゐ》たら右《みぎ》の方《はう》の手《て》、その手先《てさ》きは少《すこ》し内《うち》の方《はう》へ向《む》けて手掌《てのひら》で疊《たゝみ》に突《つ》き、その手《て》と足《あし》とで體《あひだ》を支《さゝ》へ、一方《はう》の手《て》を前《まへ》に突《つ》いた手《て》と足《あし》との間《あひだ》の所《ところ》へ突《つ》きそこへその方《はう》の肩《かた》を下《さ》げて頭《あたま》を入《い》れ頭《あたま》を打《う》たないやうに、肘《ひぢ》から肩《かた》、肩《かた》から背《せ》、背《せ》から尻《しり》と云《い》ふ順《じゆん》に一局部《きよくぶ》を強《つよ》く打《う》たせず、丁度車輪《ちやうどしやりん》の廻《ま》はるやうにグルリと前《まへ》の方《はう》へ引繰《ひきく》り返《か》へり、尚《な》ほ餘力《よりよく》を兩足《りやうあし》で受《う》け初《はじ》めに突《つ》いた方《はう》の手《て》で疊《たゝみ》を打《う》つてスックと立上《たちあが》るのである。

(四)體《たい》の崩《くづ》し方《かた》

○柔術《じうじゆつ》を捕《と》りて勝《かち》を得《う》るには相手《あひて》の體《からだ》の崩《くづ》れを見出《みいだ》さねばならぬ。そこで體《からだ》の崩《くづ》れはどんなものかと云《い》ふに、それは自然體《しぜんたい》若《も》しくは自護體《じごたい》ではない、何《いづ》れかに在《あ》る體勢《たいせい》の隙《すき》を云《い》ふのである。柔術《じうじゆつ》にあつてはこの崩《くづ》れに乘《じやう》じて技《わざ》を掛《か》けるのが常法《じやうはふ》である。故《ゆゑ》に能《よ》く相手《あひて》の隙《すき》を見出《みい》すことが肝要《かんえう》である。先《ま》づ相手《あひて》が靜《しづ》かに止《とま》つて居《ゐ》る時兩足《ときりやうあし》を踏《ふ》みつけて立《た》つて居《ゐ》る場合《ばあひ》に身體《しんたい》が一方《はう》へ傾《かたむ》いて身體《しんたい》の重心《ぢうしん》が自然體《しぜんたい》に於《お》けるが如《ごと》くに開《ひら》いた足《あし》の中間《ちうかん》に落《お》ちず一方《ばう》の足《あし》か又《また》は足《あし》の一部分《よぶん》かに偏《かたよ》つて落《お》ちて居《ゐ》るとその方《はう》に體勢《たいせい》が崩《くづ》れたのである。

○前《まへ》に述《の》べたるは静止《せいし》して居《ゐ》る場合《はあひ》に於《お》ける體《からだ》の崩《くづ》れを示《しめ》したのであるか、動《うご》いて居《ゐ》る即《すなは》ち仕合《しあ》ひ中《ちう》の崩《くづ》れ方《かた》はどう云《い》ふものかといへば、重心《ぢうしん》が一方《ぱう》の蹈《ふ》みつけて居《ゐ》る足《あし》から次ぎに蹈《ふ》みつけた足《あし》に移《うつ》らうとする刹那《せつな》、その足《あし》がまさに疊《たゝみ》に附《つ》かうとし身體《しんたい》の重心《ぢうしん》もそれに殆《ほと》んど乗《の》つて仕般《しま》つたがまだそれが安定《あんてい》の狀《さま》でないと云《い》ふ瞬間《しゆんかん》が相手《あひて》を負《ま》かすべき機會《きくわい》即《すなは》ち崩《くづ》れなのである。

○大體《だいたい》に於《お》いて崩《くづ》れた體勢《たいせい》が技《わざ》を掛《か》け得《う》るものなることは明《あき》らかである。けれども仕合《しあ》ひの際《さい》に相手《あひて》が體勢《たいせい》を崩《くづ》すのを待《ま》つて居《ゐ》るやうでは決《けつ》して眞《しん》の勝利《しやうり》を得《う》ることは出來《でき》ない。相手《あひて》が確《たし》かに崩《くづ》れかゝつて居《ゐ》ることを看破《かんぱ》し、自身《じしん》から掛《か》けて相手《あひて》の體勢《たいせい》を崩《くづ》すやうにせねばならぬのである。そして一旦《たん》相手《あひて》の崩《くづ》れを看破《かんぱ》したならば相手《あひて》の退《ひ》くと同時《どうじ》に敵對《てきたい》する餘裕《よゆう》を與《あた》へないやうにし、相手《あひて》の退《ひ》くだけヒタ押《お》しに押《お》し續《つゞ》けるならば、指《ゆび》一本《ほん》の押《お》す力《ちから》で見事《みごと》に相手《あひて》を倒《た》ほすことが出來《でき》るのである。

○前《まへ》の技《わざ》は押《お》す方《はう》であるが、引《ひ》いても矢張《やは》り同《おな》じ方《はう》である。自然體《しぜんたい》で居《ゐ》る相手《あひて》の前襟《まへえり》を捕《と》つて引《ひ》くと相手《あひて》は倒《たほ》れまいとし、引《ひ》かれるまゝに進《すゝ》んで來《く》る。此の時《とき》も相手《あひて》に對《たい》して蹈《ふ》み止《とゞ》まつて此方《こつち》を反《かへ》つて引《ひ》き返《かへ》へそうとする餘裕《よゆう》を與《あた》へないだけに引《ひ》けば、相手《あひて》は直《す》ぐ倒《たほ》るゝことになるけれどもこの際《さい》相手《あひて》が餘裕《よゆう》を得《え》て押《お》し返《かへ》して來《く》るときには此方《こつち》もそれに應《おう》じてより以上《いじやう》に引《ひ》くときは相手《あひて》は倒《たほ》るゝに至《いた》るのである。

□手　技

第《だい》一　背負投《せおひなげ》

○いよ〳〵仕合《しあひ》となりて、相手《あひて》が右《みぎ》の前隅《まへすみ》に釣《つ》り込《こ》んで來《き》た際《さい》、右の手《て》で上方《じやうはう》へ自分《じぶん》の方《はう》へ引《ひ》き寄《よ》せ相手《あひて》を少《すこ》しく廻轉《くわいてん》させて一歩左足《ひだりあし》を蹈《ふ》み出《だ》させるとき相《あひ》手《て》を前《まへ》の方《はう》へ釣《つ》り込《こ》み兩足《りやうあし》を爪先《つまさき》で立《た》たせる、かく前《まへ》の方《はう》に崩《くづ》して仕舞《しま》ふと同時《どうじ》に右手《みぎて》を離《はな》して相手《あひて》の右《みぎ》の脇《わき》下《した》から外側《そとがは》に出《い》だし一層《そう》伸《のは》して右《みぎ》の肩先《かたさき》を摑《つか》み自分《じぶん》の右足《みぎあし》を相手《あひて》の右《みぎ》の脇下《わきした》に自分《じぶん》の右《みぎ》の肩《かた》を押《お》し附《つ》けて右足《みぎあし》をこの姿勢《しせい》に合《あ》ふやうに後方《こうほう》に移《うつ》し、右《みぎ》の足《あし》は爪先《つまさ》きで廻《くわい》轉《てん》し相手《あひて》の右足《みぎあし》と内側《うちかは》に並《なら》ばせるのである。

第《だい》二　浮落《うきおとし》

○相手《あひて》を右《みぎ》の前方《ぜんほう》に釣込《つりこ》まうとすると相手《あひて》は釣《つ》り込《こ》まれるに從《したが》つて進《すゝ》んで來《き》てその體《からだ》を保《たも》たうとするその時《とき》、相手《あひて》の空《つ》いて來《く》る程度《ていど》よりも急《きう》に強《つよ》く引《ひ》けば相《あひ》手《て》は當《あて》が違《ちが》つて足《あで》の進《すゝ》むよりは上《うへ》の方《はう》へ引《ひか》れるのが強《つよ》くなるから重心《ぢうしん》は直《たゞ》ちに外《はづ》れて體《からだ》を保《たも》つことが出來《でき》なくなり正《ま》さに倒《たほ》れやうとするとき、自身《じしん》は右足《みぎあし》を左《ひだり》の足《あし》に近《ちか》づけ體《からだ》を右《みぎ》の足《あし》に托《たく》するのである。そしてその瞬間《しゆんかん》に直《たゞ》ちに左足《ひだりあし》を後《うしろ》に引《ひ》き膝《ひざ》を曲《ま》げて地《ち》に附《つ》け、足《あし》は指《ゆび》を反《そ》らせてその裏面《りめん》を地《ち》に觸《ふ》れしめる。かく釣《つ》り込《こ》みの力《ちから》に體《からだ》を下《さ》げながら眞直《まつす》ぐ落《お》ちる力《ちから》を添《そ》へるから相手《あひて》の體《からだ》はこの二つの力《ちから》の作用《さよう》で廻《くわい》

轉《てん》して一寸地《ちよつとち》を離《はな》れて倒《たほ》れるに從《したが》つて仰向《あふむ》けにな

り、それから左後隅《ひだりうしろすみ》が地《ち》に觸《ふ》れるやうになる。

第三《だい》　捔《すく》ひ投《なげ》

○相手《あひて》が左前隅《ひだりまへすみ》に動《うご》いて來《き》てその注意點《ちういてん》が上《うへ》の方《はう》にのみ注《そゝ》がれた場合《はあひ》に自身《じしん》は左《ひだり》の足《あし》を相手《あひて》の後方《こうはう》からその兩足《りやうあし》の眞《ま》ん中《なか》まで進《すゝ》め、相手《あひて》と同《おな》じやうに向《む》き相《あひ》手《て》の前《まへ》の方《はう》から下腹《したはら》を左《ひだり》の腕《うで》で抱《だ》くやうに押《お》しつけ右《みぎ》の手《て》でその跡股《あとまた》を押《おさ》へ、宜《よ》い加減《かげん》に腰《こし》に下《さ》げて充分重心《じゆうぶんぢうしん》を保《たも》つやうにすると、相手《あひて》の腰《こし》は此方《こつち》の左脇《ひだりわき》に挾《はさ》まれ、右後方《みぎこうはう》に倒《くづ》れて行《ゆ》くけれども、若《も》し挾《はさ》む部分《ぶぶん》が上《うへ》の方《はう》に過《す》ぎると掛《かけ》るのに六かしい。又下《またした》の方《はう》に過《す》ぎると上部《じやうぶ》に自由《じゆう》を與《あた》へるから防《ふせ》ぎ技《わざ》に移《うつ》り易《やす》いのである。そこでこの捔《すく》ひ技《わざ》は相手《あひて》が右前《みぎま》の隅《すみ》に動《うご》いて來《き》たときに用《もち》ゆべき法《はふ》である。防《ふせ》ぎとしては相手《あひて》が體《からだ》の上方《じやうはう》を甚《はなは》だしく曲《ま》げて居《ゐ》るときには左手《ひだりて》で後《こう》頭部或《とうぶあるひ》は左《ひだり》の肩先《かたさき》を摑《つか》み相手《あひて》の後帶《うしろおび》を右《みぎ》の手《て》で捕《と》り左《ひだり》の手《て》は下《した》の方《はう》へ右《みぎ》の手《て》は上《う》の方《はう》へ相手《あひて》の體《からだ》を輪《わ》のやうにして轉《ころ》ばすのを良《よ》いとする、若《も》し崩《くづ》しが充分《じゆうぶん》でないときは體《からだ》の前方《ぜんぽう》に曲《ま》げて兩足《りやうあし》の間《あひだ》から兩手《りやうて》を相手《あひて》の左《ひだり》の足首《あしくび》を捕《と》り前《ま》の方《はう》へ引出《ひきだ》してよい。

第《だい》四　帶落《おびおとし》

○相手《あひて》の體《からだ》が左後《ひだりうしろ》の隅《すみ》に動《うご》くのを利用《りよう》し右《みぎ》の手《て》で相手《あひて》の帶《おび》を逆《ぎやく》に握《にぎ》りそして相手《あひて》の後方《こうはう》に左《ひだり》の足《あし》を蹈《ふ》み込《こ》み左《ひだり》の腕《うで》を伸《の》ばして相手《あひて》の胸《むね》の上部《じやうぶ》に當《あた》つて相手《あひて》の後《うしろ》の方《はう》に倒《た》ほすやうになし、右《みぎ》の手《て》で帶《おび》を引《ひ》いて相手《あひて》を後方《うはう》にそらす、そして悉皆崩《しつかいくづ》れたとき體《からだ》を下《おろ》す途端《はづみ》で相手《あひて》を倒《た》ほすのである。

第《だい》五　背負落《せおひおとし》

○相手《あひて》を前《まへ》の方《はう》へ釣《つ》り込《こ》み背負《せお》ひ投《な》げと同《おな》じ手段《しゆだん》を用《もち》ゐて、自分《じぶん》の體《からだ》を左《ひだり》に捻《ひね》り相手《あひて》を後方《こうはう》に背負《せお》ふのである。その時充分廻《ときじゆうぶんま》はり込《こ》まずに相手《あひて》が自分《じぶん》の右《みぎ》の後方《こうはう》に近《ちか》づいて自分《じぶん》の右《めぎ》の方《はう》にすべり込《こ》まうとする際《さい》には右《みぎ》の手《て》で相手《あひて》の右《みぎ》の肩《かた》を捕《つか》へないで後方《こうはう》に伸《の》ばしその手掌《てのひら》を相手《あひて》の右《みぎ》の腰《こし》の下《した》の方《はう》に觸《ふ》れさせてすべらないやうに相手《あひて》を支《さ》へるのである。それから腰《こし》を上《あ》げ、體《からだ》を前《まへ》の方《はう》に捻《ひね》ると共《とも》に左《ひだり》の手《て》で引《ひ》き右《みぎ》の手《て》で押上《おしあ》げ相手《あひて》を廻轉《くわいてん》させるのである。

第六《だい》　肩車《かたぐるま》

○相手《あひて》を前《まへ》の方《はう》に釣《つ》り込《こ》みて接近《せつきん》し直《す》ぐに腰《こし》を下《さ》げ相手《あひく》の股《また》の間《あひだ》に右《みぎ》の手《て》を挾《はさ》み首《くび》を相手《あひて》の右《みぎ》の脇下《わきした》に突《つ》つ込《こ》みそれから少《すこ》し體《からだ》を上《あ》げて左《ひだり》の手《て》を引《ひ》く途端《とたん》に相手《あひて》を仰向《あふむ》けに地《ち》に轉《ころが》すのである。

第七《だい》　體落《たいおとし》

○相手《あひて》を右《みぎ》の前《まへ》の隅《すみ》に釣《つ》り込《こ》み傾《かたむ》いて來《く》る此方《こちら》は左《ひだり》の足《あし》を少《すこ》し後方《うしろ》に開《ひら》くと同時《どうじ》に左向《ひだりむ》きになり相手《あひて》の右足《みぎあし》の前方《ぜんはう》に自分《じぶん》

の右《みぎ》の足《あし》を置《お》くのである。そして自分體《じぶんたい》が左向《ひだりむ》きになる時《とき》、浮《う》いて來《く》る相手《あひて》に力《ちから》を加《くは》へ相手《あひて》の右足《みぎあし》と右手《みぎて》との距離《きより》を半徑《はんけい》として畫《えが》いた弓《ゆみ》によつて轉《ころ》ぶやうに引《ひ》き落《おと》すのである。

□足　技

第《だい》一　送足拂《おくりあしはらひ》

○相手《あひて》が左後《ひだりうしろ》の隅《すみ》に退《ひ》くときには此方《こつち》はそれを押《お》して進《すゝ》み双方共《さうはうとも》に一緒《しよ》に動《うご》くのである。それは先《ま》づ相手《あひて》が左《ひだ》の足《あし》を引《ひ》くときには此方《こつち》では右足《みぎあし》を進《すゝ》め、相手《あいて》が右足《みぎあし》を引《ひ》くときには此方《こつち》では左《ひだり》の足《めし》を進《すゝ》め幾度《いくたび》も同《おな》じ事《こと》を繰《く》り返《かへ》すのである。が相手《あひて》が左足《ひだりあし》を引《ひ》いたときに技《わざ》を掛《か》けるのである。即《すなは》ち相手《あひて》が退《ひ》いたときに自分《じぶん》は左足《ひだりあし》でその引《ひ》く方向《はうかう》に相手《あひて》の足《あし》を拂《はら》ふか、又《また》はその方法《はうはふ》として相手《あひて》が足《あし》を内《うち》の方《はう》へ傾《かたむ》けその裏《うら》が相手《あひて》の足《あし》の外踵《そとかゝと》の下《した》に觸《ふれ》るやうにする。又足《またあし》で支《さゝ》へなければならぬ時《とき》にも足《あし》をそうするのが必要《ひつえう》である。そして相手《あひて》の體《からだ》を浮《うか》せた兩手《りやうて》でその時《とき》相手《あひて》を眞直《まつす》ぐ引《ひ》き倒《た》ほすのである。

第二《だい》　内股《うちまた》

○右《みぎ》の手《て》の働《はたら》き工合《ぐあひ》で相手《あひて》を前《まへ》に釣《つ》り込《こ》むときには相手《あひて》は右《みぎ》の方《はう》に傾《かたむ》いて一歩《ぽ》左足《ひだりあし》を進《すゝ》めてこれに應《おう》じた位置《いち》をとるこうした釣《つ》り込《こ》みは何度《なんど》となく續《つゞ》けることが出來《でき》るのである。

又相手《またあひて》が左《ひだり》の足《あし》を進《すゝ》めるときには此方《こつち》では拂腰《はらひごし》の場合《ばあひ》と同《おな》じやうに左《ひだり》の方《はう》に入《い》り込《こ》み相手《あひて》の前《まへ》を自分《じぶん》の右側《みぎがは》に接《せつ》せしめ右足《みぎあし》を相手《あひて》の股《また》の間《あひだ》に伸《の》ばして相手《あひて》の左《ひだり》の内股《うちまた》の

上《うへ》の方《はう》に接近《せつきん》させるのである。次《つ》ぎに右足《みぎあし》で拂《はら》ひ上《あ》げて相手《あひて》の體《からだ》を浮《う》かせ體《からだ》を捻《ひね》るのと兩手《りやうて》の動《うご》かし工合《ぐあひ》にも相手《あひて》を轉《こ》ばすのである、けれども此《こ》の技《わざ》はウッカリすると睾丸《きんたま》を打《う》つ虞《おそ》れがあるから注意《ちうい》せねばならぬ。

第三《だい》　支釣込足

○相手《あひて》を右《みぎ》の前隅《まへすみ》に釣《つ》り込《こ》むとしたら相手《あひて》は右《みぎ》の足《あし》を進《すゝ》めて次《つ》ぎにそれと共《とも》に左《さ》の足《あし》を進《すゝ》める、かくて送足《おくりあし》拂《はらひ》の左後《ひだりうしろ》の隅《すみ》でする如《ごと》くに幾回《いくくわい》もこれを繰《く》り返《かへ》し相手《あひて》が右《みぎ》の足《あし》を進《すゝ》めやうとする際《さい》に急《きう》にその豫想《よさう》より

も多《おほ》ほく引《ひ》き出《だ》して重心《ぢうしん》が傾《かたむ》くやうにする。それから自分《じぶん》の左足《ひだりあし》を進《すゝ》めるかくて相手《あひて》の右膝《みぎひざ》と外《そと》の踝《くるぶし》との間《あひだ》に當《あ》て、之《こ》れを支《さゝ》へ蹈《ふ》み出《だ》し悪《わる》いやうにしむけると同時《どうじ》に體《からだ》の上方《じやうはう》をいよ〳〵引《ひ》き附《つ》けて轉倒《てんたう》させるのである。

第四《だい》　膝車《ひざぐるま》

○前《まへ》の支釣込足《さゝへつりこみあし》と同《おな》じやうに相手《あひて》を右《みぎ》の前方《ぜんぱう》に釣《つ》り込《こ》んで置《お》いて我《わ》が體《からだ》を少《すこ》し離《はな》して釣込足《つりこみあし》を掛《か》け悪《にく》い場合《ばあひ》に自分《じぶん》の左足《ひだりあし》を相手《あひて》の右《みぎ》の膝《ひざ》の關節《くわんせつ》の外部《ぐわいぶ》に當《あ》てる、或《あるひ》は又内股《またうちまた》の時《とき》のやうに釣《つ》り込《こ》む際《さい》には上《うへ》に浮《う》かせずに左《ひだり》の足《あし》を進《すゝ》めて重心《ぢうしん》を失《うしな》ひかけた時《とき》にその膝《ひざ》の外《そと》の方《はう》へ自分《じぶん》の左足《ひだりあし》を當《あ》てゝ宜《よ》い、それ

から相手《あひて》が此方《こつち》の足《あし》を支《さゝ》へた膝《ひざ》を中心《ちうしん》に一種《しゆ》の弓形《ゆみがた》を書《ゑが》いて廻轉《くわいてん》するやうに引《ひ》き寄《よ》せるのである。

第五《だい》　出足掃《あしはらひ》

○相手《あひて》を釣《つ》り込《こ》む時相手《ときあひて》が右《みぎ》足《あし》を左足《ひだりあし》から直《す》ぐに前《まへ》に引《ひ》いた線《せん》よりも左《ひだり》の方《はう》へ踏《ふ》み出《だ》し今《いま》や體重《たいぢう》をそれに托《たく》さうとする際此方《さいこつち》は左足《ひだりあし》を上《あ》げて相手《あひて》の右足《みぎあし》の外《そと》の方《はう》まで突《つ》き出《だ》すそれよりその足《あし》で相手《あひて》の外《そと》の踝《くるぶし》の少《すこ》し下《した》の方《はう》を内《うち》の方《はう》へ拂《はら》つて重心《ぢうしん》を傾《かたむ》かせ兩手《りやうて》で相手《あひて》を眞直《まつす》ぐに落《おと》して倒《た》すのである。そして拂《はつ》ふ際《さ》には足《あし》は打《う》ちつけずに觸《ふ》れるまではそつと力《ちから》を

入《い》れるが宜《よ》い。

第《だい》六　小内刈《こうちがり》

○相手《あひて》を前《まへ》の方《はう》へ釣《つ》り込《こ》む時《とき》に相手《あひて》はこれに應《おう》じて進《すゝ》まないで體《からだ》を後《うしろ》の方《はう》に引《ひ》きながら釣《つ》り込《こ》まれるまゝに足《あし》を進《すゝ》めるとその足《あし》は地《ち》に接《せつ》してその面《めん》と一種《しゅ》の鋭角《えいかく》をなすやうになるそこで此方《こつち》では相手《あひて》の出《だ》した足《あし》と同《おな》じ方《はう》の足《あし》を上《あ》げて足《あし》の端《はじ》を内《うち》の方《はう》に傾《かたむ》けて丁度《ちやうど》鎌《かま》と同《おな》じ形《かた》にて相《あひ》手《て》の出《だ》した足《あし》の内側《うちがは》からその踵《かヽと》の上《うへ》に當《あ》てるそして鎌形《かまがた》にした足《あし》で相手《あひて》の足《あし》を指《ゆび》に向《む》いて居《ゐ》る方向《はつこう》に引《ひ》き出《だ》し相手《あひて》の體《からだ》を兩手《りやうて》で後方《こうはう》に眞直《まつす》ぐ落《おと》し

て倒《たふ》すのである。

第《だい》七　大外刈《おほそとがり》

○相手《あひて》を右《みぎ》の前《まへ》に釣《つ》り込《こ》む時《とき》に、相手《あひて》が自護體《じごたい》でこれに應《おう》じて來《き》たとする、その時《とき》は右後《みぎうしろ》に崩《くづ》し此方《こつち》は體《たい》を下《さ》げながら相手《あひて》の右足《みぎあし》の外方《ぐわいはう》に左足《ひだりあし》を蹈《ふ》み込《こ》ませて全身《ぜんしん》をその足《あし》に托《たく》し右足《みぎあし》を少《すこ》し曲《ま》げて自分《じぶん》の前《まへ》の方《はう》へ持《も》つて來《く》る。そして自《じ》分《ぶん》の左《ひだり》の外股《そとまた》で相手《あひて》の右股《みぎまた》とその後《うしろ》の隅《すみ》から拂《はら》ひ體《からだ》を兩手《りやうて》にて眞直《まつす》ぐに落《おと》すのである、但《たゞ》しこの場合《ばあひ》には左足《ひだりあし》の膝《ひざ》から下《した》の方《はう》には力《ちから》を入《い》れぬやうにせねばならぬ。

第《だい》八　小外刈《こそとがり》

○相手《あひて》を右《みぎ》の前《まへ》に釣《つ》り込《こ》みその右足《みぎあし》を進《すゝ》めて應《おう》じ來《きた》り足《あし》を斜《なゝ》めにして小内刈《こうちがり》と同《おな》じやうに蹈《ふ》み出《だ》すのを機會《きくわい》とする。そして自分《じぶん》の左足《ひだりあし》を小内刈《こうちがり》の技《わざ》と同《おな》じやうに鎌《かま》の形《かたち》にして蹈《ふ》み出《だ》した相手《あひて》の踵《ふみとう》の上に外《そと》の方《はう》から當《あ》てるのである。

第九　足車《あしぐるま》

○相手《あひて》を左《ひだり》の前方《ぜんぱう》に釣込《つりこ》まんとする時《とき》、相手《あひて》がその方《はう》に向《む》きをかへて兩足《りやうあし》を近《ちかづ》けて進《すゝ》み來《きた》ることがあるその時直《ときたゞ》ちに相手《あひて》の姿勢《しせい》をかへさせぬやうに維持《ゐぢ》し自《じ》分《ぶん》の左足《ひだりあし》を伸《の》ばし相手《あひて》の膝《ひざ》を支《さゝ》へて體《たい》を少《すこ》し左《ひだり》の方《はう》へ捻《ひね》るそれから兩手《りやうて》で相手《あひて》を引《ひ》き膝《ひざ》を中心《ちうしん》としてその周圍《しうゐ》に添《そ》つて廻《ま》はり前《まへ》の方《はう》へ轉《こう》ばすのである。

第《だい》十　拂釣込足《はらひつりこみあて》

○支釣込足《さゝへつりこみあし》と同《おな》じやうに釣《つ》り込《こ》んだ場合《ばあひ》に相手《あひて》が足《あし》のみで體《たい》を支《さゝ》へ尙《な》ほ右《みぎ》の前《まへ》へ傾《かたむ》き左足《ひだりあし》もそれに近《ちかづ》けて浮《う》き上《あ》がつたときに自分《じぶん》の左《ひだり》の足《あし》をば相手《あひて》の右《みぎ》の足《あし》に當《あ》て、足《あし》を拂《はら》ふと共《とも》に兩手《りやうて》で眞直《まつす》ぐに落《おと》すのである。

第《だい》十一　大內刈《おほうちがり》

○相手《あひて》を前《まへ》の方《はう》に急《きう》に釣《つ》り込《こ》む場合《ばあひ》には相手《あひて》はこれを防《ふせ》がうとして小內刈《こうちがり》の場《ば》合《あひ》よりは少《すこ》し體《たい》を下《お》ろし膝《ひざ》を曲《ま》げて兩足《りやうあし》を廣《ひろ》く隔《へだ》てゝ此《こ》の方《はう》の釣《つ》り込《こ》みの途端《はづみ》

をくつてその體《たい》を後方《こうはう》に退《ひ》けるときは相手《あひて》が體《たい》の重量《ぢうれう》を弱《よは》く托《たく》して居《ゐ》る足《あし》の後《こう》方《はう》の胸《むね》の上部《じやうぶ》に、相手《あひて》と反對《はんたい》になる足《あし》を、内《うち》の方《はう》から差入《さしい》れてから股《また》を附《つ》け合《あ》ふ、それから自分《じぶん》の股《また》で相手《あひて》の股《また》を前《まへ》の方《はう》へ拂《はら》ふと共《とも》に兩《りやう》手《て》で體《たい》の上方《じやうはう》を後《うしろ》の方《はう》へ支《さゝ》へて落《おと》すのである。若《も》しこの時《とき》此方《こつち》の働《はたら》きが弱《よわ》く目的《もくてき》を達《たつ》しない場合《ばあひ》には足《あし》を拂《はら》ひ上《あ》げたまゝの姿勢《しせい》で左《ひだり》の足《あし》で一二回《くわい》前《まへ》の方《はう》へ低《ひく》く引《ひ》けば倒《た》ほすことが出來《でき》るのである。

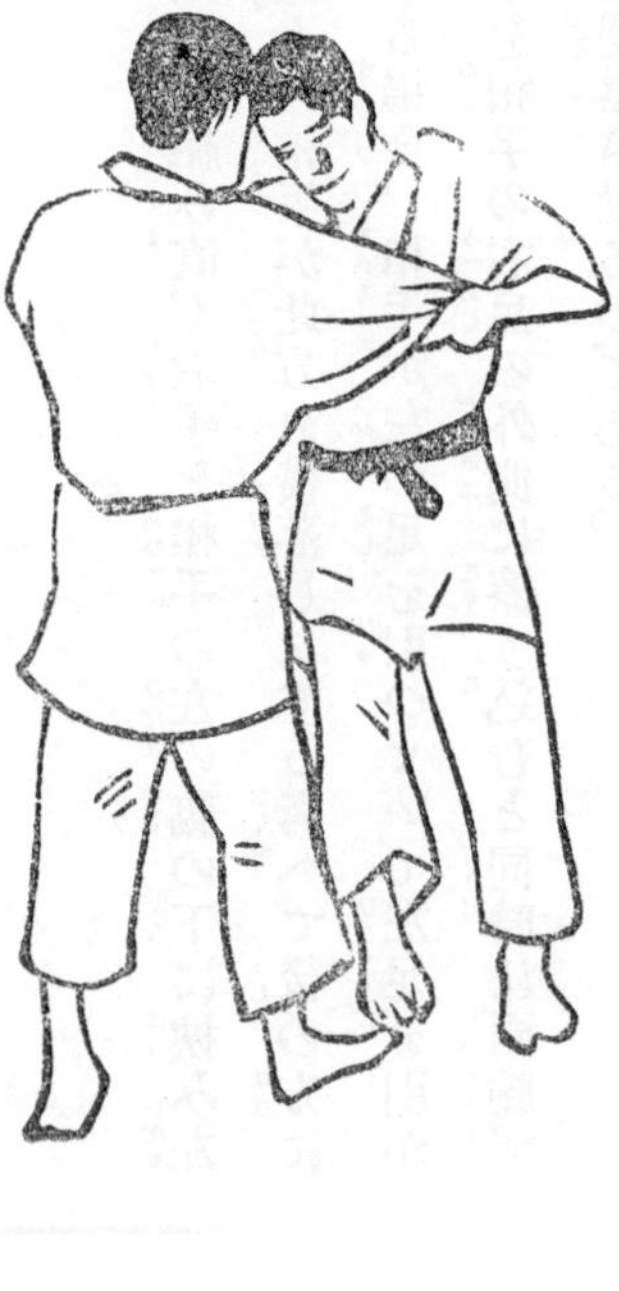

第《だい》十二　山嵐《やまあらし》

○自分《じぶん》の右《みぎ》の手《て》で相手《あひて》の後襟《うしろえり》を左《ひだり》の方《はう》から逆《ぎやく》に握《にぎ》り相手《あひて》の右《みぎ》の外袖《そとそで》を左《ひだり》の手《て》で

摑《つか》み右《みぎ》の前《まへ》の隅《すみ》へ崩《くづ》す。そしてその崩《くづ》れて來《く》るはづみを利用《りよう》して斜《なゝ》めに上方《じやうはう》に拔《ぬ》く心持《こゝろも》ちで自分《じぶん》の體《たい》に力《ちから》を籠《こ》めて引《ひ》きつけ相手《あひて》の右足《みぎあし》の下《した》の方《はう》を自分《じぶん》の右足《みぎあし》の下部《かぶ》で外《そと》の方《はう》から拂《はら》ふと共《とも》に兩手《りやうて》を以《もつ》て相手《あひて》を眞直《まつす》ぐに落下《らくか》させるのである。

第《だい》十三　谷落《たにおとし》

○この技《わざ》は双方《そうはう》が自護體《じごたい》で右《みぎ》四つに組《く》み直《す》ぐ右手《みぎて》を相手《あひて》の左《ひだり》の脇《わき》の下《した》に挾《はさ》み左《ひだり》の手《て》を以《もつ》て相手《あひて》の右《みぎ》の外袖《そとそで》を握《にぎ》り、相手《あひて》が此方《こつち》を横落《よこおと》しにする考《かんが》へで後《うしろ》の方《はう》に退《ひ》きながら、自分《じぶん》を崩《くづ》そうとする場合《ばあひ》、相手《あひて》が左《ひだり》の足《あし》を引《ひき》つゞいて左足《ひだりあし》を引《ひ》かうとする機《き》を見《み》て、自分《じぶん》の左手《ひだりあし》を相手《あひて》の右足《みぎあし》の外側《そとがは》に擦《こす》り込《こ》むと同時《どうじ》に兩腕《りやううで》で直下《ました》に押《お》し相手《あひて》を右《みぎ》の後《うしろ》の隅《すみ》に墜落《つひらく》させるのである。

第《だい》十四　大外車《おほそとぐるま》

○この技《わざ》は大外刈《おほそとがり》の返《かへ》し技《わざ》である。即《すなは》ち返《かへ》す時《とき》に自分《じぶん》の右《みぎ》の足《あし》を以《もつ》て相手《あひて》の兩足《りやうあし》を高《たか》く拂《はら》ひ上《あ》げると共《とも》に兩手《りやうて》で相手《あひて》を眞直《まつす》ぐに落《おと》すのである。

第《だい》十五　大外落《おほそとおとし》

○相手《あひて》の體《たい》を右《みぎ》の後《うしろ》の隅《すみ》に傾《かたむ》け自分《じぶん》の足《あし》を上《あ》げて相手《あひて》の右《みぎ》足《あし》の後方《こうはう》に踏《ふ》み込《こ》む時《とき》、その後股に觸《ふ》れて擦り下ろすやうにして崩《くづ》し助《たす》けるそして體《たい》を少《すこ》し下《お》ろしそのはづみで兩手《りやうて》で相手《あひて》を眞直《まつす》ぐに落《おと》すのである

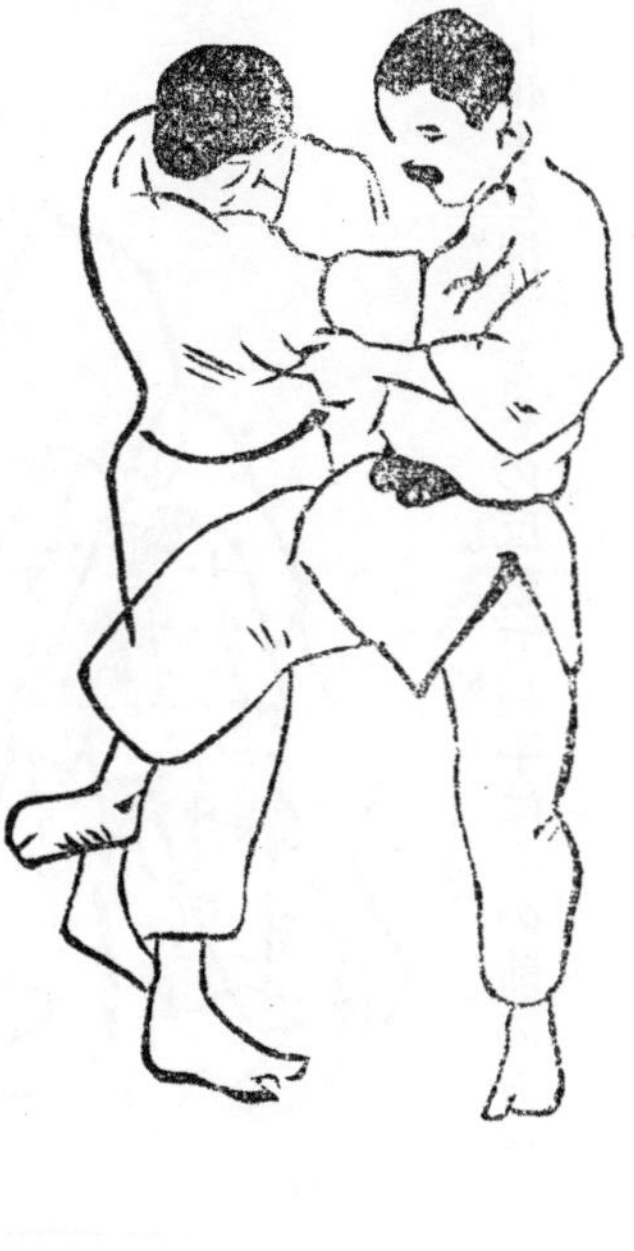

□腰　技

第《だい》一　浮腰《うきごし》

○互《たが》ひに相對《あひたい》すると相手《あひて》は右足《みぎあし》を一歩《ほ》踏《ふ》み出《い》だし右《みぎ》の拳《こぶし》で此方《こつち》の頭部《とうぶ》を目掛《めが》けて打《う》つて掛《か》かる。この時《とき》相手《あひて》の體勢《たいせい》は前《まへ》の方《はう》へ崩《くづ》れ掛《か》けて居《ゐ》るのであるから、此方《こつち》は左足《ひだりあし》を一歩《ほ》踏《ふ》み出《だ》して相手《あひて》の左足《ひだりあし》の内側《うちがは》にそれと同《おな》じ向《む》きにする積《つも》りで地《ち》を踏《ふ》むと同時《どうじ》に體《たい》を右《みぎ》へ廻《ま》はして腰《こし》の後部《こうぶ》から背《せ》の中部《うぶ》を相《あひ》手《て》の腹《はら》から胸《むね》に密接《みつせつ》させ腰《こし》で少《すこ》し相手《あひて》を押《お》すとその反動《はんどう》で相手《あひて》はその前《まへ》の方《はう》へ浮《う》き出《だ》すのである。

第《だい》二　大腰

○相手《あひて》が彳《たゝず》んで稍前の方《はう》若《も》しくは右《みぎ》の前《まへ》の隅《すみ》に傾《かたむ》かうとする様子《やうす》の見《み》へたる時《とき》

に自分《じぶん》では少《すこ》し身《み》を引《ひ》かし左《ひだり》の腰《こし》を突《つ》き出《だ》しながら相手《あひて》の前《まへ》の方《はう》から左足《ひだりあし》の内《うち》側《がは》に自分《じぶん》の左足《ひだりあし》を、相手《あひて》の足《あし》と並《なら》ぶやうに踏《ふ》み込《こ》み、相手《あひて》の後方《こうはう》から左腕《ひだりうで》でその腰《こし》を抱《だい》て自分《じぶん》の體《たい》に押《お》しつけるこの時《とき》は相手《あひて》の左《ひだり》の上《うは》袖《そで》を右手《みぎて》で捕《と》るので宜《よ》いのである

次《つ》ぎに自分《じぶん》の體《たい》を捻《ひね》つて相手《あひて》の體《たい》を地上《ちじやう》から引《ひ》き抜《ぬ》くやうに持《も》ち上《う》げ自分《じぶん》の腰《こし》を高《たか》めて相手《あひて》の兩足《りやうあし》を地上《ちじやう》から離《はな》すのである。

第三《だい》　拂腰《はらひごし》

○相手《あひて》を左《ひだり》の前《まへ》の隅《すみ》に釣《つ》り込《こ》み相手《あて》の出《で》て來《く》ると共《とも》に體《たい》を少《すこ》し下《さ》げて自分《じぶん》の右《みぎ》の腰《こし》が相手《あひて》の下腹《したはら》に突《つ》くやうにするのである。それから式《つ》ぎに少《すこ》し腰《こし》を高《たか》める

と同時《どうじ》に右《みぎ》の足《あし》を外部《ぐわいぶ》に伸《の》ばしその股《また》を以《もつ》て相手《あひて》を後《うしろ》の方《はう》に振《ふ》り拂《はら》ふのである。

第《だい》四　釣腰《つりこし》

○相手《あひて》の左《ひだ》り上袖《うはそで》を右《みぎ》の手《て》で捕《と》りその後帯《あとおび》を左手《ひだりて》で摑《つか》み、相手《あひて》を右《みぎ》前《まへ》の隅《すみ》に釣《つ》り込《こ》むこれと同時《どうじ》に自《じ》分《ぶん》の體《たい》を少《すこ》し下《さ》げながら他《た》の腰技《こしわざ》と同《おな》じやうに廻《ま》はり込みそれと相手《あひて》の體《たい》を釣《つ》り上《あ》げるとが合《がつ》して自分《じぶん》の後腰《うしろこし》に相手《あひて》の下腹《したはら》をつけるのである次《つ》ぎに腰《こし》を捻《ひね》るはづみに相手《あひて》を前《まへ》の方《はう》へ轉《ころ》ばすのは他《た》の技《わざ》と同一《おなじ》である。

第《だ》五　釣込腰《つりこみごし》

○相手《あひて》を前《まへ》の方《はう》へ釣《つ》り込《こ》む場合《ばあひ》に相手《あひて》が浮腰《うきごし》を防《ふせ》がうとしてその體《たい》を少《すこ》し後方《こうはう》へ張《は》つた時《とき》に此《こつ》方《ち》は充分《じゆうぶん》に腰《こし》を下《お》ろして廻《ま》はり込《こ》み自分《じぶん》の腰《こし》の上《うへ》に相手《あひて》の下腹《したはら》

を乗《の》せ兩手《りやうて》がその儘緩《まゝゆる》まぬやうに保《たも》つのである。且《かつ》次ぎに體《たい》を高《たか》めると共《とも》に體《たい》を捻《ひね》つて相手《あひて》を前《まへ》の方《はう》へ轉《ころが》すのである。

第六《だい》　腰車《こしぐるま》

○相手《あひて》を右《みぎ》の前《まへ》に釣《つ》り込《こ》み直《たゞ》ちに前《まへ》の方《はう》へ釣《つ》り出《だ》して右《みぎ》の腰《こし》を少《すこ》し下《さ》げて突《つ》き出《い》だし相手《あひて》をこれに引《ひ》きつける相手《あひて》が體《たい》を浮《う》かして出《で》て來《き》ながらその腹部《ふくぶ》を自分《じぶん》の腰《こし》に寄《よ》せ掛《か》け來《く》るやうにする、そして次《つ》ぎに腰《こし》を上《あ》げ相手《あひて》が此方《こつち》の右腰《みぎこし》を軸《じく》としてこれを超《こ》へて動《うご》いて來《く》る方向《はうかう》に轉《ころだ》すのである。

第七《だい》　跳腰《はねこし》

○相手《あひて》を前《まへ》の方《はう》に釣《つ》り込《こ》み相手《あひて》が傾《かたむ》いて來《き》た時兩手《ときりやうて》を以《もつ》て相手《あひて》の姿勢《しせい》を崩《くづ》さぬやうに維持《ゐぢ》し、右《みぎ》の足《あし》は膝《ひざ》を曲《ま》げその外《そと》を相《あひ》手《て》の兩膝《りやうひざ》の上部《じやうぶ》に當《あ》て置《お》き自分《じぶん》の右《みぎ》の股《また》で相《あひ》手《て》の兩足《りやうあし》を跳《は》ね上《あ》げるやうにして兩手《りやうて》で拂腰《はらひこし》と同《おな》じやうな體勢《たいせい》で動《うご》くのである。

第八《だい》　移腰《うつしこし》

○相手《あひて》が立止《たちど》まりながら、後《うしろ》の方《はう》へ少《すこ》し反身《そりみ》になつて右手《みぎて》に隙《すき》の見《み》へた時《とき》それに乘《じやう》じて自《じ》分《ぶん》の兩手《りやうて》を放《はな》して掬投《すくひな》げと同《おな》じやうに相手《あひて》の後方《うしろ》に入《い》り込《こ》み少《すこ》し體《たい》を下《さ》げ、相手《あひて》の體《たい》を密《みつ》接《せつ》させ左腕《ひだりうで》で後《うしろ》の方《はう》から相手《あひて》の腰《こし》を抱《だ》きその右腰《みぎこし》を右手《みぎて》で支《さゝ》へる、それから腰《こし》

を上《あ》げて體《たい》を後《うしろ》の方《はう》に張《は》ると相手《あひて》の兩足《りやうあし》は地《ち》を離《はな》れて前方《ぜんはう》に突《つ》き出《い》で體《たい》が浮《う》き上《あが》つて後方《こうはう》へ傾《かたむ》くそのはづみに自分《じぶん》の體《たい》を後《うしろ》の方《はう》に引《ひ》きながら相手《あひて》を轉倒《てんだう》させるのである。

第《だ》九　後腰《あとこし》

○相手《あひて》を前《まへ》の方《はう》へ釣《つ》り込《こ》み自分《じぶん》の體《たい》と相手《あひて》の體《たい》とを密着《みつちやく》させて下《さ》げ相手《あひて》の後《うしろ》の方《はう》へ右腕《みぎうで》を廻《ま》はして抱《だ》き相手《あひて》の右腰《みぎこし》には左腕《ひだりうで》を當《あ》てる、次《つ》ぎに體《たい》を上《あ》げて相手《あひて》の兩足《りやうあし》が地《ち》を離《はな》れると同時《どうじ》に自分《じぶん》の體《たい》を左《ひだり》の方《はう》に捻《ひね》り引腰《ひきこし》に相手《あひて》を移《うつ》し左手《ひだりて》を以《もつ》て相手《あひて》の上袖《うはそで》を摑《つか》み腰車《こしぐるま》と同《おな》じやうに相手《あひて》を落《おと》すのである。

□横捨身技

第一《だい》　横車《よこぐるま》

○この技《わざ》は裏投《うらな》げを掛《か》けやうとする場合《ばあひ》に相手《あひて》は前《まへ》の方《はう》へ體《たい》を曲《ま》げてそれを防《ふせ》がうとする機《き》を摑《つか》むで自分《じぶん》の右足《みぎあし》を相手《あひて》の體《たい》の眞直《まっす》ぐの下《した》に達《たっ》せしめ、體《たい》を曲《ま》げたままで右《みぎ》の方《はう》に捻《ひね》りて最後《さいご》に背《せ》の後《うしろ》を地につけて左方《ひだりがた》に相手《あひて》を廻轉《くわいてん》させて倒《た》ほすのである。

きは後《うしろ》の方《はう》が地《ち》に着《つ》き激動《げきどう》を覺《おぼ》ゆるのである。

第二《だい》　横掛《よこがけ》

○この技《わざ》は左《ひだり》の後《うしろ》から右《みぎ》の前《まへ》に向《むか》つて動《うご》く相手《あひて》の反動《はんどう》を見《み》或《あるひ》は右《みぎ》の前《まへ》の隅《すみ》に釣《つ》り込《こ》み、それと共《とも》に體《たい》を右《みぎ》の後方《こうはう》に突《つ》き出《い》だし相手《あひて》の重心《ぢうしん》が傾《かたむ》くやうにする、次《つ》ぎに相手《あひて》の傾《かたむ》いて來《く》る方向《はうかう》に一所《しよ》に倒《たほ》れながら相手《あひて》を引《ひき》つけてその右《みぎ》の足《あし》を自分《じぶん》の左足《ひだりあし》で持《も》つて拂《はら》ふ、その時支點《ときしてん》となつて足《あし》を急《きふ》に拂《はら》はれるので倒《たほ》れると

第三《だい》　抱分《だきわけ》

○相手《あひて》が四《よ》つ這《ば》ひになつた場合《ばあひ》に自分《じぶん》は相手《あひて》の左側《ひだりがは》から右腕《みぎうで》で相手《あひて》の後《うしろ》からその腰《こし》を抱《だ》き相手《あひて》の前《まへ》の方《はう》から左腕《ひだりうで》を以《もつ》てその首《くび》を卷《ま》き相手《あひて》の體《たい》を自分《じぜん》の體《たい》にぴつたりくつつけるこれは相手《あひ》が一旦《たん》倒《たほ》れて再《ふたゝ》び起《お》き上《あが》らうとする場合《ばあひ》にある型《かた》である。次《つ》ぎに左手《ひだりあし》を曲《ま》げて相手《あひて》の體《たい》の下《した》の方《はう》に辷《すべ》りこませると共《とも》に體《たい》を右《みぎ》の方向《はうかう》に捻《ひね》つて自分《じぶん》の背《せ》を地《ち》に付《つ》けながちそのはづみで相手《あひて》を仰向《あふむ》けにさせて自《じ》

分《ぶん》の體《たい》を乘《の》り越《こ》へて右側《みぎがは》に轉《ころ》ぶやうにするのである。

第《だい》四　浮技《うきわざ》

○自分《じぶん》の左《ひだり》の手《て》を相手《あひて》の右《みぎ》の上腕《うはうで》の外《ほか》の方《はう》に當《あ》て相手《あひて》の右手《みぎて》を自分《じぶん》の左《ひだり》の脇下《わきした》にして右《みぎ》の手《て》を相手《あひて》の左《ひだり》の脇下《わきした》に差《さ》し込《こ》み相手《あひて》の體《たい》が右《みぎ》の前《まへ》に動《うご》き出だす機會《きくわい》を作《つく》るのである。その方法《はうはふ》は相手《あひて》の左方《ひだりかた》の後《うしろ》に押《お》し傾《かたむ》いたところを相手《あひて》が元《もと》の位置《いち》に返《かへ》らうとして右《みぎ》の前方《ぜんはう》に動《うご》いて來《く》る機會《きくわい》を利用《りよう》して體《たい》を曲《ま》げないで突《つ》き出《だ》したまゝ自《みづか》ら後《うしろ》の方《はう》に倒《たほ》れ全身《ぜんしん》の力《ちから》で相手《あひて》を右《みぎ》の隅《すみ》に倒《たほ》すのである。

第《だい》五　外卷込《そとまきこみ》

○相手《あひて》が少《すこ》し前方《ぜんぱう》へ傾《かたむ》いて來《き》た時《とき》に相手《あひて》の右《みぎ》の手首《てくび》を左《ひだり》の手《て》で順《じゆん》に捕《しは》り自分《じぶん》の體《からだ》を左《ひだり》の方《はう》に廻《ま》はしながら右《みぎ》の脇下《わきした》に相手《あひて》の右《みぎ》の腕《うで》を挾《はさ》み込《こ》み、右手《みぎて》で相手《あひて》の脇下《わきした》の方《はう》から內袖《うちそで》を握《にぎ》り固《かた》く自分《じぶん》の胸《むね》の當《あた》りで保《たも》ちながら、背《せな》を相手《あひて》の前《まへ》の方《はう》に押《お》しつける、それから釣《つ》り込《こ》んで來《き》た、勢《いきほ》ひに乘《じよう》じて自分《じぶん》の體《たい》を廻轉《くわいてん》させる力《ちから》を增《ま》して地《ち》に倒《たほ》れると相手《あひて》も共《とも》に自分《じぶん》の體《からだ》に附《つ》き纏《まと》いて倒《たほ》れるのである。

第《だい》六　內卷込《ちうまきこみ》

○總《すべ》てが外卷込《そとまきこみ》の手《て》と同樣《どうやう》である、双方共《さうはうとも》に右自然體《みぎしぜんたい》に組《く》み外卷込《そまきこ》みと同《おな》じやうに廻《ま》はり込《こ》む場合《ばあひ》に、相手《あひて》の右《みぎ》の腕《うで》を自分《じぶん》の下《した》の方《はう》から抱《かゝ》へ込《こ》み、自分《じぶん》の左《ひだり》の手《て》は甲《かう》を上《うへ》に向《む》けて、相手《あひて》の右《みぎ》の足首《あしくび》を握《にぎ》るのである、それからだん／＼と自分《じぶん》の體《たい》を廻《まは》はすと共《とも》に相手《あひて》の體《たい》を自分《じぶん》の體《たい》に絡《から》みつけながらその力《ちから》で相手《あひて》を投《な》げ倒《たふ》すのである。

第《だい》七　橫《よこ》落《おち》

○相手《あひて》の左脇下《ひだりわきした》に自分《じぶん》の右手《みぎて》を差入《さしい》れ、相手《あひて》を右《みぎ》の前《まへ》の隅《すみ》に釣《つ》り込《こ》んで相手《あひて》の體《たい》の重《おも》さがその右《みぎ》の足《あし》に注《そそ》いだ時《とき》少《すこ》し右《みぎ》の横《よこ》の方《はう》に傾《かたむ》かしむるやうにすると、その重心《ぢうしん》は危《あや》ふくなつて來《く》る、その所《ところ》を自《みづか》ら體《たい》を彼《うしろ》の方《はう》に倒《たほ》して、その途端《はづみ》で相手《あひて》を引《ひき》つけながら右《みぎ》の手《て》を以《もつ》て相手《あひて》を左《ひだり》の方《はう》へ廻轉《くわいてん》させるのである。

第《だい》八　横《よこ》　分《わけ》

○相手《あひて》の左《ひだり》の前《まへ》の横帯《よこおび》を自分《じぶん》で右手《ひだりて》で握《にぎ》り、又左手《またひだりて》で相手《あひて》の後《うしろ》の右横帯《みぎよこおび》を捕《しば》り、相手《あひて》を釣《つ》り込《こ》んで、右《みぎ》の足《あし》で立《た》つて少《すこ》し右《みぎ》に重心《ぢうしん》の傾《かたむ》くやうにする、そして自《じ》分《ぶん》の體《たい》を後方《こうはう》に倒《たほ》す途端《とたん》に相手《あひて》の體《たい》を浮《う》かせ、相手《あひて》が愈々《いよいよ》重心《ぢうしん》を失《うしな》つて倒《たほ》れるやうに仕向《しむ》けるのである。

□眞　捨　身　技

第《だい》一　巴《ともえ》　投《なげ》

○相手《あひて》を前《まへ》の方《はう》に釣《つ》り込《こ》んで再足《りやうあし》を爪立《つめだ》つて重心《ぢうしん》が傾《かたむ》いたとき、自分《じぶん》の體《たい》を下《さ》げて右《みぎ》の足《あし》を曲《ま》げその右《みぎ》て足《あし》を相手《あひて》の下腹《したはら》に觸《ふ》れる所《ところ》まで持《も》ち上《あ》げると共《とも》に、相手《あひて》の腹《はら》の下《した》に這入《はい》り込《こ》むのである、この時相手《ときあひて》の兩横襟《りやうよこえり》を摑《つか》むか、或《あるひ》は兩上《りやううは》袖《そで》を捕《しほ》るかするのであるが、この捕《と》り方《かた》は相手《あひて》の體《たい》の傾《かたむ》いて來《く》るのを見《み》て臨機《りんき》應變《おうへん》に技《わざ》を變更《へんかう》するのが必要《ひつえう》である。

第《だい》二　釣《つり》落《おとし》

○相手《あひて》の體《たい》の反動《はんどう》を注意《ちうい》してその右《みぎ》の前隅《まへすみ》に傾《かたむ》き掛《か》けて來《く》るのを機會《きくわい》として自分《じぶん》の體《たい》を後方《こうはう》に倒《たふ》し掛《か》けながら相手《あひて》を引《ひ》きつけて前《まへ》の方《はう》に廻轉《くわいてん》させ

るのである。

第《だい》三　裏投《うらなげ》

○相手《あひて》が右《みぎ》の前《まへ》の方《はう》に重心《ぢうしん》を傾《かたむ》て來《きた》りて下方《かはう》に隙《すき》の出來《でき》た時《とき》、後腰《あとこし》の時《とき》と同《おな》じやうに相手《あひて》の後《うしろ》の方《はう》に廻《ま》はり込み、相手《あひて》の左側《ひだりがは》から左腕《さわん》を前《まへ》の方《はう》へ廻《ま》はして腰《こし》を抱《だ》き右《みぎ》の手《て》を相手《あひて》の右《みぎ》の腰《こし》に當《あ》てる次《つ》ぎに自分《じぶん》の腰《こし》を上《あ》げて相手《あひて》の傾《かたむ》き出《だ》した力《ちから》を利用《りよう》して相《あひ》手《て》の兩足《りやうあし》を地上《ちじやう》から放《はな》し自分《じぶん》は反身《そりみ》となつて眞直《まつす》ぐに體《たい》を落《おと》しその途端《はづみ》に相手《あひて》を後《うしろ》の方《はう》に投《な》げるのである。

第《だい》四　俵返《たはらがへし》

○相手《あひて》を釣《つ》り込《こ》むときに相手《あひて》は前《まへ》の方《はう》は傾《かたむ》いて來《く》る、その時《とき》自分《じぶん》の左脛《ひだりすね》を相手《あひて》の左《ひだり》の內股《うちまた》に當《あ》て相手《あひて》の姿勢《しせい》の變《か》はらぬやうに自分《じぶん》の兩手《りやうて》で保《たも》つのである、それから次《つ》ぎに自分《じぶん》の體《たい》を後方《こうはう》に傾《かたむ》け下方《かはう》からそのはづみで相手《あひて》の體《たい》の上《うへ》の方《はう》を引《ひ》き下《お》ろして自分《じぶん》の右《みぎ》の脛《すね》で相手《あひて》の左《ひだり》の內股《うちまた》を跳《は》ね上《あ》げて相手《あひて》を前《まへ》の方《はう》へ倒《た》ほすのである。

第《だい》五　隅《すみ》返《かへし》

○相手《あひて》の右《みぎ》の上袖《うはそで》を左《ひだり》の手《て》で摑《つか》みその腕《うで》を自分《じぶん》の左《ひだり》の脇下《わきした》に挾《はさ》みて右手《みぎて》で相手《あひて》の左《ひだり》の橫帶《よこおび》を握《にぎ》り兩方《りやうはう》を同《おな》じやうにして右《みぎ》の肩《かた》を接近《せつきん》せしめ、體《たい》を前《まへ》の方《はう》に屈《くつ》せしめて四《よ》つに組《く》む、この場合《ばあひ》には必《かな》らずしも大手《おほて》で帶《おび》を捕《と》らなくてもよい、便宜上《べんぎじやう》何處《どこ》でもよいのである次《つ》ぎに相手《あひて》をそつと押《お》す途端《とたん》に自分《じぶん》の右《みぎ》の手《て》を放《はな》してそれを相手の右《みぎ》の脇《わき》の下《した》に差《さ》しこむ、それから肩先《かたさき》の部分《ぶぶん》をとり、相手《あひて》の右《みぎ》の腕《うで》を固《かた》く抱《だ》き締《し》めて腰《こし》を下《さ》げなるべく、相手《あひて》の下《した》に廻《ま》はり込《こ》みて右足《うそ》を上《あ》げ、その脛《すね》を相手《あひて》の左《ひだり》の股《また》の間《あひだ》に内側《うちがは》の方《はう》から當込《あてこ》むのである、次《つ》ぎに自分《じぶん》の右《みぎ》の足《あし》にて相手《あひて》の股《また》を持《も》ち上《あ》げ相手《あひて》を右《みぎ》の前《まへ》の隅《すみ》へ轉《ころ》ばすのである。

□足固

第《だい》一　足《あし》詰《づめ》

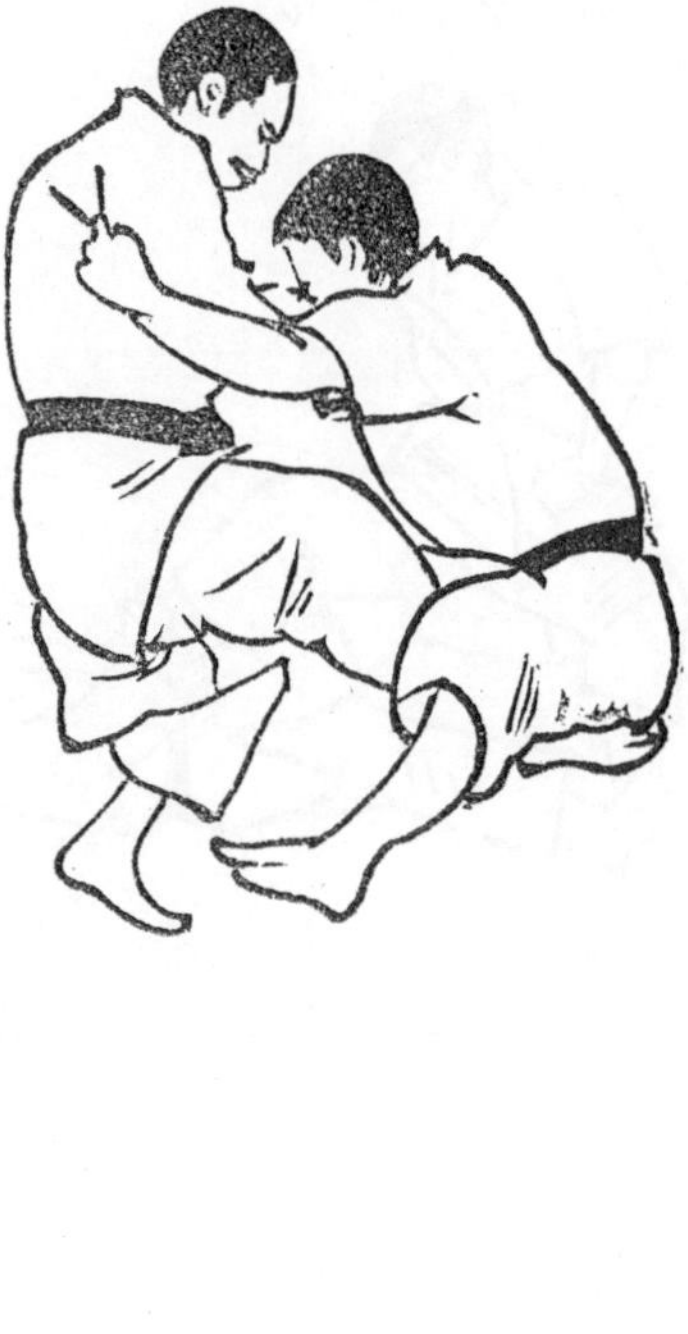

○相手《あひて》が下向《したむ》きになつた時《とき》、相手《あひて》の膝《ひざ》を曲《ま》げて足《あし》をその臀部《でんぶ》に當《あ》てて左《ひだり》と右《みぎ》の足《あし》を重《かさ》ね、次《つ》ぎに上《うへ》になつて居《ゐ》る自分《じぶん》の足《あし》の端《はし》を相手《あひて》の體《からだ》を押《お》しつけて下《した》の方《はう》の足《あし》を抜《ぬ》くことの出來《でき》ないやうにし且《か》つ上《うへ》の方《はう》になつて居《ゐ》る足《あし》の痛《いた》みを感《かん》ぜしめるのである。

第二《だい》　足《あし》挫《くじき》

○相手《あひて》が仰向《あふむ》けになつた時《とき》、自分《じぶん》は立《た》ちながら左《ひだり》の手《て》で持《も》つて相手《あひて》の右足《みぎあし》を自《じ》分《ぶん》の右《みぎ》の脇下《わきした》に挾《はさ》み込《こ》み臀《しり》を曲《ま》げて前腕《まへうで》を左手《ひだりて》の踵《かゝと》の上《うへ》の方《はう》に當《あ》て兩手《りやうて》の掌《てのひら》を十字形《じがた》にし左手《ひだりて》の掌《てのひら》を上《うへ》に向《む》けて握《にぎ》り合《あ》ひ左手《ひだりて》は右手《ひぎて》を助《たす》けて固《かた》く相手《あひて》の足《あし》を持《も》つのである。

第三《だい》　足《あし》緘《ふうじ》

○此《こ》の技《わざ》は押《おさ》へ込《こ》みの時《とき》に用《もち》ゆべきものであつて、相手《あひて》の仰向《あふむ》けになつたときに自分《じぶん》はその上《うへ》の方《はう》からそれを押《お》さへ體《からだ》を相手《あひて》にくつゝけ兩足《りやうあし》を伸《の》ばして相手《あひて》の兩《りやう》足を外《そと》の方《はう》からみつけ自分《じぶん》の足《あし》の關節《くわんせつ》を

屈《くつ》して相手《あひて》の踵《かゝと》と組《く》み合《あ》はせてそれより徐々《そろ〳〵》と兩足《りやうあし》を伸《の》ばすと相手《あひて》は膝《ひざ》の關節《くわんせつ》に苦痛《とつう》を感《かん》ずるやうになる。

□手　固

第一《だい》　逆《ぎやく》　指《ゆび》

○相手《ひて》の左《ひだり》の手《て》の指《ゆび》を自分《じぶん》の右《みぎ》手《て》で甲《かふ》の上《はう》から捕《しは》てり掌《てのひら》を上《うへ》の方《はう》に向《む》けてそろ〳〵その右《みぎ》の手《て》を持《も》ち上《あ》げると相手《あひて》は指《ゆび》に痛《いた》みを感《かん》ずる、かゝる逆技《ぎやくわざ》は總《すべ》て急《きう》に施《はどこ》してはならない。だん〳〵と苦痛《くつう》を感《かん》ずるやうに

仕向《しむ》け相手《あいて》が堪《た》へ難《がた》くなつて手《て》を打《う》つたとき始《はじ》めて止《や》めるのである。

第《だい》二　腕《うで》緘

○先《ま》づ相手《あひて》の右腕《みぎうで》の手首《てくび》の邊を自分《じぶん》の左手《ひだりて》で四指《しし》を外に拇指《おやゆび》を内《うち》に握《にぎ》ると共《とも》に相手《あひて》をして臂《ひぢ》を曲《ま》げて上腕の外側《そとがは》に接近《せつきん》させその腕《うで》の下《した》へ自分《じぶん》の右《みぎ》の手《て》を差入《さしい》れその小指《こゆび》の側面《そくめん》が自分《じぶん》の左《ひだり》の拇指《おやゆび》に觸《ふ》れるやうになる、そして次《つ》ぎに自分《じぶん》の右《みぎ》の腕《うで》をだん〳〵と伸《の》ばして相手《あひて》が臂關節《ひぢくわんせつ》が痛《いた》んで來《く》るやうに仕向《しむ》けるのである。

第《だい》三　小手挫《こてくじき》（一）

○相手《あひて》の右《みぎ》の手首《てくび》を右《みぎ》の手《て》を以《もつ》て握《にぎ》り體《たい》を右《みぎ》の方《はう》に廻《ま》はしながらその腕《うで》を自分《じぶん》

の左《ひだり》の脇下《わきした》に挾《はさ》み入《い》れ相手《あひて》の前《まへ》の腕《うで》に左手《ひだりて》で捕《しは》り右《みぎ》の手《て》を放《はな》してその手掌《てのひら》を相手《あひて》の右《みぎ》の手《て》の甲《かふ》に押《お》し當《あ》て、相手《あひて》の手《て》を十字形《じがた》にする、それからそろ〳〵と右《みぎ》の手《て》を内《うち》の方《はう》に押《お》し相手《あひて》の手首《てくび》に痛《いた》みを覺《おぼ》へさせる。

第《だい》四　小手挫《こてくぢき》(二)

○相手《あひて》の右《みぎ》の手《て》で自分《じぶん》の右手《みぎて》で逆《ぎやく》に握《にぎ》る、即《すなは》ち拇指《おやゆび》を相手《あひて》の手《て》の甲《かふ》に當《あ》て四指《し》は相手《あひて》の小指《こゆび》の外側《そとがは》に越《こ》へて當《あ》てるのである、そして自分《じぶん》の右手《みぎて》を前《まへ》の方《はう》に持《も》つて來《く》ると相手《あひて》の手首《てくび》が拇指《おやゆび》の方《はう》に捻《ねぢ》れるそこで自分《じぶん》の四指《し》は相手《あひて》の方《はう》に向《む》け、自分《じぶん》の左手《ひだりて》で小指《こゆび》の方《はう》から右《みぎ》

手《て》の同《おな》じやうにその上《うへ》を持《も》つて次《つ》ぎに兩手《りやうて》を前《まへ》の方《はう》に傾《かたむ》けて相手《あひて》の手首《てくび》に痛《いた》みを感《かん》ぜしむるやうにするのである。

第《だい》五　腕《うで》　挫《くぢき》(一)

○小手挫《こてくぢき》の一と同《おな》じやうに相手《あひて》の右《みぎ》の腕《うで》を支配《しはい》しこれを左《ひだり》の脇《わき》の下《した》に挾《はさ》んで左《ひだ》手《て》の掌《ひら》が上《うへ》の方《はう》に向《む》くやうになし左《ひだり》の手《て》で自分《じぶん》の左《ひだり》の前襟《まへえり》を握《にぎ》り相手《あひて》の右《みぎ》の腕《うで》を横桿の如《ごと》くにし臂《ひぢ》を支點《してん》とし、體《たい》を量《りやう》とし、我《わ》が右手を左《ひだり》とするそして小手《こて》挫《くぢき》の場合《ばあひ》と同《おな》じやうに右手《みぎて》は相手《あひて》の手《て》の甲《かふ》に當《あた》らぬがその手首《てくび》を握《にぎ》る、そして臂關節《じりくわんせつ》が逆《ぎやく》になるやうに相手《あひて》の手首《てくび》を右手《みぎて》をもつてそろ〱と押《お》し下《さ》げて相手《あひて》の體《たい》の上《あが》らぬやうに左《ひだり》の腕下《うでした》でそれを押《おさ》へて相手《あひて》の臂《ひぢ》の關節《くわんせつ》に苦痛《くつう》を感《かん》じさせるのである。

第《だい》六　腕《うで》　挫《くぢき》(二)

○自分《じぶん》が相手《あひて》の仰向《あふむ》けに倒《たほ》れて右側《みぎがは》に居《を》る場合《ばあひ》、相手《あひて》の右《みぎ》の手首《てくび》を兩手《りやうて》にて握《にぎ》り拇指《おやゆび》を相手《あひて》の手《て》に甲《かふ》の側《そば》につけで次《つ》ぎに自分《じぶん》の右《みぎ》の足《あし》を伸《の》ばし相手《あひて》の左《ひだり》の脇《わき》の下《した》から胸《むね》の上《うへ》に載《の》せて左《ひだり》の足《あし》は膝《ひざ》を屈《くつ》して相手《あひて》の肩《かた》の上《うへ》で地《ち》を蹈《ふ》む時《とき》、相手《あひて》はその右《みぎ》の腕《うで》を自分《じぶん》の股間《またのあひだ》に挾《はさ》むその時此方《ときこちら》は反りかへつて背《せ》を地《ら》につけて兩手《りやうて》は手首《てくび》を握《にぎ》つたまゝでのつぱりて自分《じぶん》の胸《むね》に押《お》しつける、それから次《つ》ぎに足《あし》を張《は》つて腰《こし》を引寄《ひきよ》せながら少《すこ》し左《ひだり》の方向《はうかう》に動《うご》かすと相手《あひて》は臂《ひぢ》の關節《くわんせつ》に痛《いた》みを覺《おぼ》へて來《く》る。

□體　固

第一　上四方《うへはう》

○相手《あひて》が上向《うはむ》きに倒《たふ》れた場合《はあひ》に自分《じぶん》は頭《あたま》の方《はう》に居《ゐ》てその首《くび》が自分《じぶん》の腹に當《あ》たる

やうに坐《す》はり相手《あひて》の右《みぎ》の腕《うで》の下《した》から自分《じぶ》の右《みぎ》の腕《うで》を伸《の》ばして膝《ひち》を相手《あひて》の體《たい》に附《つ》けて地《ち》に移《うつ》しその手《て》で右《みぎ》の横帯《よこおび》を捕《しば》り又自《またじ》分《ぶん》の左腕《さわん》も同《おな》じやうにし出來《でき》る丈《だ》け腰《こし》を下《さ》げ形《かた》を崩《くず》さずに相手《あひて》が起上《おきあが》ることの出《で》來《き》ないやうにするのである。

第二《だい》　縱四方《たてはう》

○相手《あひて》の上《うへ》に馬乘《うまの》りになりその體《たい》を押《おさ》へつけて相手《あひて》の左《ひだり》の腕《うで》の下《した》から右《みぎ》の手《て》を以《もつ》て左《ひだり》の横襟《よこえり》を握《にぎ》り左《ひだり》の手《て》で同《おな》じくその右《みぎ》の横襟《よこえり》を捕《つか》り體《たい》を下《さ》げ兩足《りやうあし》を坐《す》はるやうにして外《そと》の方《はう》からそれを臀部《でんぶ》に附《つ》くやうにして相手《あひて》がいろ〳〵にして起《お》き上《あが》らうとするのを抑《おさ》へつけ

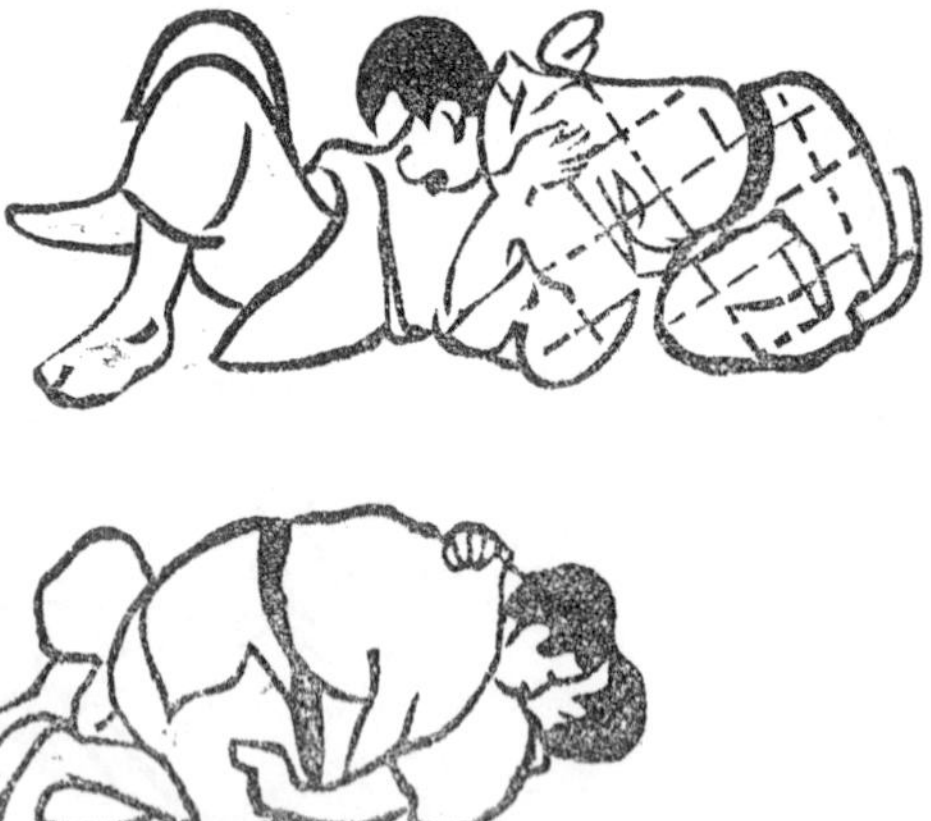

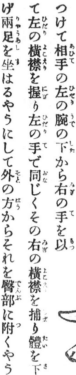

るのであるこれを防《ふせ》ぐには相手《あひて》の右《みぎ》の肩《かた》を左手《ひだりて》にて握《にぎ》りその左横帯《ひだりよこおび》を右手《みぎて》で取《と》り腰足共《こしあしとも》に上《う》四方《はう》の時《とき》と同《おな》じやうに自分《じぶん》の體《たい》を左《ひだり》の方《はう》へ捻《ひね》ると共《とも》に兩手《りやうて》の働《はたら》き工合《ぐあひ》で相手《あひて》を右《みぎ》の方《はう》へ廻《まは》して自分《じぶん》の左側《さそく》へ來《き》させるのである。

第《だい》三　胴《どう》絞《しめ》

○この技《わざ》は押《おさ》へ込《こ》まれやうとするときに用《もち》ゆべき手《て》である、即《すなは》ち相手《あひて》が自分《じぶん》の上《うへ》に乘《の》つかゝつた時《とき》、自分《じぶん》では兩足《りやうあし》で相手《あひて》の腹《はら》の兩側《りやうそく》を挾《はさ》み膝《ひざ》の關節《くわんせつ》の內側《うちそく》を相手《あひて》の胴《どう》にくつゝけて足《あし》の關節《くわんせつ》を曲《ま》げて相手《あひて》と交叉《かうさ》させるのである、次《つ》ぎに兩《りやう》手《て》を伸《の》ばして置《お》いてから、相手《あひて》の兩袖《りやうそで》或《あるひ》は兩《りやう》襟《えり》を便宜《べんぎ》の良《よ》い方《はう》を握《にぎ》るのである、この時《とき》は成《な》るべく相手《あひて》を自分《じぶん》に引《ひ》き附《つ》けて置《お》いて相手《あひて》の自《じ》

由《ゆう》を奪《うば》ふのである。

第《だい》四　横《よこ》四方《はう》

○相手《あひて》の體《たい》の上《うへ》に右側《うそく》から自分《じぶん》の體《たい》を十字形《じがた》になるやうに横《よこ》たへて相手《あひて》の右《みぎ》の脇下《わきした》に自分《じぶん》の左膝《さしつ》を押當《おしあ》て相手《あひて》の右《みぎ》の腰《こし》に自分《じぶん》の右《みぎ》の膝《ひざ》を近《ちか》づけて坐《す》はり左《ひだり》の腕《うで》を曲《ま》げて臂《ひぢ》を相《あひ》手《て》の左《ひだり》の脇《わき》の下《した》に當《あ》てその左《ひだり》の横帯《よこおび》をその手《て》で握《にぎ》り右《みぎ》の腕《うで》は相手《あひて》の左《ひだり》の腹《はら》の當《あた》りから差延《さしの》べて程好《ほどよ》い所《ところ》に突《つ》くのである、防《ふせ》ぎは相手《あひて》の隙《すき》を見《み》て右足《うそく》を曲《ま》げて差《さ》し込《こ》み相手《あひて》を自《じ》分《ぶん》の體《たい》から押《お》し放《はな》すのである。

第《だい》五　本袈裟《ほんけさ》

○相手《あひて》の右側《うそく》に自分《じぶん》が立《た》つた時《とき》、右《みぎ》の腰《こし》を相手《あひて》の右《みぎ》の脇《わき》に附《つ》けて右《みぎ》の臂《ひぢ》を相手《あひて》の右《みぎ》の肩《かた》の上《うへ》に置《お》きて地《ち》につけてその手《て》は相手《あひて》の首《くび》の後《うしろ》の

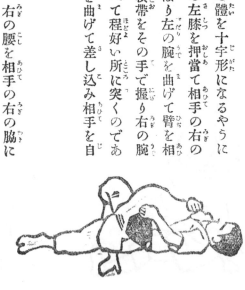

方《はう》から右《みぎ》の肩《かた》を握《にぎ》ると左手《さしゆ》で相手《あひて》の右《みぎ》の脇下《わきのした》に近《ちか》い所《ところ》を外《そと》の右方《うはう》からとつて自分《じぶん》の左《ひだり》の脇下《わきのした》に挾《はさ》んで左《ひだり》の臂《ひぢ》で押《お》へるそれから相手《あひて》に自分《じぶん》の右側《うそく》が接《せつ》するやうにして右《みぎ》の足《あし》は少《すこ》し曲《ま》げて自分《じぶん》の方《はう》へ持《も》つて來《き》てその外側《ぐわいそく》を地《ち》に附《つ》ける左《ひだり》の足《あし》は成《な》るべく後《うしろ》の方《はう》に伸《の》ばし膝《ひざ》を内《うち》の方《はう》へ傾《かたむ》ける、こうして力《ちから》を入《い》れなく相手《あひて》が自由《じゆう》に働《はたら》けなくなる上《うへ》起《を》き上《あが》らうとするときに急所《きふしよ》の點《てん》のみを抑《おさ》へるのである。

第六《だい》　後袈裟《あとげさ》

○相手《あひて》の右側《うそく》に自分《じぶん》の左《ひだり》の腰《こし》を附《つ》けて左臂《さひ》を相手《あひて》の左《ひだり》の脇《わ》に近《ちか》づけ相手《あひて》の左帶《さたい》を左手《さしゆ》で握《にぎ》りその右《みぎ》の帶《おび》を右《みぎ》の手《て》を以《もつ》て握《にぎ》り右足《うそく》を後《うしろ》の方《はう》に左足《さそく》をば前《まへ》の方《はう》に開《ひら》きそして少《すこ》し體《たい》を前《まへ》の方《はう》に傾《かたむ》け相手《あひて》の働《はたら》かうとする要部《えうぶ》を見破《みやぶ》りそこを抑制《よくせい》するのである。

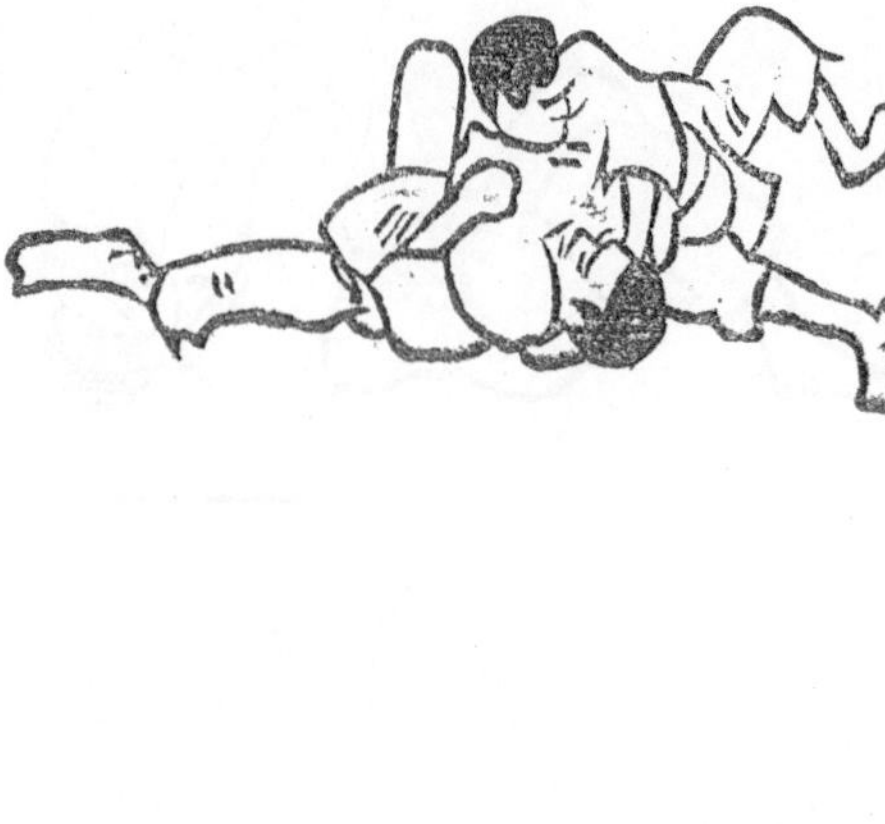

第七《だい》　崩袈裟《くづしげさ》

○この技《わざ》は自分《じぶん》の右《みぎ》の臂《ひぢ》を相手《あひて》の左《ひだり》の脇《わき》に附《つ》けてその手《て》は相手《あひて》の左《ひだり》の腕《うで》の下《した》からその左《ひだり》の肩《た》を摑《つ》むのである、その他《た》の手段《しゅだん》は本袈裟《ほんげさ》と同一《どう》の型《かた》である。

第八《だい》　浮固《うきかため》

○自分《じぶん》は立《た》ちながら右《うぎ》の手《て》を以《もつ》て相手《あて》の左《ひだり》の上《うは》袖《そで》を左《ひだり》の手《て》で右《みぎ》の上袖《うはそで》をつかみ相手《あひて》の右《みぎ》の脇《わき》に右《う》足《そく》を附《つ》けて蹈《ふ》むと共《とも》に腰《こ》を屈するのであるけれども餘《あま》り前《まり》の方《はう》へ曲《ま》げ過《す》ぎると宜《よろ》しくない、相手《あひて》がいろ／＼にして起《お》き上《あが》らうとするのを兩《りやう》手《て》と右《う》足《そく》とで制《せい》するのである、これを防《ふせ》ぐには自分《じぶん》の體《たい》を右《みぎ》に捻《ひね》つて相手《あて》が乗《の》り掛《かゝ》るやうにして押《おさへ》て來《き》たときに相手《あひて》の力《ちから》を利用《りよう》して左《ひだり》の方《はう》へ

轉《ころ》ばすのである。

第《だい》九　肩《かた》固《かため》

○この技《わざ》は本袈裟《ほんげさ》と少《すこ》しも異《こと》ならない、唯異《たゞこと》なる點《てん》は相手《あひて》の右《みぎ》の腕《うで》を自分《じぶん》の左《ひだり》脇《わき》の下《した》に挾《はさ》まないで、それを自分《じぶん》の右《みぎ》の肩《かた》で相手《あひて》の顔《かほ》の左側《さそく》に接《せつ》するやうに保《たも》ち、その頭《あたま》の右側《うそく》に自分《じぶん》の頭《あたま》を觸《ふ》れさせてその腕《うで》を出《だ》すのを防《ふせ》ぐのである、又《また》自分《じぶん》の左手《ひだりて》で相手《あひて》の右《みぎ》の手《て》を握《にぎ》りて抑《おさ》へつけるのである、これを防《ふせ》ぐには相手《あひて》の左前《ひだりま》帶《おび》を左手《さゆ》を以《もつ》てつかみ、左足《さそく》を相手《あひて》の左足《さそく》の上《うへ》の方《はう》から内《うち》に纏《まと》ひて右《みぎ》へ廻轉《くわいてん》するやうにして右足《うそく》を曲《ま》げ、相手《あひて》の右《みぎ》の腰《こし》の下《した》に自分《じぶん》の膝《ひざ》を差《さ》し入《い》れて相《あひ》手《て》の反動《はんどう》を利用《りやう》し左《ひだり》の方《はう》に倒《たほ》すのである。

□絞　技

第《だい》一　並十字《なみじ》

〇相手《あひて》が倒《たほ》れて仰向《あふむ》きになつた時《とき》、自分《じぶん》は相手《あひて》の腹部《ふくぶ》に跨《また》がり兩膝《りやうひざ》を疊《たゝみ》に附《つ》け襟《えり》の後《うしろ》の方《はう》を左手《さしゆ》で順《じゆん》に摑《つか》み又右《またみぎ》の手《て》も左《ひだり》の手《て》と同《おな》じやうに前《まへ》の右《みぎ》の方《はう》から襟《えり》をとる、それから自分《じぶん》の兩腕《りやううで》を相《あひ》手《て》の胸上《きようじやう》に於《お》いて十文字《もんじ》に組《く》み合《あ》はせ自分《じぶん》の胸《むね》を下《した》の方《はう》に押《お》すやうにして腕《うで》を左右《さいう》に引《ひ》いて相手《あひて》の咽喉《いんこう》を締《し》めるのである。

第二《だい》　片十字《かたじ》

〇相手《あひて》が仰向《あふむ》きになるや自分《じぶん》の片手《かたて》で相手《あひて》の後襟《あとえり》を順《じゆん》に捕《しは》り他《た》の手《て》にて矢《や》張《は》り逆《ぎやく》に捕《しは》り拇指《おやゆび》の方《はう》の横側《よこかは》が相《あひ》手《て》の首《くび》に卷《ま》き附《つ》くやうにする。

第三《だい》　逆十字《ぎやくじ》

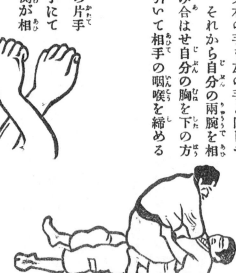

○この技《わざ》は並十字《なみじ》と異《こと》ならない、これは兩手共《りやうしゆとも》に相手《あひて》の襟《えり》を逆《ぎやく》に捕《と》り、拇指《おやゆび》の方《はう》の横側《よこがは》が相手《あひて》の首《くび》に當《あた》るやうにするのである。

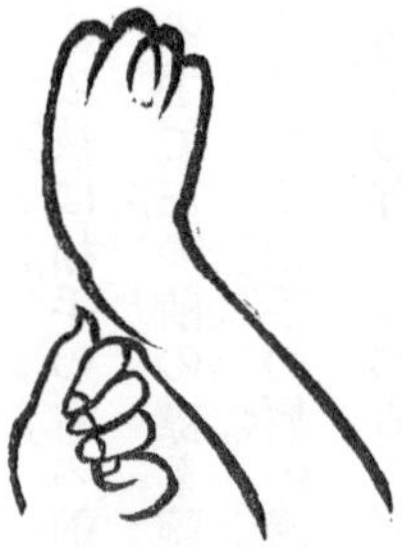

第四《だい》　裸《はだか》絞《しめ》

○この技《わざ》は相手《あひて》の襟《えり》も捕《と》らずに絞《しめ》る技《わざ》である、即《すなは》ち相手《あひて》が坐《すわ》つて居《ゐ》るやうな姿勢《しせい》の時《とき》に自分《じぶん》はその後《うしろ》へ左膝《ひだりひざ》を突《つ》き、右《みぎ》の膝《ひざ》を立《た》て右《みぎ》の手《て》で拇指《おやゆび》の方《はう》の側《かは》を首《くび》に當《あ》てるやうになし、右《みぎ》から相手《あひて》の首《くび》に巻《ま》きて咽喉《いんこう》の下部《かぶ》に當《あ》て相手《あひて》の左《ひだり》の肩《かた》を越《こ》へて自分《じぶん》の左《ひだり》の上腕《うはうで》を握《にぎ》り左《ひだり》の手《て》は肘《ひぢ》を折《お》つて掌《てのひら》で相《あひ》手《て》の後頭部《こうとうぶ》を押《おさ》へそれから相手《あひて》の體《からだ》を少《すこ》し後《うしろ》へ引《ひ》き倒《たふ》す位《くらゐ》にして絞《し》めるのである。

第五《だい》　兩手絞《りやうてじめ》

○この技《わざ》は右《みぎ》の襟《えり》を右《みぎ》の手《て》でとり左《ひだり》の手《て》でその左《ひだり》の襟《えり》をとりて肩《かた》の所《ところ》でとり少《すこ》し前《まへ》の方《はう》へ引《ひ》き首《くび》に襟《えり》が附《つ》くやうにする、そして兩方《りやうはう》の拳《こぶし》を上《うへ》の方にして捻《ひね》り小指《ゆび》の方《はう》を近《ちかつ》けるやうにして咽喉《のど》を絞めるのである、これを防《ふせ》ぐには前《まへ》の襟《えり》を兩手《りやうて》にて握《にぎ》り左《ひだり》と右《みぎ》に引《ひ》き放《はな》せば良《よ》いのである。

第《だい》六　突込絞《つゝこみしめ》

○この技《わざ》は相手《あひて》の右の前襟《まへえり》を左《ひだり》の手で捕《と》り又《また》右《みぎ》の手《て》で左《ひだり》の前の襟《えり》を腕《にぎ》りそして手《ひだり》の手《て》を襟《えり》の下《した》から右《みぎ》の襟《えり》が相手《あひて》の體《たい》を擦《こす》るやうにして相手《あひて》の肩《かた》の邊《へん》まで押《お》し上《あ》げる、それから右《みぎ》の手《て》を引《ひ》き左《ひだり》の手《て》で押《お》して相手《あひて》の首《くび》を絞《し》めるのである。

第七《だい》　片手絞《かたてしめ》

○これは相手《あひて》の咽喉《のど》のほとりで兩方《りやうはう》の襟《えり》を成《な》るべく引《ひ》き締《し》めて右《みぎ》の手《て》で摑《つか》むのである、この時《とき》右《みぎ》の手《て》の四指《し》は右《みぎ》の襟《えり》の外肩《ぐいけん》から拇指《おやゆび》は左《ひだり》の襟《えり》の外《そと》の方《はう》から握《にぎ》る、それから左《ひだり》の手《て》で相手《あひて》の背中《せなか》を支《さゝ》へる（尤《もつと》も倒れた時壁《ときかべ》に押《お》しつけた場合は支《さゝ》へる必要《ひつえう》はないのである）この右《みぎ》の拳《こぶし》を右《みぎ》の方《はう》に握《にぎ》りながら咽喉《のど》を絞《し》めるのである。

第八《だい》　袖《そで》　車《くるま》

○この技《わざ》も相手《あひて》の後《うしろ》の方《はう》から仕《し》掛《か》けるのである、相手《あひて》が坐《すわ》つて居《ゐ》る場合に自身《じしん》は立《た》ちながら相《あひ》手《て》の右《みぎ》の肩《かた》を越《こ》して左《ひだり》の手《て》を以《もつ》て拇指《おやゆび》を内《うち》の方《はう》にして左《ひだり》の前襟《まへえり》

をとりその襟《えり》を胸《むね》にそつとこすり上《あ》げそれより相手《あひて》の右《みぎ》の肩《かた》の上《うへ》に持《も》つて來《き》て咽喉《のど》に襟《えり》が巻《ま》き附《つ》くやうにして相手《あひて》の左《ひだり》の肩先《かたさき》を右《みぎ》の手《て》を以《もつ》て握《にぎ》り兩手《りやうて》で襟《えり》が首《くび》に密接《みつせつ》なるやうにするのであるが、襟際《えりぎは》を捕《と》るときに固《かた》く握《にぎ》らず唯《たゞ》四指《し》で肩《かた》の一部分《ぶぶん》を巻《ま》き込《こ》んではならないやうに注意《ちうい》せねばならぬ、それから相手《あひて》を後《こう》方《はう》に引《ひ》きて横《よこ》にさせ、兩手《りやうて》で一層指《そうゆび》を曲《ま》げて握《にぎ》りつゝ少《すこ》しく左《ひだり》と右《みぎ》とに開《ひら》くのである。

第《だい》九　逆《さか》襟《えり》

○この技《わざ》は後《うしろ》の方《はう》から捕《とらへ》るのである、即《すなは》ち相手《あひて》の右《みぎ》の肩《かた》の上《うへ》から左《ひだり》の横襟《よこえり》を我《わ》が右《みぎ》の手《て》で握《にぎ》りその左《ひだり》の脇《わき》の下《した》から右《みぎ》の前襟《まへえり》を自分《じぶん》の左《ひだり》の手《て》を握《にぎ》る、そして相《あひ》手《て》の働《はたら》きを利用《りよう》して少《すこ》しづゝ兩手《りやうて》を送《おく》り上《あ》げこれを首《くび》に接近《せつきん》させて兩手《りやうて》を左《ひだり》と右《みぎ》に引《ひ》き分《わ》けて咽喉《のど》を絞《し》めるのである。

□柔術と八大活法

○柔術《じうじゆつ》を行《おこな》ふに就《つい》て八大活法《だいくわつぱふ》がある、八大活法《だいくわつぱう》とは人工呼吸法《じんこうこきうはふ》、誘導活法《いうだうくわつぱふ》、襟《えり》活法《くわつぱふ》、肺活法《はいくわつぱふ》、氣海活法《きかいくわつぱふ》、睪活法《こうがんくわつぱふ》、水活法《みづくわつぱふ》、縊活法《ゐくわつぱう》の八種《しゆ》である、左《さ》にその施術《しじゆつ》の順序《じゆんじよ》を解説《かいせつ》せん、先《ま》づその心得《こころえ》としては一活法《くわつぱう》の手順《てじゆん》を能《よ》く記憶《きおく》すること、二心氣《しんき》を鎮《しづ》めて行《おこな》ふこと、三確乎《かくこ》たる自信力《じしんりよく》を以《もつ》た行《おこな》ふこと、四丹田《たんでん》に力《ちから》をこめて氣合《きあ》ひを入《い》れること、五活《くわつ》を行《おこな》つた後《のち》に耳《みゝ》に口《くち》をつけてその名《な》を呼《よ》ぶこと、等《とう》が眼目《がんもく》である。

○その一、人工呼吸法《じんこうこきうはふ》

この法《はふ》は單《たん》に呼吸《こきう》が止《と》まつたのみで他《た》に故障《こしやう》がないか又《また》はあつてもそれが既《すで》に除《のぞ》かれた假死者《かししや》に對《たい》して廣《ひろ》く行《おこな》ひ得《う》る所《ところ》の術《じゆつ》である、時間《じかん》は少《すこ》しかゝるけれども誰《た》れにも一番行《ばんおこな》ひ易《やす》いのである、それは假死者《かししや》の身體《しんたい》を眞直《まつす》ぐにして仰《あふむ》向けに寢《ね》かし、一人《ひとり》は死者《ししや》の頭《あたま》の方《はう》に廻《ま》はつてその頭《あたま》を膝《ひざ》の間《あひだ》に入《い》れて膝頭《ひざがしら》を下《した》に突《つ》いて跪《ひざま》づき、その兩手《りやうて》を手首《てくび》で握《にぎ》り他《た》の一人《ひとり》は死者《ししや》の太股《ふともゝ》の邊《へん》にその死體《したい》を押《お》さないやうに膝頭《ひざがしら》を突《つ》いて跨《また》がり、兩方《りやうはう》の手掌《てのひら》を死者《ししや》の腹部《ふくぶ》の左右《さいう》へ當《あ》てるのである、それから頭《あたま》の方《はう》に居《ゐ》る者《もの》が死者《ししや》の兩手《りやうて》を左右《さいう》に廣《ひろ》げつゝ頭《あたま》の方《はう》へ伸《の》ばし上《あ》げさせると同時《どうじ》に、足《あし》の方《はう》に跨《また》がつて居る者《もの》は、手掌《てのひら》の中央《ちうあう》で靜《しづ》かに死者《ししや》の腹《はら》を胸《むね》の方《はう》へ押《お》し上《あ》げるやうに押《お》し、次《つ》ぎに一人《ひとり》が上《あ》げた死者《ししや》の兩手《りやうて》を體側《たいそく》まで下《さ》げさせると、それに應《おう》じて一人《ひとり》は押《お》して居《ゐ》る手《て》を緩《ゆる》めるのである、これを一分間《ぶんかん》に十五回《くわい》乃至《ないし》二十回位《くわいくらゐ》の速《はや》さで何分間《なんぷんかん》でも死者《しや》が息《いき》をするまで行《おこな》ふのである。

○その二、誘導活法《いうだうくわつぱふ》

この法《はふ》は背髓《せきずい》と肋骨《ろくこつ》の刺戟《しげき》によつて呼吸運動《こきううんどう》を誘起《いうき》する法《はふ》である、その行《おこな》ひ方《かた》は假死者《かししや》の頭《あたま》の方《はう》に廻《ま》はつて兩手《りやうて》を死者《ししや》の兩方《りやうはう》の腋《わき》の下《した》に差入《さしい》れ、身體《しんたい》を動搖《どうえう》させないやうに靜《しづ》かにその上半身《うへはんしん》を起《おこ》し、術者《じゆつしや》は立《た》つて兩足《りやうあし》を假死者《かしや》の背《せ》に當《あ》てゝ倒《たほ》れぬやうに支《さゝ》へ、片手《かたて》を腋《わき》の下《した》から秡《ぬい》て肩《かた》の上《う》から前《まへ》に出《だ》し、死者《しや》の頷《がい》を下《した》から抑《さ》へて顏《かほ》を眞直《まつす》ぐに上《あ》げさせて持《も》ち、片手《かたて》も亦肩《またかた》の前《まへ》から假死者《かしや》の腋《わき》に差入《さい》れ、自分《じぶん》の片方《かたはう》の膝頭《ひざがしら》と背骨《せぼね》の第《だい》六七節《せつ》に當《あ》て、その方《はう》の足《あし》にして確《しか》と自分《じぶん》の身《み》と假死者《かしや》の身體《しんたい》とを支《さゝ》へ、他《た》の足《あし》を一歩退《ほしりぞ》くと共《とも》に兩《りやう》手《て》で假死者《かしや》の體《からだ》を引《ひ》き上《あ》げるやうにするのである、但《たゞ》し一回《くわい》で蘇生《そせい》しなければ數回行《すくわいおこな》ふのである。

○その三、襟活法《えりくわつぱふ》

この法《はふ》は全身神經《ぜんしんしんけい》の刺戟《しげき》と心臟及《しんざうおよ》び肺臟《はいざう》の震動《しんどう》によつて呼吸《こきふ》を促《うな》がす所《ところ》の活《くわつ》法《はふ》である、その行《おこな》ひ方《かた》は先《ま》づ假死者《かしや》を引《ひ》き起《おこ》し片手《かたひざ》を地《ち》に突《つ》いてその方《はう》の股《また》で假死者《かしや》の背《せ》を支《さゝ》へ、片方《かたはう》の膝頭《ひざがしら》を立《た》て、假死者《かしや》の脇《わき》に當《あ》て、左《ひだり》の腕《うで》を折《お》つて、その前腕《まへうで》を假死者《かしや》の頷《おとがい》の下《した》に横《よこ》に伸《の》べて頭部《とうぶ》を動《うご》かぬやうに支《さゝ》へ、右《みぎ》の手《て》は手掌《てのひら》を假死者《かししや》の背《せ》に向《む》けてその中指《なかゆび》の先《さ》きを背骨《せぼね》の五節《ふし》と六節《ふし》の間即《あひだすなは》ち活殺《くわつさつ》の急所《きうしよ》の上部《じやうぶ》に當《あ》てゝ手掌《てのひら》の下部《かぶ》を籠《こ》めて活殺《くわつさつ》の急所《きうしよ》を打《う》つのである。

○その四、肺活法《はいくわつぱふ》

この法《はふ》は先《ま》づ假死者《かししや》を眞直《まつす》ぐに俯向《うつむ》きに寢《ね》かしその顏《かほ》を何方《どちら》でも横《よこ》に曲《まげ》てなるべく頷《おとがひ》で咽喉《いんこう》を押《お》さないやうに俯向《うつむか》しめ、術者《じゆつしや》はその臀部《でんぶ》の邊《へん》に死者《ししや》を押《お》さぬやうに跨《また》がり兩方《りやうはう》の手掌《てのひら》で假死者《かししや》の背《せ》を兩肩《りやうかた》から腰《こし》の方《はう》へ靜《しづ》かに撫《な》で下《おろ》すこと數回《すうくわい》、兩方《りやうはう》の手掌《てのひら》の下部《かぶ》を背骨《せぼね》九節《せつ》の左右即《さいうすなは》ち電光《でんこう》の急所《きうしよ》に當《あ》て、自分《じぶん》の體勢《たいせい》を極《きは》めて氣合《きあひ》をこめる、それから手掌《てのひら》をそこに當《あ》てたまゝ、假死者《かししや》の背《せ》を頭《あたま》の方《はう》へ突《つ》き上《あ》げるやうに、急《きふ》にグット押《お》し、押《お》すや否《いな》や急《きふ》にその手《て》を緩《ゆる》め再《ふたゝ》び前《まへ》の如《こと》く急《きふ》に押《お》して急《きふ》に緩《ゆる》めるのである、これは二回連續《くわいれんぞく》して行《おこな》ふを以《もつ》て一回《くわい》とするのである。

○その五、氣海活法《きかいくわつぽう》

この法《はふ》は假死者《かししや》を正《たゞ》しく仰向《あふむ》けに寢《ね》させて術者《じゆつしや》はその假死者《かししや》の股《また》の邊《へん》に片膝《かたひざ》を突《つ》いて跨《また》がり、兩方《りやうはう》の掌《てのひら》で假死者《かししや》の兩手《りやうけん》の邊《へん》から下腹《したはら》の方《はう》へ數回《すうくわい》撫《な》で下《お》ろし、左《ひだり》の手《て》を假死者《かししや》の頭《あたま》の後方《こうはう》に入《い》れ枕《まくら》の如《ごと》くにして頭《あたま》を正面《しやうめん》に出《すこ》し引《ひ》き起《おこ》し、右《みぎ》の手《て》の指《ゆび》を揃《そへ》へて四指《し》と拇指《おやゆび》との間《あひだ》を擴《ひろ》げ、假死者《かししや》の急所明星《きふしよみやうぜう》の兩《りやう》側《そく》に當《あ》てゝ氣合《きあひ》を籠《こ》めてそこを上《うへ》の方《はう》へ突《つ》き上《あ》げるやうに押《お》すと共《とも》に左《ひだり》の手《て》で假死者《かししや》の背《せ》が地《ち》を離《はな》れる位《くらゐ》までに抱《だ》き起《おこ》して直《す》ぐ兩手《りやうて》を緩《ゆる》め元《もと》の狀態《じやうたい》に復《か》へるのである。

〇その六、睪活法《きんくわつはふ》

この法《はふ》は睪丸《きんたま》を打《う》つて睪丸《きんたま》が腹《はら》の中《なか》に釣《つ》り上《あが》りその爲《た》めに氣絶《きぜつ》したる者《もの》に施《ほどこ》す所《ところ》の活法《くわつはう》である、即《すなは》ち睪丸《さんたま》を元通《もとどほ》りに下《さ》げる活法《くわつはう》である、けれども時《とき》としては睪丸《きんたま》が下《さが》りても蘇生《そせい》しないこともあれば、その際《さい》には前記《ぜんき》の活法《くわつはふ》の何《いづ》れかを行《おこな》はねばならぬ。

○その七、水活法《みづくわつぱう》

この法《はふ》は水死《すいし》したる者《もの》に行《おこな》ふ所《ところ》の活法《くわつぱう》である、先《ま》づ假死者《かししや》の濡《ぬれ》たる着衣《ちやくい》を脱《ぬが》しめて鼻《はな》や口《くち》などの泥土《でいど》を拭《ぬぐ》ひ去《さ》り、仰臥《あふか》せしめその背《せなか》の下《した》に適當《てきたう》の物《もの》を入《い》れて胸部《きようぶ》を高《たか》くし、その顔《かほ》を上《うへ》に向《む》けしめて舌《した》を外《そと》に引《ひ》き出《だ》し置《お》き、その股《また》の邊《へん》に跨《また》がつて兩方《りやうはう》の手掌《てのひら》を胃部《ゐぶ》の兩側《りやうがは》の下部《かぶ》に當《あ》て丶三秒間《べうかん》ばかり上方《じやうはう》に押《お》しては緩《ゆる》めこれを數回《すうくわい》行《おこな》ひ水《みづ》を吐《は》かしむるのである。

○その八、縊活法《いくわつはふ》

この法《はふ》は縊死者《くびくくり》に對《たい》する活法《くわつぽふ》である、これは成《な》るべく二人《ふたり》にて施術《せじゆつ》した方《はう》が宜《よ》いのである。先《ま》づその頭上《づじやう》に手《て》の屆《とゞ》き得《う》る丈《だ》けの充分《じうぶん》高《たか》き臺《だい》を据《す》へ、一人《ひとり》は假死者《かししや》の背後《はいご》に體《まわ》はつて兩手《りやうて》を腋《わき》の下《した》に入《い》れ抱《かゝ》へ上《あ》げる位《くらゐ》の力《ちから》でその體《たい》を動《うご》かさぬやうになし、一人《ひとり》はその首《くび》を動《うご》かさぬやうにして靜《しづ》かに縊《くゝ》り紐《ひも》を切《き》り、二人《ふたり》で力《ちから》を合《あは》せて死者《ししや》を靜《しづ》かに地上《ちじやう》に仰臥《あふが》せしむるのである、但《たゞ》し身體《からだ》を振動《しんどう》せしめないやうになすが肝要《かんえう》である、それからは何《いつ》れか適當《てきたう》なる他《た》の活法《くわつぱふ》を施《ほどこ》すのである。

大正拾四年參月拾五日印刷
大正拾四年參月貳拾日發行

定價金壹圓

不許
複製

編者　佐々木高明
東京府大森町八〇八番地

發行者　中野作之助
東京市京橋區木挽町一ノ一四

印刷者　工藤正雄
東京市京橋區木挽町一ノ一四

印刷所　中條印刷所

東京府大森町八〇八番地
發行所　神武館書店
振替東京三五九二四番

警視庁柔道基本　捕手の形

※収録した原本書籍の状態によって、文字の欠落や擦れ、頁の汚損・欠損等が見られるが、原本通りのため御了承願います。

警視廳柔道基本

捕手の形

警視廳警務部規畫課編纂

財團法人自警會發行

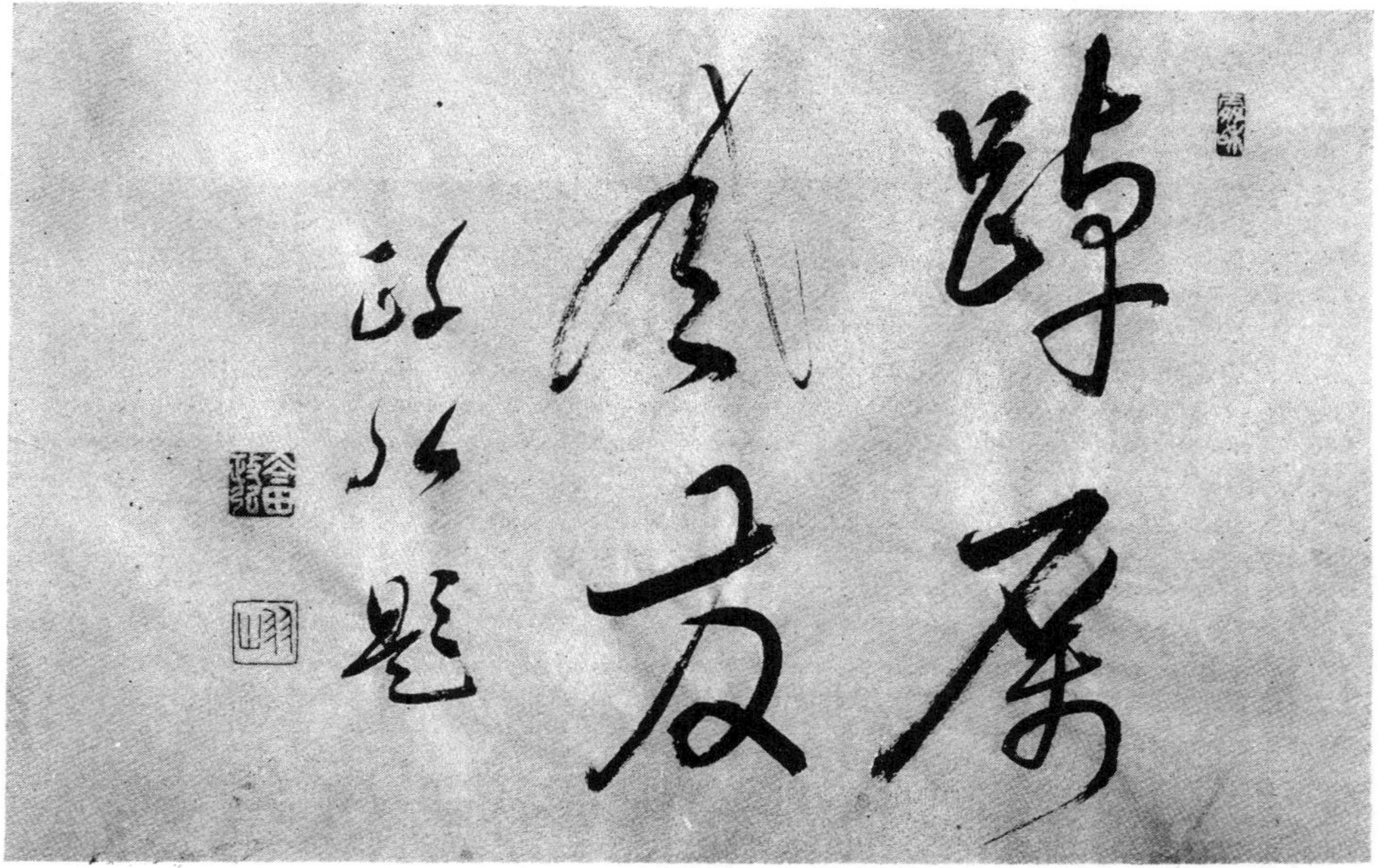

序

蓋シ警察官ノ心身修養ニ最モ適切有効ナルハ武道ノ練磨ニ在リ之ガ指導奨励ニ關シテハ我警視廳ニ於テモ夙ニ留意ヲ懈ラザル所ニシテ近時著シキ進歩ノ迹アリト雖之ガ實務上ニ於ケル應用ノ點ニ於テハ尚遺憾ノ少カラザルモノアリ。固ヨリ武道ハ古來傳フル所ヲ習得スルニ於テ啓發スル所最モ多カルベシト雖時代ノ推移ニ從ヒ警察ノ實務竝服制等ニ順應シテ適當ナル改善ヲ加フルハ武道應用ノ上ニ於テ最モ緊要ノ事タラスムハアラズ柔道ノ如キハ殊ニ實地ノ應用ヲ主トスルノ要アリ是ヲ以テ曩ニ之ガ師範タル山下義韶氏ニ囑シ特ニ警察官ノ實務ニ立脚シタル研鑽ヲ進メテ此ノ種必要ニ適應スル柔道ノ基本ニ就テ考案セシムル所アリ大正十三年九月本廳ニ開催シタル武道講習會ニ於テ先ヅ之ヲ各師範ニ傳ヘ更ニ之ヲ各署ノ武道助手ニ授ケナガラ實用ヲ主トシテ之ガ研究ヲ重ネ茲ニ柔道基本「捕手ノ形」居捕八本、立會十本、引立六本ヲ創定スルニ至レリ。

本書ハ卽チ之ヲ一般ニ普及練習セシメムコトヲ期シ山下、河野、山口、森山、國末各師範ノ實習スル所ニ就キ其ノ形ヲ撮影シテ之ヲ寫眞ニ收メ附スルニ山下師範ノ説明スル所ヲ以テ兩者相待テ斯道實修ノ筌蹄タラシメムトスルモノニ外ナラズ幸ニ本書ニ依テ斯ノ技實習ノ上ニ自得スル所アリ其ノ中ニ充實セル警察精神ノ煆煉ト相俟テ實地ノ活用ニ資益スル所少カラザルヲ得バ必ラズヤ警察官ノ本領ヲ發揮シ警察ノ目的ヲ遂行スルニ至大ノ効果アルベキヲ疑ハズ乃チ刊行ニ際シテ一言所感ヲ陳べ以テ序言ト爲ス。

大正十五年四月

警務部長　石井保

序

古來我が國民は武道に依つて心身を鍛錬したことが久しく、國民精神の眞髓ともいふべき日本魂も、此の武道に依つて錬磨せられたことは言ふまでもない所である。予は多年柔道の普及訓練の事に從ひ、警視廳柔道師範の職に在ること茲に前後三十有餘年、漸次斯道の發達を見るに至つたのは欣快に堪えない次第であるが、其の間、廳内幹部の希望もあり、予も亦痛感した所は古來の柔道と警察實務との關係を密接ならしむるの點にあつた。乃ち警察の實務に直に柔道を應用するの方法を案出することを期したのである。

爾來職務の傍ら此の種の研究を重ねたが大震災の翌十三年、而も記念すべき九月一日から、警視廳に於て武道講習會を開催されることとなつたので、其の機會に於て予の研究に成つた警視廳柔道基本捕手の形を師範一同に紹介し、之が講習研究を積で、修正を加へた。是に於て始めて一定の形を制定することが出來たので、各署の柔道助手に對しても、之を訓練修得せしむるに至つたのである。固より此の形は更に研鑽を經て、より以上の完成を期すべきは勿論であるが、之を研究するには廣く普及して、實驗の結果に就き批判を求めなければならぬと思ふ。幸ひ警視廳に於て其の不備を顧みず、一應本廳柔道基本の形として採用になり、而かも印刷に附して廣く頒布することにせられたのは、予并に各師範一同の光榮とする所である。讀者諸賢に於かれても、何卒之を實地に研究應用せられ、更に之が改善進歩に裨益する所あらしめられむことを切望して止まない次第である。

大正十五年四月

柔道師範　山下義韶

緒言

警察官と武道とは歴史的に離るべからざる關係がある。卽ち古への警察は殆んど武人に依つて司られ引續き近世に及んだが、明治維新以後警察制度の確立を見るに至り始めて警察官として邏卒及巡査が置かれた際にも、多くは之を士族から。採用したのであるから當時警察官の心身鍛錬の方法は武道の外になかつたと思はれる、斯くの如き沿革を辿つて見ても、警察官と武道との關係は極めて密接であるのみならず、警察官は其の職務の性質から觀て、武士的精神を涵養し武術を錬ることが頗る肝要であると云はねばならぬ。

武道の精神は時代の推移に依つて變らないが、武術の方面は軍人・警察官等夫々の任務と應用法との異なるに從ひ、又其の携帶武器や服裝等の變遷に順應して、漸次開拓さるゝの餘地あるものと見るべきであらう。此の意味に於て武道の一部である劍術柔術は、舊來の形を保存すると同時に現に警察官の實務方面に役立つやうに考へて行くことも必要な事と思ふ。

今回本書を警視廳柔道基本捕手の形といふ名の下に編纂したのも右の趣旨からであつて、其の理論や説明の點に於ては尚缺くる所もあるが、若し是が「警察官と武道」といふ方面の開拓幷に警察官の實務に貢獻することが出來るならば、編者の滿足は之に過ぎないのである。

終りに、本形の制定に就て熱誠なる努力を拂はれた柔道師範山下義韶氏、竝之を援助せられた各師範に對し衷心感謝の意を表する。

大正十五年四月

警務部規畫課長　三島誠也

警視廳柔道基本「捕手の形」

目次

警視廳柔道基本「捕手の形」

警務部規畫課編纂

第一章　總説

捕手の形は、柔道形の一の應用であつて、本來柔道には投、固、極、柔の四種の形があるが、警視廳に於て之を警察官の實務に應用する形を研究考案したのであるから警視廳柔道基本捕手の形と名付けたのである。

警察官は單に漫然柔道を修行するのではなく、犯人の逮捕、又は多衆運動の取締其の他直接強制を必要とする場合に、直に柔道を應用して其の任務を遂行せむが爲に、之を修得するのである。換言すれば警察官は其の取締又は檢擧の目的を達する爲に、實力を用ひて相手方を制禦しなければならぬことがあると同時に、若し其の際警察官の正當な執行に對して敵對行爲を爲すものがある場合には、之を征服せむが爲に自然勝負を決せねばならぬことも有り得る。警察官には所謂眞劍勝負を爲さねばならぬ機會は決して尠くない、斯る場合に若し警察官が不覺をとれば賊に斃さるゝこととなり、隨て警察の目的も達せられず。一般社會は益々脅威を感ずるに至るのである。警察官としては以上の場合を豫想して、常に眞劍勝負に處するの準備方法を研究し、修得して置く必要がある。捕手の形は、卽ち其の準備方法として有効なるものの基本を示した形であつて、是を十分に修得練習し　更に應用するに於て始めて眞劍勝負に處する準備が出來たといへる次第である。

此の形は居捕・立合・引立の三種に分類されて居る。居捕といふのは共に坐つて居る場合の形で、立合といふのは立つて居る場合、引立は相手を連行又は引致する場合の形である。居捕が八本、立合が十本、引立(連行法)が六本あるのである。卽ち其の名稱を擧げると

居《ゐ》捕《どり》

兩手捕《りやうてどり》　面當《めんあて》　横打《よこうち》　突込《つきこみ》　切下《きりさげ》　横腕捕《よこうでどり》　前腕捕《まへうでどり》　後腕捕《うしろうでどり》

立合

兩手捕《りやうてどり》　片腕捕《かたうでどり》　橫打《よこうち》　蹴上《けあげ》　後捕《うしろどり》　斜突下《なゝめつきさげ》　切下《きりさげ》　突込《つきこみ》　振上《ふりあげ》　柄捕《つかどり》

引立（連行法）

襟捕腕挫《えりどりうでくじき》　引立腕挫《ひきたてうでくじき》　袖捕《そでどり》　腕十字《うでじゆうじ》　小手捕《こてどり》　小指捕《こゆびどり》

である。此の內には受手の短刀を持つた場合と双方武器を持たぬ場合とがある。

此の形は警察官が攻擊を受くる場合最も多いと想像される場合を選んで、之に對應する仕方を考へたのであるから、更に其の他種々なる攻擊方法を想像して、之に對する方策を考へることが出來る譯で、本形は其の基本を示したものに過ぎない。

次に之が修行に就ては眞劒勝負の場合を豫想して居るのであるから、常に武士的精神が漲り其の擧動が極めて敏速でなければならぬ筈だが、最初より速かにする事は困難であるから、初心者は一擧一動を分解して硏究し、漸次習熟に隨つて敏速に出來るやうせなければならぬ。

然し常に眞劒の場合に臨むだ氣合の必要なことは勿論である。

第二章　正座と禮法

第一　正座

正座の法は人各々多少の差異はあらうけれども、抑も正座といふのは姿勢を正しく座するの意であつて且是により威儀を整ふるにある。姿勢の端正なるを要するのは獨り正座の場合のみならず、椅子に倚る時、步行の時、其の他如何なる動作を爲す場合に於ても、極めて大切なるは言を俟たない。殊に武道に志すものは、この點に一層の注意を拂ひ自ら其の用意がなくてはならぬ處である。然るに世人の多くは正座に就いては無關心で或は五分間の正座にも堪へないものが多いのは寔に不用意のものと謂はなければならぬ。場所により時によりては跪座又は立膝等も許さるゝであらうけれども、一般儀禮上、將た武道上より之を觀る時は到底許すべからざるものである。若し變化の出來ぬ座法の虛に乘じて敵の攻擊を受くるやうな事があつては、卽座に之に對應するの防禦、避讓の方途がなく、機を失して、遂に不覺をとるに至るであらう。又社交上相等の儀禮を守るのは當然であるが、若し高貴の方又は上官等に對し敬意を以て對座し談話するに際して跪座立膝等は禮を失するは勿論である。

昔時武士は終日君前に侍して正座を續けた事を想へば其の苦痛想像の外であつたらうと考へる、けれども事實はそうでなく、彼等は常に姿勢を正し、威容を整へて武を錬り、座臥共に變に應ずるの用意を周到ならしめ、心を正しうして而して形自ら整ふやうに不斷の修養を積んで居る。武士の堂々たる態度は卽ち其の修養の賜であつたのは言ふまでもない。予は現代青年に對し強いて昔時の武士の態度に倣へとは望むものではないが、彼等が終日の正座に敢て苦痛を感ぜないやうになつた其の心身の修養練磨は、吾人の敬服する所であつて、又龜鑑とせなければならぬ點であると思ふ。第一圖及第二圖は卽ち最も永く正座に堪へ、且つ座作進退共に自由に行動變化し得る座法を示したものであるが、是は外面の形に過ぎないので、形を正しくするには先づ心の平正を得るやう修養を要するのは言を俟たない。卽ち兩足の母指と母指とを重ねる位にして、上體を眞直にし、丹田に力を入れ、攻擊に應ずるの心掛が肝要である。

正座の法は武道修行者に取つては最も必要なる根本條件であるから、冒頭に於て之が修得を促す所以である。

第二　禮

武道は本來心身の鍛錬と勝負法の研究とをするものであるから、禮は柔道の一部として修行するもので單に言動共に粗野に流れない爲めにのみ之を行ふものではない。

禮法は所に依り時代に依つて種々異つた形式作法があるが、今日柔道の禮には立禮と座禮との二種がある。共に敬意を表はすの儀であつて、相手方の如何に拘はらず不敬に流れ、謙讓の態度を失ひ又は不快の感を起させぬ樣留意し、互に快感を以て迎へられるやうに行ふことが肝要で、兎角は叮嚀の方が宜しいと思ふ。

立禮は自然體に立つて、氣を靜め、心に恭順の意あつて、上體が自然に前に傾き、兩手が各膝の上位まで及び、約三十度上體を屈する。目は相手に注目するのではなく自然體に立つて居た姿勢の儘前に傾けるのである、唯禮を行ふ場合と雖も敵の攻擊に對しては直に應ずるの用意は必要である。

（第三、四圖）

座禮は自然體に立つて居て、膝の關節を屈げながら、上體を下ろし、臀部が踵の上に乘る程に下げて、後、兩膝を疊に附ける。それから兩手を膝の前に約五寸ばかり膝から離して疊につく。此の場合に指先は輕く揃へて、稍々內側に向ける、而して上體は其のまゝに肱及び肩の關節に依つて上體を稍下げるのである、目は相手に注目するのではなく自然のまゝである。（第五圖）

正《せい》座《ざ》

第一圖

第二圖

禮《れい》

第三圖

第四圖

第五圖

第三章　捕手の形

第一　居捕

一　兩手《りようて》捕《どり》

捕は膝の上に左右の手を置く、受は一呼吸の後その膝の上にある捕の兩手首を右膝を立てつゝ握る（第六圖）、捕はその時膝を狹ばめ握られたる手を兩膝脇に落すと同時に右膝頭又は足先にて受の下腹部に當つ（第七圖）、而して受の右手乃ち捕の左手首を握り居る手を下より開きつゝ上方に跳ね上ぐるときは容易に放れるそのところに附け入り直に握り返へし（第八圖）、而して右手は自分の左肩の邊に手を開きつゝ肱を曲げて外し、左手に添へ左脇下に密接せしめ（第九圖）、右足を後横に開きつゝ肱關節技にかい込み、下に抑へ付け（第十圖）、左手は受の脇の下に、右手は確かと手首を握り疊の上に抑へ付け、左膝頭を以て受の肱關節の上に乘せ（第十一圖）、自由を失はしめ、而して順に肱を曲げ捕縛するに至る（第十二圖）。

兩《りやう》手《て》捕《どり》（一）（捕手　師範　岡末幸造
受手　師範　山口孫作）

第六圖

第七圖

第八圖

両《りやう》手《て》捕《どり》（二）

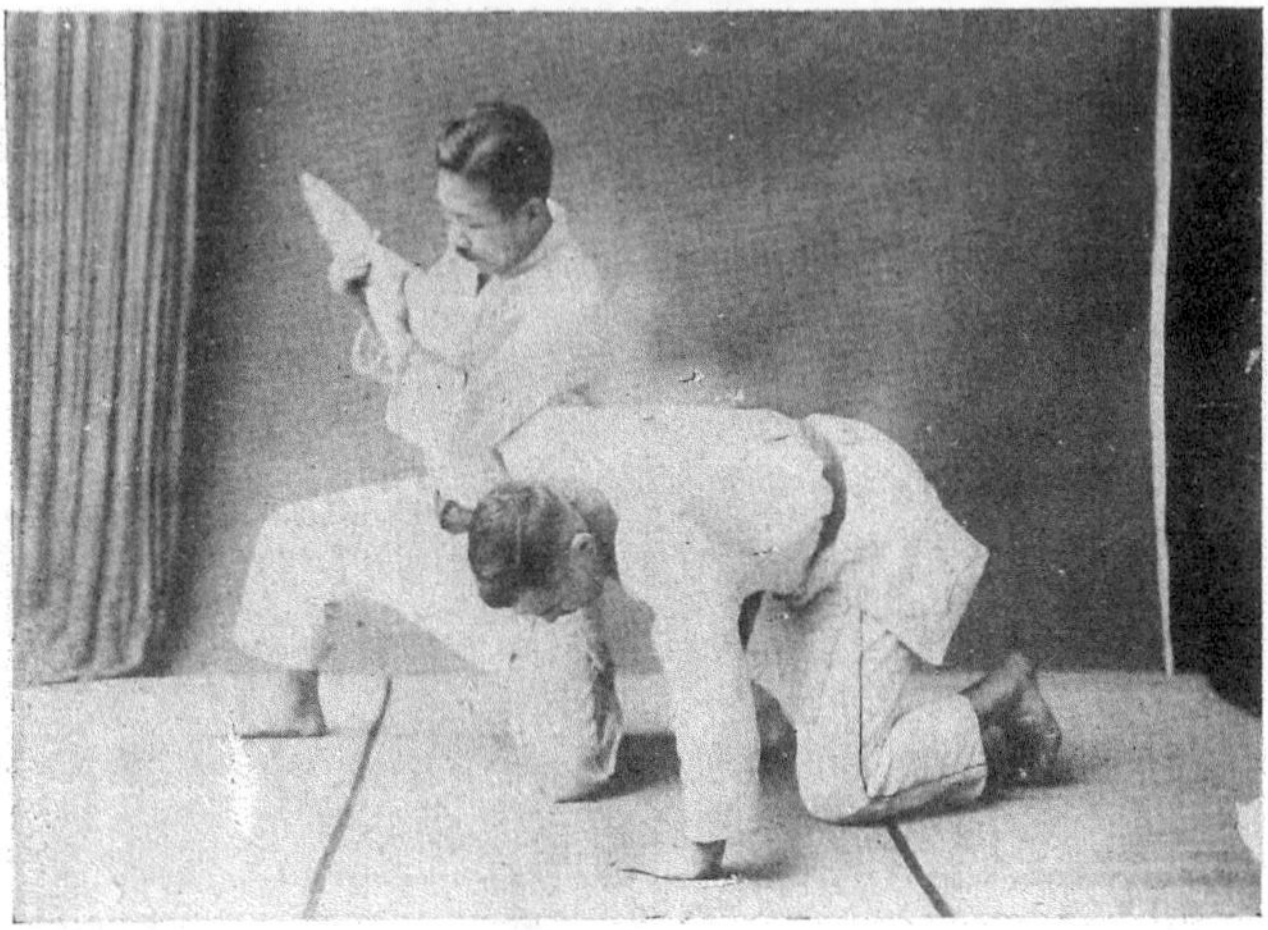

第九圖

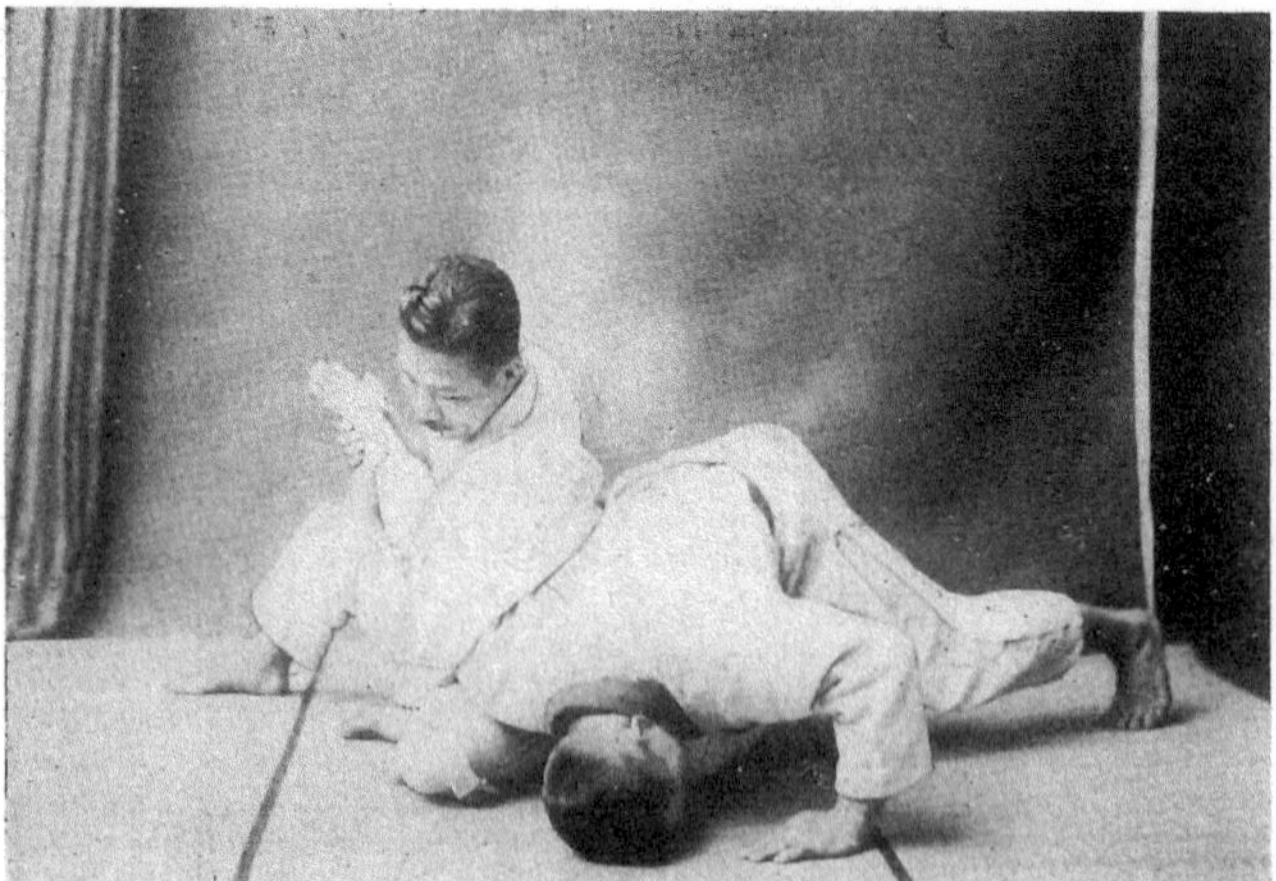

第十圖

兩《りやう》手《て》捕《どり》（三）

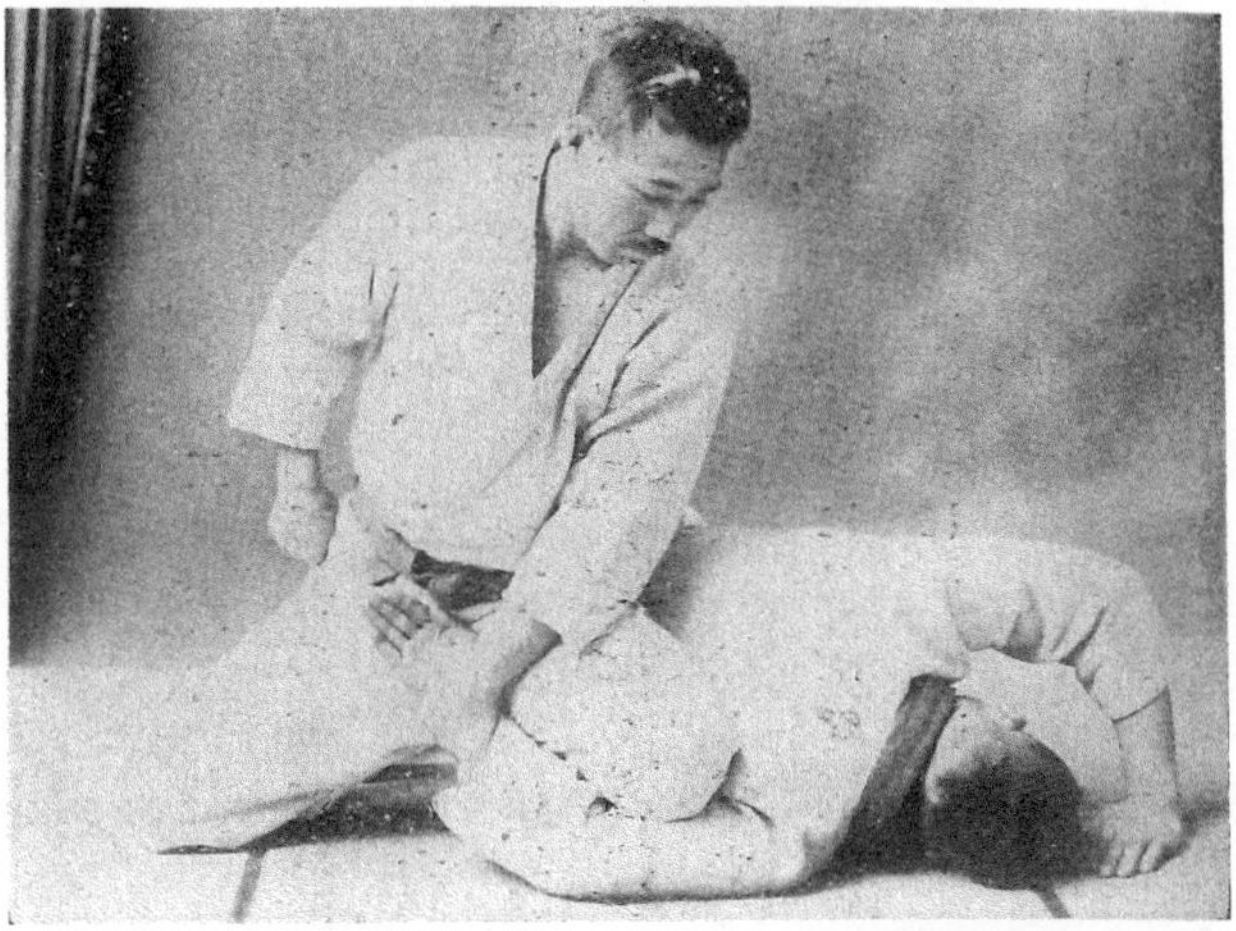

第十一圖

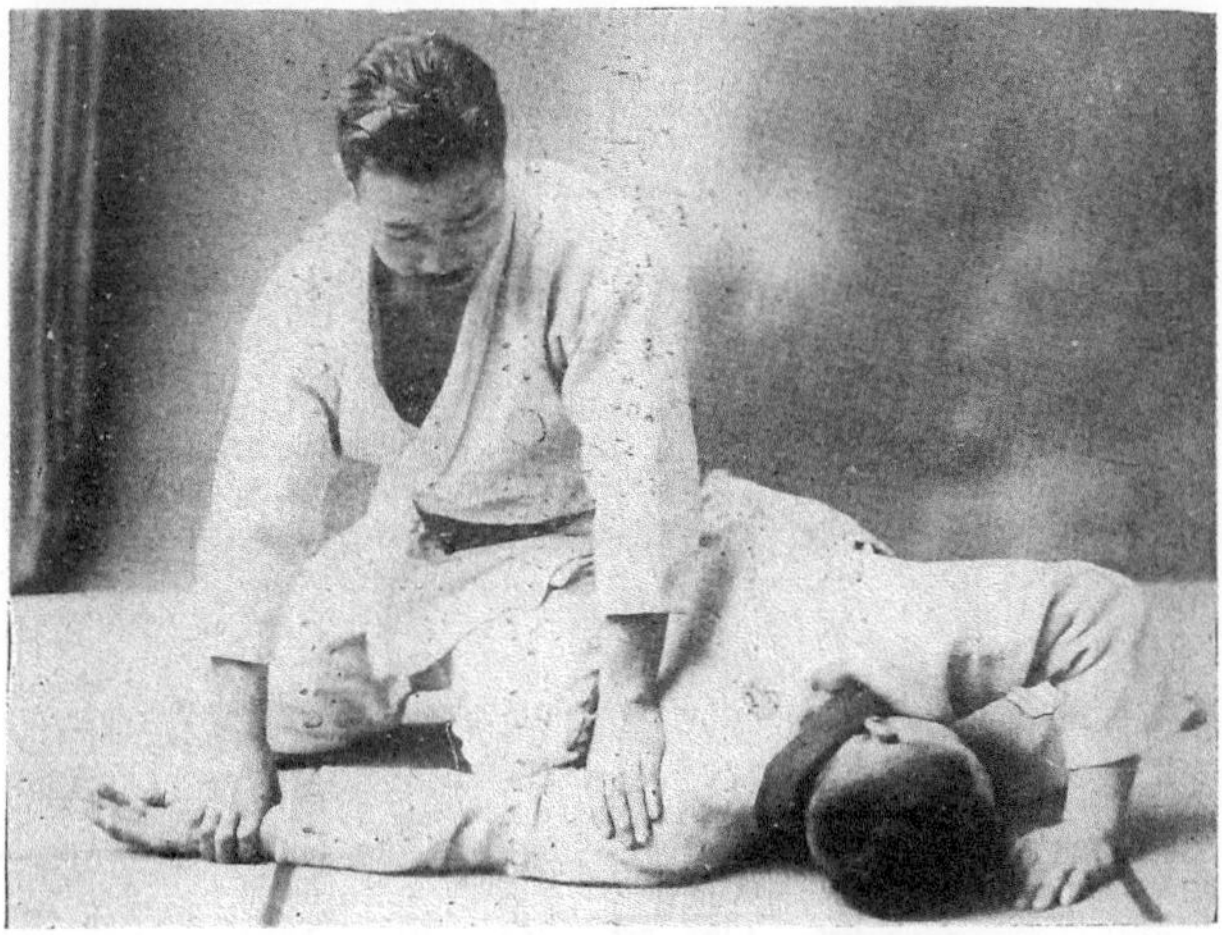

第十二圖

二　面當《めんあて》

受は右手掌を以て捕の顔面を摺り上げんとする心持ちにて當てゝ來る（第十三圖）、その時捕は右手にて上にそらしつゝ握り（第十四圖）、左手を受の脇の下につけ、拇指を上に他の四本の指を下向に、受の脇下に密接せしめ、引延ばす心持ちにて右足先きにて受の下腹部を蹴り（第十五圖）、前隅に引き倒す、乃ち蹴りたる足を後横に開くときは（第十六圖）、容易に前隅に倒るゝ様になる、倒して後ちは左膝頭を受の肱關節に乘せ、順に曲げ捕縛するに至るは前に同じ。

面《めん》當《あて》（一）

第十四圖

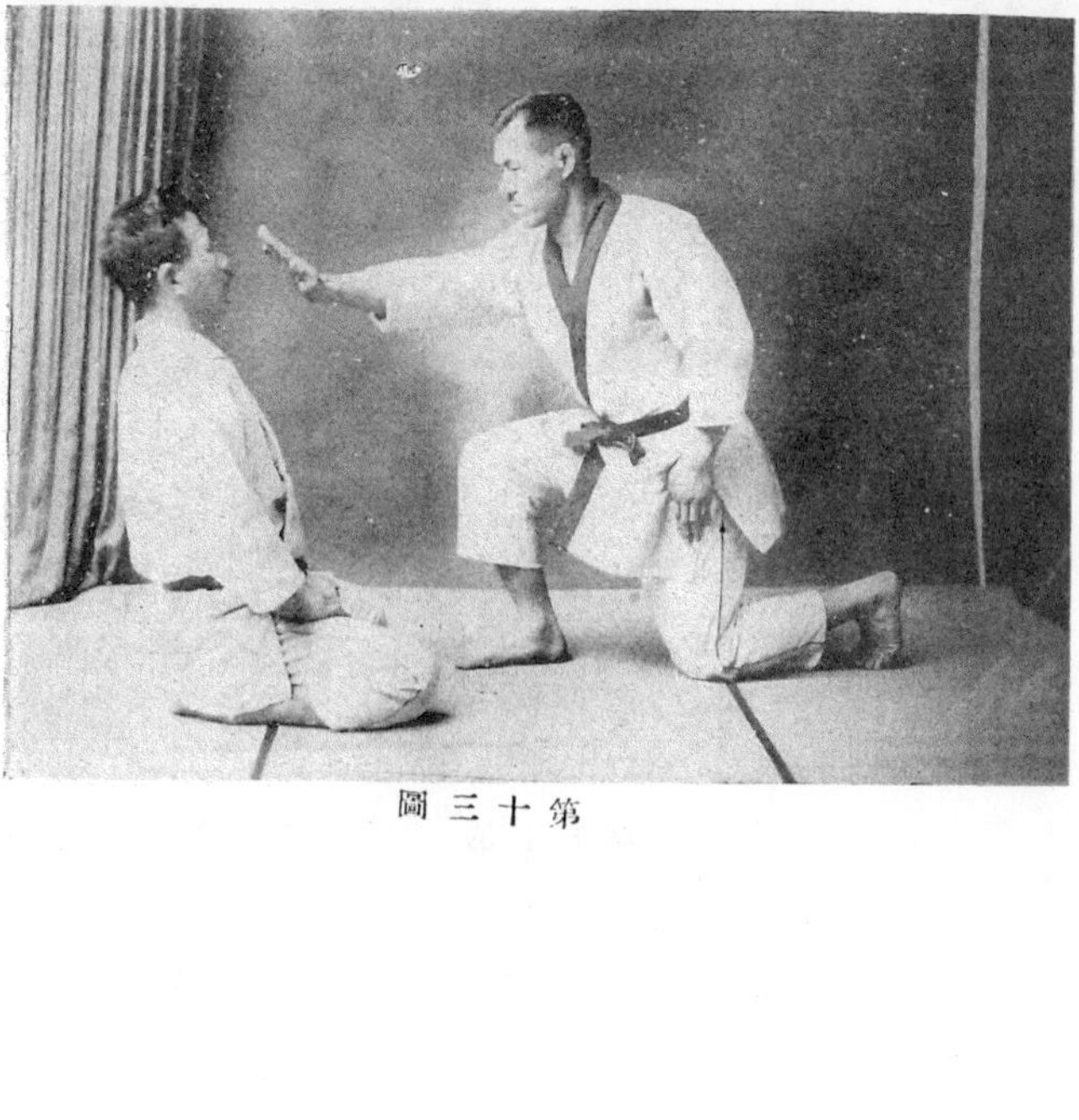

第十三圖

面《めん》當《あて》（二）

第十五圖

（三）當《あて》　面《めん》

第十六圖

三　横打《よこうち》

三尺以上の距離に座したる場合は受は一歩踏み出し、（接近して座したる時はその儘）中腰になりて拳固を以て左耳の邊を强く打ち來る（第十七圖）、捕は左手を揚げて、打ち來る受の右手を受け止めると同時に受の手首を右手を以て母指を下にして握る（第十八圖）、左手は直ちに脇下に走らせ、前横隅に引落し（第十九圖）、進み出でつゝ、左膝頭を肱關節に乘せ捕縛するに至るは前に同じ。

横《よこ》打《うち》

第十七圖

第十八圖

第十九圖

四　突込《つきこみ》

受は懷中に忍ばせたる短刀を拔き出すと同時に、左膝を立てつゝ捕の腹部を目懸けてその短刀を以て突き込み來る（第二十圖）、捕は瞬間に先づ以て右足を横後ろに開く（第二十一圖）、左すれば突き込み來りし短刀は空に流れる、その時は已に左手は受の肱のやゝ上の方を握り、更に右手の掌を以て受の顏面を強く打ち（第二十二圖）、同時にその手を返し、短刀を持ちたる手首を握り、腹固技を以て（第二十三圖）、下に抑へ付け（第二十四圖）、左膝頭を肱關節に乘せ握り居る短刀を右足指先きを差し入れ踏みとり、（第二十五、二十六圖）、肱關節を順に曲げて捕縛するに至るは前に同じ。

突《つき》込《こみ》（一）

第二十圖

第廿一圖

第廿二圖

突《つき》込《こみ》（二）

第廿三圖

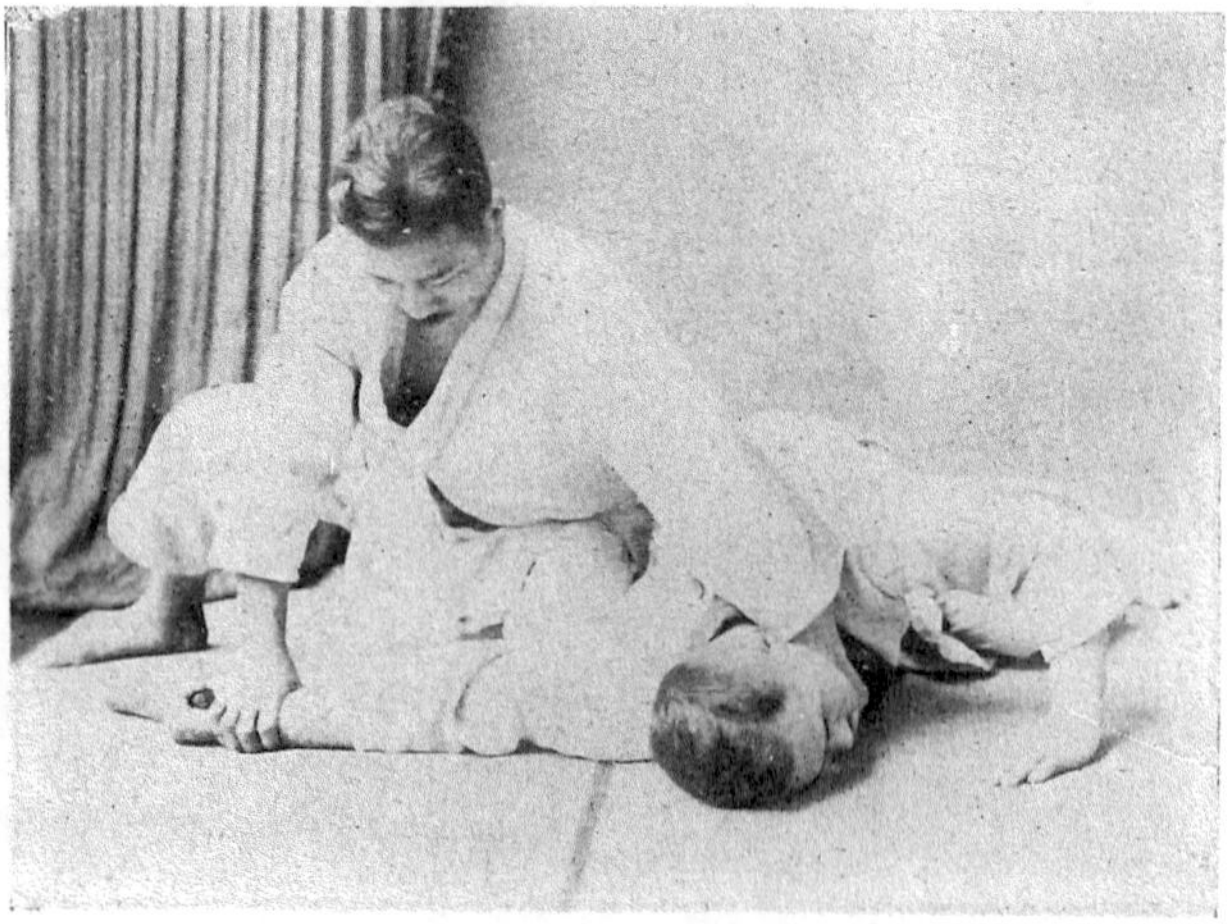

第廿四圖

(三) 突《つ》込《こみ》

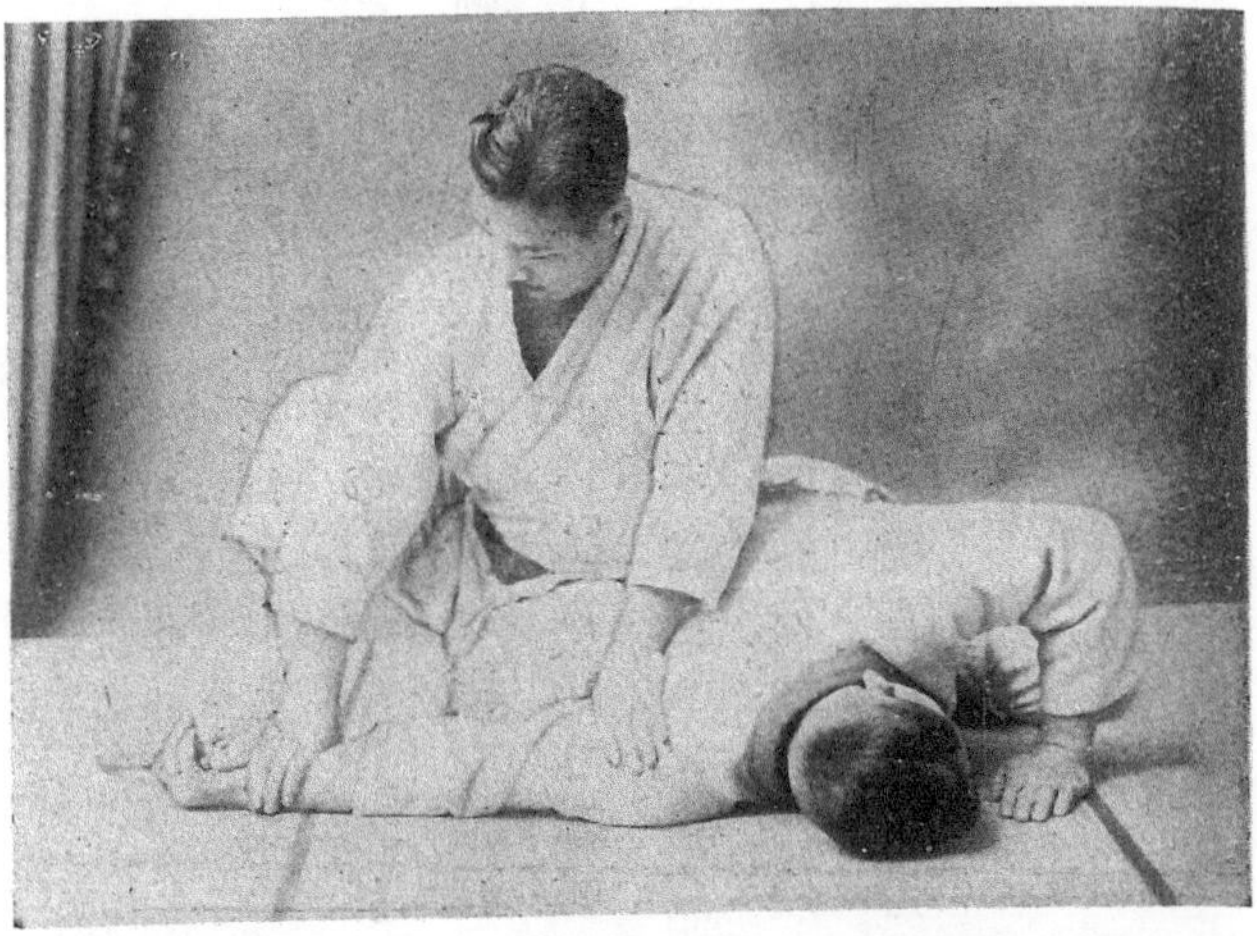

第廿五圖

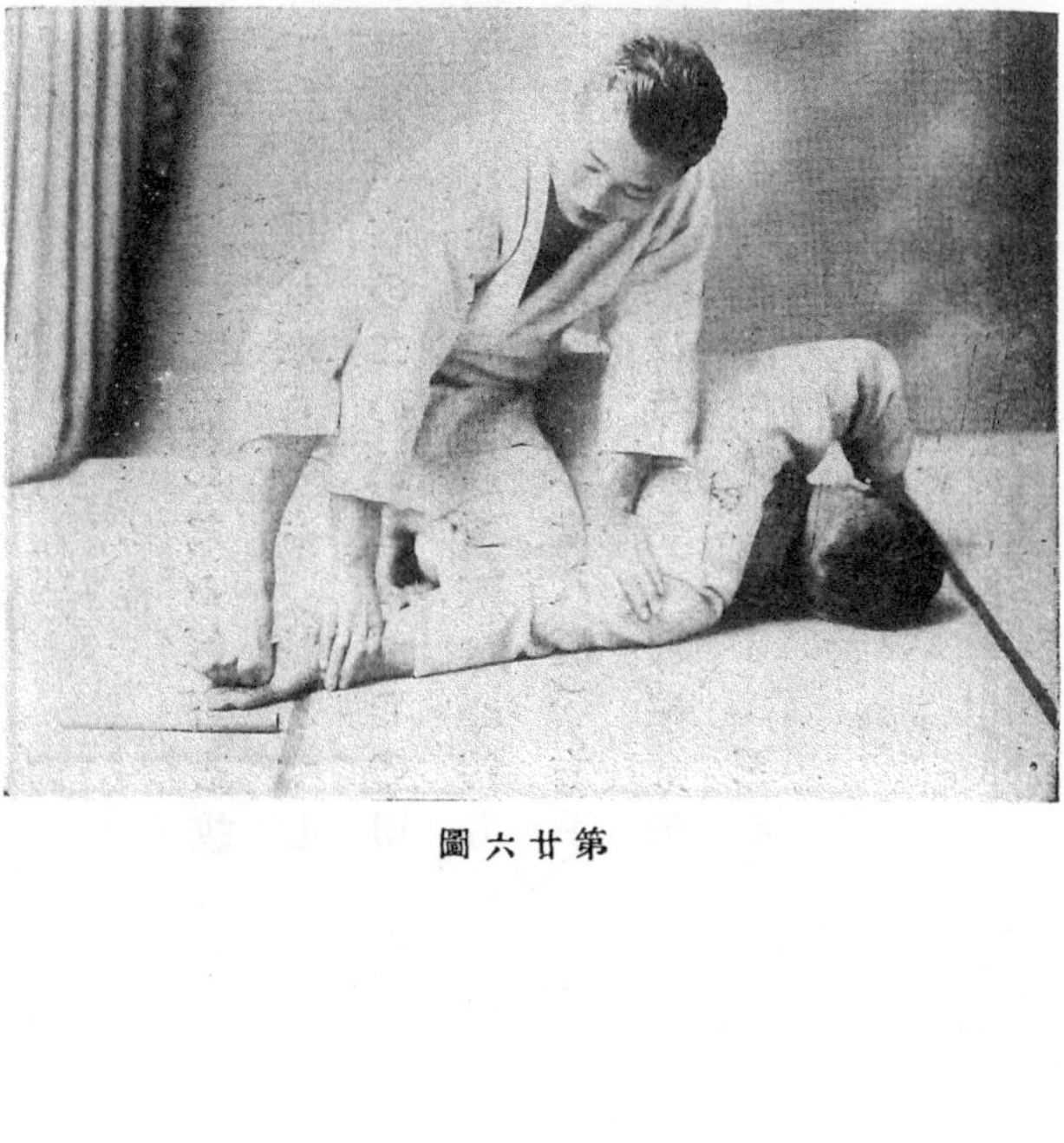

第廿六圖

五　切下《きりさげ》

受、捕接近して對坐したる場合、受は懷中に忍び込ましたる短刀を拔き出しざま、膝をのし捕の眞向目懸けて斬り付け來るとき（第二十七圖）捕は横後ろの方に頭を避けつゝ、直ちに右の二の腕を以てその切下げたる手をかい込み、則ち關節の曲り目のところに於て、挾む心持ちにて受け止め、左手は直ちに肱關節技にかい込み（第二十八圖）、右手に添へつゝ下に抑へ付け、左膝頭を受の關節の上に乘せ、全く自由を失はしめ、右足先にこ持ちたる短刀を踏みとりたる後ち、捕縛するに至るは前に同じ。

切《きり》下《さげ》

第廿七圖

第廿八圖

六　横腕捕《よこうでどり》

この仕方は受より仕向け來るにあらず、全然捕より進んで取押へる形で始めての考案に係り他の流派にも見へないところである。

二人並行して坐し（第二十九圖）、捕は右に坐するを可とす、而して相手の氣付かざる程度に、左手掌にて輕く相手の內側に左手掌を入れ引出す（第三十圖）、樣の心持ちにて握る、同時に左手を以てその手首を握るや否や、脫兎の勢を以て前方に引倒し（第三十一圖）、捕縛するに至る、始め處女の如き態度肝要なる處に妙味あり、捕縛手順は前に同じ。

横《よこ》腕《うで》捕《どり》

第廿九圖

第三十圖

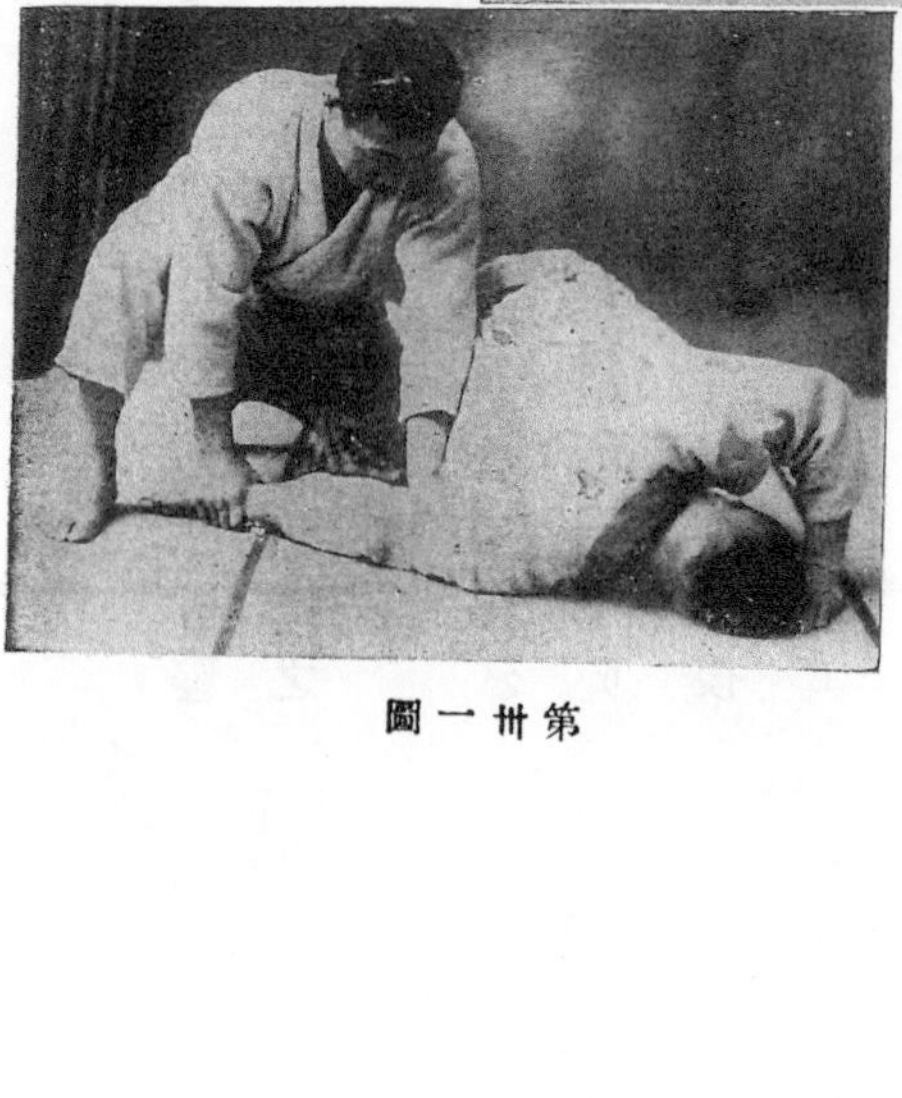

第卅一圖

七　前《まへ》腕《うで》捕《どり》

前同樣全然捕より捕に入る仕方であつて、誠に有意義な而かも警視廳獨得のものである、兇漢の所在を發見し逃走の虞れある時は之を速かに取押へなければならぬ。

捕は心を靜に落ち付け、何氣なき體を裝ひつゝ進み、前面より右手を以て受の左手首を堅く握る（第三十二圖）、ときは、何をするぞと計り握られたる手を引かんとする（第三十三圖）、その瞬時に捕は急に後ろに廻り込み同時に握りたる受の右手を左膝の稍〻上方に逆に當て（第三十四圖）、同時に左手を受の咽喉に廻せば（第三十五圖）、絞めらるゝ苦しさと逆の痛さとに堪へず、立ち所に降服すべきを以て、容易に捕縛するに至る。

前《まへ》腕《うで》捕《どり》（一）

第卅二圖

第卅三圖

前《まへ》腕《うで》捕《どり》（二）

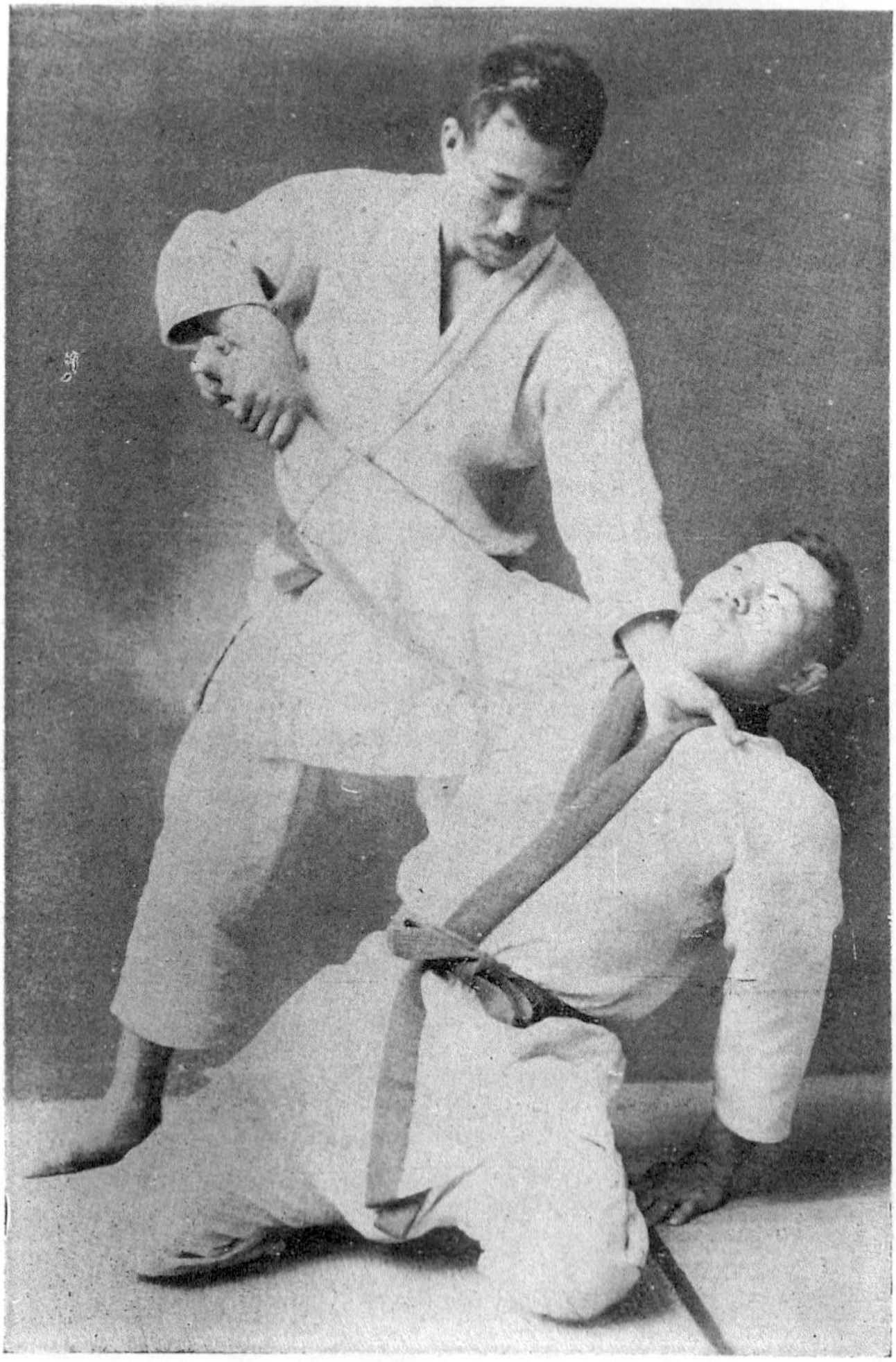

第卅四圖

前《まへ》腕《うで》捕《どり》（三）

第卅五圖

八　後腕捕《うしろうでどり》

此の形は後ろより兇漢を取り押へる形で前同樣獨得のものである。

捕は心を冷靜に落ち付け、受の後ろより双方の掌にて輕く受の兩肩を前に押すときは、受の兩手は疊の上に付くべし（第三十六圖）（兩手を疊につく樣に押すを要す）而して捕は兩肩に當てたる手を放さず、受の兩手が疊の上につくや否や、捕は急に受の右横側に右足を踏み出しざま、右手は受の右手首、左手は脇に走らして、前方に押し倒し（第三十七圖）、一呼吸の暇も與へず、左足を二の腕即ち肱關節に當て、捕縛するに至るは前に同じ。

後《うしろ》腕《うで》捕《とり》

第卅六圖

第卅七圖

第二　立　合

一　兩手捕《りようてどり》

立合の形は孰れも立ちながら受より仕掛け來るときの場合であつて、之に對し臨機應變の處置に出づることは勿論であるが、先づ順序として兩手捕より説明する。

居捕の兩手捕の仕方と同樣、受より捕の兩手首をしかと握り來る（第三十八圖）とき、捕は膝頭を以て受の睾丸に當て（第三十九圖）、左手の母指を開き上方に向け、受の手首を握り返へし、右手を自分の肩の邊まで曲げつゝ放さしめ、直ちに左手に持ち添へ肱關節技にかい込み、下に押へ付ける樣に靜かに持つて行き（第四十圖）、左膝頭を肱關節の上に乘せ、自由を失はしめ捕縛するに至る。

兩手《て》捕《どり》

（捕手　師範河野芳太郎
受手　師範森山喜代助）

第卅八圖

第卅九圖

第四十圖

二　片腕捕《かたうでどり》

受より捕の右手首を兩手を以て堅く握り（第四十一圖）來るとき、捕は握られたる手を靜かに上の方に向ける樣にして受の右手首を下より握り返す（第四十二圖）、而して左手はその右手の下を潜らせつゝ、受の左乳の所まで差し入れてその場所を握り、自然に左右の手の働きの調和を以て押し、一方は引きつける樣にするときは丁度肱關節技になる（第四十三圖）爲めに、痛さに堪へず自由を失ふことゝなる、その逆になりつゝある所をその儘持續して、靜かに下まで持ち行き、同時に左手は拔き出し脇下に當て、左膝頭を以て受の肱關節の上に乘せ捕縛するに至る。

片《かた》腕《うで》捕《どり》

第四十一圖

第四十二圖

第四十三圖

三　横打《よこうち》

受は右拳を以て捕の右耳の邊を强く打ち來る（第四十四圖）、捕は打ち來る拳に逆らはず、受の脇下を潜り後ろに廻はり込む、上體は眞直に少しく膝關節を曲くる樣にするときは容易に受の後ろに廻はり込むことが出來る（第四十五圖）、右手は打ち來る手の下より、左手は首より廻はし襟を握り（第四十六圖）、送襟扱に絞め（第四十七圖）、左足を揚げて受の後ろ太股を折る樣に（第四十八圖）なして倒し、脇下を潜り送襟にて襟を握り居る右手を放し、受の右手首を握り、左膝下に受の肱關節を當て（第四十九圖）、下に持ち行き順に曲げつゝ捕縛するは前に同じ。

打ち來るときに空に流すところに妙味あり、かつ首を下ぐるにあらずして、膝を屈めつゝ後ろに廻はり込むところを味ふべし。

横《よこ》打《うち》（一）

第四十四圖

第四十五圖

横《よこ》打《うち》（二）

第四十六圖

第四十七圖

横《よこ》打《うち》（三）

第四十八圖

第四十九圖

四　蹴上《けあげ》

受は後ろに引きたる右足を揚げて捕の睾丸を蹴上げ來るとき、捕は直ちに右足を開きつゝ外し同時に左手掌を以て蹴り來りたる踵を下より握る（第五十圖）、それ丈けにても受は如何ともする能はざるべく、捻ぢれば折るべきも、左はせずして、右手をその足首に添へ（第五十一圖）て輕く捻ぢる樣になして、左足を後ろに引くときは（第五十二圖）俯伏する樣に倒るべし、直ちに受の右側に右足を踏み出し、左足は進み出でつゝ受の右足の裏乃ち關節の部に膝頭を乘せ、而して足首を持ち居る手にて少しく折る樣に（第五十三圖）なすときは、痛さに堪へざるべく靜かに捕縛し得るに至る。

蹴《け》上《あげ》（一）

第五十圖

第五十一圖

(二) 上《あげ》蹴《け》

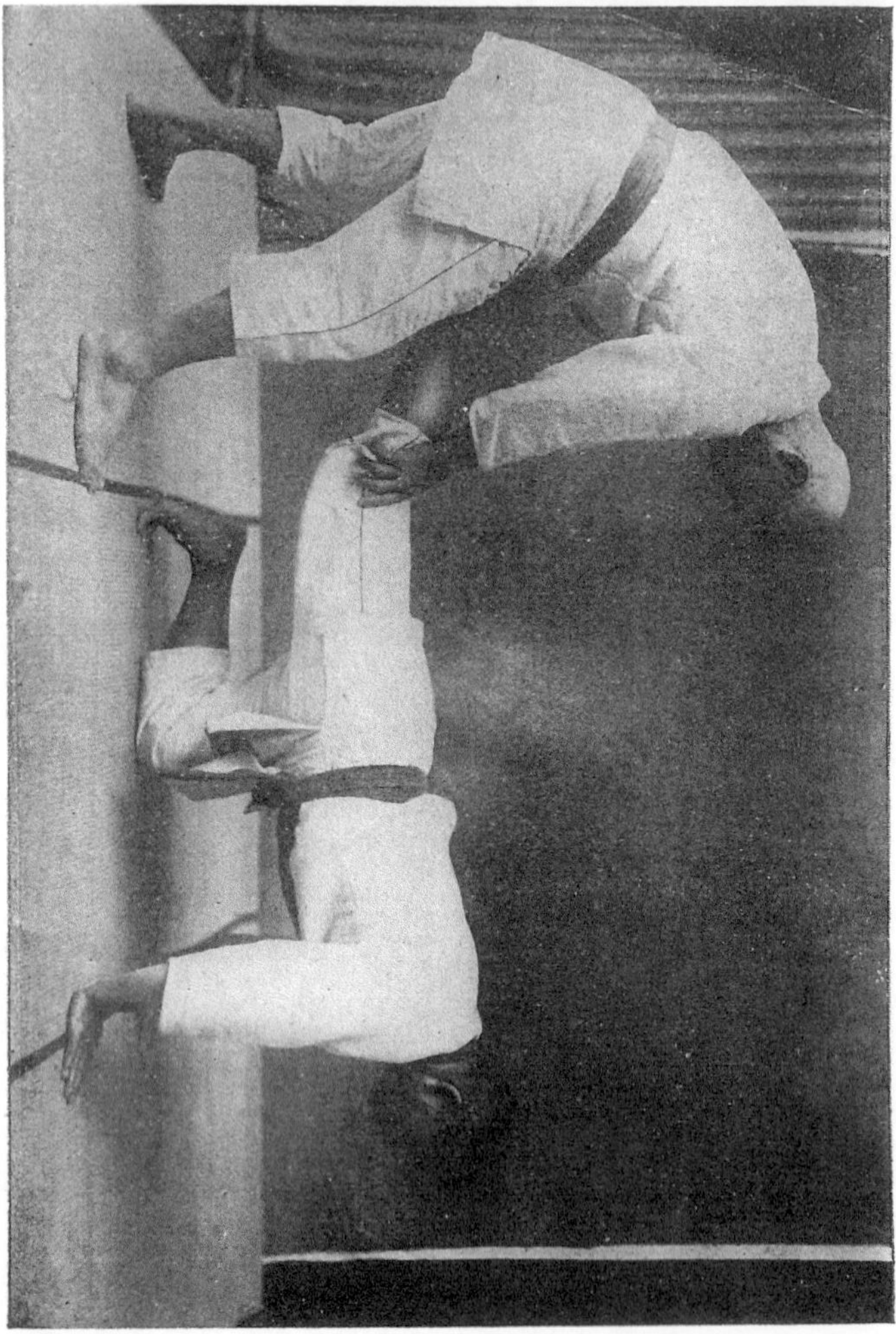

第五十二圖

蹴《け》上《あげ》（三）

第五十三圖

五　後捕《うしろどり》

受は捕の左右の手を越して後より抱きしめ來る（第五十四圖）とき、捕はさわがす左足を拔いて受の後に廻はし（第五十五圖）、抱へられたる手を苦にせず、左手は前にのこし、右手は受の裏太股を掌に受けて（第五十六圖）抱へ、上ぐるときは（第五十七圖）容易に揚げることが出來る、左すれば後ろに落すことも、同體に重つて打ち付くることも出來得れど、そは危險なる故、抱へ上げたるのみにて止む。

後《うしろ》捕《どり》(一)

第五十四圖

第五十五圖

後《うしろ》捕《どり》（二）

第五十六圖

後《うしろ》捕《どり》（三）

第五十七圖

六　斜《なゝめ》突《つき》下《さげ》

受は懷中にある短刀なり匕首なりを逆手に振り上げつゝ、一歩踏み出し捕の左首動脈の邊を（第五十八圖）、突き下げ來る場合、捕はその時、間髮を入れず首を後ろに避け、左手にて受の肱關節の稍〻上方を拂ふ様にして握り（第五十九圖）、而して同時に右掌にて受の顔面を打ち（第六十圖）、その手を返し、直に受の右手首を握り、腹固技にて極めつけ（第六十一圖）靜かに下に押へ付け、左膝頭を肱關節に當て、右足先にて持ちたる短刀を踏みとり捕縛するに至るは前に同じ。

斜《なゝめ》突《つき》下《さげ》(一)

第五十八圖

斜《なゝめ》突《つき》下《さげ》（二）

第五十九圖

第六十圖

斜《なゝめ》突《つき》下《さげ》（三）

第六十一圖

七　切下《きりさげ》

受は懐中にある短刀を拔き出し、捕の眞向に切り下げ來るとき、捕は首を避けつゝ右足を踏み出し（第六十二圖）同時に右手掌を開きつゝ肱の邊より肩のところまで摺り込ます樣（第六十三圖）になすときは、十分避くることを得、同時に摺り込ましたる右手は直ちに受の右手首を握り左手は首に廻はし襟をとり（第六十四圖）腹固技を以てじりじりと下に押し付け、首に廻はし居る手は放して受の腸の邊までやりて押へ、左膝頭を以て肱關節に乘せ、右足先にて短刀をとり去り捕縛するは斜突下に同じ。

又切下來る瞬間に體を横後ろに空らし、前に流れ來る處を腕挫にかい込み捕縛するも可とす。

切《きり》下《さげ》

第六十二圖

第六十三圖

第六十四圖

八　突込《つきこみ》

受は懐中に匿しある短刀を取り出し、捕の腹部を目懸け突き込み（第六十五圖）來る、捕は直ちに右足を開けば受は前方に乘り出す樣になるべし、捕はその時左手を以て受の肱の邊を握り（第六十六圖）右掌を以て受の顏面を打ち（第六十七圖）、全く受の氣勢を挫き、靜かに腹固技を以て下に押へ付け（第六十八圖）右足先にて握り居る短刀を踏みとり去りたる後ち、捕縛するは斜突下に同じ。

突《つき》込《こみ》（一）

第六十五圖

突《つき》込《こみ》（二）

第六十六圖

第六十七圖

(三) 突《つき》込《こみ》

第六十八圖

九　振《ふり》上《あげ》

受は懐中に匿し持ちたる短刀をとり出し、右足を後ろに引きて短刀を振り上げ（第六十九圖）寄らば、捕は前方にある受の左肱の邊を押へる様（第七十圖）に握るときは、受は振り上げ居る短刀を以て斬り付けんとすべし、捕は之を豫期し斬り下ぐる受の肱が延びきらざる以前に腕緘《うでがらみ》技にとり（第七十一、七十二圖）短刀を放たしめ、後ち捕縛又は引立つるに至る。

振《ふり》上《あげ》（一）

第六十九圖

第七十圖

振《ふり》上《あげ》（二）

第七十一圖

振《ふり》上《あげ》（三）

第七十二圖

十　柄捕《つかどり》

受は右足又は左足を踏み出して、捕の佩刀に兩手を掛け（第七十二圖）拔き取らんとする場合、捕はそれに逆らはず、直ちに受の手首を抑へ付け、（第七十四圖）又は握り、而して引かるゝまゝに左足を踏み出し體をつけ、大外刈技（第七十五圖）にて地上にたゝきつけ、その刀をとり放さしめたる後ち、小手返技を以て（第七十六圖）自由を失はしめ、後ち捕縛又は引立つるに至る。

柄《つか》捕《どり》（一）

第七十三圖

第七十四圖

柄《つか》捕《どり》（二）

第七十五圖

柄《つか》捕《どり》（三）

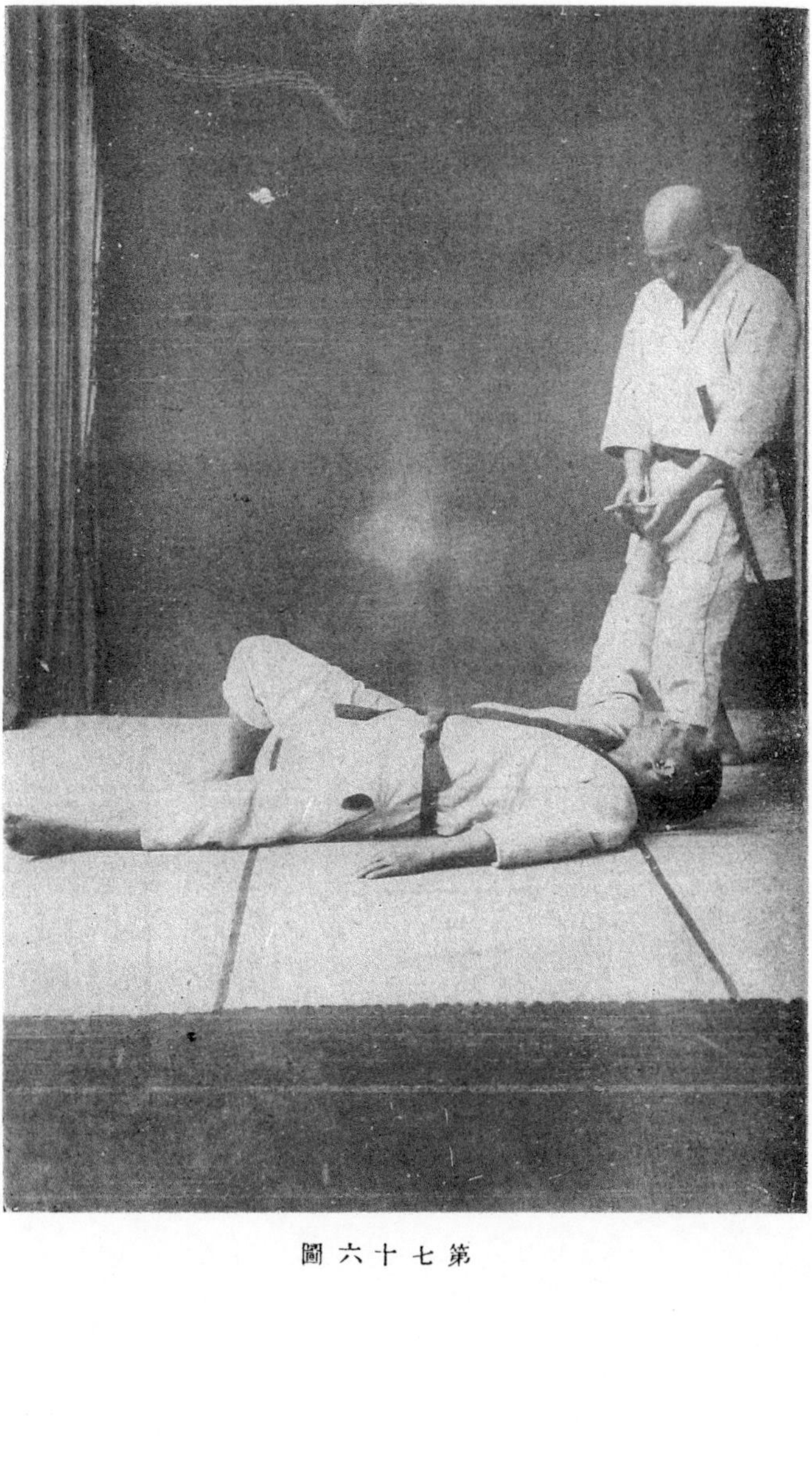

第七十六圖

第三　引　立（連行法）

一　襟《えり》捕《とり》腕《うで》挫《くぢき》

捕は受の右側より、左手の掌を外にし受の右關節の上部の邊より左手を差入れ、拇指を襟の外に他の四本の指を内にして受の高襟を握る、同時に右手にて受の左手首を握りて自分の臍の邊に引付くるときは自然逆になる爲、彼れの體は其の苦痛と共に浮き立つ如く寄り掛ることゝなり、玆に始めて有効に引立つることを得べし（第七十七圖）。

捕手が制服帶劍等の場合は受の左側に在つて引立つるを可とするに付左右孰れをも練習するを要す（以下之に同じ）。

襟《えり》捕《どり》腕《うで》挫《くじき》　（捕手　師範山下義韶　受手　師範森山寅代助）

第七十七圖

二　引立《ひきたて》腕挫《うでくぢき》

受が坐すると又は立てるとを問はず、捕は左手を以て受の右側より右肱關節の稍〻上部を搔い込み、右手を以て受の右手首を握る、搔い込みたる手と手首を握りたる手とを調和せしむる如くするときは、その痛さに堪へず容易に引致することを得べし（第七十八圖）。

若し受にして丈高きか又は力量あらば、搔い込みたる左手にて自分の衣服の高襟を握りつゝ體に引付くる如くするときは一層の効あり。

引《ひき》立《た》腕《うで》挫《くじき》

第七十八圖

捕は已れの肱を手の直下になす心持ちにて受の關節部の稍〻上部を拳にて堅く握り引立つるものにして（第七十九圖）、若し受は他方の拳を以て捕の顏面を打たむと振り上げ來たるときは（第八十圖）の如く堅く握り居る手を突き出す如く爲すに於ては打たるゝことなく引致容易なるべし。

三　袖捕《そでどり》

袖《そで》捕《とり》

第七十九圖

第八十圖

四　腕十字《うでじゅうじ》

捕は受の兩手首を握り直に兩腕を十字に組ませ、上に在る腕が肱關節技になる如くすれば受は兩手の自由を失ひ容易に引立つることを得べし（第八十一圖）。

此の形は外見穩かならざるも暴行せむとする者には有効なる引立法なり。

腕《うで》十《ちつ》字《じ》

第八十一圖

五　小手捕《こてどり》

捕は左手の母指を受の右手の掌に、他の四本の指を甲の方に置きて捉へ（第八十二圖）其の手掌を曲ぐる如く而かも己の體に密着させつゝ捩ひ上げ右手を添へて引立つべし（第八十三圖）。

小《こ》手《て》捕《どり》

第八十二圖

第八十三圖

六　小指捕《こゆびとり》

捕は受をして合掌せしめたる機會に、其の中間より左手を差し入れ、堅く受の兩小指を握り絞むるときは、苦痛に堪へず體を浮かし容易に引立つることを得べし（第八十四圖）。

若し兇漢が小指の折るゝをも厭はず强ひて振り取り逃亡せんとする時は臨機他の形に依りて取押ふべし。

小《こ》指《ゆび》捕《どり》

第八十四圖

第四章　形の練習と其の應用

捕手の形の實施手順は前章に述べた通りであるから、寫眞と對照して研究練習すべきであるが、其の練習は單に形の順序方法を知得することを以て足るのではない。形は受の攻撃方法を豫め假定して之に對する捕の方法を考案してあるけれども、警察官が實地に賊を逮捕又は引致せむとする場合に臨み、賊の攻撃方法が如何樣に爲されるかは豫想し得ないところである。或る時は此の形の中に假定した方法に依ることもあるであらうし、又は全然異つた攻撃をする場合もあるであらう、其の變化の方法も賊が捕手の技に應じて豫想の如く變つて行くか何うかも分らぬのであるから、此の形の練習に於ても居捕、立合、引立夫々の順序に依つて練習し、之を十分修得したならば、次には順序に依らない練習を爲すの要がある。卽ち居捕では一、兩手捕　二、面當　三、横打の順序であるが、之に依らずに、受は捕に對し突然横打の攻撃をした場合に、捕が直に其の形に依つて捕縛し、又は受は居捕、立合、引立を順序なく實施し、捕手は自由に之を捕縛引立つる如く練習を進める必要がある。更に進んでは一定の形に依らざる攻撃又は姿勢に對しても、此の形に依つて修得した所を應用して、逮捕又は引致し得る樣に練習を積まなければならない。即ち形の修行は形に入つて形を超越するにあるので如斯して始めて此の形が、警察官の實務に役立つこととなり、練習の目的が達成せらるゝこととなるのである。今參考に形を超越した應用の例を示して見やう。

擧動不審者(受)に對し警察官(捕)が不審尋問を開始した場合、不審者が急に懷中に手を差し入れ兇器を取り出さむとする模樣ありと見えたならば懷中に手を入るゝや否や、尋問者は兩手を以て彼の手首を押へる時は彼は其の手を拔き出さんとするが自然なるべし、其の時尋問者は兩手を以て握り居る手首の邊に、自己の頭を着けて後ろに捻ぢ廻し、想像の如く兇器にても持ち居らば捕縛又は引致するがよい。

引立には種々方法あるが(イ)小手逆を取るか又は(ロ)後ろに廻りたる手首と彼れの衣類の適當なる部分とを摑みて引立つること、或は後ろより羽搔絞にすること(ハ)一本の手を肩に掛けて引立つるか又は(ニ)脊負ひて引立つること等最も有効であらうと思ふ。

右は一例に過ぎないが斯の如き工夫は形の練習を積むに隨つて自然各自が考案し得るに至るは信じて疑はない所である。要は熱心な、魂を打込んだ修業は成就の彼岸に達する唯一の階梯なることは獨り武道に於てばかりではないのである。

尙この形の應用に關聯し、武道修業者として平常注意せなければならぬ點に就き二三述べて讀者の參考に供して見やう。

第一に路を步む時の注意である。或る時警察官が不審者を尾行追跡して十字路に差掛つた場合、警察官は唯其の不審者を見失はざることをのみ目的とし、小走りに其の角を曲らむとするや、既に尾行を覺つた賊は其の角に待ち伏せ所持して居た石灰を以て先づ警察官に眼潰しを食はせ、同時にナイフで切り付け、警察官の倒るゝを見て其の行衞を晦ました例があつたが、此の實例は總て角を曲る際には迂廻し前方を見透し、敵又は障碍物なきやを認めて進むこと、獨り街角ばかりではなく、前方の見透し得ない時には周到な注意を要するものなることを敎へて居ることに留意せなければならぬ。

第二には他家を訪問した際の心得であるが、門や戸障子を開いて中に入る場合は首から先きに入れてはならぬ、先づ足を入れ其れから全體を運び入れることゝなし決して輕卒に進退せざることが肝要である、是は昔武士が他家に訪れた時格子戸を潜るや否や、首を切られた例があつた爲め武士の心得べき一箇條となつたといふことであるが、現在に於ても警察官が賊の潜伏して居る家に臨む時などは前者の注意と共に本項の注意も亦必要な事は勿論である。

第三には多數集合の場所に立入り又は取締の場合に、暴漢の爲め後ろより抱き込まれた時の心得である。此の時は後捕の形に依つて爲せばよいのであるが、多數人密集の爲身動きも出來ないとすれば、先づ其の手を放させる必要があるから、體の前面に廻つて居る彼の手甲を劍の欛頭にて打つか、刀身にて強く押へ付け、又は鞘尻を返へし逆に捻るときは放れるであらう。

第四には逃走中の兇漢又は留置人を後ろより追ひ掛けて捕へる場合の心得である。

警察官が愈々逃走者に追ひ付いた時に其の衣類等を摑んで取押へやうとしても、押へ損じた場合には却つて逃走に利益を與へ益々距離が隔れることになる故、若し追ひ付き、手が屆くと認めた時には彼を前方に押すが可い、左すれば少しの力で彼は前に倒れるから、其の上取押へるのは最も容易である。

第五に兇漢に近付く場合の心得である。此の時には彼の顏面を目懸け、穿ちたる靴、下駄又は携帶の手拭、ハンカチーフ、紙屑等何等か手に入るものを直に打ち付けると、彼は之を避ける爲瞬時の緩を生ずるに至るであらう、其の虚に乘じて臨機の處置に出でて取押へることが肝要である。
右の外注意すべき事柄も多いが警察官の實務上有り得べき場合のみを採つて玆に陳べたに過ぎないから、他は讀者の工夫に讓ることゝする。

以上を以て捕手の形及其の應用の一斑に就て陳べたが本編を結ぶに方り更に一言し度いことは、上述の如く、武道の精神は心身の鍛錬と武術の練磨とであつて其の目的は警察官の實務を完全に遂行せしむるに在る。本書に敎ふる所は主として武術の範圍に屬するものであるが、總て武術の根本を爲すものは剛健なる武士的精神に外ならない、技や形の熟達は武士的精神の發露であつて此の武士の魂が涵養せられなければ、如何に技や形のみを會得するとも本末顚倒のことに歸着する。古人も「本立つて道通ず」と曰はれたが、著者が最後に於て切に讀者の反省を促さむとする點も此に在るのである。

捕手の形正誤表

頁	誤	正
一五頁	第十四圖	第十三圖
	第十三圖	第十四圖
二六頁	六行目左手	右手
三九頁	第四十三圖	第四十二圖
	第四十二圖	第四十三圖
四〇頁	二行目右耳	左耳

大正十五年四月十五日印刷
大正十五年四月二十日發行

警視廳柔道基本
捕手の形 全

【不許複製】

定價壹圓
送料四錢

編纂者 警視廳警務部規畫課

發行者 富益義衞
東京府下上澁谷一三五

印刷者 湯澤睦雄
東京市日本橋區上槇町八

發行所 財團法人 自警會
警視廳內

朝鮮 警察柔道 全・附 捕縄術

※収録した原本書籍の状態によって、文字の欠落や擦れ、頁の汚損・欠損等が見られるが、原本通りのため御了承願います。

講道館師範 嘉納治五郎先生題辭
朝鮮柔道有段者會長 篠田治策閣下題辭
朝鮮警察協會長 三矢宮松閣下題辭
朝鮮柔道有段者會副會長 小田省吾閣下題辭

朝鮮警察協會幹事 國友尙謙閣下序
朝鮮警察協會囑託 講道館九段 永岡秀一先生序

朝鮮警察協會柔道教師 講道館六段 岡野幹雄
京畿道警察部柔道教師 講道館五段 佐藤完三
朝鮮柔道有段者會幹事長 講道館三段 阿部文雄
共著

朝鮮 警察柔道 全

附 捕繩術

朝鮮警察協會發行

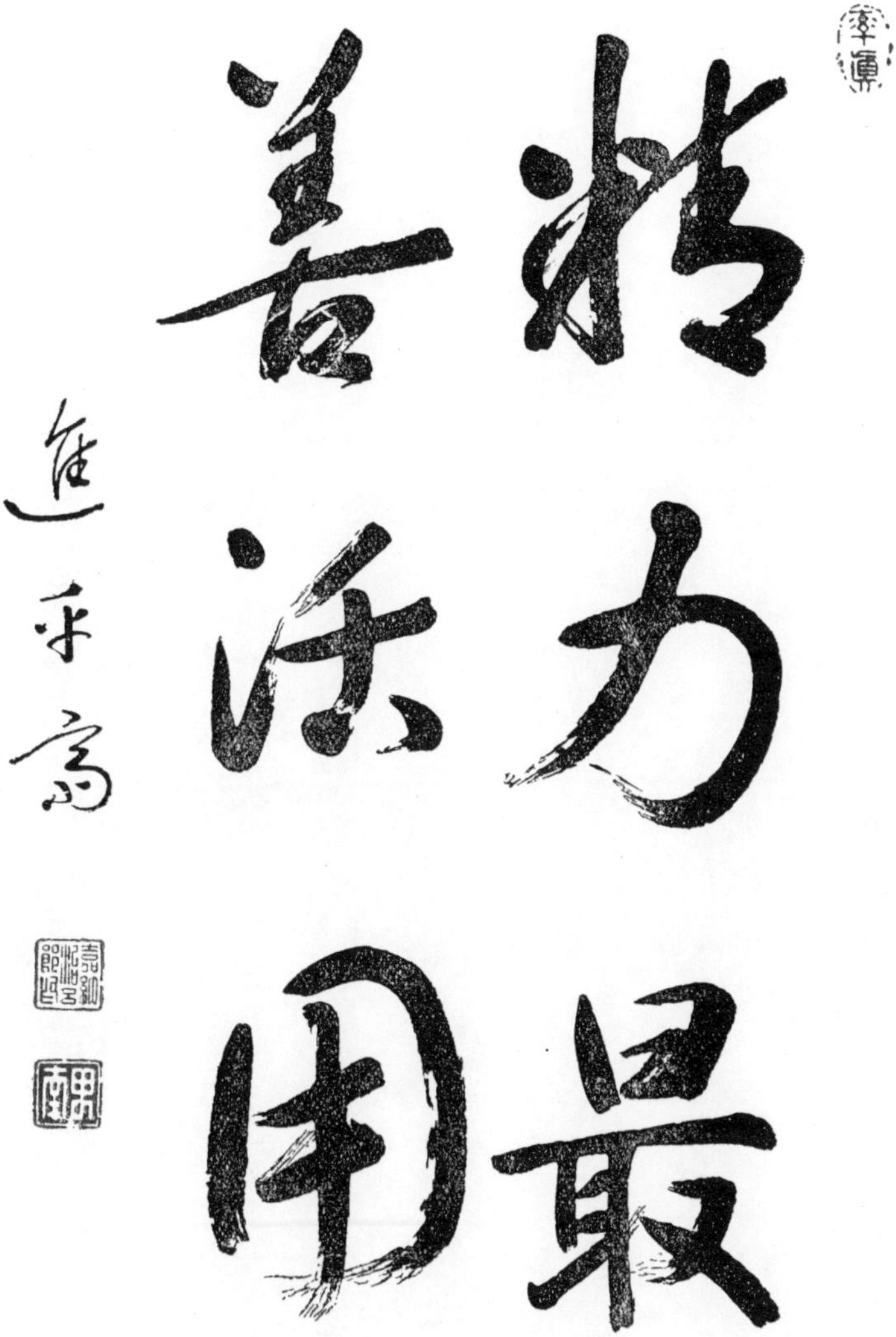
精力最善活用
進乎斎

順道制勝

乙丑秋　篠田生書

身心鍛錬

東山嶺

柔道は心身の力を最も有効に使用する道である

大正十四年冬日

嘉納治五郎

朝鮮柔道有段者會長
李王職次官
法學博士 篠田治策閣下

朝鮮警察協會長
朝鮮總督府警務局長
三矢宮松閣下

朝鮮柔道有段者會副會長
京城帝國大學教授
小田省吾閣下

朝鮮警察協會幹事
朝鮮總督府警務局警務課長
國友尚謙閣下

朝鮮警察協會囑託
講道館九段
永岡秀一先生

朝鮮警察協會柔道教師
岡野六段

京畿道警察部柔道教師
佐藤五段

朝鮮柔道有段者會幹事長
阿部三段

序

近時我ガ建國ノ精華ト相容レサル外來思想ノ影響ヲ受テ動モスレバ國民ノ氣風漸ニ動搖ヲ見ントスルニ當リ古來世界ニ冠タル我ガ國民精神ノ根幹タルモノトモ云フヘキ武道ノ奬勵ハ最モ焦眉ノ急務ニ屬ス。

殊ニ警察官ノ如ク日常民衆ニ直面シテ其ノ生命財産ヲ保護シ且ツ治安維持ノ重責ヲ荷ヘルモノハ武道ニ依ツテ益々心身ヲ鍛練シ以テ有事ノ日ニ備フルノ覺悟ト修養トヲ怠ルヘカラサルヤ論ナシ。

警察官ニ於ケル柔道ハ其ノ職務上必須缺クヘカラサル課目ニシテ徒手空拳ヨク敵ヲ屈シ而モ敵ヲ傷ケスシテ安全ニ之ヲ制スル事ヲ得ルハ一ニ柔道ノ賜ト云フヘク實ニ柔道ハ職務執行上必要條件ノ

一タリ。

本書ハ多年柔道ニ經驗ヲ有スル三氏ガ薀蓄ヲ傾倒シテ朝鮮警察官ノ爲ニ著述サレタルモノニシテヨク柔道ノ全般ニ亙リ平易懇切ニ解說サレ僻遠師ナキノ地ニ在リテモ一讀直チニ柔道ノ本體ヲ會得スルコトヲ得ヘク尙附錄トシテ捕繩術ヲ詳說シアレバ警察官ノ之ヲ熟讀參考トセバ其ノ得ル所ヤ蓋シ大ナルアリト信スルナリ。

大正十四年十二月

朝鮮警察協會幹事　國友尙謙識

序

柔道修行ノ効果ハ既ニ世間周知ノ事實デアル。古來大和民族ノ誇タル武士道ノ眞髓ヲ傳ヘ、尙科學ニ立脚シテ工夫改善サレタル現行柔道ノ、我ガ帝國ハモトヨリ遠ク外國ニマデ波及發展シツヽアル事實ハ、斯道ノ偉大ナル効果ヲ有力ニ物語ルモノデアル。然ルニ靈妙ナル柔道ハ、之ヲ實地ノ修行ニヨリテノミ體得シ得ヘキモノナリト雖モ、又教科書參考書等ノ必要ナルハ言ヲ俟タサル所デアル。余ハ本書ヲ熟讀シ宏大深遠ナル柔道ノ全般ヲ、ヨク綜合シ解說シ得タル著者ノ苦心ニ多大ナル謝意ヲ表スルト共ニ、理想的ナル柔道教科書タリ且ツ教授參考書タル本書ヲ大イニ推稱スル次第デアル。

大正十四年十二月

講道館八段　永岡秀一識

朝鮮

警察柔道 附捕繩術草案圖解

目次

捕縄術

朝鮮　警察柔道附捕縄術目次（終）

朝鮮 警察柔道

朝鮮警察協會柔道教師
講道館六段　岡野幹雄
京畿道警察部柔道教師
講道館五段　佐藤完三
朝鮮柔道有段者會幹事長
講道館三段　阿部文雄
共著

緒論

柔道《じゆうだう》が吾人《ごじん》　心身《しんく》に及《およ》ぼす價値《かち》は今更《いまさら》此處《ここ》に禿筆《とくひつ》を振《ふる》ふまでもなく都鄙《とひ》到《いた》る所《ところ》斯道《しだう》の興隆殷盛《こうりゆういんせい》に向《むか》ひつゝある事實《じじつ》に徴《ちよう》して明《あきら》かである。

今《いま》や柔道《じゆうだう》は往時《わうじ》のそれと異《ことな》り單《たん》なる人身攻防《じんしんこうばう》の技術《ぎじゆつ》ではない、人《ひと》の力即《ちからすなは》ち心力體力《しんりよくたいりよく》を如何《いか》によりよく使《つか》はんかを敎《をし》ふる道《みち》である、更《さら》に進《すゝ》んで柔道《じゆうだう》を通《つう》じて人《ひと》を見《み》、人《ひと》の人《ひと》たる道《みち》をも習得《しふとく》せしめんとするものである、また自然《しぜん》に順應《じゆんおう》するが故《ゆゑ》に期《き》せずして危險《きけん》を豫防《よばう》し、或《あるひ》は優勝點《いうしやうてん》に自己《じこ》を導《みちび》く、且《か》つ斯道《しだう》の働《はたら》きは變幻窮《へんげんきはま》りなきものであるから、機《き》に臨《のぞ》み變《へん》に應《おう》じ物《もの》に當《あたつ》て周章《しうしやう》せず、事《こと》に遭《あ》ふて狼狽《らうばい》せざるの度胸《どきよう》と機智《きち》とを修養《しふやう》することを得《う》るのである、然《しか》のみならず柔道《じゆうだう》の修業《しふげふ》は物《もの》に徹底《てつてい》するにあるを以《もつ》てその結果自己《けつくわじこ》を知《し》つて他《た》をはかり、吾《われ》を見《み》つめて他力《たりき》に謝《しや》し、つひに大悟徹底《たいごてつてい》の人《ひと》たらしめるのである。

斯《か》くの如《ごと》く柔道《じうだう》の精神修養《せいしんしふやう》に齎《もたら》す偉大《いだい》なる効果《こうくわ》と共《とも》に勝負《しようぶ》に現《あら》はるる玄妙《げんめう》なる働《はたらき》は吾人《ごじん》の生活上必要缺《せいかつじやうひつえうか》くべからざるものがある。

抑々柔力《そも〱じうりよく》とは極《きは》めて彈力性《だんりよくせい》に富《と》み而《しか》も粘着性《ねいちやくせい》を有《いう》する力《ちから》である、柔道《じゆうだう》は此《こ》の力《ちから》を巧《たくみ》に利用《りよう》し如何《いか》なる剛力《ごうりき》に際會《さいくわい》しても所謂風《いはゆるかぜ》に柳《やなぎ》と受流《うけなが》し、其間微妙《そのあひだびめう》なる技術《ぎじゆつ》によつて敵《てき》の虚《きよ》を衝《つ》き、敵《てき》の力《ちから》を利用《りよう》して終局《しふきよく》の勝《かち》を制《せい》する術《じゆつ》である。されば柔道《じゆうだう》を知《し》る者《もの》は常《つね》に必勝《ひつしよう》の信念《しんねん》を有《いう》して居《を》る。自信《じしん》あるものの態度《たいど》は常《つね》に沈着《ちんちやく》である、事《こと》に當《あた》り悠々《ゆふ〱》迫《せま》らざれば從《したが》つて他《た》に乘《じやう》ぜらるゝ隙《すき》がない、是《こゝ》に於《おい》て始《はじ》めて順道制勝《じゆんだうせいしよう》の金言《きんげん》に到達《とうたつ》するのである。

さて警察柔道《けいさつじゆうだう》とは如何《いか》なるものかといふに矢張《やは》り現行《げんこう》の柔道《じゆうだう》と何等《なんら》異《ことな》る所《ところ》はないのであるが、警察官《けいさつくわん》はその職務上《しよくむじやう》柔道《じゆうだう》に負《お》ふ所《ところ》は尠《すく》ないばかりでなく、勤務《きんむ》の一課《くわ》として柔道《じゆうたう》を加《くは》へられたるが如《ごと》く密接不離《みつせつふり》の關係《くわんけい》を有《いう》するを以《もつ》て、其《そ》の修業《しゆげふ》には他《た》より一層《そう》の努力《どりよく》を拂《はら》はねばならぬ、而《しか》も警察官《けいさつくわん》の立場《たちは》は殆《ほとん》ど多《おほ》くの場《は》合敵《あひてき》を傷《きずつ》けずして勝《か》つを必要《ひつえう》とするがため、修業《しゆげふ》に於《おい》ても特《とく》に此點《このてん》に留意《りうい》せねばならぬ。

右《みぎ》の如《ごと》く、柔道《じゆうたう》は警察官《けいさつくわん》として必須《ひつす》の學術《がくじゆつ》である、然《しか》しながら其設備《そのせつび》や他《ほか》の學科時《がくくわじ》間《かん》との關係上《くわんけいじやう》、柔道《じゆうだう》のみ無限《むげん》に修業《しゆげふ》すると云《い》ふことは六ケ敷《し》い、況《いはん》や深遠玄妙《しんゑんげんめう》なる柔《じゆう》道《たう》の學理《がくり》と技術《ぎじゆつ》は到底《たうてい》一朝《てう》一夕《せき》に會《ゑ》得《とく》することは殆《ほとん》ど不可能《ふかのう》と言《い》つて可《よ》いのである。

茲《こゝ》に於《おい》て汎《あまね》く柔道全般《じゆうたうぜんはん》に亘《わた》つて其《そ》の概念《がいねん》を與《あた》ふる敎程《けふてい》を作《つく》り、柔道敎授者《じゆうだうけふじゆしや》は之《これ》に依《よ》つて説明《せつめい》を布衍《ふえん》し以《もつ》て玄妙《げんめう》の理論《りろん》を敎授《けふじゆ》すべく、學習者《がくしふしや》は之《これ》に依《よ》つて柔道《じゆうだう》の概念並《がいねんならび》に其《そ》の業《わざ》と業《わざ》との關係連絡《くわんけいれんらく》を研究《けんきう》し以《もつ》て時《とき》に臨《のぞん》で必要有利《ひつえういうり》なる業《わざ》を活用《かつよう》し得《う》るの素養《そやう》を作《つく》るを得策《とくさく》とする、本書《ほんしよ》は即《すなは》ち其《そ》の要求《えうきう》を充《みた》さんが爲《ため》に生《うま》れたるものである。

本書《ほんしよ》は著者《ちよしや》が師範《しはん》並《ならび》に先輩諸氏《せんぱいしよし》より親《した》しく授《さづ》けられたる敎《をしへ》と、斯道大家《しだうたいか》古今《ここん》の著述《ちよじゆつ》を基《もと》とし、これに著者《ちよしや》か經驗《けいけん》せる實際《じつさい》を加《くわ》へ、警察官《けいさつくわん》として必要《ひつえう》なる柔道技術《じゆうたうぎじゆつ》の全般《ぜんぱん》を記《き》し、諸子《しよし》實習《じつしふ》の伴侶《はんろ》たらん事《こと》を期《き》するのである、若《も》し夫《そ》れ著者《ちよしや》が柔道研究中《じゆうたうけんきうちう》に體《たい》得《とく》したる特種《とくしゆ》の理論及方法等《りろんおよびはうはふとう》に就《つい》ては改《あらた》めて他日《たじつ》の機會《きくわい》を俟《ま》つて私見《しけん》を發表《はつぺう》したいと思《おも》ふ、茲《こゝ》には前述《ぜんじゆつ》の理由《りいう》に因《よ》り單《たん》に二三の私見《しけん》を加《くは》ふるに止《とゞ》め成《な》るべく一般的《はんてき》に各業《かくわざ》の概念《がいねん》を與《あた》へたるに過《す》ぎない、柔道修業者《じゆうだうしゆげふしや》は本趣旨《ほんしゆし》を諒《りやう》せられ柔道研究《じゆうだうけんきう》の傍《かたわ》ら本書《ほんしよ》を熟讀《じゆくどく》し柔道《じゆうだう》の眞意義《しんいぎ》を會得《ゑとく》するに努《つと》むべきである。

柔道の沿革

柔道《じゆうだう》は講道館創設以前《こうだうくわんそうせついぜん》柔術《じゆうじゆつ》又《また》は體術等《たいじゆつとう》と稱《しよう》し、舊幕時代《きうばくじだい》の全盛期《ぜんせいき》には流派《りうは》の如《ごと》きも三十餘《よ》を數《かぞ》へ弓馬《きうば》刀槍《たうさう》の各武術《かくぶじゆつ》と共《とも》に盛《さか》んに行《おこな》はれたる我國特有《わがくにとくいう》の武藝《ぶげ》であるが、其《そ》の起原《きげん》に至《いた》つては明確《めいかく》なる史實《しじつ》を見《み》ない、按《あん》ずるに人皇《じんくわう》十一代垂仁天皇《だいすゐにんてんのう》の七年《ねん》、野見宿禰《のみのすくね》と當麻蹶速《たうまくえはや》の兩人御前《りやうにんごぜん》に於《おい》て力《ちから》を爭《あらそ》つた故事《こじ》即《すなは》ち所謂相撲《いはゆるすまふ》の起原《きげん》なるものと同《おな》じと見《み》て差支《さしつか》へはないと信《しん》ずる、其《そ》の後《ご》一は趣味《しゆみ》に走《はし》り一は武術《ぶじゆつ》と岐《わか》れ、研究《けんきう》に研究《けんきう》を重《かさ》ね柔《じゆう》よく剛《ごう》を制《せい》するの眞理《しんり》を推究《すゐきう》し、遂《つひ》に具體的《ぐたいてき》の柔術《じゆうじゆつ》なるものが出來上《できあが》つたのである。

斯《か》くして寛文時代《くわんぶんじだい》の全盛期《ぜんせいき》を迎《むか》へ、次《つい》で漸次《ぜんじ》士氣《しき》の頽廢《たいはい》するに從《したか》つて衰運《すゐうん》に傾《かたむ》き明治維新《めいぢゐしん》と共《とも》に一時《じ》全《まつた》く廢絶《はいぜつ》に歸《き》せんとしたのである、此《こ》の時《とき》に當《あた》つて嘉納師範《かなふしはん》は誰一人《たれひとり》顧《かへり》みるものなき柔道《じゆうだう》が國家《こくか》人道《じんだう》に有益《いうえき》なる事《こと》を看破《かんぱ》せられ、孜々《しし》として研鑽《けんさん》を積《つ》まれ、諸流《しよりう》より總《すべ》ての粹《すい》を拔《ぬ》き、長所《ちようしよ》を聚《あつ》め、學理《がくり》に基《もとづ》き、體育《たいいく》に照《て》らし、實驗《じつけん》に求《もと》めて、心身《しんく〱》の鍛錬《たんれん》と勝負《しようぶ》の修行《しゆぎよう》を目的《もくてき》とし、玆《ここ》に大綱《たいかう》を制定《せいてい》して明治《みいぢ》十五年《ねん》講道館柔道《かうだうくわんじゆうだう》の成立《せいりつ》を見《み》るに至《いた》つたのである。

其《そ》の後《ご》二三規則及技術《きそくおよびぎじゆつ》の改廢《かいはい》を見《み》たが大綱《たいかう》には些《いささ》かの變動《へんどう》なく各學校《かくがくこう》を始《はじ》め全國各地《ぜんこくかくち》に道場設置《だうじやうせつち》せられ、明治《めいぢ》の中年《ちうねん》武德會《ぶとくかい》の新興《しんこう》と相俟《あひま》つて、明治大正《めいぢたいしやう》の殷盛《ゐんせい》となり、今後《こんご》多《た》々《・》益々《ますく〱》斯道《しだう》の隆盛《りうせい》に向《むか》はんとする趨勢《すうせい》となつた。

朝鮮《てうせん》に於《おい》ては大正《たいしやう》六年《ねん》京城《けいじやう》に講道館朝鮮支部《かうだうくわんてうせんしぶ》設立《せつりつ》せられたるを始《はじ》めとし、警察方面《けいさつはうめん》には警察協會《けいさつきようかい》によつて全道《ぜんだう》に普及《ふきふ》せられ、遂《つひ》に各學校及《かくがくこうおよ》び武德館尚武館《ぶとくくわんしようぶくわん》等各方面《とうかくはうめん》に亘《わた》つて今日《こんにち》の如《ごと》く斯《し》道《だう》の普及發達《ふきふはつたつ》を見《み》るに至《いた》つたのである。

要《えう》するに講道館《かうだうくわん》といひ武《ぶ》徳會《とくかい》といひ警察協會《けいさつきようかい》といふも、其《そ》の講《かう》ずる所《ところ》は嘉納師範《かなふしはん》が苦《く》心經營《しんけいえい》されたる柔道《じゆうだう》に外《ほか》ならないのである。

柔道修業の目的

今日《こんにち》の柔道《じゆうだう》は昔時《せきじ》の柔術《じゆうじゆつ》の如《ごと》く單《たん》なる技術《ぎじゆつ》のみの修業《しゆげふ》でない事《こと》は緒論《ちよろん》に述《の》べた通《とほ》りで實《じつ》に體育《たいいく》、勝負《しようぶ》、修心《しゆしん》の三目的《もくてき》を大旨《たいし》とし内《うち》質實剛健《しつじつごうけん》の氣風《きふう》を養《やしな》ひ外《そと》義勇奉公《ぎゆうほうこう》の精神《せいしん》を喚起《かんき》せしめ以《もつ》て國民精神《こくみんせいしん》の作興《さくこう》に資《し》せんとするものである、柔道修業《じゆうだうしゆげふ》の目的《もくてき》は即《すなは》ち此處《ここ》に存《そん》するのである。

自己天賦《じこてんぷ》の力量《りきりやう》を無限《むげん》に發揮《はつき》せんとすることは吾人本來《ごじんほんらい》の目的《もくてき》である、柔道《じゆうだう》の目的《もくてき》はその力《ちから》をよりよく現《あら》はさんが爲《ため》すべての隙《すき》を無《な》くし妄動《まうどう》せざる人格《じんかく》を作《つく》るにある、また健全《けんぜん》なる精神《せいしん》は健全《けんぜん》なる肉體《にくたい》に宿《やど》るといへるが如《ごと》く吾人《ごじん》は肉體《にくたい》の保健《ほけん》に努《つと》めねばならぬ、酷熱《こくねつ》の日《ひ》寒烈《かんれつ》の夕《ゆふべ》自然《しぜん》の脅威《きやうゐ》に對抗《たいかう》し數限《かずかぎ》りなき病魔《びやうま》を驅逐《くちく》し如何《いか》なる困厄《こんやく》に遭《あ》うて毫《ごう》も衰《おとろ》へざる不斷《ふだん》の體力《たいりよく》は柔道《じゆうだう》の修業《しゆげふ》によつて必《かなら》ず體得《たいとく》されるのである、而《しか》も防衞制御《はうゑいせいぎよ》の術《じゆつ》として徒手空拳《としゆくうけん》よく兇敵《きようてき》を倒《たほ》すことを得《う》るに至《いた》つては柔道《じゆうだう》を措《お》いて他《ほか》に之《これ》を求《もと》むることが出來《でき》ようか。

盖《けだ》し柔道修業《じゆうだうしゆげふ》の目的《もくてき》は心身《しんしん》の力《ちから》を最《もつと》も有効《いうかう》に活用《かつよう》せしめ以《もつ》て完全《くわんぜん》なる國民《こくみん》として皇《くわう》國《こく》のため意義《いぎ》ある活動《かつどう》をなすにあるのである。

柔道修業上の注意

何事《なにごと》によらず事《こと》を修《をさ》めんとするものはそのものに對《たい》して常《つね》に眞摯《しんし》なる態度《たいど》を失《うしな》つてはならぬ、殊《こと》に苟《いやしく》も日本《にほん》武士道《ぶしだう》の精華《せいくわ》たる柔道《じゆうだう》に於《おい》ては尙更《なほさ》らの事《こと》である、如何《いか》に技倆抜群《ぎりやうばつぐん》にして天下無敵《てんかむてき》の稱《しよう》あるも粗暴《そばう》な振舞《ふるまひ》は斷《だん》じて愼《つつし》まねばならぬ、粗暴《そばう》は自己《じこ》を過《あやま》り他《た》を過《あやま》り世《よ》を過《あやま》る基《もと》である、即《すなは》ち柔道《じゆうだう》の根本義《こんぽんぎ》に違背《ゐはい》する冒瀆的行爲《ばうとくてきかうゐ》である、柔道《じゆうだう》を修業《しゆげふ》せんとする者《もの》は先《ま》づ禮《れい》を重《おもん》ぜねばならぬ禮《れい》は恭順《きようじゆん》を表《あら》はすのであつて秩序《ちつじよ》を維持《ゐぢ》する上《うへ》にも必要《ひつえう》である、現時社會《げんじしやかい》の思潮浮華輕佻《しちやうふくわけいちよう》に流《なが》れ舊《ふる》き形式《けいしき》を打破《だは》する一種《しゆ》の勢力《せいりよく》が瀰漫《びまん》した結果《けつくわ》次《し》第《だい》に此《こ》の禮《れい》の廢《すた》れて行《ゆ》くのは甚《はなは》だ寒心《かんしん》の至《いた》りである、諸子《しよし》は正《たゞ》しく禮《れい》を守《まも》るのも柔道修業《じゆうだうしゆげふ》の一つであることを忘《わす》れてはならない。

次《つぎ》に注意《ちゆうい》すべきは大敵《たいてき》と見《み》て恐《おそ》れず小敵《せうてき》と見《み》て侮《あなど》らざるの心懸《こころがけ》である、心臆《こゝろおく》するは進歩向上《しんぽかうじやう》を毒《どく》し心慢《こゝろまん》ずるは敵《てき》に虚《きよ》を與《あた》ふるに等《ひと》しきである、故《ゆゑ》に諸子《しよし》は常《つね》に自己《じこ》の力《ちから》を知《し》り全力《ぜんりよく》を盡《つく》して敵《てき》に當《あた》らなければならない。自己《じこ》の力《ちから》を知《し》る事《こと》はやがて自信《じしん》となつて現《あらは》れるのである。自信《じしん》とは腕《うで》に覺《おぼ》え、胸《むね》に治《をさ》め、腹《はら》に容《い》れるをいふのである、即《すなは》ち事理《じり》の確認《かくにん》により心身《しんしん》の緊張《きんちやう》を來《きた》し以《もつ》て一《ひと》つの力《ちから》ある創造《さうざう》と餘裕《よゆふ》とを來《きた》したる狀態《じやうたい》をいふのである。自信《じしん》は潜勢力《せんせいりよく》を有《いう》するが故《ゆゑ》に無理《むり》がなく全力《ぜんりよく》を表示《へうじ》し易《やす》きために其《そ》の力《ちから》は强烈《きやうれつ》である。

斯《か》くして自信《じしん》は更《さら》に大《だい》なる自信《じしん》を生《う》み漸次《ぜんじ》に自己《じこ》を完成《くわんせい》の域《ゐき》に導《みちび》いて行《ゆ》くのである。

故《ゆゑ》に柔道《じゆうだう》を修業《しゆげふ》せんとするものは常《つね》に心身《しんく》の力《ちから》を如何《いか》にして最《もつと》も有利《いうり》有効《いうかう》に活用《くわつよう》せんかを心掛《こころが》けねばならぬ。

次《つぎ》に注意《ちゆうい》すべきは食事《しよくじ》と稽古《けいこ》の關係《くわんけい》である。何事《なにごと》によらず食後直《しよくごたゞち》に行《おこな》ふことは生理《せいり》上不良《じやうふりやう》であるが殊《こと》に柔道稽古《じゆうだうけいこ》の如《ごと》く心身《しんしん》を劇《はげ》しく活動《くわつどう》せしめる事《こと》はよろしくない。少《すくな》くも三十分乃至《ぶんないし》一時間《じかん》を經過《けいくわ》した後《のち》にするがよい。水《みづ》の如《ごと》きも多量《たりやう》に攝取《せつしゆ》する事《こと》は之《これ》を愼《つゝ》しまなければならぬ。又稽古《またけいこ》の前《まへ》は大小便《たいせうべん》の通《つう》じをつけて置《を》く事《こと》を忘《わす》れてはならぬ、稽古中大小便《けいこちゆうだいせうべん》を催《もよほ》すことは心身《しん〳〵》の統一《とういつ》を防《さまた》げ修行上《しゆげふじやう》の妨《さまたげ》となるのみならす内臟《ないざう》の病源《びやうげん》となり易《やす》い手足《てあし》の爪《つめ》を長《なが》くない様《やう》に取《と》つて置《を》く事《こと》も必要《ひつえう》である。之《これ》は自身《じしん》を傷《きず》けるのみならず往々他人《わう〳〵たにん》を傷害《しやうがい》せしめる事《こと》がある。又身體《またしんたい》を清潔《せいけつ》にする事《こと》も必要《ひつえう》である。身體《しんたい》の不潔《ふけつ》なるは衞生上有害《ゑいせいじやうゆうがい》なるは勿論殊《もちろんこと》に柔道稽古《じゆうだうけいこ》の如《ごと》く身體《しんたい》の接觸烈《せつしよくはげ》しき運《うん》動《どう》に於《おい》ては常《つね》に清潔《せいけつ》を重《おも》んじ異臭《ゐしふ》を發《はつ》し他人《たにん》に迷惑《めいわく》を感《かん》ぜしめることなきやう一層注《そうちゆう》意《い》することが肝要《かんえう》である。

又柔道敎授《またじゆうだうけうじゆ》の順序《じゆんじよ》は大體左表《だいたいさへう》の如《ごと》くするを便利《べんり》とするを以《もつ》て玆《こゝ》に掲《かゝ》げて指導者《しだうしや》の參《さん》考《かう》とする。

(一) 柔道《じゆうだう》の觀念《くわんねん》

(二) 柔道《じゆうだう》の禮儀作法《れいぎさはふ》
(三) 稽古着《けいこぎ》の着方《きかた》
(四) 自己着衣《じこちやくい》の整頓方法即《せいとんはうはふすなは》ち制服制帽帯劍下衣《せいふくせいはうたいけんしたぎ》等《とう》の整頓《せいとん》
(五) 稽古衣《けいこぎ》の名稱《めいしよう》
(六) 受身法《うけみはふ》(廻轉法《くわいてんはふ》)
(七) 足《あし》の運《はこ》び方《かた》
(八) 姿勢及取組《しせいおよびとりくみ》(捕り方《かた》)
(九) 業研究《わざけんきう》の順序《じゆんじよ》

右表《うへう》の内第《うちだい》九業研究《わざけんきう》の順序《じゆんじよ》は最初作《さいしよつく》り及掛《およびかけ》に分解《ぶんかい》し易《やす》き業例《わざたと》へば膝車背負投大外刈《ひざくるませおひなげおほそこがり》等《とう》より教授《けふじゆ》し漸次《せんじ》捨身業《すてみわざ》に移《うつ》るを適當《てきたう》と考《かんが》へる。本書《ほんしよ》は業分類《わざぶんるゐ》の便宜上記述《べんぎじやうきじゆつ》したのであるから指導者《しだうしや》に於《おい》て適宜按配《てきぎあんばい》し習得《しふとく》の容易《ようゐ》なる業《わざ》より始《はじ》められたい。

攻撃防禦

先《さきん》ずれば人《ひと》を制《せい》すといへるが如《ごと》く攻撃《こうげき》は早《はや》ければ早《はや》いだけ有利《いうり》である相手《あひて》より遲《おく》れたる場合《はあひ》は容易《ようゐ》に挽回《はんくわい》する事《こと》か出來《でき》るものではない。然《しか》し無謀《むはう》なる攻撃《こうげき》は絶對《ぜつたい》に之《これ》を避《さ》けねばならぬ。殊《こと》に警察官《けいさつくわん》たる諸子《しよし》に於《おい》ては尙更《なほさら》の事《こと》である。

抑々《そも〳〵》完全《くわんぜん》なる攻擊《こうげき》とは完全《くわんぜん》なる守備《しゆび》をも含《ふく》むものであつて相手《あひて》が既《すで》に守《まも》れる所《ところ》又《また》は係蹄《わな》を作《つく》つて待《ま》てる所《ところ》へ無闇《むやみ》に攻《せ》め入《い》るは反對《はんたい》に敵《てき》に乘《じやう》ぜられる機《き》を與《あた》えるに等《ひと》しく之《これ》は完全《くわんぜん》なる攻擊《こうげき》とはいふことが出來《でき》ない、攻擊《こうげき》は強《あなが》ち立合《たちあひ》に於《おい》て技《わざ》を掛《か》ける時《とき》のみをいふのではない。自力《じりよく》を知《し》つて之《これ》を有効《いうこう》に活用《かつよう》させ、すべてに於《おい》て積極的行動《せききよくてきこうどう》に出《い》づるをいふのである。即《すなは》ち相手《あひて》の止《とゞま》れる者《もの》は動《うご》かし備《そな》ふる者《もの》は崩《くづ》し逃《に》ぐる者《もの》は追《お》ひ常《つね》に其《そ》の虛《きよ》を衝《つ》くにあるのである。總《そう》じて隙《すき》の現《あらは》れるのは靜《せい》より動《どう》に移《うつ》らんとする瞬間《しゆんかん》或《あるひ》は動《どう》より靜《せい》に返《かへ》らんとする瞬間《しゆんかん》であつてこの時《とき》は心身《しん〳〵》の統一《とういつ》を缺《か》いて居《を》るのであるから此《こ》の機《き》を巧《たく》みに捕《とら》へることが肝要《かんえう》である。

防御《はふぎよ》の最大要點《さいだいえうてん》は相手《あひて》の行動《こうどう》を前知《ぜんち》するにあるのである。その覺《さと》る事《こと》が早《はや》けれは早《はや》い程《ほど》有利《いうり》である。斯《か》ゝる場合《ばあひ》はよく防《はふ》を轉《てん》じて攻《こう》に出《い》づるを得《う》るからである。防御《はふぎよ》に於《おい》ても逃《に》げながら防《ふせ》ぐは面白《おもしろ》くない。寧《むし》ろ矢鱈《やたら》に防《ふせ》がんとせず相手《あひて》に順應《じゆんおう》してその中《うち》に不意《ふい》を打《う》つ時《とき》は勝利《しようり》を得《う》る事《こと》もある。例《たと》へば敵《てき》が足掃《あしはらひ》に來《きた》りたる時空《ときくう》を拂《はつ》はせ直《たゞち》に其《そ》の崩《くづ》れるに突《つ》け入《い》つて返《かへ》し技《わざ》にとる如《ごと》きが之《これ》である。

すべて防禦《はふぎよ》の法《はふ》は徹底的《てつていてき》に相手《あひて》に順應《じゆんおう》するにあつて、反抗《はんこう》するは不可《ふか》である。即《すなは》ち敵《てき》の出でたる方《はう》へ更《さら》に引《ひ》いて崩《くづ》し或《あるひ》は敵《てき》の力《ちから》を利用《りよう》してこれを亂《みだ》すによつて防《ふせ》ぐのである。

柔道修業の準備

第一　姿《し》勢《せい》

姿勢《しせい》に就《つ》いて説明《せつめい》し論究《ろんきう》すべき事《こと》は非常《ひじやう》に多《おほ》い。然《しか》し今《いま》この理論《りろん》と實際《じつさい》に亘《わた》つて細《さい》説《せつ》することは只《たゞ》その事《こと》のみで　部《ぶ》の書《しよ》をなす程《ほど》であるから此處《ここ》にはその要點《えうてん》の大略《たいりやく》を解説《かいせつ》する事《こと》とする。

總《す》べての動作《どうさ》は姿《し》勢《せい》の變化《へんくわ》に他《ほか》ならぬ。故《ゆゑ》に動作《どうさ》の途中《とちう》の一《ひと》つは皆之《みなこ》れ姿勢《しせい》の一《ひと》つであつて其《そ》の千種萬様《せんしゆばんやう》の姿勢《しせい》に一々名稱《めいしよう》を附《つ》け說明《せつめい》する事《こと》の不可能《ふかのう》なるは言《げん》を俟《ま》たない。然《しか》し其《そ》の無限《むげん》の姿勢中最《しせいちうもつと》も多《おほ》く且《か》つ基礎《きそ》となるべきものを名附《なづ》けて自然體《しぜんたい》、自護體《じごたい》の二《ふた》つとするのである。

〔第一圖〕 自然本體

一 自《し》然《ぜん》體《たい》

自然體《しぜんたい》とは最《もつと》も變《へん》化《くわ》し易《やす》く且《か》つ最《もつと》も疲《ひ》勞《らう》の少《すく》ない姿勢《しせい》である。今《いま》これを形《かたち》の上《うへ》から言《い》へば兩足《れうあし》は右《みぎ》足《あし》の小指《こゆび》と左足《ひだりあし》の小《こ》指《ゆび》の距離《きより》を自己《じこ》の肩《かた》幅《はば》の廣《ひろ》さと同《おな》じ位《くらゐ》ひ間隔《かんかく》を保《たも》つて立《た》ち膝《ひざ》は屈《ま》げず伸《の》ばさず幾《いく》分《ぶん》か關節《くわんせつ》のゆるみある氣持《きもち》を持たせ上體《じやうたい》は正《ただ》しく兩脚《れうあし》の上《うへ》にのせ前後左右《ぜんごさいう》何《いづ》れの方《はう》へとも傾《かたむ》かせない。而《しか》して兩手《れうて》は自《し》然《ぜん》のまゝ垂《た》れるのである。即《すなは》ち此《こ》の姿勢《しせい》が直立體《ちよくりつたい》に於《お》ける最《もつと》も自然《しぜん》なる最《もつと》も安定《あんてい》した姿勢《しせい》であつて之《こ》れを自然本體《しぜんほんたい》といふのである。（第一圖參照）而《しか》してこの自《し》然本體《ぜんほんたい》より左足《ひだりあし》を踏《ふ》み出《だ》すを左自然體《ひだりしぜんたい》といひ右足《みぎあし》を踏《ふ》み出《だ》すを右自然體《みぎしぜんたい》といふ。

（第二圖）自護本體

此《こ》の場合《ばあひ》上體《じやうたい》は左《ひだ》自然體《りしぜんたい》ならば稍《やゝ》左《ひだり》に右自然體《みぎしぜんたい》ならば稍《やゝ》右《みぎ》に何《いづ》れも自然《しぜん》のまゝに向《むか》つて居《ゐ》るが其《そ》の他《た》の點《てん》は自然本體《しぜんほんたい》と同《おな》じである。

故《ゆゑ》に自然體《しぜんたい》は之《これ》を類別《るゐべつ》して自然本體《しぜんほんたい》、左自然體《ひだりしぜんたい》、右自然體《みぎしぜんたい》の三種《しゆ》となるのである。

二 自《じ》護《ご》體《たい》

自護體《じごたい》とは自《みづか》らを護《まも》らんとする姿勢《しせい》である。兩足《れうあし》を自然體《しぜんたい》の時《とき》よりも廣《ひろ》く開《ひら》き膝關節《ひざくわんせつ》を曲《ま》げ上體《じやうたい》

（第三圖）後方に倒れんとする所

を其《そ》の上《うへ》に落《おと》すのである。即《すなは》ち身《しん》體《たい》を廣《ひろ》く低《ひく》く容易《ようゐ》に倒《たほ》れ難《がた》い形《かたち》をなすのである。

此《こ》の姿勢《しせい》を自然體《しぜんたい》の場合《ばあひ》と同《おな》じく自護本體《じごほんたい》（第二圖參照）といひ左足《ひだりあし》を踏《ふ》み出《いだ》すを左自護體《ひだりじごたい》といひ右足《みぎあし》を踏《ふ》み出《いだ》すを右自護體《みぎじごたい》といふ。故《ゆゑ》に自護體《じごたい》も之《これ》を類別《るゐべつ》して自護本體《じごほんたい》・左自護《ひだりじご》

體《たい》、右自護體《みぎじごたい》の三種《しゆ》とする。

以上《いじやう》述《の》べたる如く自然體《しぜんたい》は身體《しんたい》の活動上《くわつどうじやう》積極的《せききよくてき》にして自護體《じごたい》は消極的《せうきよくてき》である。形《かたち》の上《うへ》から之《これ》を論《ろん》ずれば自《し》然體《ぜんたい》は基脚《あしもと》狹《せま》く丈高《たけたか》く一見《けん》倒《たほ》れ易《やす》く感《かん》ずるが最《もつと》も變化《へんくわ》し易《やす》き姿勢《しせい》であるから倒《たほ》さうとする力《ちから》に對《たい》し直《たゞ》ちに變化《へんくわ》して之《これ》を防《ふせ》ぐ事《ここ》が出來《でき》る之《これ》に反《はん》し自《じ》護體《ごたい》は基脚《あしもと》廣《ひろ》く丈低《たけひく》く容易《ようゐ》に倒《たほ》れ難《がた》い姿勢《しせい》であるが、重心《じうしん》の關係上《くわんけいじやう》變化《へんくわ》に困難《こんなん》なる爲甚《ためはなは》だ不便《ふべん》である。故《ゆゑ》に自《みづか》ら護《まも》る必《ひつ》要《えう》ある場合《はあひ》にのみ用《もち》ひその目的《もくてき》か達《たつ》せらるれば直《たゞ》ちに自然體《しぜんたい》に還《かへ》るべきある。

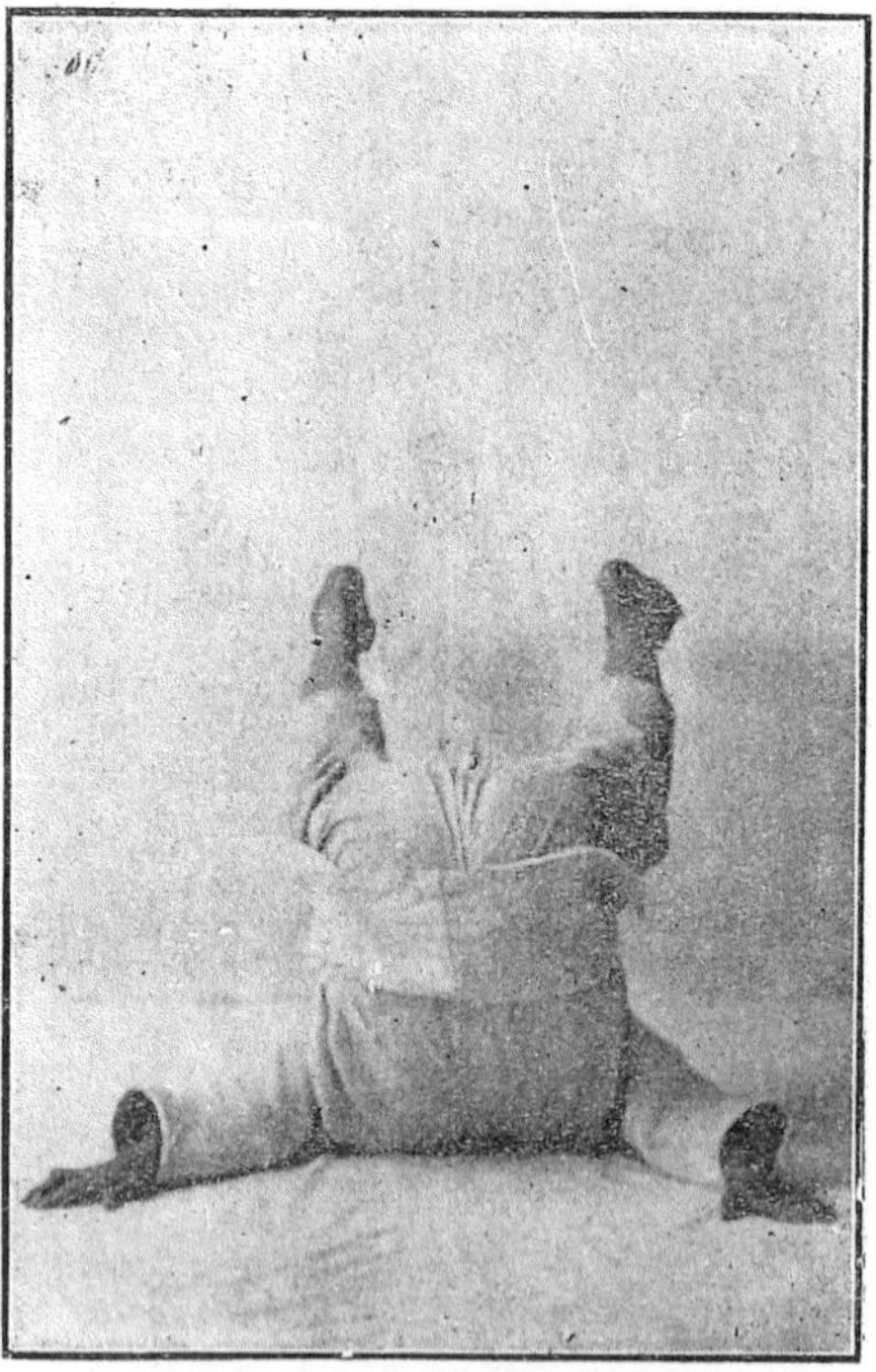

（第四圖）後方に倒れたる所

第二　體《たい》の運《はこ》び方《かた》

柔道《じゆうだう》に於《お》ける體《たい》の運《はこ》び方《かた》は甚《はなは》だ微妙《びめう》なる問題《もんだい》であつて此處《ここ》に筆《ふで》を以《もつ》て書《か》き現《あらは》すことは至難《しなん》である。要《えう》するに實地《じつち》の修《しゆ》業《げふ》を積《つ》んで始《はじ》めて會得《ゑとく》する所《ところ》であるが、先《ま》づ其《そ》の原則《げんそく》とする處《ところ》は自《じ》己《こ》の重心《ぢうしん》がなるべく上《じやう》下《げ》しないやうに動作《どうさ》することである、而《しか》して動作《どうさ》の止《とゞ》まる時《とき》は動《うご》く性質《せいしつ》を具有《ぐいう》し動《うご》く時《とき》には止《とゞ》まる性質《せいしつ》を兼《か》ね備《そな》へて居《ゐ》るにあるのである。何故《なぜ》ならば動《うご》く時《とき》止《とゞ》まる時《とき》に最《もつと》も隙《すき》が出來《でき》るからである。換言《くわんげん》すれば重心《ぢうしん》の上下《じやうげ》に動《うご》かぬやうに且《か》つ如何《いか》なる

第五圖（右手を着いて前に回轉せんとする所）

場合《はあひ》にても變化《へんくわ》し得《う》るやうに動作《どうさ》するのが原則《げんそく》である。

柔道《じゆうだう》に於《おい》ては足《あし》が進《すゝ》んで體《たい》が之《これ》に從《したが》ふのではなく體《たい》と足《あし》とが同時《どうじ》に進《すゝ》むのである。而《しか》して足《あし》があまり疊《たゝみ》から離《はな》れぬやうに足幅《あしはゞ》があまり廣《ひろ》きに失《しつ》せぬやうに體《たい》の重《おも》みを極端《きよくたん》に一方の足《あし》に移《うつ》さぬやうにす

〔第六圖〕廻轉し終つた所

ることが肝要《かんえう》である。

第三　倒《たほ》れ方《かた》

倒《たほ》れ方即《かたすなは》ち受身《うけみ》の目的《もくてき》は如何《いか》なる場合《はあひ》に於《おい》ても自身《じしん》を完全《くわんぜん》に維持《ゐぢ》するにある。高所《かうしよ》から落《を》ちる場合《はあひ》或《あるひ》は前後《ぜんご》左右《さいう》何《いづ》れに顚倒《てんたう》しても無事《ぶじ》にすむやうに動作《どうさ》するの

である。此《こ》の方法《はうはふ》の練習《れんしふ》は柔道修業《じうだうしゆけふ》上《じやう》重大《ぢうだい》なる要件《えうけん》の一《ひと》つであつて殊《こと》に初心者《しよしんしや》に於《おい》ては先《ま》づ此《こ》の方《はう》法《はふ》の練習《れんしふ》より始《はじ》めねばならぬ。

此《こ》の倒《たほ》れ方《かた》の練習《れんしふ》の直接《ちよくせつ》の效果《こうくわ》としては負傷《ふしやう》及《および》苦痛《くつう》を未然《みぜん》に防止《ばうし》するのであるが間接《かんせつ》には攻撃力《こうげきりよく》に影響《えいきやう》がある。即《すなは》ち強《きやう》

（第七圖）前に倒れ兩手を地に突いた所

敵《てき》に向《むか》つて如何《いか》に投《な》げられても負傷《ふしやう》或《あるひ》は苦痛《くつう》の恐怖《きやうふ》を抱《いだ》くことがないから思《おも》ひ切《き》つた動作《どうさ》が出來《でき》るのである。

其《そ》の方法《はうはふ》は第一《だいいち》に手《て》のつき方《かた》である。之《これ》は常《つね》に指先《ゆびさき》を内側《うちがは》に向《む》けてつく事《こと》が肝要《かんえう》である。若《も》し外側《そとがは》に向《む》けてつくと手首《てくび》及《および》肱《ひぢ》の關節《くわんせつ》の屈曲《くつきよく》が

出來《でき》ぬから往々《わう／＼》負傷《ふしやう》をする虞《おそれ》がある、内側《うちがは》ならば屈曲《くつきよく》が自由《じいう》であるから其《そ》の憂《うれ》ひはないのである。

次《つぎ》は前後《ぜんご》左右《さいう》に倒《たほ》れる場合《ばあひ》であるこれは常《つね》に體《たい》を圓《まる》くし自分《じぶん》の臍《へそ》のあたりを見《み》る氣分《きぶん》を以《もつ》て首《くび》を前《ぜん》方《はう》に曲《ま》げる事《こと》を忘《わす》れてはならぬ體《たい》に角《かど》がつくと其《そ》の部分《ぶぶん》を強《つよ》く打《う》ち或《あるひ》は負傷《ふしやう》し痛《いた》みを覺《おぼ》える事《こと》がある

（第八圖）自然體にて四つに組みたる所

此《こ》の方法《はうはふ》は後《うしろ》に倒《たほ》れる時《とき》前《まへ》に轉回《てんくわい》して倒《たほ》れる時《とき》左右《さいう》に倒《たほ》れる時《とき》等《とう》何《いづ》れの場合《ばあひ》にも心掛《こゝろが》くべきことである。而《しか》して右傾《うけい》して倒《たほ》れる時《とき》は右手《みぎて》で疊《たゝみ》を打《う》ち左傾《さけい》して倒《たほ》れる時《とき》は左《ひだり》手《て》にて疊《たゝみ》を打《う》ち平《たひら》なる場合《はあひ》は兩手《りようて》にて疊《たゝみ》を打《う》つのである。疊《たゝみ》の打《う》ち方《かた》は體《たい》の正《まさ》に疊《たみ》に落《を》ちんとする瞬間《しゆんかん》の前《まへ》で殆《ほとん》ど同時《どうじ》といつてよい位《くらい》の時《とき》である。然《しか》る時《とき》は如何《いか》に體《たい》が強《つよ》く落《を》ちても恰《あだか》もバネが衝突《しようとつ》をやはらげると同《をな》じく苦痛《くつう》を感《かん》じない又《また》この手《て》と體《たい》の距離《きより》は大《たい》約《や》三十度乃《ない》至《し》四十度位《ぐらい》の角度《かくど》に開《ひら》くのが適當《てきとう》である。但《たゞ》し勝負《しようぶ》の際《さい》疊《たみ》を打《う》つことは完全《くわんせん》なる負《まけ》でない時《とき》でも負《ま》けと見做《みな》される事《こと》か往々《わう〳〵》あるから注意《ちゆうい》せねばならぬ。

（第九圖）自護體にて四つに組みたる所

又腹這《またはらば》ひに倒《たほ》れる場合《はあひ》は逸早《いちはや》く兩手《りようて》を肱《ひぢ》のあたりまで疊《たたみ》に置《を》くやうにして顏《かほ》を打《う》た

ぬやうにせねばならぬ。

要《えう》するに倒《たほ》れ方《かた》の練習《れんしふ》は負《ま》け方《かた》の練習《れんしふ》に他《ほか》ならぬ譯《わけ》だが前《ぜん》述《じゆつ》の如《ごと》く間接《かんせつ》には攻《こう》撃《げき》の潜勢力《せんせいりよく》をなし且《か》つ初心者《しよしんしや》は負《ま》ける事《こと》が普通《ふつう》であるから先《ま》づ負《ま》ける事《こと》の練習《れんしふ》として後《のち》に負《ま》けなくなつて勝《か》てるやうになるのであるから此《こ》の

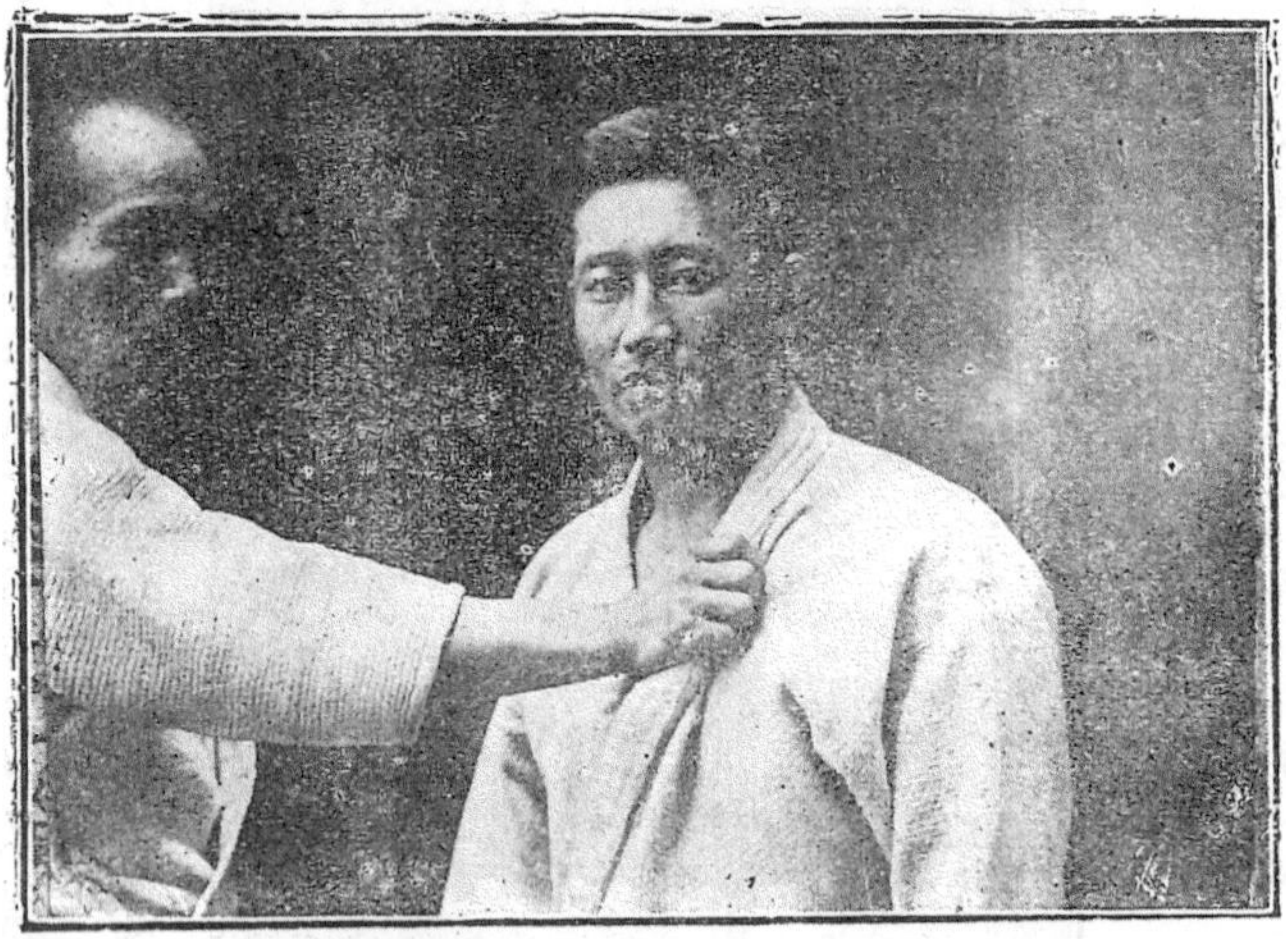

（第十圖）順　に　捕　る

事《こと》を會得《ゑとく》して修業《しゆげふ》するのが肝要《かんえう》である。

第四　柔道着《じゆうだうぎ》の名稱及《めいしやうおよ》び捕《と》り方《かた》

柔道着《じゆうだうぎ》は一名稽古《いちめいけいこ》着《ぎ》といひ上衣《うはぎ》、下穿《したばき》、帶《おび》の三種《さんしゆ》より成《な》る、其《そ》の名稱《めいしやう》は左《さ》の通《とほり》である。上衣《うはぎ》は襟《えり》、紋《もん》所《どころ》、肩《かた》、袖《そで》、裾《すそ》に分《わか》れ之《これ》を各其《かくそ》の位置《ゐち》に就《つい》て區分《くぶん》する即《すなは》ち左《さ》表《へう》の如《ごと》し。

襟《えり》 後襟《うしろえり》、右横襟《みぎよこえり》
左横襟《ひだりよこえり》、右前襟《みぎまへえり》
左前襟《ひだりまへえり》
紋所《もんどころ》
肩《かた》 右肩《みぎかた》、左肩《ひだりかた》
袖《そで》 右奥袖《みぎおくそで》、左奥《ひだりおく》
袖《そで》、内中袖《うちなかそで》(左右) 外中袖《そとなかそで》(左右) 右口《みぎくち》
袖《そで》、左口袖《ひだりくちそで》
裾《すそ》 後裾《うしろすそ》、右横裾《みぎよこすそ》
左横裾《ひだりよこすそ》、右前裾《みぎまへすそ》

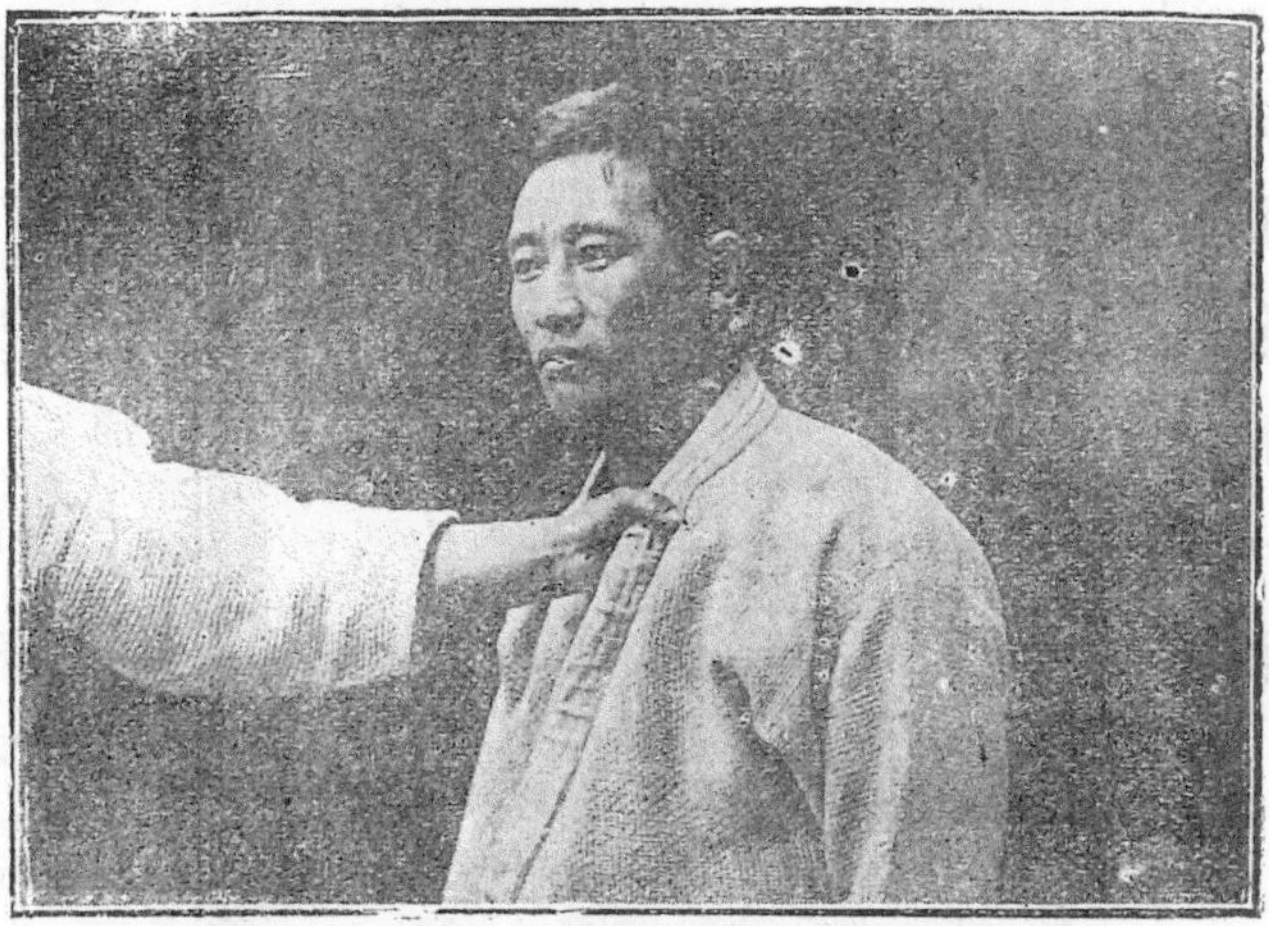

(第十一圖) 逆に捕る

左前裾《ひだりまへすそ》
帶《おび》 前《まへ》、前右横《まへみぎよこ》、
前左横《まへひだりよこ》、右横《みぎよこ》、
左横《ひだりよこ》、後右横《うしろみぎよこ》、
後左横《うしろひだりよこ》、後《うしろ》
下穿《したはき》 右前《みぎまへ》、右内《みぎうち》
横《よこ》、右外横《みぎそとよこ》、右《みぎ》
後《うしろ》、左前《ひだりまへ》、左外《ひだりそと》
横《よこ》、左内横《ひだりうちよこ》、左《ひだり》
後《うしろ》

さて捕《と》り方《かた》は右手《みぎて》(又《また》は左手《ひだりて》)にて相《あひ》手《て》の左横襟《ひだりよこえり》(又《また》は右《みぎ》

横襟《よこえり》）を捕《と》り左手《ひだりて》（又《また》は右手《みぎて》）は相手《あいて》の右外中袖《みぎそとなかそで》（又《また》は左外中袖《ひだりそとなかそで》）のあたりを握《にぎ》るのであるが（第八圖參照）其《そ》の他《た》何《いづ》れを捕《と》つても差支《さしつか》へない、尤《もつと》も袖口《そでくち》（又《また》は下穿《したばき》の裾《すそ》口《くち》）に四本《しほん》の指先《ゆびさき》を入《い》れることは危險《きけん》であるから多《おほ》くの場合《ばあひ》禁《きん》じてある

稽古衣《けいこぎ》の襟《えり》を捕《と》る時《とき》圖の如《ごと》く四《よつ》指《ゆび》を外《そと》に拇《おや》指《ゆび》を内《うち》にするを順に捕るといひ、四指《よつゆび》を内《うち》にし拇指《おやゆび》を外《そと》に出《だ》して捕《と》るのを逆に捕るといふ。（第十、十一圖參照）

（第十二圖）前に作りたる圖

第五　作《つく》り及《およ》び掛《か》け

作《つく》りとは相手《あひて》を倒《たほ》すに最《もつと》も都合《つがふ》よく仕向《しむ》けると同時《どうじ》に自己《じこ》の位置《ゐち》をも亦業《またわざ》をかけるに最《もつと》も有利《いうり》なる狀態《じやうたい》となすをいふのである。故《ゆゑ》に作《つく》りは攻擊《こうげき》の主《しゆ》要素《えうそ》にしてこれをなさざれば相手《あひて》を倒《たほ》す事《こと》は殆《ほとん》ど至難《しなん》である。然《しか》らば如何《いか》なる方法《はうはふ》によるかといふに相手《あひて》の安定《あんてい》を破《やぶ》る方法《はうはふ》を先《さ》づ講《かう》ぜねばならぬが此《こ》の手段《しゆだん》方法《はうはふ》たるや多種多樣《たしゆたやう》で一々《いち／＼》こゝに詳述《せうじゆつ》することは不可能《ふかのう》である。然《しか》し相手《あひて》の姿勢《しせい》を崩《くづ》すために相手《あひて》の體《たい》を傾《かたむ》かしむる方向《はつこう》は凡《およ》そ八《や》つある。即《すなは》ち之《これ》を前《まへ》、後《うしろ》、左横《ひだりよこ》、右横《みぎよこ》、右前隅《みぎまへすみ》、左前隅《ひだりまへすみ》、右後《みぎうしろ》

（第十三圖）後に作りたる圖

隅《すみ》、左後隅《ひだりうしろすみ》と大別《たいべつ》するのである。今《いま》其《そ》の各《おの／＼》につき略説《りやくせつ》すれば相手《あひて》の立《た》てるを兩手《りやうて》にて相手《あひて》の兩横襟《りやうよこえり》を捕《と》り相手《あひて》の重心《ぢうしん》が其《そ》の兩足《りやうあし》の爪先《つまさき》に集《あつま》るやうに前方《ぜんぱう》に崩《くづ》すを前《まへ》に作《つく》るといひ。（第十二圖參照）眞後《まうし》ろに押《を》し相《あひ》手《て》の體《たい》の重《ぢう》心《しん》を其《そ》の兩《りやう》足《あし》の踵《かゝと》に集《あつ》めるやうに崩《くづ》すを後《うし》ろに作《つ》るといふ（第十三圖參照）又《また》右手《みぎて》にて相《あひ》手《て》の右横襟《みぎよこえり》を捕《と》り左手《ひだりて》を以《もつ》て相手《あひて》の右外中袖《みぎそとなかそで》を捕《と》り換言《くわんげん》すれば相互《さうご》右自然體《みぎしぜんたい》に組《く》んだ時自己《じこ》の左足《ひだりあし》を先《さき》に次《つい》で右足《みぎあし》を一歩後方《いつぽこうはう》へ體《たい》と共《とも》に退《ひ》き相手《あひて》の重心《ぢうしん》を相手《あひて》の右足爪先《みぎあしつまさき》に集《あつ》まるやうに引出《ひきだ》しながら崩《くづ》すのを右前隅《みぎまへすみ》に作《つ》るとい

（第十四圖）右前隅に作りたる圖

ひ（第十四圖參照）左自然體《ひだりしぜんたい》に組《く》みたる場合《ばあひ》右前隅《みぎまへすみ》の時《とき》と同《おな》じ方法《はうはふ》により左足爪先《ひだりあしつまさき》に重《ぢう》心《しん》を集《あつ》まるやうに引出《ひきた》し乍《なが》ら崩《くづ》すを左前隅《ひだりまへすみ》に作《つ》ると言《い》ふ。（第十五圖參照）其《そ》の反對《はんたい》の行動《こうどう》即《すなは》ち後《こう》方《はう》斜《なゝ》めに押《を》し右足《みぎあ》の踵《かゝと》に重心《ぢうしん》の集《あつ》まるやうに崩《くづ》すを右後《みぎうしろ》隅《すみ》といひ（第十六圖參照）左《ひだり》なるを左後隅《ひだりうしろすみ》といふ。（第十七圖參照）但《たゞ》し前《まへ》に八方《はつはう》と記《しる》したが人體《じんたい》の眞横《まよこ》に倒《たほ》れる事《こと》は殆《ほとん》ど其《そ》の例《れい》を見《み》ないから左横《ひだりよこ》、右横《みぎよこ》の二《ふた》つは之《これ》を省《はぶ》くが適當《てきたう》かと考《かんが》へる。

（第十五圖）左前隅に作りたる圖

次《つぎ》に掛《か》けとは如何《いか》なことをいふかといふに作《つく》りの動作《どうさ》を終《をは》つてから業《わざ》をかけて相手《あひて》

を顛倒《てんたう》させる迄《まで》の動作《どうさ》をいふので、作《つく》りと掛《か》けの間《あひだ》には區間《くかん》なく連續《れんぞく》せるものである。掛《か》けの說明《せつめい》は即《すなは》ち投業《なげわざ》の說明《せつめい》に他《ほか》ならぬから後章《こうしやう》投業《なげわざ》の條《でう》に於《おい》て詳細《せうさい》を會得《ゑとく》するがよい。

第十六圖　右後隅に作りたる圖

要《えう》するに作《つく》り及《およ》び掛《か》けは連續《れんぞく》の動作《どうさ》であつて殆《ほとん》ど其《そ》の區間《くかん》なく極《きは》めて微妙《びめう》なる動作《どうさ》の變《へん》化《くわ》である。故《ゆゑ》に作《つ》り及《およ》び掛《か》けの區間《くかん》を意識《いしき》することさへも既《すで》に機會《きくわい》を逸《いつ》する程《ほど》であるから諸《しよ》子《し》よく此點《このてん》に留意《りうい》し實際《じつさい》の研究《けんきう》を積《つ》まねばならぬ。

以上《いじやう》述《の》べたる如《ごと》く作《つく》りと掛《かけ》とは柔道《じうだう》修業《しゆげふ》上《じやう》の連續動作《れんぞくどうさ》に他《ほか》ならぬが初心者《しよしんしや》に於《おい》ては

兩者《りやうしや》の關係《くわんけい》を容易《ようい》に理解《りかい》し得《う》べき便法《べんはふ》として之《これ》を分解的《ぶんかいてき》に實習《じつしふ》するも亦一《またひと》つの方法《はうはふ》である。即《すなは》ち先《ま》づ自己《じこ》及《およ》び相手《あひて》の體《たい》を作《つく》らしめ、徐《おもむ》ろに掛《かけ》に移《うつ》り兩者個々《りやうしやこゝ》の要領《えうりやう》を會得《ゑとく》するに從《したが》つて漸次《ぜんじ》其區《そのく》間《かん》の短縮《たんしゆく》を圖《はか》り最後《さいご》には極《きは》めて迅《じん》速《そく》に行《おこな》はしめて亂取《らんどり》の基礎《きそ》となさしむるのである。此《こ》の時《とき》に用《もち》ふる掛《か》け練習《れんしふ》の業《わざ》は浮落《うきおとし》、浮腰《うきごし》、背負《せおひ》投《なげ》、膝車《ひざぐるま》、大外刈《おほそとがり》、送《おくり》足拂《あしはらひ》等比較《ひかく》的容易《てきようい》にして而《しか》も順序《じゆんじよ》よろしきものを選《えら》ぶが適當《てきたう》と信《しん》ずる。

（第十七圖）左後隅に作りたる圖

第六　受《うけ》手《て》捕《とり》手《て》

形《かた》を修業《しゆげふ》する際便宜上定《さいべんぎじやうさだ》めたる名稱《めいしよう》で受手《うけて》とは又略《またりやく》して受《うけ》ともいひ常《つね》に負《ま》ける方《はう》の人《ひと》の事《こと》にて捕手《とりて》とは略《りやく》して捕《とり》ともいひ常《つね》に勝《か》つ方《はう》の人《ひと》をいふのである。

業《わざ》の種《しゆ》別《べつ》

柔道《じゆうだう》に於《お》ける業《わざ》を大別《たいべつ》して投業固《なげわざかため》業當身《ざあてみ》業《わざ》及《およ》び活法《かつはふ》の四種《ししゆ》とする。以下各項《いかかくかう》に分《わか》ちなるべく平易《へいゐ》に述《の》べて諸子《しよし》の參考《さんこう》としよう。

第一 投《なげ》業《わざ》

投業《なげわざ》をその働《はたら》く部分《ぶぶん》により分類《ぶんるい》して手業腰業足業眞捨身業横捨身業《てわざこしわざあしわざますてみわざよこすてみわざ》の五種《こしゆ》とする。即《すなは》ち手業《てわざ》は主《しゆ》として手《て》の働《はたら》きによるもの腰業《こしわざ》は腰《こし》を主《しゆ》とし足業《あしわざ》は足《あし》を主《しゆ》とする業《わざ》である。然《しか》れ共元來柔道《さもぐんらいじゆうだう》の業《わざ》は何《いづ》れも全身業《ぜんしんわざ》なるが故《ゆゑ》一見如何《いつけんいか》に簡單《かんたん》なりと雖《いへど》も心身《しんしん》全體《ぜんたい》の活動《くわつどう》によつて始《はじ》めて效果《こうくわ》あるものである。次《つぎ》に眞捨身業横捨身業《まずてみわざよこすてみわざ》の二種《にしゆ》は自己《じこ》が業《わざ》を仕掛《しか》ける時體《ときたい》を捨《す》てゝかゝるためで前者《ぜんしや》は體《たい》を仰向《あふむ》けに捨《す》てて後者《こうしや》は横向《よこむ》きに即《すなは》ち脇《わき》腹《はら》を下《した》にして捨《す》てるから起《おこ》つた名稱《めいしよう》である。故《ゆゑ》に兩者《りやうしや》を一括《いつくわつ》して捨身業《すてみわざ》ともいふのである。

總《そう》じて投業《なげわざ》は腰力《こしちから》の如何《いか》によつて其《そ》の効果《こうくわ》に大《たい》なる差異《さゐ》があるものにて腕力《わんりよく》の如《ごと》きはさまで恐《おそ》るゝに足《た》らぬのである。而《しか》して主《しゆ》とする點《てん》は自己《じこ》の手足《てあし》と腰力《こしちから》との連絡《れんらく》をとり相手《あひて》の手足《てあし》と腰力《こしちから》との斷絶《だんぜつ》をはかる事《こと》である。又業《またわざ》をかけんとするに當《あた》つては須《すべか》らく相手《あひて》の隙《すき》を狙《ねら》はなければならぬ。隙《すき》なくば隙《すき》を作《つく》り、見出《みいだ》すや瞬間之《しゆんかんこれ》を捕《とら》へて業《わざ》をかけるのである。

（イ）手業《てわざ》

身體《からだ》の他《た》の部分《ぶぶん》より割合《わりあひ》に手《て》を多《おほ》く働《はたら》かす業《わざ》なるが故《ゆゑ》に此《こ》の名《な》がある。手業《てわざ》の中《うち》に包含《はうがん》せられる業《わざ》は體落《たいおとし》、背負投《せおひなげ》、帶落《おびおとし》、浮落《うきおとし》、肩車《かたぐるま》、外卷込《そとまきこみ》、內卷込《うちまきこみ》、背負落《せおひおとし》、山嵐《やまあらし》の九種《しゆ》である。

體《たい》落《おとし》

敵《てき》の體《たい》を前隅《まへすみ》に釣込《つりこ》み、我《わ》が足《あし》に爪《つま》つかせて其《そ》の傾《かたむ》きたる方向《はうかう》に引《ひ》き落《おと》して倒《たほ》す業《わざ》である。

〔作　り〕

（一）互《たがひ》に右自然體《みぎしぜんたい》に組《く》みたる時《とき》敵《てき》を右前隅《みぎまへすみ》に作《つく》らんとし敵《てき》が右足《みぎあし》を先《さき》に次《つい》で左足《ひだりあし》を一歩《ぽ》前《まへ》に進《すゝ》まうとする瞬間吾《しゆんかんわ》が兩手《りやうて》の働《はたら》きによつて釣込《つりこ》めば敵《てき》の體《たい》の重心《じゆうしん》は右足爪先《みぎあしつめさき》に集《あつ》まる。

（第十八圖）体落

（二）最初敵《さいしよてき》を左前隅《ひだりまへすみ》に釣込《つりこ》まんとし敵《てき》が之《これ》に反抗《はんかう》せんとして右足《ひぎあし》を出《いだ》したる時急《とききふ》に變《へん》じて右前隅《みぎまへすみ》に釣込《つりこ》む。

〔掛け〕

此《こ》の時《とき》我《わ》れは右足《みぎあし》を敵《てき》の右足外側《みぎあしそとがは》に踏《ふ》み出《いだ》し敵《てき》の體《たい》の浮《う》きたる調子《てうし》を利用《りよう》し吾《わ》が體《たい》を左《ひだり》に捻《ひね》りながら兩手《りようて》を前《まへ》に引《ひ》けば敵體《てきたい》は圓形《ゑんけい》を描《えが》いて前《まへ》に倒《たほ》れるのである。

脊《せ》負《おひ》投《なげ》

敵《てき》を脊負《せな》うて投《な》げる業《わざ》である。

〔作り〕

互《たがひ》に右自然體《みぎしぜんたい》に組《く》みたる時敵《ときてき》を右前隅《みぎまへすみ》に釣込《つりこ》めば敵《てき》の體《たい》は前《まへ》に浮《う》く。

〔掛け〕

此《こ》の時吾《ときわ》が右足《みぎあし》を敵《てき》の右足内側《みぎあしうちがは》に踏《ふ》みこみ並行《へいかう》に置《な》き腰《こし》を少《すこ》し屈《くつ》しながら體《たい》を廻《まわ》し左足《ひだりあし》も同時《どうじ》に後方《こうはう》に移《うつ》して敵《てき》の左足内側《ひだりあしうちがは》のあたりに置《を》き背部《はいぶ》を敵《てき》の胸《むね》と腹《はら》に密着《みつちやく》せしめ左手《ひだりて》は最初《さいしよ》組みたる時《とき》のまゝにし右手《みぎて》は放《はな》して敵《てき》の右腋下《みぎわきした》より深《ふか》く差入《さしい》れて右肩《みぎかた》若《も》しくは右奥袖《みぎおくそで》のあたりを握《にぎ》り兩手《りようて》を前《まへ》に引《ひ》きなから同時《どうじ》に體《たい》を伸《のば》すと敵《てき》の體《たい》は我《わ》か右《みぎ》

肩《かた》を越《こ》えて前方《ぜんぽう》に投《な》げ出《だ》される。

又別法《またべつはふ》としては右自然體《みぎしぜんたい》に組《く》み左右《さいう》の手《て》も其《そ》のまゝ最初握《さいしよにぎ》りたる位置《ゐち》を變《か》えず即《すなは》ち左手《ひだりて》は相手《あひて》の右外中袖《みぎそとなかそで》を握《にぎ》り右手《みぎて》は左前襟《ひだりまへえり》を捕《と》りたるまゝにて先《ま》づ左前隅《ひだりまへすみ》に釣込《つりこ》まんとし相手《あひて》の反《はん》抗《こう》して右前隅《みぎまへすみ》に變《へん》ぜんとする刹那《せつな》相手《あひて》の懐《ふところ》ろに前《まへ》よりは少《すこ》し低《ひく》く這入《はい》り右《みぎ》手《て》にて相手《あひて》の體《たい》を支《さゝ》へる氣味《きみ》にて背負腰《せおひこし》を伸《のば》し同《どう》時《じ》に兩手《りやうて》を前《まへ》に引《ひ》いて投《な》げるのである。次《つぎ》は右手《みぎて》にて相手《あひて》の右横襟《みぎよこえり》を逆《ぎやく》に握《にぎ》り（逆に握るとは母指以外の四本の指を柔道着の裏に入れ母指のみを表に出して握るのを云ふつまり四本の指は相手の肉體に觸れて居るのである。この反對なるを順に握るといふ）左手《ひだりて》は右《みぎ》の外中袖《そとなかそで》を順《じゆん》

（第十九圖） 背 負 投

に捕《と》り右前隅《みぎまへすみ》に釣込《つりこ》みながら腰《こし》を跼《かゞ》め體《たい》を廻《ま》はし右手《みぎて》は襟《えり》を持《も》ちたるまゝ捩《ね》ぢこむやうに相手《あひて》の體《たい》を擔《かつ》ぎ上《あ》げる心持《こゝろもち》にて腰《こし》を伸《の》ばし兩手《りやうて》を前《まへ》に引《ひ》き投《な》げ出《だ》すのである。

帶《をび》落《をとし》

敵《てき》の胴體《どうたい》を我《わ》が脇《わき》に抱《いだ》き後隅《うしろすみ》に捻《ひね》り倒《たほ》す業《わざ》である。

〔作　り〕

左手《ひだりて》にて敵《てき》の帶《をび》を捕《と》り敵《てき》の體《たい》を前《まへ》に引《ひ》き附《つ》けやうとすれば敵《てき》は反抗《はんかう》して後《うしろ》へ退《ひ》く。即《すなは》ち後隅《うしろすみ》に崩《くづ》れ易《やす》い狀態《じやうたい》となる。

〔掛　け〕

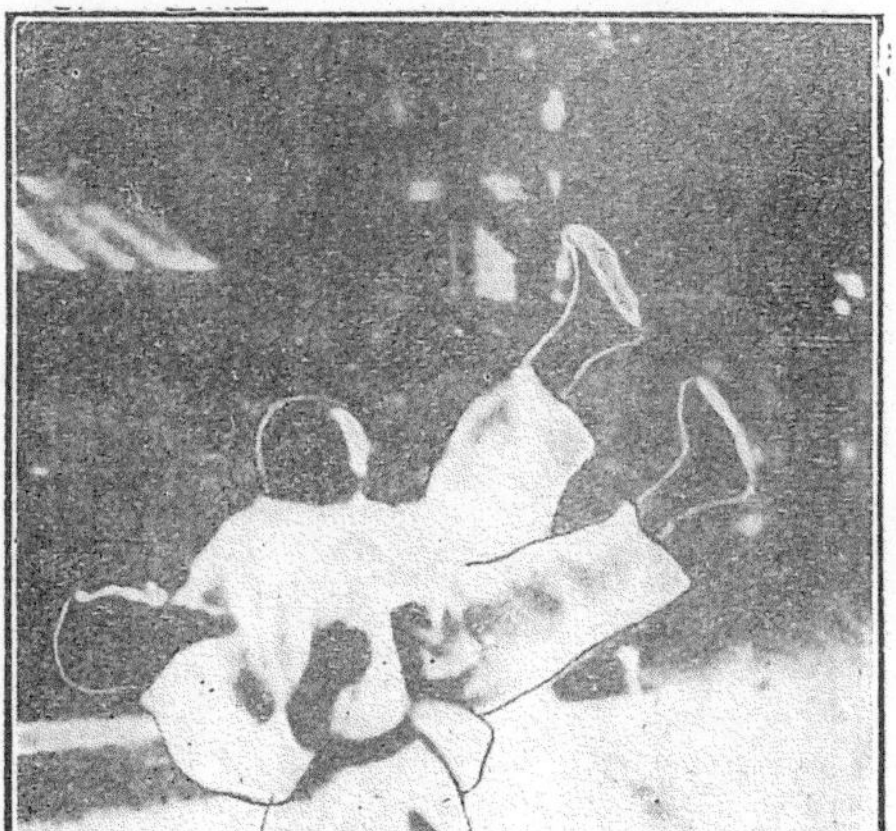

（第二十圖）帶　落

此《こ》の時右足《ときみぎあし》を相手《あひて》の後《うしろ》に踏《ふ》み込《こ》み同時《どうじ》に右手《みぎて》を伸《のば》して相手《あひて》の帶《おび》のあたりを前《まへ》より腕《うで》を廻《まは》して圖《づ》の如《ごと》く抱《いだ》き(第二十圖參照)左手《ひだりて》は前《まへ》に引《ひ》き右手《みぎて》にて押崩《おしくづ》しながら右腰《みぎこし》を捻《ひね》り抱《いだ》き上《あ》げて我《わ》が後隅《うしろすみ》に投《な》げるのである。

浮《うき》　落《おとし》

敵《てき》の體《たい》の浮《う》きたるに乘《じやう》じ膝《ひざ》をおろし體《たい》の傾《かたむ》きたる方向《はうこう》に引落《ひきおと》して投《な》げる業《わざ》である。

〔作り〕

右自然體《みぎしぜんたい》に組《く》みたる時敵《ときてき》を右前隅《みぎまへすみ》に崩《くづ》さうとすれば敵《てき》は自然體《しぜんたい》を保《たも》たんとして順應《じゆんおう》して從《したが》つて來《く》る。其《そ》の際更《さいさら》に烈《はげ》しく同方向《どうはうこう》に引《ひ》き出《いだ》せば敵體《てきたい》の重心《じうしん》は右足《みぎあし》に集《あつま》り前《まへ》に

(第二十一圖)　浮　落

浮く。（第二十一圖參照）

〔掛　け〕

此《こ》の時《とき》左膝《ひだりひざ》を曲《ま》げ疊《たゝみ》に附《つ》け右膝《みぎひざ》を立《た》て左右《さいう》の手《て》と體《たい》とを一勢《せい》に下《した》に引《ひ》けば敵《てき》は曲線《きよくせん》を畫《ゑが》いて顚倒《てんたう》する。

肩《かた》　車《ぐるま》

敵《てき》の股間《こかん》に手《て》を入《い》れ肩《かた》に擔《かつ》いで投《な》げる業《わざ》である。

〔作　り〕

（第二十二圖）肩　車　の　一

右自《みぎし》然體《ぜんたい》に組《く》みたる時敵《ときてき》を二三度右前隅《どみぎまへすみ》に引出《ひきいだ》し次《つい》で引《ひ》くと見《み》せて左足《ひだりあし》を一歩退《ぽしりぞ》き腰《こし》をさげながら左手《ひだりて》にて敵體《てきたい》を少《すこ》しく右前隅《みぎまへすみ》に浮《う》かし氣味《きみ》に引《ひ》きよせる。

〔掛け〕

此《こ》の時體《ときたい》を踞《かゞ》め右手《みぎて》を敵《てき》の兩足《りやうあし》の間《あひだ》に差入《さしい》れ右《みぎ》内股《うちまた》のあたりを圖《づ》の如《ごと》く抱《いだ》き我《わ》が頭《あたま》を敵《てき》の右脇下《みぎわきのした》より外《そと》へ出《いだ》し敵《てき》の體《たい》を擔《かつ》ぎ上《あ》げ頭上《づじやう》を越《こ》させ前《まへ》に投《な》げる。

（第二十三圖）肩車の二

外《そと》巻《まき》込《こみ》

片手《かたて》に敵《てき》の片袖《かたそで》を握《にぎ》り片手《かたて》を敵《てき》の同《おな》し手《て》（右ならば右 左ならば左）の上《うへ》より深《ふか》く抱《いだ》き我《わ》か體《たい》に敵《てき》の體《たい》を巻《ま》きつくるやうにして自《みづか》ら倒《たほ》れながら投《な》げる業《わざ》である。

〔作　り〕

敵《てき》の體《たい》を右前隅《みぎまへすみ》に作《つく》る〕

〔掛　け〕

左手《ひたりて》にて敵《てき》の右外中袖《みぎそとなかそで》或《あるひ》は右手《みぎて》首《くび》を握《にぎ》り充分《じうぶん》引《ひ》き寄《よ》せ右手《みぎて》は敵《てき》の右手《みぎて》上《うへ》より右外奥袖《みぎそとおくそで》を捕《こ》り我《わ》が體《たい》に巻《ま》き付《つ》けるやうに抱《いだ》きこみ我《わ》が體《たい》を左《ひだり》に廻《まわ》し背《せ》が敵《てき》の胸《むね》に密着《みつちやく》し臀部《でんぶ》を敵《てき》の體《たい》の外側《そとがは》に出《いだ》し巻《ま》きこみながら自《みづか》ら倒《たほ》るゝ時《とき》は敵《てき》の體《たい》は我《わ》が體《たい》の上《うへ》に乗《の》りかかつて其《そ》の上《うへ》を越《こ》し投《な》げ出《いだ》さる。

（第二十四圖）外巻込

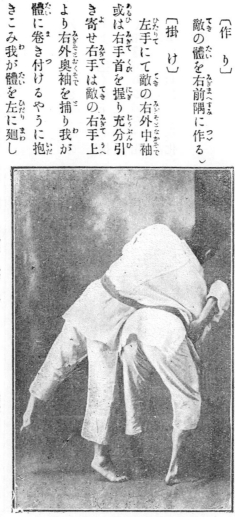

此《こ》の業《わざ》は跳腰《はねごし》より變化《へんくわ》すれば俗《ぞく》に跳卷《はねまき》と稱《しよう》する業《わざ》となる。

内《うち》卷《まき》込《こみ》

外卷込《そとまきこみ》の手《て》を敵《てき》の手《て》の上《うへ》より抱《いだ》くを下《した》より抱《いだ》く相違《さうゐ》があるのみ。此《こ》の業《わざ》は背負投《せおひなげ》から變化《へんくわ》し易《やす》い。

山《やま》嵐《あらし》

（第二十五圖）内卷込

我《わ》が手《て》にて敵《てき》の同《おな》じ方《はう》（右ならば右左ならば左）の襟《えり》を順《じゆん》に捕《さ》り足《あし》を敵《てき》の同《おな》じ足《あし》（右ならは右左ならば左）の外踝《そとくるぶし》の上《うへ》に當《あ》て引《ひ》き倒《たほ》す業《わざ》である。

〔作り〕

右手《みぎて》にて敵《てき》の右横襟《みぎよこえり》を順《じゆん》に捕《と》り（拇指を襟の内にし四指を外にす）左《ひだり》手《て》にて敵《てき》の右外中袖《みぎそとなかそで》を捕《と》り敵《てき》を右前隅《みぎまへすみ》に釣込《つりこ》み敵《てき》體《たい》を其《そ》の方向《はうこう》に傾《かたむ》かしめる。

〔掛け〕

此《こ》の時《とき》右足《みぎあし》を上《あ》げ脛《すね》の横側《よこがは》を敵《てき》の右足踝《みぎあしくるぶし》の上《うへ》に當《あ》て右手《みぎて》を吊《つ》り上《あ》げ氣味《きみ》に押《を》し左手《ひだりて》を同時《どうじ》に引《ひ》きて倒《たほ》すのである。

（第二十六圖）山嵐

脊《せ》負《おい》落《おとし》

脊《せ》負投《おひなげ》の膝《ひざ》を突《つ》いて投《な》げるをいふ。

［作り］

脊《せ》負投《おひなげ》の時《とき》に同《おな》じ

［掛け］

我《わ》が脊《せ》を敵《てき》の腹《はら》に密着《みつちやく》せしめ右肩《みぎかた》を敵《てき》の右腋下《みぎわきした》に入《い》れ左膝《ひだりひざ》を立《た》て右膝《みぎひざ》を突《つ》き前《まへ》に引《ひ》き脊負《せお》ひ落《おと》すのである。

（第二十七圖）脊負落

(ロ) 腰《こし》業《わざ》

身體《しんたい》の他《た》の部分《ぶぶん》より概《がい》して腰《こし》を働《はたら》かすことの多《おほ》い業《わざ》をいふのである。元來《ぐわんらい》柔道《じゆうだう》の投《なげ》業《わざ》に於《おい》て最《もつと》も肝要《かんえう》なるは腰《こし》である。腰《こし》が効《き》かなければ總《すべ》ての業《わざ》も無効《むこう》といつてよい程《ほど》である。即《すなは》ち腰業《こしわざ》は投業《なげわざ》の根本《こんぽん》をなすものである。

浮《うき》腰《ごし》

腰業《こしわざ》の基本《きほん》をなす業《わざ》である。此《こ》の業《わざ》を充分會得《じうぶんゑとく》すれば他《た》のすべての業《わざ》の修業上利益《しゆげふじやうりえき》となる點《てん》が多《おほ》いから諸子《しよし》は此《こ》の業《わざ》に就《つ》き充分研究《じうぶんけんきう》を積《つ》まねばならぬ。

浮腰《うきごし》は敵《てき》の體《たい》を我《わ》が腰上《こしうへ》に浮《う》かせて投《な》げる業《わざ》である。

〔作り〕

自然本體《しぜんほんたい》に組《く》みたる時敵《ときてき》の體《たい》を前《まへ》に引《ひ》いて浮《う》かせば敵《てき》の體《たい》の重心《じうしん》は兩足《れうあし》の爪先《つまさき》に集《あつ》る。

〔掛け〕

此《こ》の時襟《ときえり》を持《も》ちたる右手《みぎて》を放《はな》し敵《てき》の左横腹《ひだりよこはら》より帯《おび》と並行《へいこう》に深《ふか》く差入《さしい》れ抱《いだ》き右足《みぎあし》は敵《てき》

の右足《みぎあし》の内側《うちがは》に並行《へいこう》に置《を》き左足《ひだりあし》は敵《てき》の左足《ひだりあし》の外側《そとがは》に並《なら》べ左手《ひだりて》は敵《てき》の右外中袖《みぎそとなかそで》を抱《いだ》きこむやうにし横腹及《よこはらおよ》び臀部《でんぶ》は各々《おの／＼》敵《てき》の胸部下腹部《きようぶかふくぶ》と密着《みつちやく》せしめ左右《さいう》の手《て》の働《はたら》きと同時《どうじ》に左《ひだり》へ捻《ひね》れば敵《てき》は前《まへ》に囘轉《くわいてん》して倒《たほ》れる。

こゝに注意《ちゆうい》すべきは

一、我《わ》が右足《みぎあし》（或は左足）を敵《てき》の右足《みぎあし》（或は左足）の内側《うちがは》に置《を》くこと

二、右足《みぎあし》（或は左足）を踏《ふ》みこむと同時《どうじ》に左足《ひだりあし》（或は右足）を廻《まは》して敵《てき》の左足《ひだりあし》（或は右足）の外側《そとがは》に置《を》くこと

三、左手《ひだりて》（或は右手）は必《かなら》ず敵《てき》の右手《みぎて》（或は左手）を抱《いだ》きこむやうにして外中袖《そとなかそで》をとること

（第二十八圖）浮腰

である。即《すなは》ち第《だい》一は若《も》し外側《そとがは》に置《を》く時《とき》は兩足《れうあし》の距離《きより》が廣《ひろ》くなり從《したが》つて腰《こし》が低《ひく》きに失《しつ》し屈伸《くつしん》の自由《じいう》を缺《か》き往々《わう〳〵》敵《てき》に制《せい》せられる場合《ばあひ》がある。第《だい》二は我《わ》が體《たい》を敵《てき》の體《たい》に密着《みつちやく》せしむる上《うへ》に必要《ひつえう》である。密着《みつちやく》せずば業《わざ》が効《き》かないからである。第《だい》三は腰《こし》を捻《ひね》つて敵《てき》の浮《う》きたる體《たい》を倒《たほ》す手助《てだす》けとするに必要《ひつえう》である。單《たん》に腰《こし》を捻《ひ》ねるばかりでは完全《くわんぜん》に敵《てき》を投げることが出來《でき》ない。

腰《こし》車《くるま》

腰《こし》を敵《てき》の腰《こし》の外側《そとがは》に出《いだ》し敵《てき》の體《たい》と我《わ》が脊部《はいぶ》とが交叉《こうさ》した如《ごと》くなして投《な》ぐる業《わざ》である。

〔作り〕

右自然體《みぎしぜんたい》に組《く》みたる時敵《ときてき》を右前隅《みぎまへすみ》に崩《くづ》さんとし敵《てき》の體《たい》が幾分《いくぶん》か我《わ》が右腰《みぎこし》に寄《よ》りかかる氣味《きみ》となる場合《ばあひ》がある。

〔掛け〕

此《こ》の時《とき》右手《みぎて》を以《もつ》て敵《てき》の頸《くび》の所《ところ》を抱《いだ》き左手《ひだりて》は敵《てき》の右袖《みぎそで》を我《わ》が體《たい》に添《そ》うて引《ひ》きつけ右足《みぎあし》を敵《てき》の右足《みぎあし》の外《そと》に踏《ふ》み出《いだ》し腰《こし》を敵《てき》の腰《こし》の外側《そとがは》へ廻《まは》しこむやうに出《いだ》し前《まへ》へ捻《ひね》ると同時《どうじ》に右腕《みぎうで》は巻《ま》き左《ひだり》手《て》を前《まへ》に引《ひ》き落《おと》して投《な》げる。

（第二十九圖）腰　車

大《おほ》腰《ごし》

浮腰《うきこし》と殆《ほとん》ど類似《るゐじ》した業《わざ》である。此《こ》の業《わざ》は腰《こし》を深《ふか》く入《い》れるため自護體《じごたい》の場合《ばあひ》にても効力《こうりよく》がある。

〔作り〕

右自護體《みぎしこたい》に四つに組《く》みたる時敵《ときてき》を前《まへ》に作《つく》る即《すなは》ち敵《てき》の體《たい》の重心《じうしん》を足《あし》の爪先《つまさき》に集《あつ》めるやうに引《ひ》くか或《あるひ》は後《うし》ろに崩《くづ》さんとし敵《てき》の反抗《はんこう》せんとする力《ちから》を利用《りよう》して前《まへ》に崩《くづ》す。

〔掛け〕

此《こ》の時右手《ときみぎて》を一層深《そうふか》く入《い》れ右足《みぎあし》を敵《てき》の爪先《つまさき》の内側《うちがは》に殆《ほとん》ど直角《ちよくかく》をなすやうに踏《ふ》みこみ其《そ》の爪先《つまさき》でくゝるりと體《たい》を廻《まは》しながら腰《こし》を少《すこ》し跼《かゞ》め敵《てき》の腰《こし》と密着《みつちやく》するまで深《ふか》く入《い》れ左足《ひだりあし》も同時《どうじ》に適當《てきたう》の所《ところ》まで後方《こうはう》に廻《まは》し我《わ》が腰《こし》にて敵《てき》の腰《こし》を引抜《ひきぬ》く氣持《きもち》にて腰《こし》を伸《のば》し敵《てき》の右外奥袖《みぎそとおくそで》を捕《と》りたる左手《ひだりて》を引《ひ》くと共《とも》に腰《こし》を前《まへ》に捻《ひね》り投《な》げるのである。

（第三十圖）大腰

掃《はらひ》腰《こし》

我《わ》が外太股《そとふとも〻》を以《もつ》て敵《てき》の同《おな》じ方《はう》の腰《こし》(左ならば左右ならは右)を掃《はら》ひ上《あ》げて倒《たほ》す業《わざ》である。

此《こ》の業《わざ》は浮腰《うきごし》並《ならび》に大腰《おほごし》等《とう》の効《き》かぬ場合《はあひ》或《あるひ》は敵《てき》の體《たい》が前隅《まへすみ》に崩《くづ》れたる場合《はあひ》に有効《いうこう》である。

〔作り〕

右自然體《みぎしぜんたい》に組《く》みたる時敵《ときてき》を右前隅《みぎまへすみ》に作《つく》る。

或《あるひ》は浮腰《うきごし》、大腰《おほごし》をかけて敵《てき》が右手《みぎて》にて腰又《こしまた》は太股《ふとも〻》のあたりを押し左足《ひだりあし》で體《たい》を支《さ》へな

(第三十一圖)掃腰の一

から一歩前《まへ》へ飛《と》びたる時《とき》である。

〔掛け〕

此《こ》の時右手《ときみぎて》を深《ふか》く敵《てき》の腋下《わきした》に當《あ》て其《そ》の手《て》にて敵《てき》の體《たい》を吊上《つりあ》ぐる氣持《きもち》にて引寄《ひきよ》せ右足《みぎあし》を深《ふか》く敵《てき》の前《まへ》横股《よこまた》の邊《へん》まで入《い》れ脊《せ》と右《みぎ》横腹《よこはら》の間《あひだ》の邊《へん》は敵《てき》の胸《むね》に當《あた》り後腰《うしろこし》は敵《てき》の腹《はら》に密着《みつちやく》せしめ左足《ひだりあし》は我《わ》が全體《ぜんたい》を支《さゝ》へ腰《こし》を横《よこ》に捻《ひね》り右足《みぎあし》にて敵《てき》の體《たい》を掃《はら》ひ上《あ》げ同時《どうじ》に右手《みぎて》を前《まへ》に引《ひ》き左手《ひだりて》も亦其《またそ》の方向《はうかう》に押《を》すが如《ごと》く働《はたら》かせば即《すなは》ち敵《てき》は横轉《わうてん》して倒《たほ》れる。

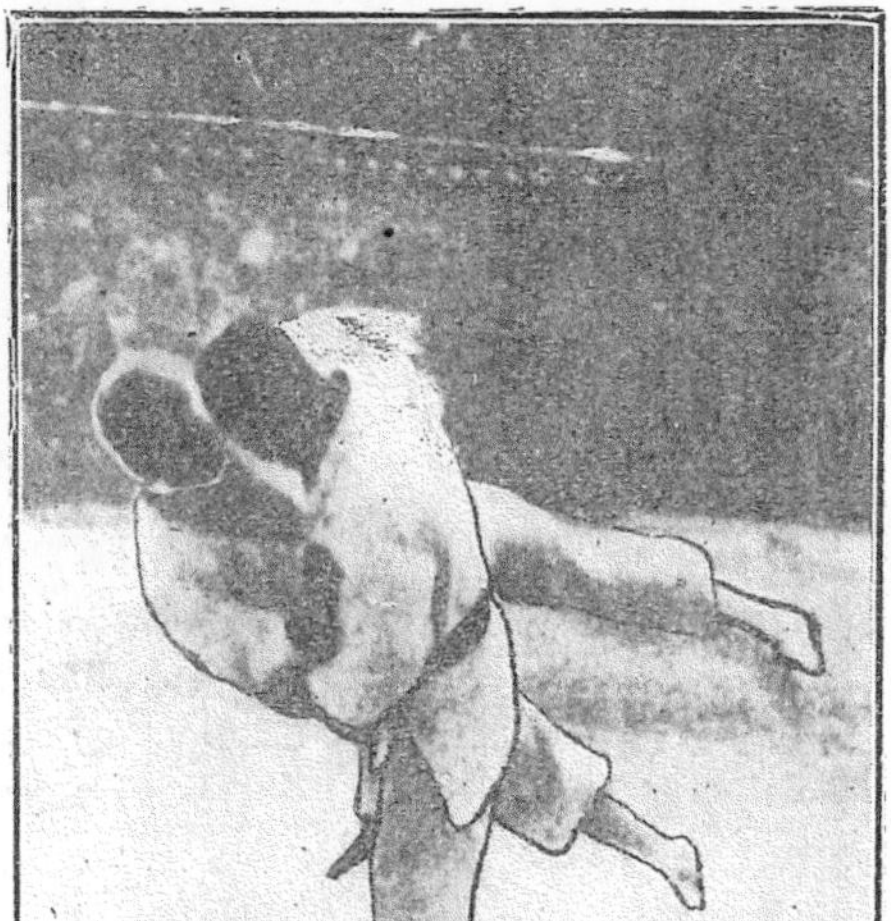

（第三十二圖）掃腰の二

後《うしろ》腰《こし》

敵《てき》を後《うし》ろより抱《いだ》き上《あ》げ腰《こし》を捻《ひね》つて後方《こうはう》に投《な》げる業《わざ》である。

〔作　り〕

此《こ》の業《わざ》は敵《てき》より仕《し》掛《か》けるを待《ま》つ場合《ばあひ》が多《おほ》い。右《みぎ》に組《く》んだ場合《ばあひ》敵《てき》が浮腰《うきごし》、掃腰《はらひごし》、跳腰《はねごし》等《とう》を掛《か》けたる時《とき》全身《ぜんしん》を突《つ》け入《い》り腰《こし》をおろし我《わ》が腹部《ふくぶ》を敵《てき》の腰《こし》に密着《みつちやく》せしめ兩手《れうて》にて後《うし》ろより敵《てき》の腰《こし》を抱《いだ》く。

〔掛　け〕

(第三十三圖)　後　腰　の　一

此《こ》の時後方《こうはう》に反《そ》る如《ごと》く抱《いだ》き上《あ》げ其《そ》の反動《はんどう》にて我《わ》が左足《ひだりあし》を一歩《ぽ》づゝ後方《こうはう》に退《ひ》きながら敵《てき》の體《たい》を落《おと》して倒《たほ》すのである。

跳《はね》腰《ごし》

我《わ》か片方《かたはう》の膝關節《ひざくわんせつ》を曲《ま》げ敵《てき》の膝《ひざ》に當《あ》て跳《は》ね上《あ》げて投《な》げる業《わざ》である。

［作り］

一、右自然體《みぎしぜんたい》に組《く》み敵《てき》を右前隅《みぎまへすみ》に釣込《つりこ》まんとせば敵《てき》は之《これ》に反抗《はんこう》し左足《ひだりあし》を一歩《ぽ》踏《ふ》み出《いだ》し即《すなは》ち自然本體《しぜんほんたい》の體勢《たいせい》を維持《ゐぢ》せんとする。

二、右前隅《みぎまへすみ》に釣《つ》り込《こ》み敵《てき》の體《たい》の重心《じうしん》が右足爪先《みぎあしつまさき》に集《あつ》まる如《ごと》くする。

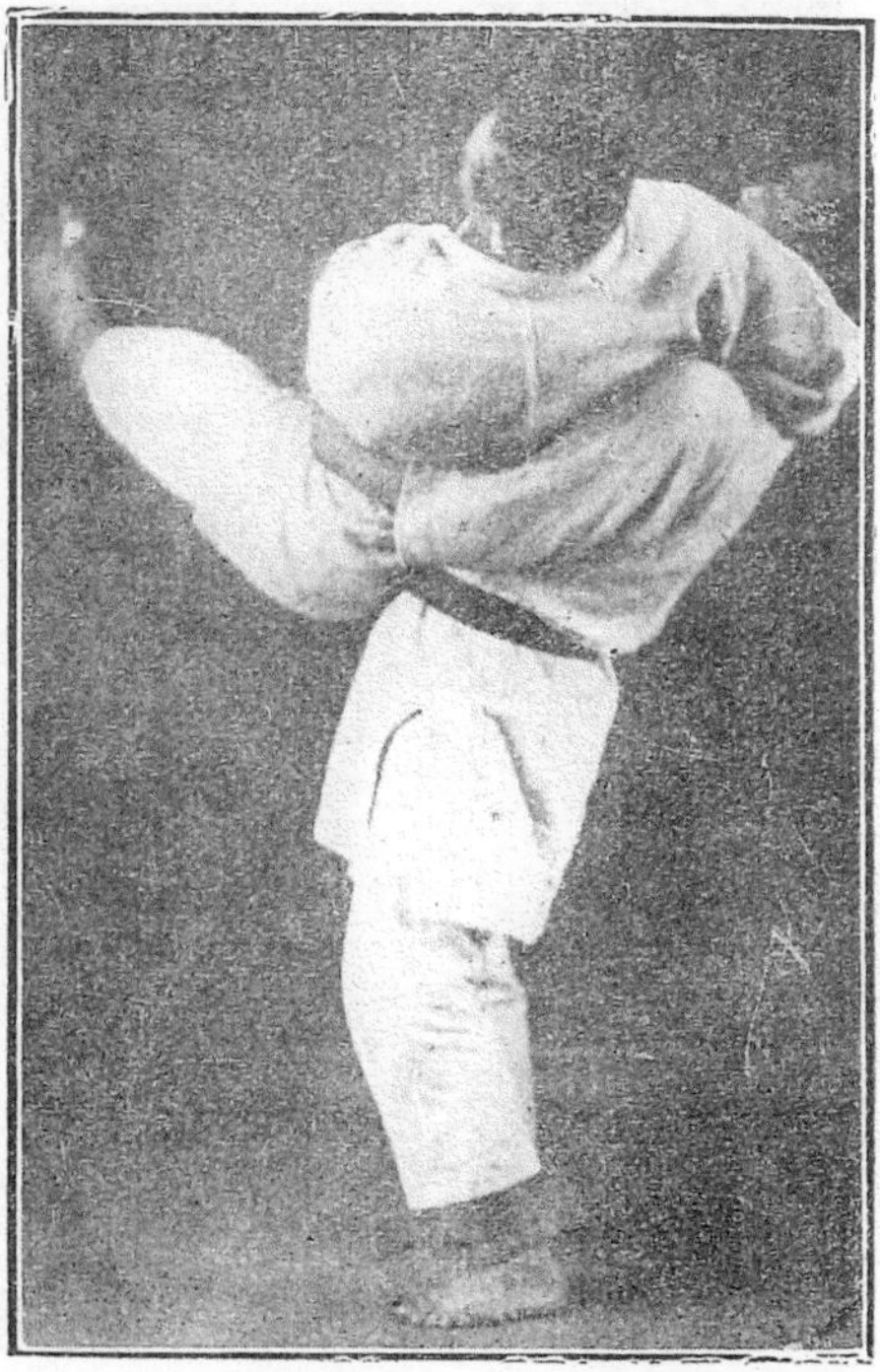

（第三十四圖）後腰の二

三、左足《ひだりあし》を左前隅《ひだりまへすみ》に出《いだ》し次《つい》で右足《みぎあし》を少《すこ》し後方《こうはう》に退《ひ》き右手《みぎて》にて敵《てき》を我《わ》か右後隅《みぎうしろすみ》に引出《ひきいだ》せば敵《てき》は左足《ひだりあし》を左方《さはう》に進《すゝ》め出《いだ》さんとする。

〔掛け〕

此《こ》の場合《ばあひ》に於《おい》て我《わ》か左《ひだり》足《あし》を敵《てき》の左足《ひだりあし》の内側《うちがは》に送《おく》りこみつゝ左足《ひだりあし》を少《すこ》し曲《ま》げ其《そ》の足《あし》にて全身《ぜんしん》を支《さゝ》へ右膝《みぎひざ》を折《を》り曲《ま》げ外股《そともゝ》を敵《てき》の兩方《りやうはう》の上股《うはまた》に當《あ》て膝《ひざ》より下《した》の外側《そとがは》を兩膝《りやうひざ》の下《した》に當《あ》て其《そ》の足《あし》にて敵《てき》の體《たい》を跳《は》ね上《あ》ぐると同時《どうじ》に左膝《ひだりひざ》を伸《のば》し相手《あひて》の右手《みぎて》を充分引《じうぶんひ》きつけ襟《えり》を持《も》つた右手《みぎて》を釣《つ》り上《あげ》る如《ごと》くし腰《こし》を捻《ひね》り投《な》げるのである。此《こ》の跳《は》ね上《あ》げる場合《ばあひ》なるべく敵《てき》の膝《ひざ》の下方《かはう》より擦《す》り

（第三十五圖）跳　腰

上《あ》げる如《ごと》くすれば效力《こうりよく》が多《おほ》いやうに考《かんが》へられる。
跳腰《はねごし》にて敵《てき》の體《たい》を跳《は》ね上《あ》げ外卷込《そとまきこみ》に移《うつ》るは尚《なほ》一層效力《そうこうりよく》がある。

釣《つり》腰《ごし》

脊《せ》の高《たか》い人《ひと》より低《ひく》い人にかけるに都合《つがふ》よき業《わざ》である。即《すなは》ち敵《てき》の肩《かた》を越《こ》して其《そ》の後帶《うしろおび》を捕《と》り吊《つ》り上《あ》げて腰《こし》を入《い》れ投《な》げる業《わざ》である。

〔作　り〕

右《みぎ》に組《く》みたる場合《ばあひ》左手《ひだりて》は敵《てき》の右外中袖《みぎそとなかそで》を捕《と》り右手《みぎて》を敵《てき》の左肩《ひだりかた》の上《うへ》より延《の》ばし後帶《うしろおび》を捕《と》り敵《てき》の體《たい》を充分《じうぶん》吊《つ》り上《あ》ぐれば敵《てき》の體《たい》は前《まへ》に傾《かたむ》く。

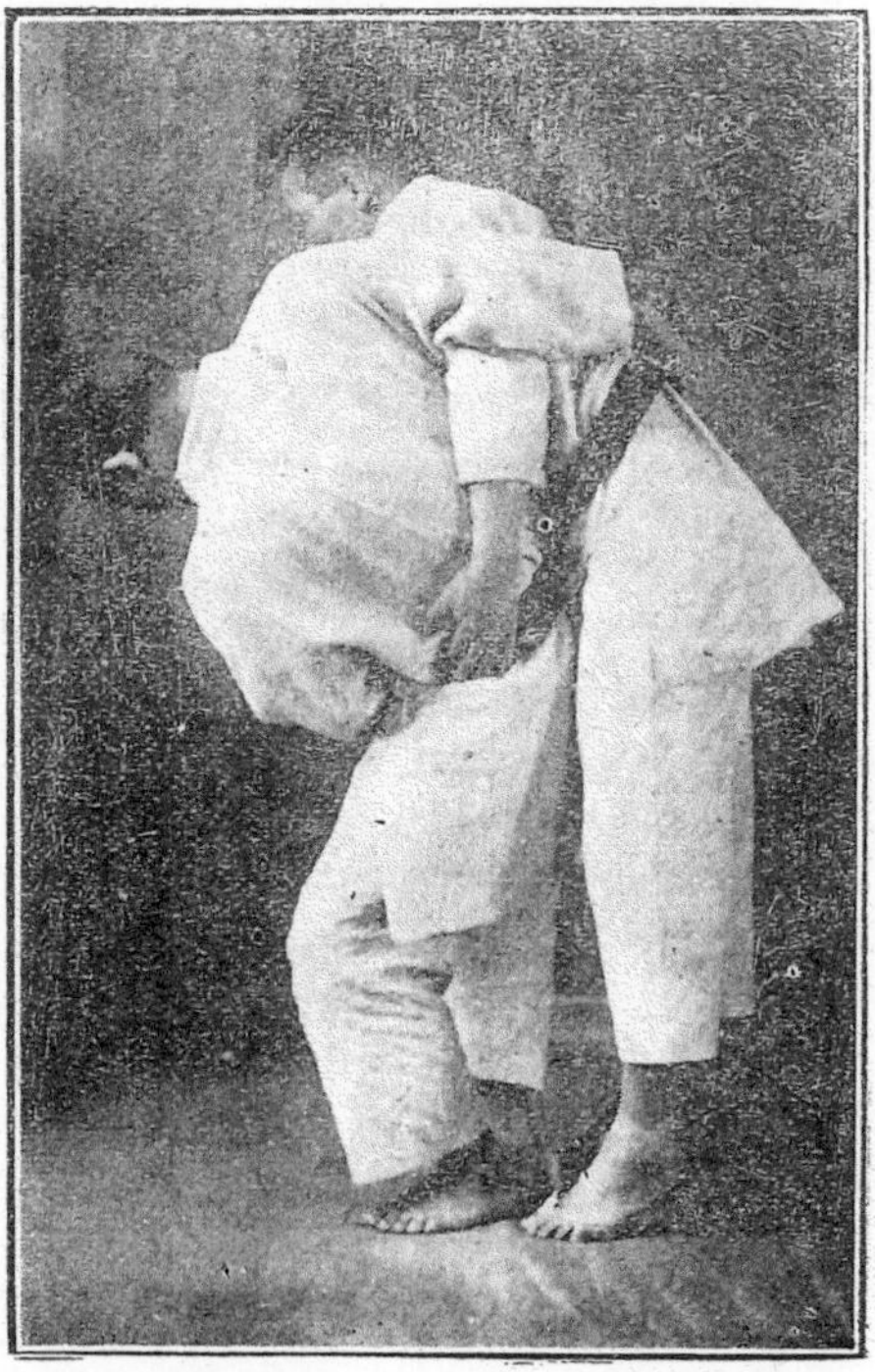

〔第三十六圖〕　釣　腰

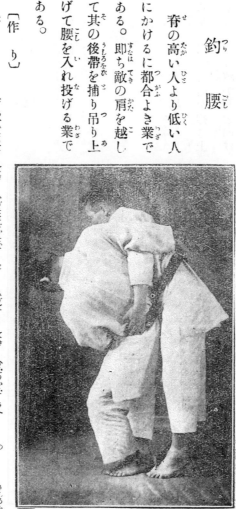

〔掛け〕

此《こ》の時《とき》浮腰《うきごし》の如《ごと》く腰《こし》を入《い》れ伸《の》びると同時《どうじ》に左手《ひだりて》を引《ひ》き腰《こし》を捻《ひね》つて投《な》げる。

移《うつり》腰《ごし》

敵《てき》の體《たい》を後横《うしろよこ》に抱《いだ》き上《あ》げ更《さら》に腰《こし》を入《い》れて前《まへ》に投《な》げる業《わざ》である。

〔作り〕

右《みぎ》に組《く》みたる場合《はあひ》單《たん》に攻勢《こうせい》に出《い》でて敵《てき》を抱《いだ》き上《あ》ぐるよりも敵《てき》か脊《せ》を向《む》けて業《わざ》の仕掛《しか》け來《きた》りたる場合《ばあひ》好機《こうき》を見出《みいだ》す事《こと》が多《おほ》い。此《こ》の時《とき》我《わ》か全身《ぜんしん》を突《つ》け入《い》りながら腰《こし》を落《おと》し我《わ》が左腹部《さふくぶ》を敵《てき》の腰《こし》に密着《みつちやく》せしめ左手《ひだりて》にて後《うし》ろより敵《てき》の腰《こし》を抱《いだ》き右手《みぎて》は敵《てき》の

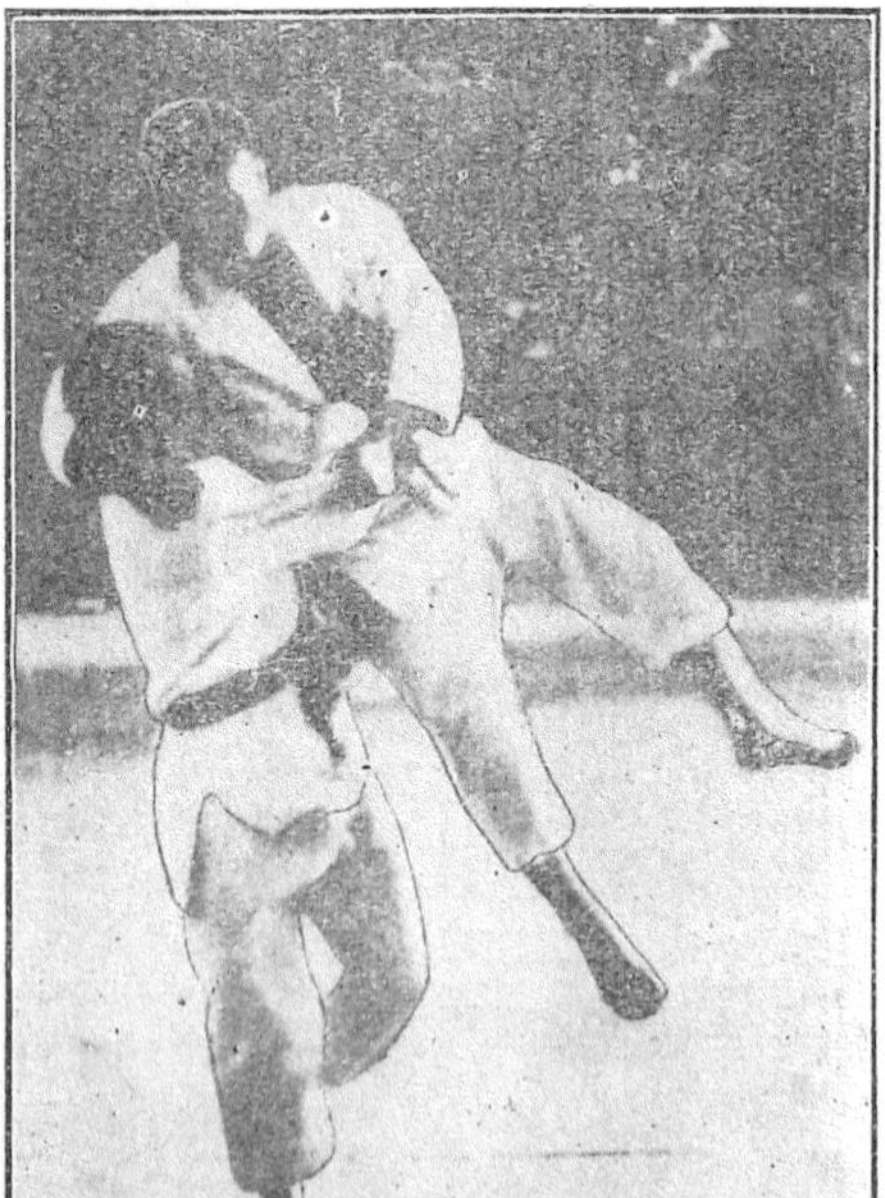

（第三十七圖）移腰の一

左外中袖《ひだりそとなかそで》を捕《と》り體《たい》を反《そ》る如《ごと》くして敵《てき》を抱《いだ》く。

〔掛け〕

敵《てき》の體《たい》を抱《いだ》き上《あ》ぐると同時《どうじ》に左腰《ひだりこし》に移《うつ》し腰《こし》を右《う》方《はう》に捻《ひね》り前《まへ》に投《な》げる。

釣《つり》込《こツ》腰《ごし》

他《た》の腰業《こしわざ》の如《ごと》く敵《てき》の體《たい》の浮《うか》びたる時《とき》ではなく自《し》然本體《ぜんほんたい》或《あるひ》は寧《むし》ろ反《そ》り身《み》となり腰業《こしわざ》を防《ふせ》がんとする場合《ばあひ》にかける業《わざ》である。

〔作り〕

（第三十八圖）移腰の二

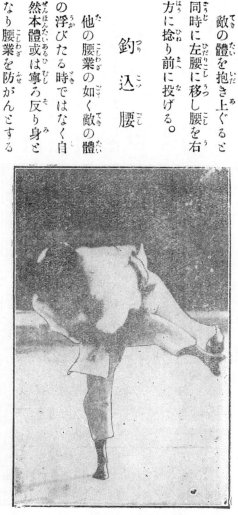

右手《みぎて》は後襟《うしろえり》を持《も》ち我《わ》れは跳腰《はねごし》或《あるひ》は腰車《こしぐるま》に行《ゆ》かんとする氣勢《きせい》を示《しめ》す相手《あひて》は掛《かゝ》るまいとして反《そ》り身《み》になる。

〔掛け〕

この時腰《ときこし》を低《ひく》くして敵《てき》の懐《ふところ》ろに這入《はい》り兩手《れうて》を弛《ゆる》まぬやうにし屈《くつ》したる腰《こし》を高《たか》め體《たい》を左《ひだり》の方向《はうこう》に捻《ひね》り敵《てき》を我《わ》が腰上《こしうへ》に廻轉《くわいてん》せしめて投《な》げるのである。

又兩袖《またりようそで》を持《も》ちたる場合《ばあひ》は右手《みぎて》を高《たか》く差上《さしあ》げ前《まへ》の如《ごと》くする事《こと》が出來《でき》ると共《とも》に左右《さいう》何《いづ》れをも仕掛《しか》けるを得《え》て便利《べんり》である。

（第三十九圖　釣込腰

（八）足《あし》業《わざ》

身體《しんたい》の他《た》の部分《ぶぶん》より概《がい》して足《あし》を多《おほ》く働《はたら》かす業《わざ》である。

投業《なげわざ》に於《おい》ては足《あし》を動《うご》かす事最《こともつと》も多《おほ》く又足《またあし》の運《はこ》び如何《いかん》によつて虚《きよ》も實《じつ》となり實《じつ》も虚《きよ》となるのである。業《わざ》の巧拙《こうせつ》は暫《しば》らく惜《を》いて足業《あしわざ》は概《がい》してかけ易《やす》いが、然《しか》し仲々六《なかなかむつ》ケしい業《わざ》である。而《しか》して是《こ》れをよくするものは名人《めいじん》である。また足業《あしわざ》をかけるが如《ごと》く装《よそ》つて間隙《かんげき》を作《つく》り其《そ》の虚《きよ》に突《つ》け入《い》つて他《た》の得意《とくい》の業《わざ》をかける事《こと》が甚《はなは》だ多《おほ》い。

膝《ひざ》車《ぐるま》

我《わ》が足《あし》の裏《うら》を相手《あひて》の反對《はんたい》の方《はう》の横膝《よこひざ》（右ならば左 左ならば右）に當《あ》てゝ投《な》げる業《わざ》である。

〔作り〕

右自然體《みぎしぜんたい》に組《く》みたる時敵《ときてき》を右前隅《みぎまへすみ》に崩《くづ》さんとする即《すなは》ち左足《ひだりあし》を一歩退《ほしりぞ》き次《つい》で右足《みぎあし》を體《たい》と共《とも》に退《しりぞ》き兩手《りようて》にて下《した》の方《はう》に引《ひ》き氣味《きみ》にする時《とき》は敵《てき》の右膝關節《みぎひざくわんせつ》は少《すこ》しく曲《まが》り體《たい》の重心《じうしん》は右足爪先《みぎあしつまさき》に傾《かたむ》き危《あやう》き體勢《たいせい》となる。

〔掛　け〕

此《こ》の時我《ときわ》が左足《ひだりあし》の所謂《いはゆる》土踏《つちふ》まずを其《そ》の曲折《きよくせつ》せる膝《ひざ》の外側《そとがは》に當《あ》て我《わ》が體《たい》を左後隅《ひだりうしろすみ》に反《そ》らせながら左手《ひだりて》を斜《なゝ》に前《まへ》へ引《ひ》き右手《みぎて》は斜後《なゝめうし》ろに押《を》し氣味《ぎみ》にすれば敵《てき》の體《たい》は重心《ぢうしん》を失《うしな》ひて倒《たほ》れるのである。

又敵《またてき》を右前隅《みぎまへすみ》に崩《くづ》した時敵《ときてき》が其《そ》の姿勢《しせい》を挽回《ばんくわい》せんとせば左足《ひだりあし》を一歩踏《ぽふ》み出《いだ》す可《べ》きである。其《そ》の左《ひだり》足《あし》を進《すゝ》めんとする際我《さいわ》が右足《みぎあし》の土踏《つちふ》まずを敵《てき》の膝《ひざ》の外側《そとがは》に當《あ》て體《たい》を右後隅《みぎうしろすみ》に反《そ》らせ乍《なが》ら左手《ひだりて》は其《そ》のまゝに右手《みぎて》は襟《えり》を放《はな》し右外中袖《みぎそとなかそで》に捕《と》り替《か》へて前《まへ》の場合《ばあひ》の如《ごと》く引《ひ》けば敵《てき》は

（第四十圖）膝　車

倒《たほ》れるのである。敵《てき》の膝《ひざ》が伸《の》びて居《を》る場合《はあひ》は効果《こうくわ》がないばかりでなく萬一膝關節《まんいちひざくわんせつ》の眞《まつ》甲《かふ》から強《つよ》く當《あた》る時《とき》は危險《きけん》であるから注意《ちゆうい》をせねばならぬ。要《えう》は土踏《つちふ》まずを膝《ひざ》に當《あ》てる時《とき》は靜《しづ》かに支《さゝ》へる程度《ていど》で充分《じうぶん》である。

支《さゝ》へ釣《つり》込《こみ》足《あし》

我《わ》が足裏《あしうら》を敵《てき》の外踝《そとくるぶし》の少《すこ》し上《うへ》に當《あ》て支《さゝ》へながら左手《ひだりて》は後方《こうはう》に引《ひ》き右手《みぎて》は是《こ》れを助《たす》けて投《な》げる業《わざ》である。

「作　り」

右自然體《みぎしぜんたい》に組《く》みたる時《とき》敵《てき》を左前隅《ひだりまへすみ》に釣《つ》り込《こ》まんとすれば釣込《つりこ》まれまいとして右足《みぎあし》を一

（第四十一圖）支釣込足

歩《ほ》出《いだ》して反《かへ》つて右前隅《みぎまへすみ》に崩《くづ》れる事《こと》がある此《こ》の時《とき》是《こ》れを利用《りよう》して益〳〵《ますく》右前隅《みぎまへすみ》に釣込《つりこ》む。

〔掛け〕

此《こ》の時我《ときわ》が右足《みぎあし》を少《すこ》しく右《みぎ》に開《ひら》き左足土踏《ひだりあしつちふ》まずを敵《てき》の右足外踝《みぎあしそとくるぶし》の少《すこ》し上《うへ》の所《ところ》に當《あ》て體《たい》を左後隅《ひだりうしろすみ》に反《そ》らせ襟《えり》を持《も》ちたる右手《みぎて》は斜《なゝめ》に上《うへ》へ押《を》す氣味《きみ》にし袖《そで》を持《も》ちたる左手《ひだりて》を我《わ》が體《たい》の左後隅《ひだりうしろすみ》に引《ひ》けば敵《てき》は體《たい》を支《さゝ》へ得《え》ずして倒《たほ》れる。此《こ》の時左膝《ときひだりひざ》を曲《ま》げずに伸《のば》す事《こと》は肝要《かんえう》である。

大外刈《おほそとがり》

我《わ》が外太股《そとふとも》を以《もつ》て敵《てき》の同《おな》じ外太股《そとふとも》（右ならば右左ならば左）を急《きふ》に刈《か》りて倒《たほ》す業《わざ》である。

〔作り〕

右自然體《みぎしぜんたい》に組《く》みたる時敵《ときてき》を左前《ひだりまへ》に引《ひ》いて崩《くづ》さんとすれば敵《てき》は反抗《はんこう》して右後《みぎうし》ろに力《ちから》を加《くは》へる、其《そ》の力《ちから》を利用《りよう》して押《を》せば容易《ようい》に後隅《うしろすみ》に崩《くづ》れ重心《じうしん》は右《みぎ》の踵《かゝと》に集《あつ》まる。

又《また》は敵《てき》が自動的《じどうてき》に後隅《うしろすみ》に崩《くづ》れんとする場合《ばあひ》がある。

〔掛け〕

此《こ》の時我《ときわ》が左足《ひだりあし》を敵《てき》の右足外側《みぎあしそとがは》に踏《ふ》みこむと同《どう》時《じ》に上体《じやうたい》をも運《はこ》び右足《みぎあし》を上《あ》げて其《そ》の太股《ふとゝも》の外側《そとがは》を以《もつ》て敵《てき》の太股《ふとゝも》の外側《そとがは》を刈《か》り左手《ひだりて》を斜下《なゝめした》に引《ひ》き右手《みぎて》は押《を》して投《な》げる。

（第四十二圖）大外刈

出《で》足《あし》掃《はらい》

出《いで》ようとする足《あし》を掃《はら》つて倒《たほ》す業《わざ》である。

〔作り〕

右《みぎ》自然體《しぜんたい》に組《く》みたる時《とき》敵《てき》を右前隅《みぎまへすみ》に引《ひ》き出《いだ》さんとする場合《はあひ》敵《てき》が右足《みぎあし》を先《さき》に踏《ふ》み出《いだ》さず左足《ひだりあし》を先《さき》に出《いだ》し次《つ》いで右足《みぎあし》を出《いだ》し其《そ》の足《あし》に重心《ぢうしん》を移《うつ》さんとする瞬間《しゆんかん》

〔掛け〕

此《こ》の時《とき》我《わ》が左足《ひだりあし》の土《つち》踏《ふ》まずにて敵《てき》の右足《みぎあし》の外《そと》踝《くるぶし》の處《ところ》を我《わ》が右方《うはう》に掃《はら》ふと同時《どうじ》に左手《ひだりて》を下《した》に引《ひ》き右手《みぎて》にて其《そ》の働《はたら》きを助《たす》けながら横一文字《よこいちもんぢ》に掃《はら》ひ倒《たほ》すのである。

此《こ》の業《わざ》は一見容易《けんようい》に見《み》ゆるが此《こ》の業《わざ》を施《ほどこ》す機會《きくわい》を作《つく》り又掃《またはら》ふ瞬間《しゆんかん》の機微《きび》を捕《とら》へる事《こと》は中々《なかなか》むづかしい。故《ゆゑ》に大《おほい》に練習研究《れんしふけんきう》を要《えう》するのである。

（第四十三圖）出足掃

小《こ》外《そと》刈《がり》

敵《てき》の踵《かゝと》に我《わ》が反對《はんたい》の足《あし》（左ならば右／右ならば左）の土踏《つちふ》まずを外側《そとがは》より當《あ》て足先《あしさき》の方《はう》に苅《か》り後《うし》ろへ倒《たほ》す業《わざ》である。

［作　り］

右自然體《みぎしぜんたい》に組《く》みたる時《とき》相手《あひて》を左前隅《ひだりまへすみ》へ崩《くづ》さんとすれば左足《ひだりあし》を一歩《ぽ》前《まへ》に次《つ》いで右足《みぎあし》を運《はこ》び右自然体《みぎしぜんたい》を維持《ゐじ》せんとして常《つね》に上体《じやうたい》を反身《そりみ》する

［掛　け］

此《こ》の時右足《ときみぎあし》を相手《あひて》の右足先《みぎうしさき》に摺《す》り寄《よ》せると同時《どうじ》に左足裏《ひだりあしうら》にて相手《あひて》の右足《みぎあし》の踵《かゝと》を外側《そとがは》より其足先《そのあしさき》の方向《はうかう》に刈《か》り左手《ひだりて》を下方《かはう》に強《つよ》く引《ひ》き右手《みぎて》は押《お》して倒《たほ》すのである。

（第四十四圖）小　外　刈

別法《べつはふ》として相手《あひて》を眞前《まんまへ》に引《ひ》いて崩《くづ》さんとすれば相手《あひて》は右足《みぎあし》を割合廣《わりあひひろ》く踏《ふ》み出《いだ》して踏《ふ》み止《とゞ》まらんとする時《とき》、我《われ》は前《まへ》の樣《やう》にして業《わざ》をほどこして倒《たふ》すのである。

大《おほ》内《うち》刈《がり》

右足《みぎあし》（或は左足）を曲《ま》げ敵《てき》の股間《こかん》より敵《てき》の左膝《ひだりひざ》（或は右膝）の内側《うちがは》に掛《か》け股《また》を開《ひら》く樣《やう》にして押倒《おしたほ》す業《わざ》である。

［作り］
自然本體《しぜんほんたい》にて四つに組《く》みたる時敵《ときてき》を稍《や》ゝ左後《ひだりうしろ》隅《すみ》に崩《くづ》す。

（第四十五圖）大　内　刈

［掛け］
此《こ》の時《とき》我《わ》が右足《みぎあし》を敵《てき》の股間《こかん》に入《い》れ敵《てき》の左膝内側《さしつうちかは》に引《ひ》つ掛《か》け我《わ》が左足《ひだりあし》を同時《どうじ》に一歩《ほ》進《す》

め右手《みぎて》にて敵《てき》を眞後《まうし》ろに押《お》し崩《くづ》し刈《か》り倒《たほ》すのである。

此《こ》の業《わざ》は敵《てき》が兩足《りやうあし》を自然本體《しぜんほんたい》の時《とき》より廣《ひろ》く開《ひら》き膝《ひざ》を伸《のば》して居《ゐ》る場合《ばあひ》施《ほどこ》すべき好機會《かうきくわい》である。尤《もつと》も此《こ》の業《わざ》を掛《か》ける時《とき》に注意《ちゆうい》すべきは右《みぎ》業《わざ》ならば右《みぎ》に左業《ひだりわざ》ならば左《ひだり》に腰《こし》を捻《ひね》ることである。之《こ》れを忘《わす》れると往々《わう〳〵》返《かへ》し業《わざ》をとられる事《こと》がある。

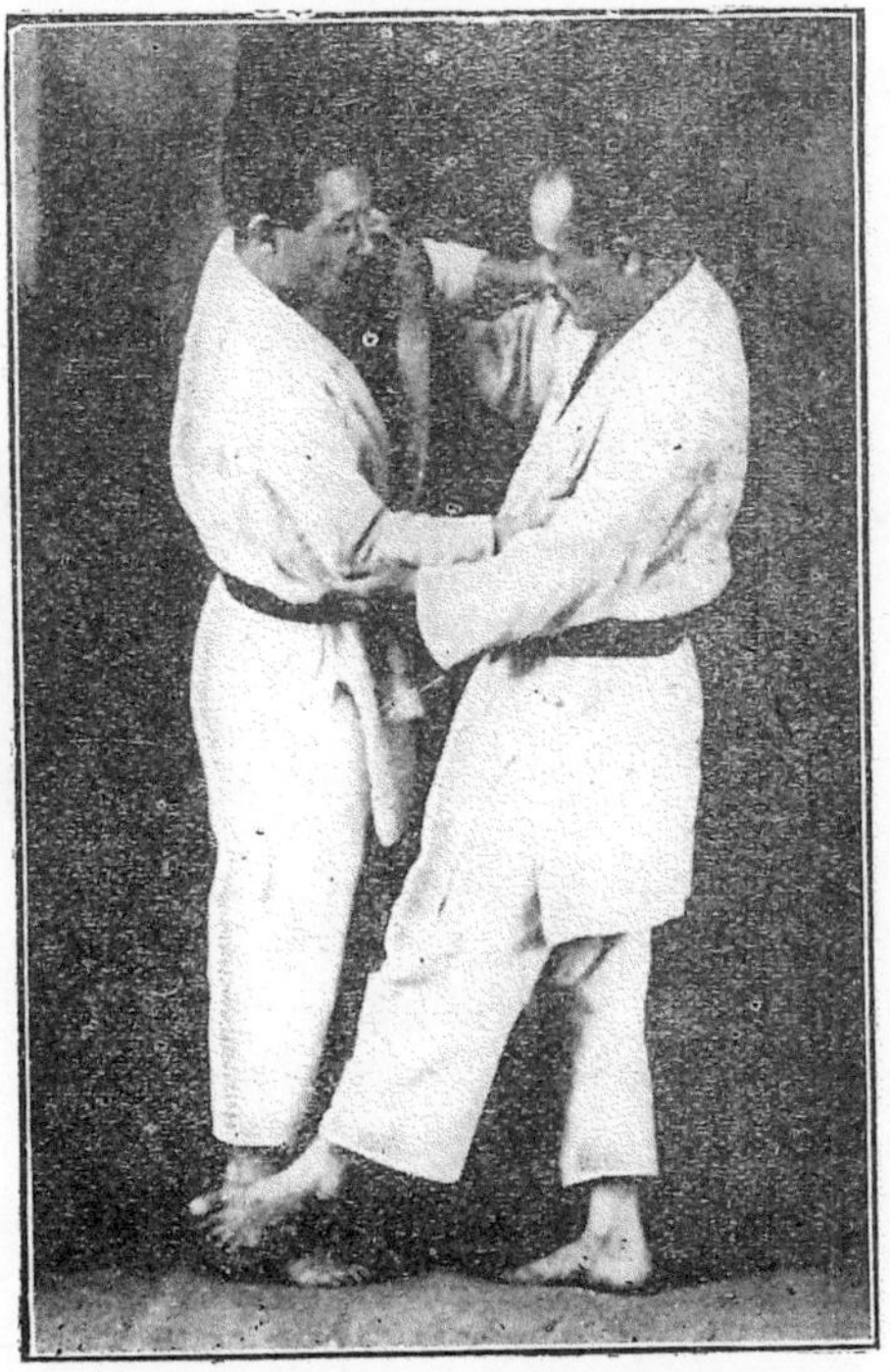

（第四十六圖）送足掃の一

送《おく》足《あし》掃《はらい》

敵《てき》の足《あし》の進行《しんこう》の遲《おく》れる足即《あしすなは》ち解《わか》りよくいへば敵《てき》が右或《みぎある》は左《ひだり》に進《すゝ》まんとする際最初其《さいさいしよそ》の方《はう》にある足《あし》が進《すゝ》み次《つぎ》に他《た》の一方《はう》が其《そ》の間隙《かんげき》を縮《ちゞ》めるため其《そ》のあとを追《お》うて進《すゝ》みし時《とき》

同方向《がうはうこう》に向《むか》つて我《わ》が反對《はんたい》の足《あし》（左ならば右右ならば左）を以《もつ》て掃《はら》ひ倒《たほ》す業《わざ》である。

〔作り〕

右自然體《みぎしぜんたい》に組《く》みたる時《とき》敵《てき》に横進《わうしん》の動機《どうき》を與《あた》へ敵《てき》の動《うご》くに連《つ》れて我《わ》れも動《うご》き我《わ》が右横《みぎよこ》に進《すゝ》む場合《ばあひ》は敵《てき》の左足《ひだりあし》が一歩《ぽ》横《よこ》に進《すゝ》み右足《みぎあし》にある體《たい》の重《おも》みを左《ひだり》足《あし》に托《たく》せんとして右足《みぎあし》を左足《ひだりあし》の側邊《そくへん》に寄《よ》せんとする。

（第四十七圖）送足掃の二

〔掛け〕

此《こ》の時敵《ときてき》が足《あし》を寄《よ》せんとする力《ちから》を利用《りよう》し我《わ》が左足《ひだりあし》を以《もつ》て敵《てき》の右足《みぎあし》を掃《はら》ひて倒《たほ》すので

ある。

又《また》後隅《うしろすみ》に送《おく》りながら掛《か》ける時《とき》もある。其《そ》の方法《はうはふ》は方向《はうかう》の異《ことな》るのみで同《おな》じである。

內《うち》股《また》

高內股《たかうちまた》、大內股《おほうちまた》、小內《こうち》股《また》の區別《くべつ》がある。

高內股《たかうちまた》は股《また》を高《たか》く入《い》れるもの、大內股《おほうちまた》は投《なげ》の形《かた》に仕組《しく》まれたる一般的《はんてき》のもの、小內股《こうちまた》は股《また》を低《ひく》く入《じ》れるものである。

即《すなは》ち我《わ》が股《また》を敵《てき》の股《また》の內側《うちがは》に入《い》れ掃《はら》ひながら投《な》げる業《わざ》である。

（第四十七圖）　內　股

〔作り〕

右自《みぎし》然體《ぜんたい》に於《おい》て

一、敵《てき》を前《まへ》に釣出《つりいた》し其《そ》の體《たい》の浮《うか》びたる時《とき》

二、敵《てき》を右後隅《みぎうしろすみ》に引出《ひきいだ》し敵《てき》が之《これ》に隨從《ずゐじう》し來《きた》り左足《ひだりあし》を左方《さはう》に進《すゝ》め出《いだ》さんとする時《とき》

三、横《よこ》に引出《ひきいだ》し敵《てき》の體重《たいじう》が右足《みぎあし》に偏《へん》したる時《とき》

〔掛け〕

此《こ》の時《とき》我《わ》が右太股《みぎふとも》の外側《そとがは》を敵《てき》の左太股《ひだりふとも》の内側《うちがは》に當《あて》る位《くらゐ》に入《い》れ掃腰《はらひごし》の如《ごと》く其《そ》の足《あし》を掃《はら》ひ上《あ》げ腰《こし》を捻《ひね》り手《て》を下《した》に引《ひ》き投《な》げる。

大《をほ》外《そと》落《をとし》

大外刈《おほそとがり》のかける足《あし》を深《ふか》く踏《ふ》み入《い》れたものといつてよい。

〔作り〕

右《みぎ》自然體《しぜんたい》に組《く》みたる時敵《ときてき》を後隅《うしろすみ》に傾《かたむ》けたる場合《はあひ》大外刈《おほそとがり》の危險《きけん》を感《かん》ずる際《さい》にかける。

〔掛け〕

我《わ》が左足《ひだりあし》を敵《てき》の右足《みぎあし》まで充分《じゆうぶん》踏《ふ》みこみ右足《みぎあし》を上《あ》げて敵《てき》の右足太股《みぎあしふとも》の外側《そとがは》から踏《ふ》み下《おろ》し兩足《りようあし》の中間《ちうかん》疊《たゝみ》の上《うへ》に踏《ふ》みこみ左手《ひだりて》を下《した》に引《ひ》き襟《えり》を持《も》ちたる右《みぎ》手《て》を押《を》して倒《たほ》す。

（第四十八圖）大外落

小《こ》内《うち》刈《がり》

我《わ》が足裏《あしうら》を敵《てき》の同《おな》じ足《あし》（右ならば左 左ならば右）の内踝《うちくるぶし》の下方《かはう》に當《あ》て前《まへ》へ苅《か》り倒《たほ》す業《わざ》である。

〔作り〕

右自然體《みぎしぜんたい》に組《く》み敵《てき》を右前隅《みぎまへすみ》に引《ひ》き出《いだ》さんとする時《とき》、敵《てき》が普通《ふつう》より少《すこ》し歩間《ほかん》を廣《ひろ》く踏《ふ》み出《いだ》し將《まさ》に其《そ》の足《あし》が疊《たゝみ》に附《つ》かうとする瞬間《しゆんかん》即《すなは》ち後足《うしろあし》にある重心《じうしん》を半《なか》ば前足《まへあし》に移《うつ》さんとする刹那《せつな》我《わ》が左足《ひだりあし》を一歩《ほ》退《ひ》く。

〔掛け〕

これと同時《どうじ》に右足《みぎあし》の土《つち》踏《ふ》まずを敵《てき》の右足《みぎあし》の内《うら》踝《くるぶし》の下《した》に當《あ》て前《まへ》へ刈《か》り倒《たほ》しながら左手《ひだりて》を下《した》に引《ひ》き右手《みぎて》は押《お》し投倒《なげたほ》す。

足《あし》車《くるま》

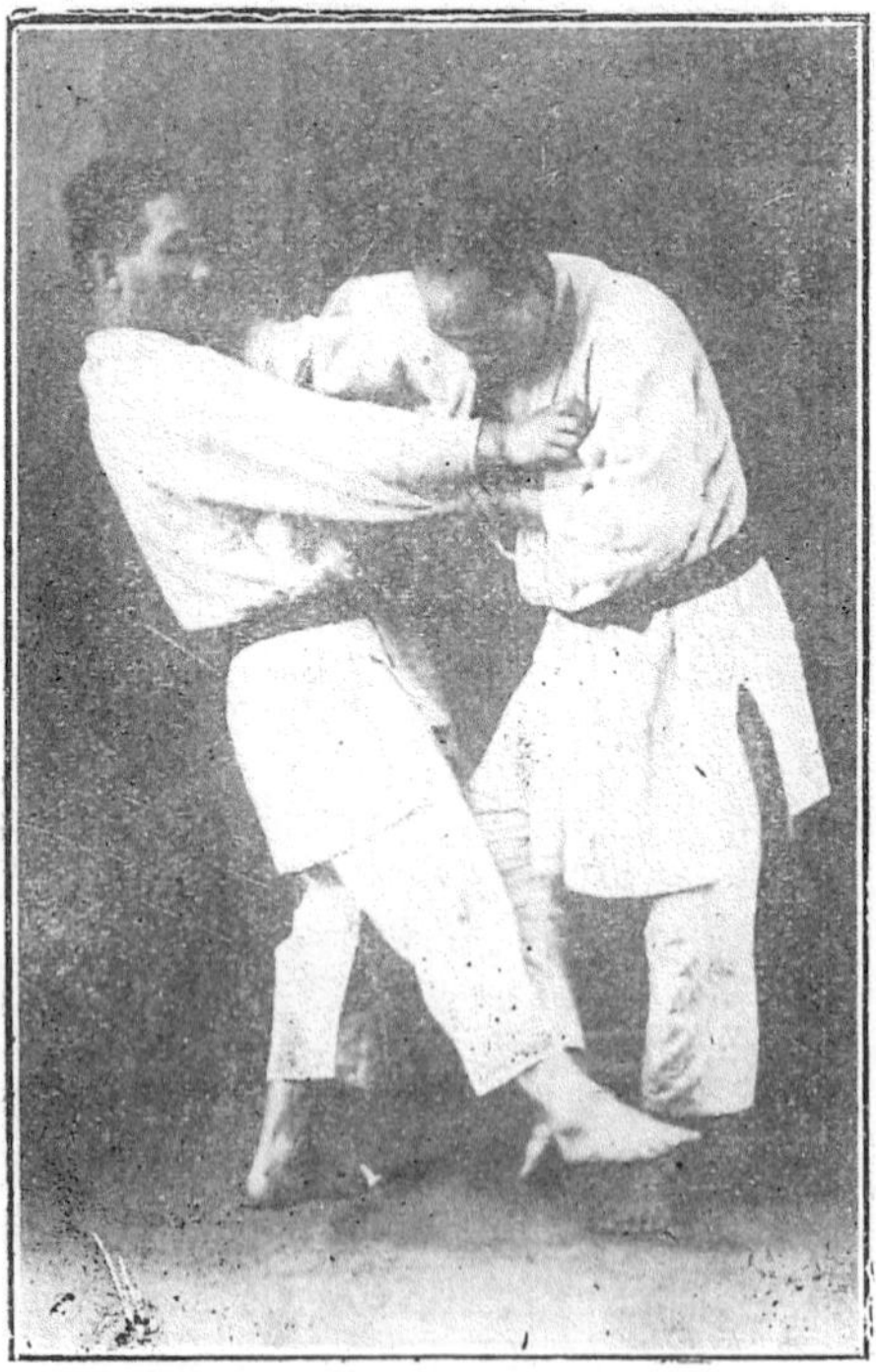

（第四十九圖）小内刈

掃腰《はらひごし》に似《に》た業《わざ》である。

足《あし》を棒《ぼう》の如《ごと》く伸《の》ばし敵《てき》の同《おな》じ足《あし》（右ならば右 左ならば左）の膝《ひざ》に當《あ》て腰《こし》を捻《ひね》つて投《な》げる業《わざ》である。

〔作　り〕

右自然體《みぎしぜんたい》に組《く》み敵《てき》を右《みぎ》前隅《まへすみ》に釣込《つりこ》み敵《てき》の體《たい》が前《まへ》に傾《かたむ》きたる時《とき》我《わ》が體《たい》を轉《てん》換《くわん》して左足《ひだりあし》を相手《あひて》の左足《ひだりあし》に運《はこ》び体重《たいぢう》を左足《ひだりあし》にて支《さ》へる。

〔掛　け〕

之《こ》れと同時《どうじ》に右足《みぎあし》を上《あ》げて棒《ぼう》の如《ごと》く眞直《まつすぐ》に伸《の》ばし將《まさ》に進《す》み出《いで》ようとする敵《てき》の膝《ひざ》の上《うへ》に我足首《わがあしくび》を横様《よこさま》に當《あ》て腰《こし》を捻《ひね》つて兩手《りやうて》を引《ひ》き前《まへ》に投《な》げ倒《たほ》す。

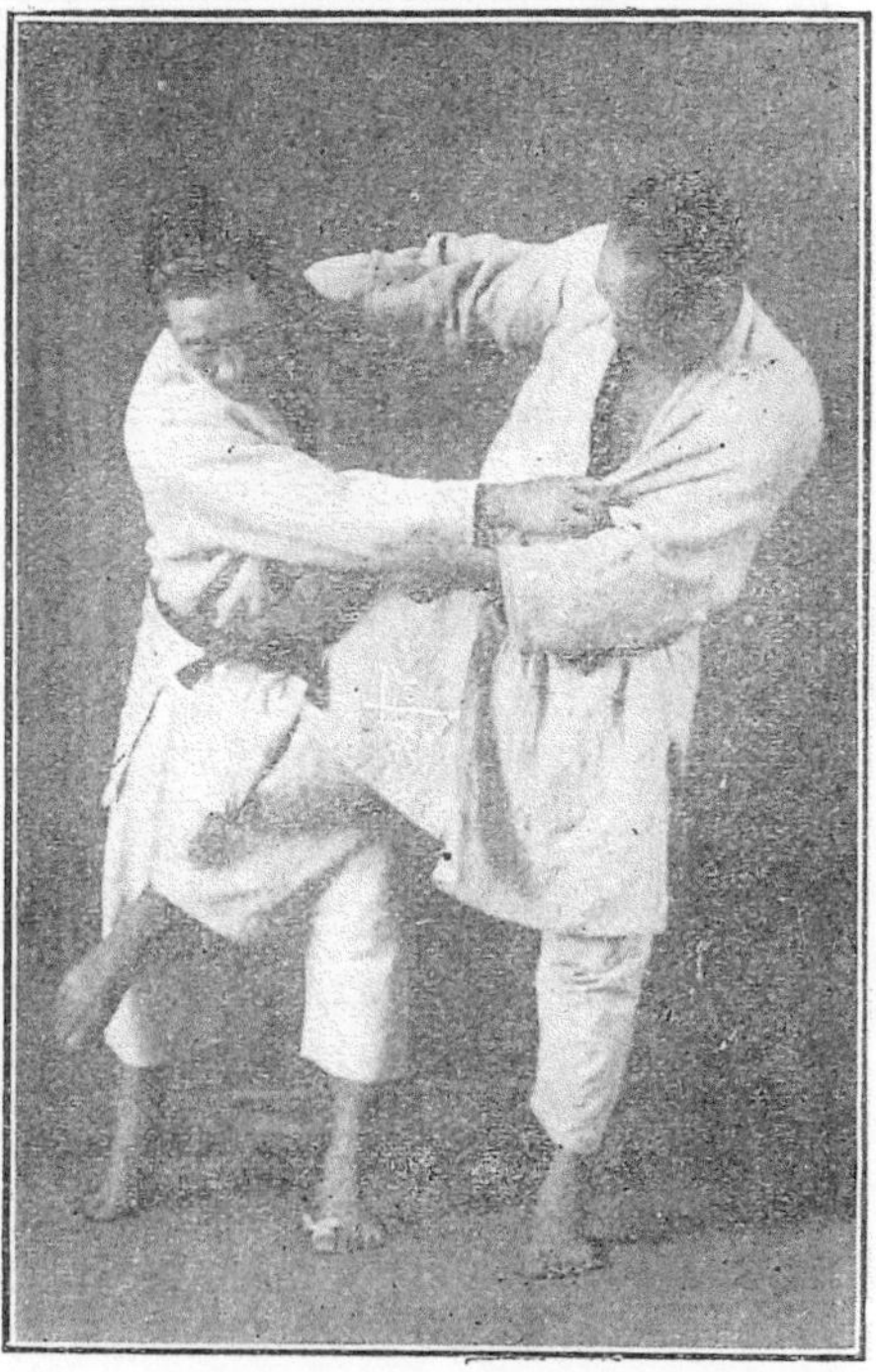

（第五十圖）　足　車

此《こ》の業《わざ》は敵《てき》が我《わ》が足《あし》を掃《はら》ひ上《あ》げた時《とき》其《そ》の足《あし》を上《あ》げ此《こ》の業《わざ》に變化《へんくわ》することがある。

掃《はらひ》釣《つり》込《こみ》足《あし》

支釣込足《さゝへつりこみあし》に似《に》て居《ゐ》る。

此《こ》の業《わざ》は敵《てき》の體《たい》が充分《じうぶん》釣《つり》こまれぬ場合《ばあひ》に足《あし》を掃《はら》ひながら斜《なゝめ》に身《み》を反《そ》らせ投《な》げる業《わざ》である。

〔作　り〕

一　右自然體《みぎしぜんたい》に組《く》み敵《てき》を左後隅《ひだりうしろすみ》に押《お》し崩《くづ》れ易《やす》い位置《ゐち》に導《みちび》くと相手《あひて》は崩《くづ》れまいとして右前隅《みぎまへすみ》に乘《の》りかゝらんとす。

（第五十一圖）掃釣込足

二　右自然体《みぎしぜんたい》に組《く》み敵《てき》を左後隅《ひだりうしろすみ》に崩《くづ》すと敵《てき》は右足《みぎあし》を後《うしろ》に引《ひ》き自然体《しぜんたい》にならんとする。

〔掛け〕

此《こ》の瞬間《しゆんかん》我《わ》が左足《ひだりあし》を上《あ》げて一條《でう》の棒《ほう》の如《ごと》く伸《の》ばし其土踏《そのつちふ》まずを以《もつ》て敵《てき》の右足外踝《みぎあしそとくるぶし》の少《すこ》し上方《じやうはう》を掃《はら》ひながら體《たい》を反《そ》らし兩手《りやうて》を斜《なゝめ》に後《うしろ》に引《ひ》き投《な》げるのである。

大《おほ》外《そと》車《ぐるま》

足車《あしぐるま》、大外刈《おほそとがり》、大外落《おほそとおとし》に似《に》た業《わざ》である。

此《こ》の業《わざ》は前記《ぜんき》の業《わざ》をかける時《とき》の如《ごと》く我《わ》が體《たい》を踏《ふ》みこみ難《かた》き場合《ばあひ》にかけるのである。

〔作り〕

（第五十二圖）大外車

右自然體《みぎしぜんたい》に組《く》み敵《てき》を右後隅《みぎうしろすみ》に崩《くづ》したるも我《わ》が體《たい》を踏《ふ》み込《こ》み難《がた》く感《かん》ずる場合《はあひ》がある。

〔掛 け〕

此《こ》の時《とき》右足《みぎあし》を上《あ》げて右脛《みぎはぎ》の裏面《りめん》を敵《てき》の右足《みぎあし》の裏面《りめん》に斜《なゝめ》に當《あ》てゝ踏《ふ》みこみ兩手《りようて》にて敵《てき》の體《たい》を吊《つ》り上《あ》げ氣味《きみ》に引《ひ》き倒《たほ》す。

又敵《またてき》が大外刈《おほそとがり》、大外落《おほそとおとし》を防《ふせ》がんため前《まへ》へ傾《かたむ》かんとするとき此《こ》の業《わざ》に變化《へんくわ》する事《こと》が出來《でき》る。

(二) 眞《ま》捨《すて》身《み》業《わざ》

自身先《じしんさ》きに仰向《あふむ》けに倒《たほ》れ而《しか》して敵《てき》を倒《たほ》す業《わざ》である。自身《じしん》を眞後《まうしろ》に捨《す》ててかゝるから此《こ》の名《な》が起《おこ》つたのである。

隅《すみ》返《かへし》

片足《かたあし》を敵《てき》の內股《うちまた》の下《した》に入《い》れ我《わ》が體《たい》を仰向《あふむ》けに捨《す》てゝ跳《は》ね上《あ》げて投《な》げる業《わざ》である。

〔作 り〕

右自護體《みぎじごたい》に四つに組《く》み敵《てき》を右前隅《みぎまへすみ》に崩《くづ》す。

〔掛け〕

敵《てき》の體《たい》が右前隅《みぎまへすみ》に傾《かたむ》きたる時《とき》左足《ひだりあし》を敵《てき》の兩足間《りようあしかん》に踏《ふ》みこみ其《そ》の足《あし》にて全身《ぜんしん》を支《さゝ》へ右《みぎ》足《あし》を上《あ》げて其《そ》の甲《かう》を敵《てき》の左内股《ひだりうちまた》の下《した》に當《あ》て同時《どうじ》に左手《ひだりて》を引《ひ》きつけると共《とも》に我體《わがたい》を仰向《あふむ》けに捨《す》つれば敵《てき》の體《たい》は我《わ》が體《たい》を超《こ》え投《な》げ出《いだ》される。

巴《ともゑ》投《なげ》

敵《てき》の下腹部《かふくぶ》に足《あし》の裏《うら》を當《あ》て仰向《あふむけ》に身《み》を捨《す》てゝ投《な》げる業《わざ》である。

〔作り〕

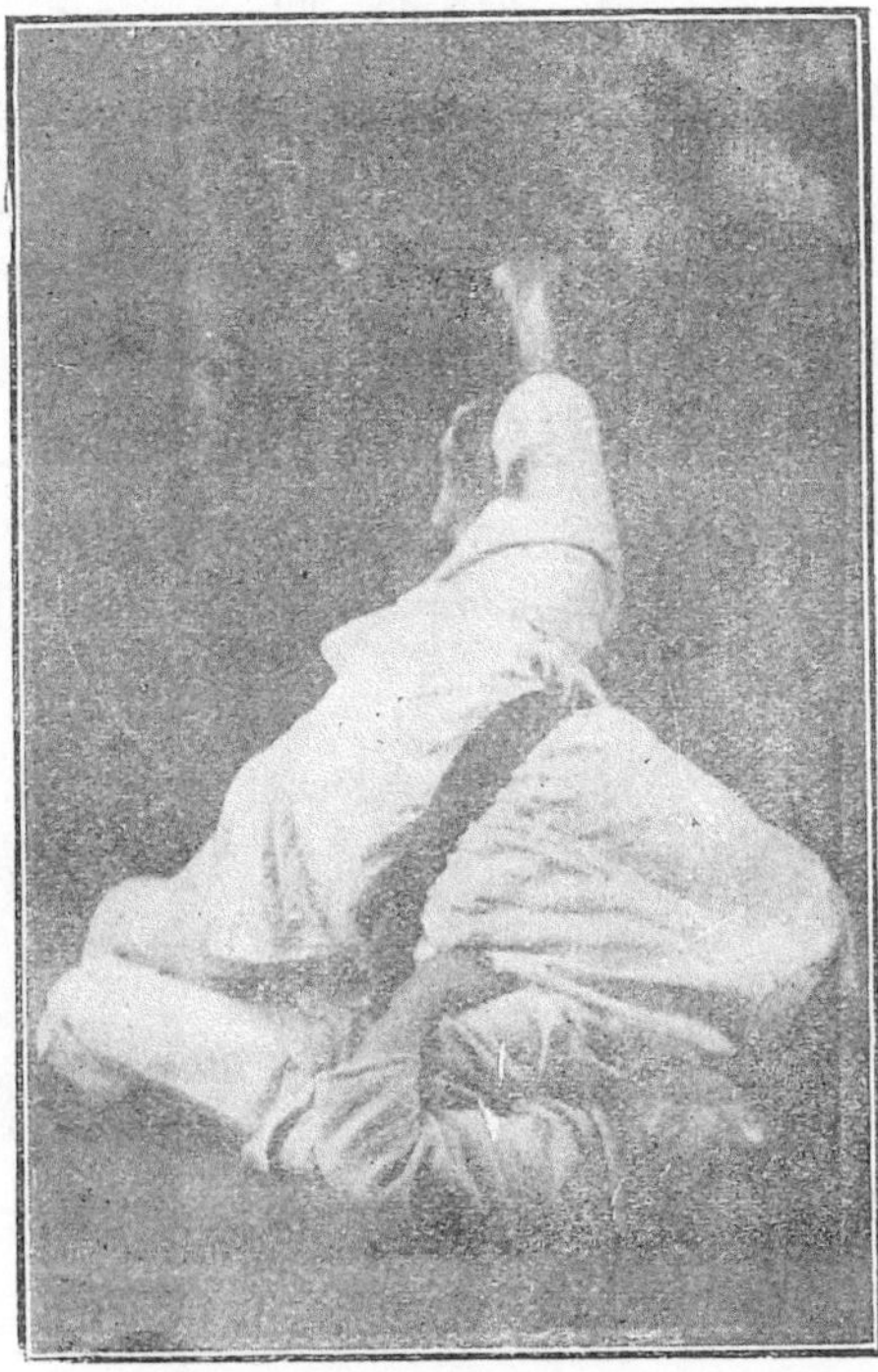

（第五十三圖）　隅返

此《こ》の業《わざ》をかけるには敵《てき》が眞前《ままへ》に崩《くづ》れるやうにする。即《すなは》ち前《まへ》へ引《ひ》くよりも後《うしろ》に押《お》し敵《てき》が押返《おしかへ》さうとする力《ちから》を利用《りよう》し敵《てき》の兩襟《りようえり》を捕《と》り（敢て兩襟をとるに限らないが原則は兩襟をとる事になつてゐる）前《まへ》に引《ひ》く。

〔掛　け〕

この時左足《ときひだりあし》を敵《てき》の兩足間《りようあしかん》に踏《ふ》みこみ其《そ》の足《あし》にて全身《ぜんしん》を支《さゝ》へ右足《みぎあし》を曲《ま》げ其《そ》の指先裏《ゆびさきうら》と土踏《つちふ》まずを敵《てき》の下腹《したはら》に柔《やはら》かに當《あ》てると同時《どうじ》に仰臥《あふぐわ》し兩手《りようて》を下《した》に引《ひ》きながら右足《みぎあし》を伸《の》ばせば敵《てき》の體《たい》はもんどり打《う》つて遠方《ゑんぱう》に投《な》げ出《いだ》される。

巴投《ともえなげ》をかける時敵《ときてき》の睾丸《かうぐわん》を蹴《け》らぬやう注《ちゆう》意《い》を要《えう》する。

（第五十四圖）　巴　投

裏《うら》投《なげ》

敵《てき》を後横《うしろよこ》より抱《いだ》き上《あ》げて後方《こうはう》に投《な》げ捨《す》てる業《わざ》である。

〔作り〕

我《われ》より作《つく》るより敵《てき》の脊《せ》を向《む》けて業《わざ》をかけ來《きた》るを待《ま》つがよい。

〔掛け〕

敵《てき》の後横《うしろよこ》に突《つ》け入《い》る事《こと》の出來《でき》る場合《ばあひ》我《わ》が體《たい》をおろし左手《ひだりて》にて敵《てき》を後《うし》ろより抱《いだ》き右手《みぎて》を右横腹《みぎよこはら》に當《あ》て抱《いだ》き上《あ》ぐると同時《ざうじ》に我《わ》が體《たい》を後方《こうはう》に反《そ》らせ跳《は》ね上《あ》げるやうに投《な》げ捨《す》つれば敵《てき》は我《わ》が頭上《づじやう》を越《こ》え

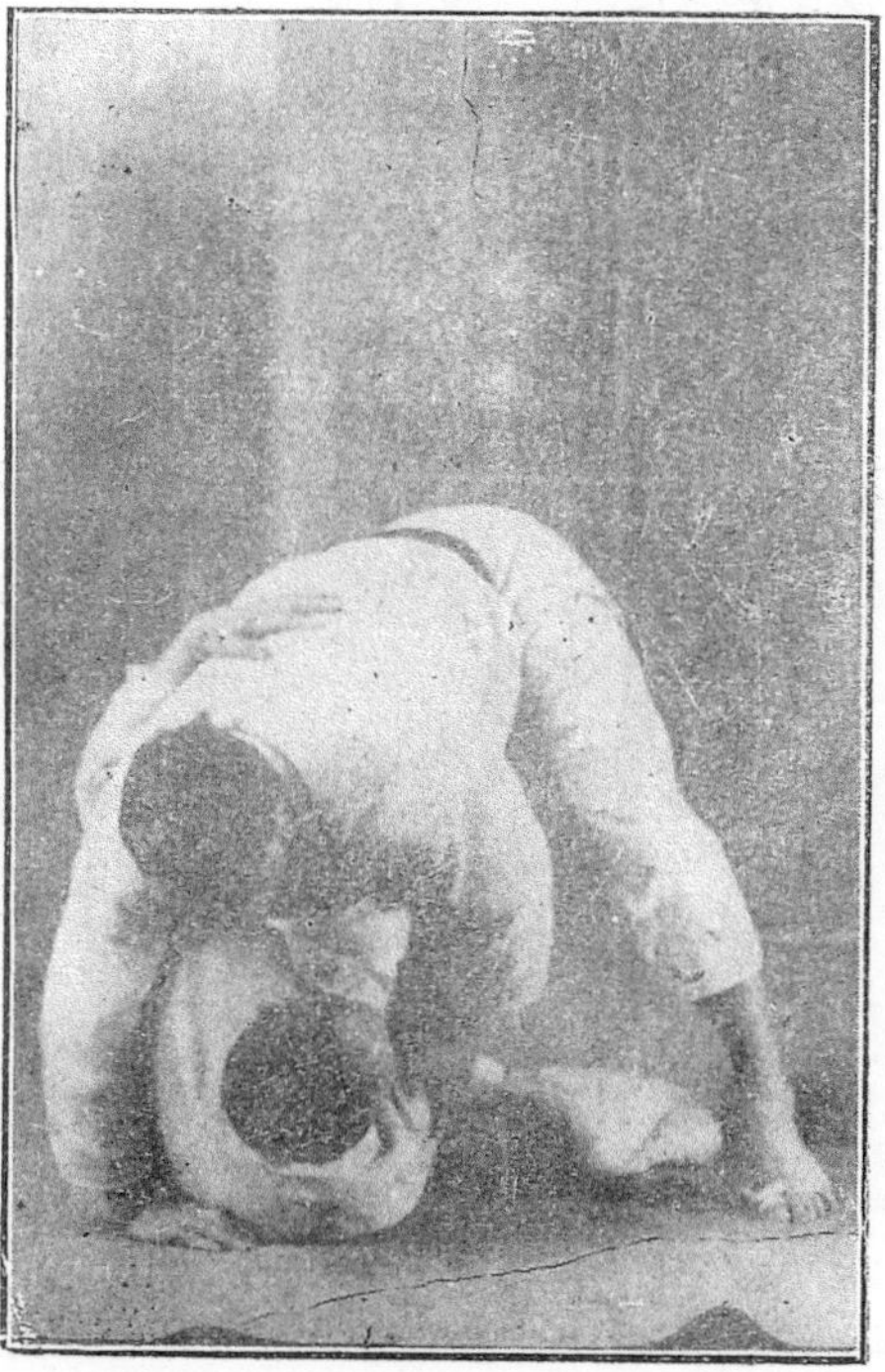

（第五十五圖）裏　投

て投《な》げ出《いだ》される。

引《ひき》込《こみ》返《かへし》

此《こ》の業《わざ》は隅返《すみかへし》と甚《はなは》だ類似《るゐじ》して居《ゐ》る。敵《てき》の片手《かたて》を兩手《りようて》にて抱《いだ》き込《こ》み臑《すね》を敵《てき》の內《うち》股《また》に當《あ》て跳《は》ね上《あ》け敵《てき》の體《たい》を廻轉《くわいてん》せしめて投《な》げる業《わざ》である。

〔作　り〕

右自護體《みぎじごたい》に四つに組《く》みたる時敵《ときてき》を右前隅《みぎまへすみ》に引《ひ》き出《いだ》さうとするに敵《てき》が容易《ようい》に出《い》でず左《ひだり》足《あし》に力《ちから》が加《くは》はり右足《みぎあし》に比較的力《ひかくてきちから》の入《い》らざる狀態《じやうたい》となる。

〔掛　け〕

（第五十六圖）引込返

此《こ》の時袖《ときそで》を捕《と》りたる左手《ひだりて》は其《そ》の儘《まゝ》敵《てき》の右手《みぎて》を抱《いだ》き込《こ》み右手《みぎて》は放《はな》して敵《てき》の右脇下《みぎわきした》から右外奥袖《みぎそとおくそで》を握《にぎ》り兩手《りようて》にて充分《じうぶん》敵《てき》の右手《みぎて》を抱《いだ》きしめ右足《みぎあし》を上《あ》げて其《そ》の膸《すね》を敵《てき》の内股《うちまた》に當《あ》て抱《いだ》きこみたる手《て》を引《ひ》き附《つ》けると同時《どうじ》に右足《みぎあし》を跳《は》ね上《あ》げながら仰向《あふむ》けに體《たい》を捨《す》つれば敵《てき》の體《たい》は我《わ》が體《たい》を越《こ》え後方《こうはう》に向《むか》つて廻《くわい》轉《てん》して倒《たほ》れる。

俵《たはら》返《がへし》

米俵《こめたはら》を擔《かつ》ぐが如《ごと》くして敵《てき》の體《たい》を抱《いだ》き上《あ》げ我《わ》が體《たい》を仰向《あふむ》けに捨《す》てゝ敵《てき》を投《な》げる業《わざ》である。

〔作り〕

（第五十七圖）俵返の一

敵《てき》が下手《したて》になり我《わ》が腹部《ふくぶ》に頭《あたま》を突《つ》きつけて來《きた》る場合《はあひ》がある。此《こ》の姿勢《しせい》は作《つく》るよりは亂捕《らんどり》の時往々《ときわう〳〵》當面《たうめん》する事《こと》がある。

〔掛け〕

此《こ》の時我《ときわ》が兩手《れうて》は敵《てき》の脊《せ》より胸部《きようぶ》に廻《まは》し抱《だ》き締《し》めつゝ敵《てき》の體《たい》を持《も》ち上《あ》げながら反身《そりみ》となり眞後《まうし》ろに身《み》を捨《す》てて投《な》げるのである。

（第五十八圖）俵返の二

(ホ) 横《よこ》捨《すて》身《み》業《わざ》

主《しゆ》として我《わ》が體《たい》を横《よこ》に捨《す》て敵《てき》を横倒《よこたほ》しに投《な》げ出《いだ》す業《わざ》である。

横《よこ》落《をとし》

足《あし》を敵《てき》の反對《はんたい》の足《あし》（右ならば左 左ならば右）の外側《そとがは》より廻《ま》はし身《み》を捨《す》てゝ敵《てき》を投《な》げる業《わざ》である。

〔作　り〕

右自護體《みぎじごたい》に四つに組《く》みたる場合《ばあひ》、敵《てき》を右前隅《みぎまへすみ》に引《ひ》き敵《てき》の體《たい》の重心《ぢうしん》が右足《みぎあし》に偏《へん》する樣《やう》に作《つく》る。

〔掛　け〕

此《こ》の時兩手《ときりやうて》にて敵《てき》の體《たい》を引《ひ》きしめ殊《こと》に左手《ひだりて》は敵《てき》の右手《みぎて》を堅《かた》く抱《いだ》きこみ我《わ》が左足《ひだりあし》を敵《てき》の右足外側《みぎあしそとがは》より兩足間《りやうあしかん》に滑《すべ》り込《こ》むやうに入《い》れて身《み》を捨《す》てながら引《ひ》き落《をと》せば敵《てき》の體《たい》は我體《わがたい》と並行《へいこう》に右後隅《みぎうしろすみ》に倒《たほ》れる。

（第五十九圖）　横　落

此《こ》の業《わざ》は投《な》げた後《のち》も抱《だ》きこんだ手《て》を放《はな》さないから直《たゞ》ちに固業《かためわざ》に移《うつ》る事《こと》が出來《でき》る。

谷《たに》落《おとし》

横落《よこおとし》より一層深《そうふか》く足《あし》を滑《すべ》りこませて投《な》げる業《わざ》である。

〔作　り〕

右自護體《みぎじごたい》に組《く》みたる場《ば》合《あひ》、横落《よこおとし》ならば敵《てき》を右前《みぎまへ》隅《すみ》に崩《くづ》すのであるが谷落《たにおとし》は敵《てき》の體《たい》を後隅《うしろすみ》に押崩《おしくづ》す。即《すなは》ち先《ま》づ敵《てき》を前隅《まへすみ》に引《ひ》き敵《てき》が引《ひ》かれじとして引返《ひきかへ》さうとする力《ちから》を利用《りよう》して押《お》せば容易《ようい》に崩《くづ》すことが出來《でき》る。

（第十六圖）谷　落

〔掛け〕

此《こ》の時《とき》我《わ》が左足《ひだりあし》を深《ふか》く敵《てき》の兩足《りようあし》の踵《かゝと》の所《ところ》へ横向《よこむき》に滑《すべ》り込《こ》ませながら身《み》を捨《す》てて敵《てき》を後隅《うしろすみ》に倒《たほ》すのである。

浮《うき》　業《わざ》

敵《てき》の體《たい》が左右《さいう》何《いづ》れかへ充分《ぢうぶん》浮きたる時《とき》其《そ》の方向《はうこう》へ引込《ひきこ》み身《み》を捨《す》てて敵《てき》を倒《たほ》す業《わざ》である。

〔作り〕

右自護體《みぎじごたい》に四つに組《く》みたる時《とき》、我《わ》が右手《みぎて》を以《もつ》て敵《てき》の體《たい》を吊《つ》り上《あ》げ氣味《きみ》にし我《わ》が右足《みぎあし》を一歩《ほ》退《しりぞ》き左前隅《ひだりまへすみ》に崩《くづ》さんとし敵《てき》が反抗《はんこう》し

（第六十一圖）浮　業

右前隅《みぎまへすみ》に引《ひ》き返《かへ》さんとする力《ちから》を利用《りよう》し右手《みぎて》にて敵《てき》の體《たい》を浮《う》かせ左手《ひだりて》は敵《てき》の右手《みぎて》を抱《いだ》き込《こ》み充分《ぢうぶん》右前隅《みぎまへすみ》に崩《くづ》す。

〔掛け〕

此《こ》の時《とき》我《わ》か右足《みぎあし》は敵《てき》の左足內側《ひだりあしうちがは》に左足《ひだりあし》は敵《てき》の右《みぎ》足外側《あしそとがは》に踏《ふ》みしめ我《わ》が體《たい》を左後隅《ひだりうしろすみ》に捨《す》てて倒《たほ》るれば敵《てき》の體《たい》は起立《きりつ》の權衡《けんかう》を失《うしな》ひ右前隅《みぎまへすみ》に向《むか》つて廻轉《くわいてん》して倒《たほ》れる。

抱《だき》分《わかれ》

敵《てき》を後横《うしろよこ》より抱《いだ》き我《わ》が體《たい》を後隅《うしろすみ》に捨《す》て敵《てき》を投《な》げ出《いだ》す業《わざ》である。

（第六十二圖）抱分の一

〔作　り〕

俵返《たはらがへし》の場合《ばあひ》に同《おな》じく敵《てき》の體《たい》が四つ這《は》ひになつた場合《ばあひ》施《ほどこ》す業《わざ》である。

〔掛　け〕

此《こ》の時《とき》我《わ》が左足《ひだりあし》を敵《てき》の左横《ひだりよこ》に、右足《みぎあし》を兩《りやう》足《あし》の間《あひだ》に踏《ふ》みこみ左手《ひだりて》を敵《てき》の左脇下《ひだりわきした》より入《い》れて左横襟《ひだりよこえり》を握《にぎ》り右手《みぎて》を伸《の》ばして腰《こし》より腹《はら》にかけて抱《いだ》きこみ我《わ》が體《たい》を右後隅《みぎうしろすみ》に捨《す》てる時《とき》は敵《てき》の體《たい》は我《わ》が體《たい》を越《こ》えて投《な》げ出《いだ》される。

横《よこ》車《ぐるま》

敵《てき》の横《よこ》より抱《いだ》きつき腰《こし》をおろし我《わ》が體《たい》を

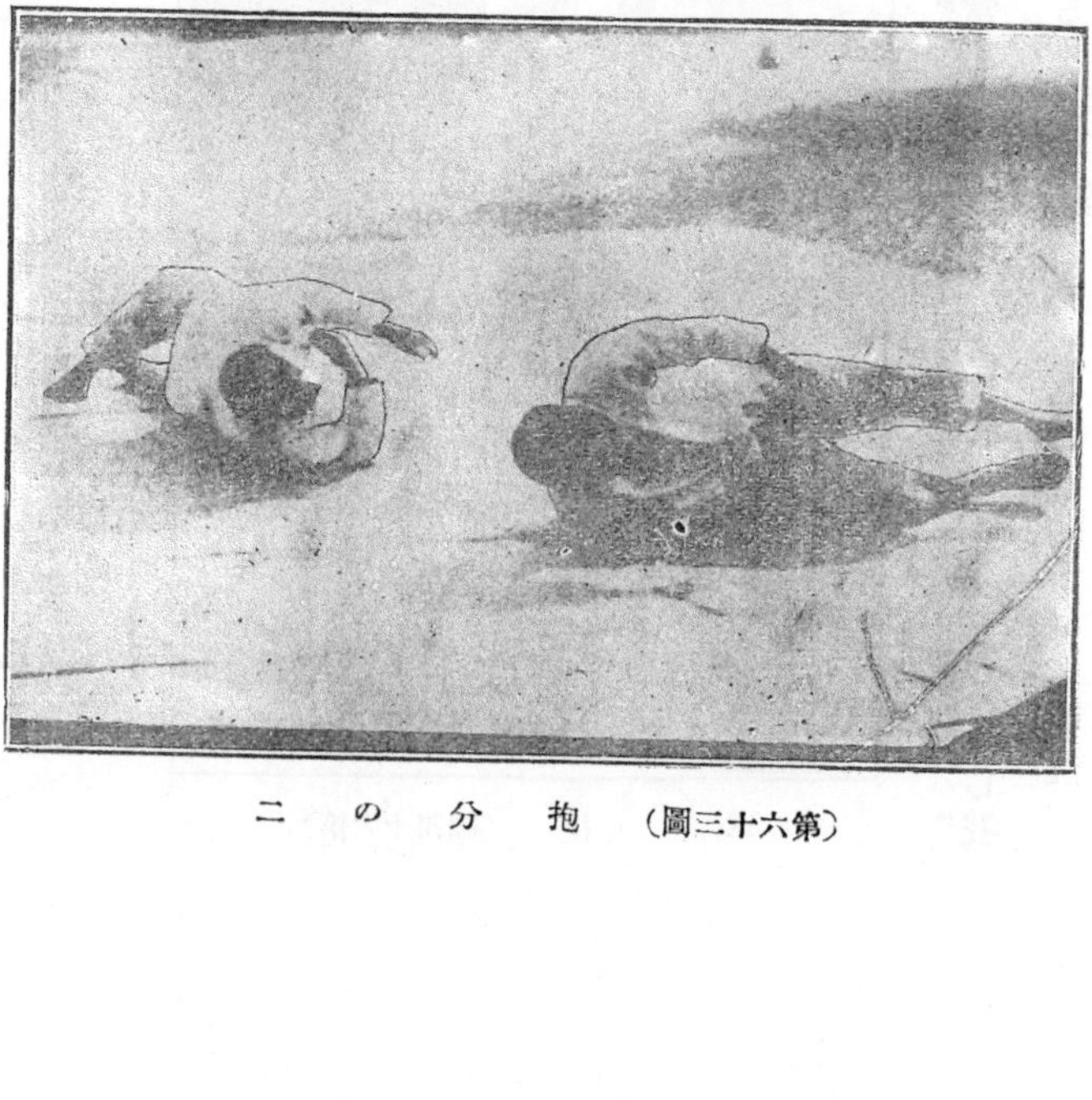

（第六十三圖）抱分の二

後隅《うしろすみ》に捨《す》てて投出《なげいだ》す業《わざ》である。

〔作り〕

敵《てき》の横《よこ》より抱《いだ》き付《つ》き得《う》る時《とき》例《たと》へば敵《てき》が腰業《こしわざ》に來《きた》りたる場合《ばあひ》に於《おい》て敵《てき》の腰《こし》を抱《いだ》き敵《てき》が裏投《うらなげ》を防《ふせ》がんため腰《こし》を踞《かゞ》め自護體《じごたい》になりたる時《とき》施《ほどこ》す業《わざ》である。

〔掛け〕

此《こ》の時《とき》我《われ》は腰《こし》をおろし右足《みぎあし》を敵《てき》の兩足《りようあし》の中間《ちうかん》に深《ふか》く踏《ふ》みこみ腰《こし》を抱《いだ》きたる左手《ひだりて》と下腹部《かふくぶ》に當《あ》てたる右手《みぎて》にて敵《てき》を抱《いだ》き上《あ》ぐる如《ごと》くし我《わ》が體《たい》を左後隅《ひだりうしろすみ》に捨《す》てながら投《な》げるのである。

（第六十四圖）横　車

横《よこ》分《わけ》

敵《てき》の足《あし》を掃《はら》ふと同時《どうじ》に體《たい》を捻《ひね》り横《よこ》に捨《す》てて投《な》げる業《わざ》である。

〔作　り〕

右手《みぎて》にて敵《てき》の左横帶《ひだりよこをび》を逆《ぎやく》に捕《と》り左手《ひだりて》は敵《てき》の後横《うしろよこ》帶《おび》を握《にぎ》り敵《てき》を前《まへ》へ引《ひ》き出《いだ》さんとすれば敵《てき》は反抗《はんこう》して引《ひ》き返《かへ》さんとする此《こ》の時敵《ときてき》の體《たい》の重心《ぢうしん》は前《まへ》の右《みぎ》足《あし》の外側《そとがは》に傾《かたむ》く。

〔掛　け〕

此《こ》の時我《ときわ》が左足《ひだりあし》の裏《うら》を以《もつ》て敵《てき》の右足 踝《みぎあしくるぶし》の下部《かぶ》を掃《はら》ふと同時《どうじ》に左手《ひだりて》を下《した》に引《ひ》き附《つ》け我《わ》が體《たい》を横《よこ》に捻《ひね》りながら捨《す》つれば敵《てき》の體《たい》は我《わ》れと並行《へいこう》に横倒《よこたほ》しとなる。

（第六十五圖）横　分

横《よこ》掛《かけ》

敵《てき》の足《あし》を掃《はら》ひながら體《たい》を後隅《うしろすみ》に反《そ》らせ横《よこ》樣《さま》に捨《す》てて投《な》げる業《わざ》である。

〔作り〕

右自然體《みぎしぜんたい》に組《く》みたる際《さい》、敵《てき》を右前隅《みぎまへすみ》に崩《くづ》し尙《なほ》一層右袖《そうみぎそで》を引《ひ》き付《つ》く。

〔掛け〕

此《こ》の時左足《ときひだりあし》を伸《の》ばし敵《てき》の右足外踝《みぎあしそとくるぶし》の下《か》部《ぶ》を掃《はら》ひながら引《ひ》き體《たい》を左後隅《ひだりうしろすみ》に反《そ》らせ左横《ひだりよこ》に身《み》を捨《す》てて投《な》げるのである。

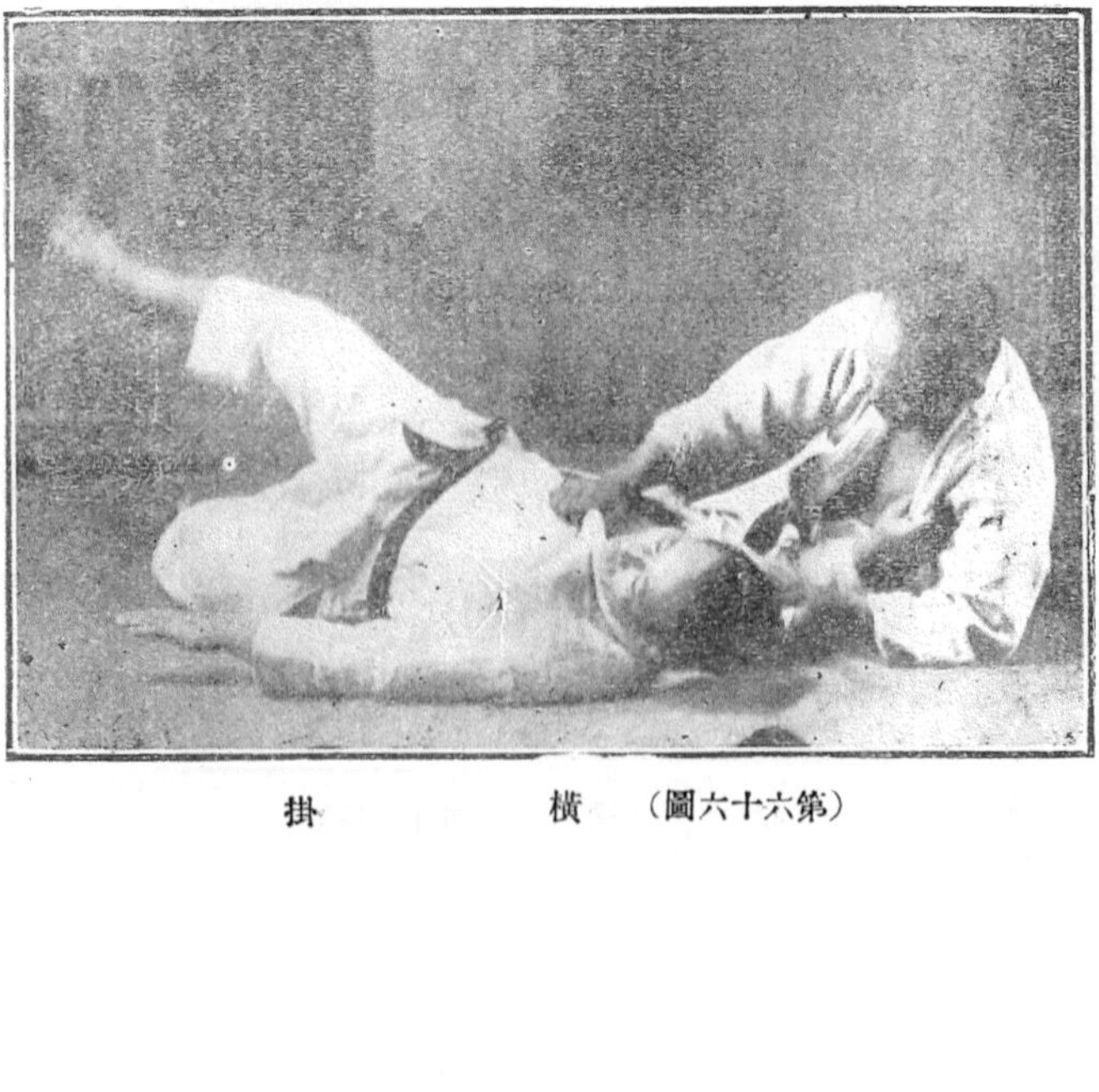

（第六十六圖）　横　掛

第二 固《かため》 業《わざ》

投業《なげわざ》を立業《たちわざ》といふ如《ごと》く固業《かためわざ》を俗《ぞく》に寢業《ねわざ》といつて居《ゐ》る、抑込業《をさへこみわざ》、絞業《しめわざ》、關節業《くわんせつわざ》の總稱《そうせう》である。

元來固業《くわんらいかためわざ》は體育法《たいいくはふ》とし、勝負法《しようぶはふ》として投業《なげわざ》と比較《ひかく》し其《そ》の効力《こうりよく》は甚《はなは》だ少《すく》ないが忍耐《にんたい》の精神《せいしん》を養《やしな》ふ上《うへ》に於《おい》ては遙《はる》かに勝《まさ》つて居《ゐ》る如《ごと》く考《かんが》へられる。

投業《なげわざ》の派手《はで》なるに反《はん》し固業《かためわざ》は地味《ぢみ》であるから從《したが》つて興味《きようみ》も亦前者《またぜんしや》に劣《をと》つて居《ゐ》るが投業《なげわざ》の完成《くわんせい》を期《き》す上《うへ》に就《つい》ては是非共固業《ぜひともかためわざ》の修業《しゆげふ》をなさねばならぬ。

立《た》つて強《つよ》く寢《ね》て強《つよ》くして始《はじ》めて正々堂々《せい〳〵だう〳〵》の勝負《しようぶ》をする事《こと》が出來《でき》るのであつて、如何《いか》に強《つよ》くとも一方《はう》に偏《へん》する時《とき》は之《これ》を完全《くわんぜん》なる強者《きようしや》といふ事《こと》は出來《でき》ないのであるから興味《きようみ》の多少《たせう》によつて之《こ》れを等閑《とうかん》に附《ふ》することは避《さ》けねばならぬ。

殊《こと》に警察官諸子《けいさつくわんしよし》に於《おい》ては其《そ》の職務上《しよくむじやう》寧《むし》ろ固業《かためわざ》に待《ま》つものが多《おほ》いのであるから一層努《そうど》力《りよく》し以《もつ》て修業《しゆげふ》の實《じつ》を擧《あ》げなければならぬ。

(イ) 抑《をさへ》 込《こみ》 業《わざ》

此《こ》の業《わざ》は字の如《ごと》く種々《しゆ〻》なる方法《はうはふ》を用《もち》ひ敵《てき》を抑《おさ》へ付《つ》けて動《うご》かさぬ様《やう》にするのである。尤《もつと》も實際《じつさい》に於《おい》ては單《たん》に抑込《おさへこ》むのみを以《もつ》て完全《くわんぜん》に敵《てき》を制《せい》し得《う》るものでなく或《あるひ》は絞業《しめわざ》に變《へん》じ或《あるひ》は關節業《くわんせつわざ》に變《へん》じて敵《てき》に抵抗《ていこう》の餘地《よち》なからしめるのである。依《よ》つて抑込《おさへこみ》に於《おい》ては自身《じしん》他《た》の業《わざ》に變化《へんくわ》する餘裕《よゆう》を持《も》ち敵《てき》の變化《へんくわ》の自由《じいう》を奪《うば》ふにあるのである。乃《すなは》ち固業《かためわざ》に於《お》ける抑込《おさへこみ》、絞《しめ》、關節《くわんせつ》の三種《しゆ》は終始《しうし》相關聯《あひくわんれん》して離《はな》るべからざる關係《くわんけい》にあることを忘《わす》れてはならない。

總《す》べて身體《しんたい》の各部分《かくぶぶん》を過不及《くわふきう》なく働《はたら》かすことは何業《なにわざ》によらず必要《ひつえう》であるが抑込業《おさへこみわざ》に於《おい》ては一層重大《そうじうだい》なる要件《えうけん》である、力《ちから》を一方《はう》に偏《へん》すれば他《た》に弱點《じやくてん》を生《しやう》ずるは當然《たうぜん》の結果《けつくわ》である。而《しか》もこの弱點《じやくてん》を見出《みいだ》すは抑《おさ》へて居《ゐ》るものよりは寧《むし》ろ抑《おさ》へられて居《ゐ》る者《もの》が敏感《びんかん》であるから常《つね》に注意《ちゆうい》し機《き》に臨《のぞ》み變《へん》に應《おう》じて力《ちから》を按配《あんばい》し敵《てき》の逆襲《ぎやくしう》に備《そな》ふる必要《ひつえう》がある。又《また》抑込業《おさへこみわざ》は投業《なげわざ》の如《ごと》く瞬間《しゆんかん》の動作《どうさ》によつて勝敗《しようはい》の決《けつ》するものではなく完全《くわんぜん》に抑込《おさへこ》みても尚《なほ》ある時間《じかん》を經過《けいくわ》せねばならぬのであるから從《したが》つて最後《さいご》の勝利《しようり》を得《う》るまでは絶《た》えず心身《しんしん》を活動《くわつどう》させ敵《てき》に些《いさゝ》かの間隙《かんげき》をも與《あた》えぬやうにしなければならぬ。

袈《け》裟《さ》固《がため》

敵《てき》の體《たい》を袈《け》裟《さ》掛《か》けに抑《おさ》へる業《わざ》である。

〔方　法〕

敵《てき》が仰向《あふむけ》になつて居《ゐ》る時《とき》其《そ》の右側《みぎがは》に我《わ》が體《たい》を入《い》れ左手《ひだりて》にて敵《てき》の右手《みぎて》の奧袖《おくそで》を捕《こ》り左《ひだり》腋下《わきした》に抱《いだ》きこみ右腰《みぎこし》を敵《てき》の右腰《みぎこし》に密着《みつちやく》せしめ右手《みぎて》は體《たい》の上《うへ》より左肩《ひだりかた》の下《した》を捕《こ》り右足《みぎあし》の膝《ひざ》を少《すこ》し曲《ま》げ外側《そとがは》を地《ち》につけ敵《てき》の右腋《みぎわき》に密《みつ》着《ちやく》させ左足《ひだりあし》は膝《ひざ》を曲《ま》げ其《そ》の內側《うちがは》を地《ち》に付《つ》け後方《こうはう》に開《ひら》き頭《あたま》を敵《てき》の右肩《みぎかた》に當《あ》てるやうにして敵《てき》の自由《じいう》を奪《うば》ふのである。

今一《いまひと》つの方法《はうはふ》は我《わ》が右手《みぎて》を相手《あひて》の左肩上《ひだりかたうへ》から首《くび》を抱《いだ》き他《た》は前《まへ》と同《おな》じ要領《えうれう》で抑《おさ》へる。

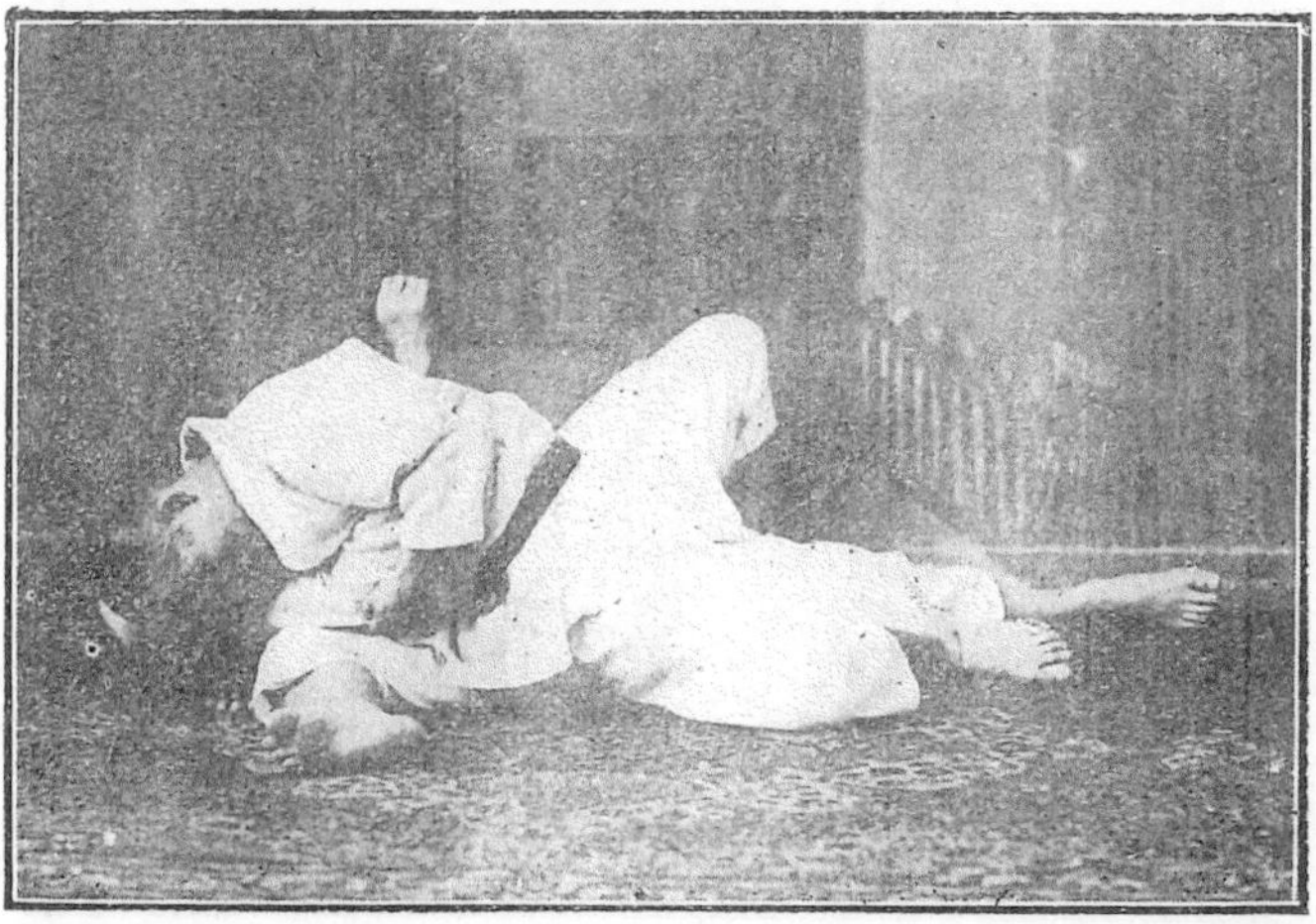

（第六十七圖）　袈　裟　固

肩《かた》固《かため》

敵《てき》の片腕《かたうで》を頸《くび》と共《とも》に抱《いだ》き占《し》め自由《じいう》を失《うしな》はしめて抑《をさ》へ込《こ》む業《わざ》である。

敵《てき》が仰向《あふむ》けに倒《たほ》れ右手《みぎて》を伸《の》ばし我《わ》が襟《えり》を捕《と》らんとする時《とき》など此《こ》の固業《かためわざ》を施《ほどこ》すべき好《こう》機會《きくわい》である。此《こ》の場合《はあひ》我《わ》れは直《たゞ》ちに左手《ひだりて》にて其手《そのて》を突《つ》き上《あ》げ頭《あたま》にて腕《うで》の附根《つけね》の外側《そとがは》を制《せい》し右手《みぎて》を伸《の》ばし敵《てき》の左肩《ひだりかた》より深《ふか》く頸《くび》を抱《いだ》き左手《ひだりて》は敵《てき》の右肩《みぎかた》の下《した》より差入《さしい》れ敵《てき》の頸下《くびした》にて我《わ》が兩手《りようて》を握《にぎ》り合《あは》せ右膝《みぎひざ》を折《を》り敵《てき》の右《みぎ》横腹《よこはら》に密着《みつちやく》せしめ左足《ひだりあし》を我《わ》が體《たい》と殆《ほとん》ど直角《ちよくかく》に出《いだ》してふん張《は》り我《わ》が右肩《みぎかた》にて敵《てき》の右手《みぎて》を

（第六十八圖）肩固

押《を》しながら兩手《りようて》を絞《し》めて敵《てき》の自由《じいう》を奪《うば》ふのである。

又腰《またこし》と足《あし》の構《かま》へを袈裟固《けさかため》と同樣《どうやう》に作《つく》つてもよい。

上《かみ》四《し》方《はう》固《がため》

敵《てき》の顏《かほ》を我《わ》が腹《はら》の下《した》に入《い》れて抑《おさ》へる業《わざ》である。

敵《てき》が仰向《あふむけ》に倒《たほ》れて居《ゐ》る時《とき》我《われ》は其《そ》の頭《あたま》の方《はう》に坐《すは》り兩手《りようて》を敵《てき》の兩手《りようて》の下《した》に差入《さしい》れ左右横《ひだりみぎよこ》帶《をび》を捕《と》り兩臂《りようひぢ》を地《ち》に付《つ》け我《わ》が腹《はら》を敵《てき》の面部《めんぶ》の上《うへ》にし兩膝《りやうひざ》を開《ひら》き腰《こし》をおろして敵《てき》の自由《じいう》を制《せい》するのである。

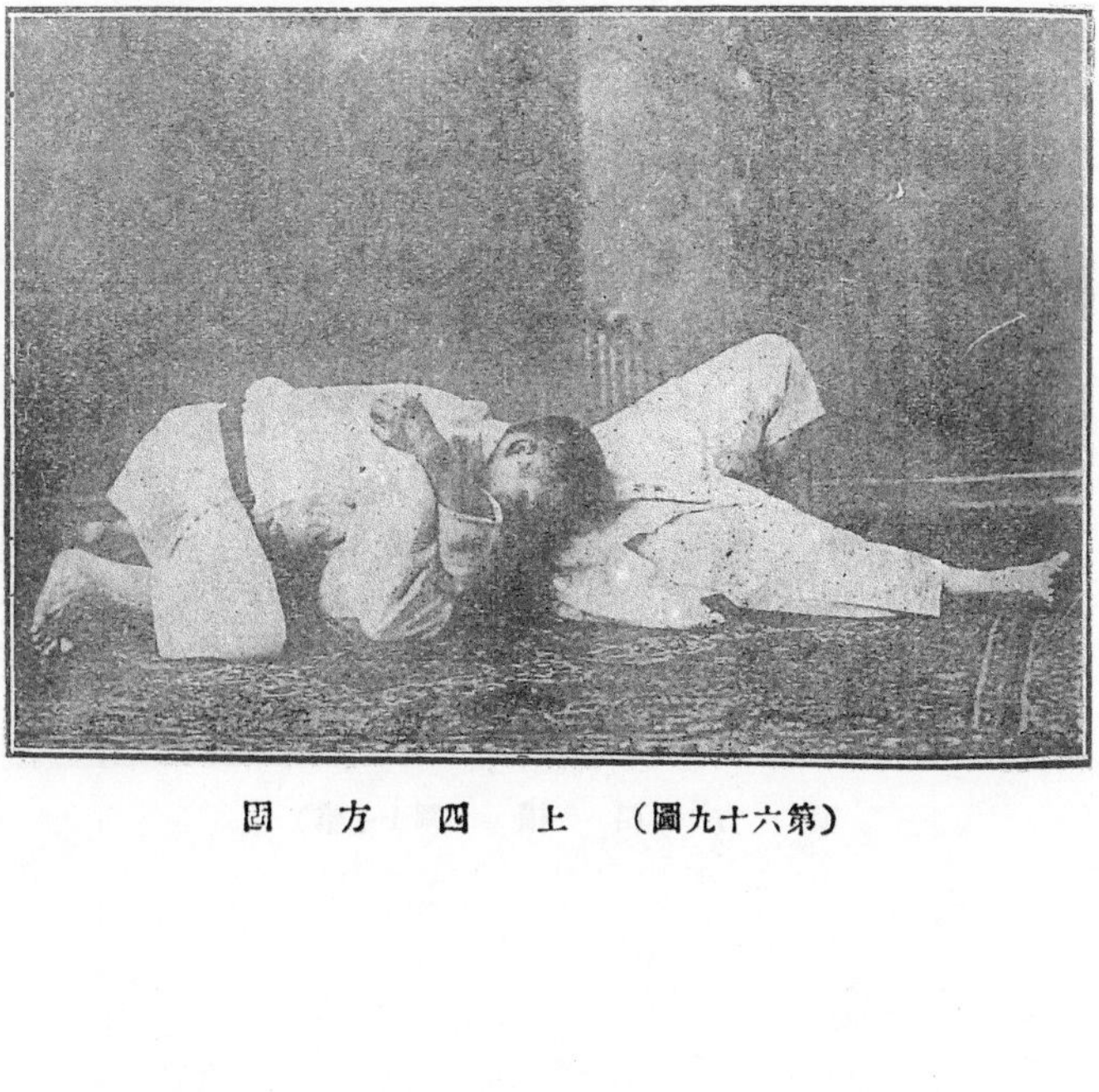

（第六十九圖）上四方固

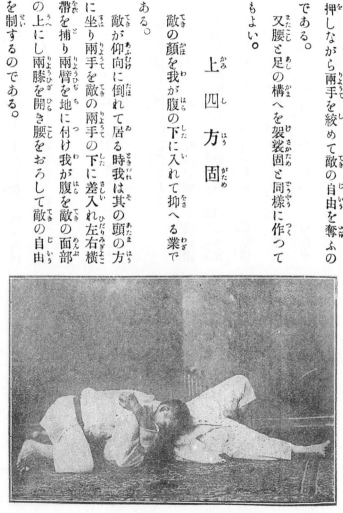

又《また》兩手《りやうて》を敵《てき》の兩手《りやうて》の上《うへ》から帶《をび》を捕《こ》り或《あるひ》は左右《さいう》片方《かたはう》宛《づつ》上下《じやうげ》にして帶《をび》を捕《こ》り抑《をさ》へてもよい。

横《よこ》四《し》方《はう》固《がため》

敵《てき》の眞横《まよこ》より抑《をさ》へ込《こ》む業《わざ》である。

敵《てき》の仰向《あふむけ》に倒《たほ》れたる時敵《ときてき》の横《よこ》より我《わ》が體《たい》を十字形《じがた》に俯臥《あふぐわ》し右手《みぎて》は敵兩股《てきりやうまた》の間《あひだ》より左《ひだり》横帶《よこをび》を捕《さ》り左手《ひだりて》は敵《てき》の右肩上《みぎかたうへ》より後襟《うしろえり》を捕《さ》り右膝《みぎひざ》は敵《てき》の右腰《みぎこし》に左膝《ひだりひざ》は敵《てき》の右腋《みぎわき》に當《あ》てて坐《ざ》し胸《むね》を敵《てき》の腹部《ふくぶ》に乘《の》せ抑《をさ》へ敵《てき》の自由《じいう》を奪《うば》ふのである。

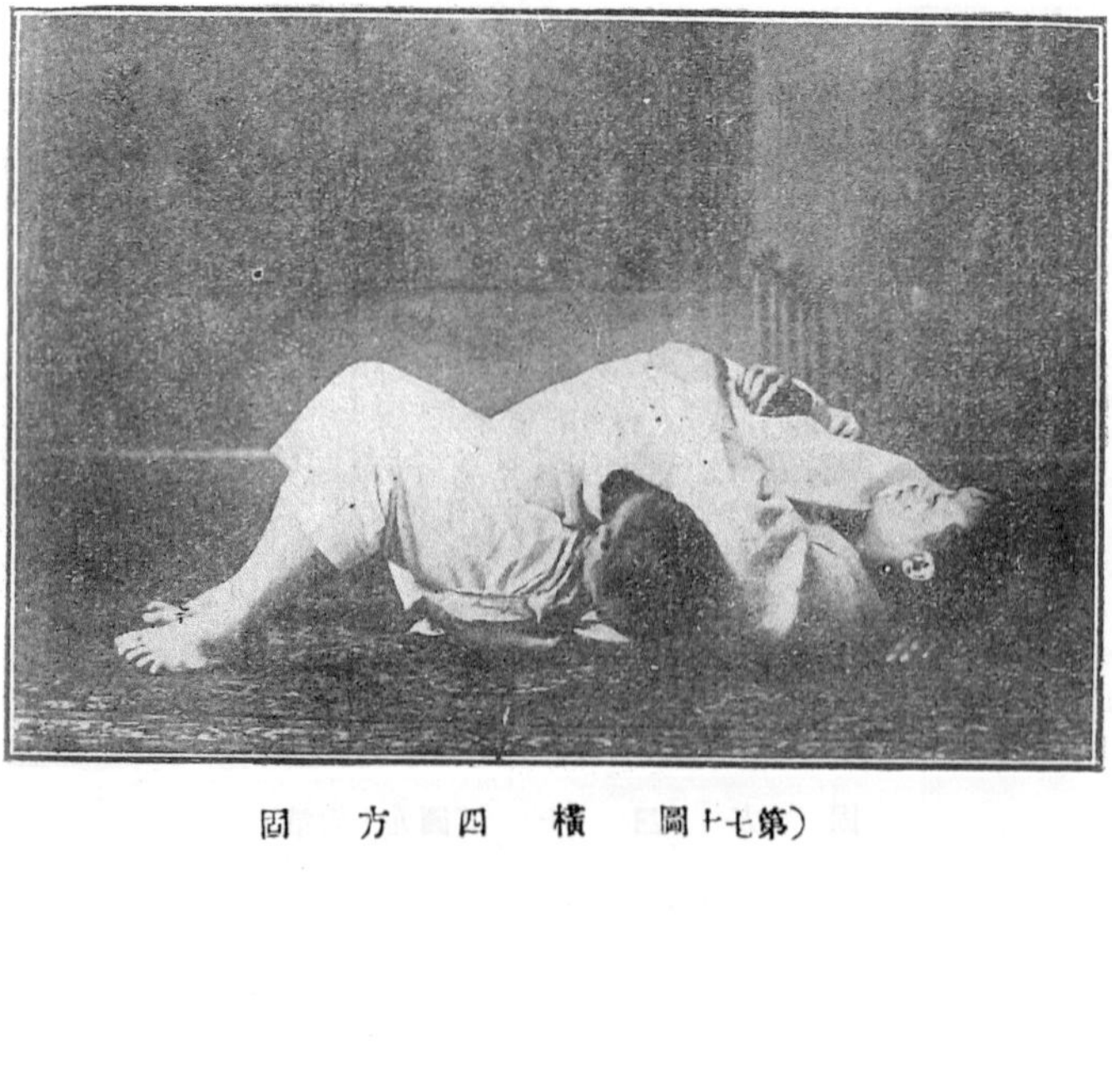

（第七十圖　横四方固

崩《くづれ》上《かみ》四《し》方《はう》固《がため》

上《かみ》四《し》方《はう》固《かため》の變形《へんけい》したるものである。上《かみ》四《し》方《はう》固《かため》の位置《ゐち》に坐《ざ》し右手《みぎて》を敵《てき》の右腋下《みぎわきした》より逆《ぎやく》に右肩《みぎかた》の外《そと》に差入《さしい》れ後襟《うしろえり》を四指《し》を内《うち》に拇指《おやゆび》を外《そと》にして捕《と》り敵《てき》の右手《みぎて》を抱《いだ》き込《こ》み右膝《みぎひざ》の內側《うちがは》と右横腹《みぎよこはら》にて敵《てき》の右手《みぎて》の自由《じいう》を制《せい》し左手《ひだりて》は敵《てき》の左手《ひだりて》の下《した》より差入《さしい》れて左横《ひだりよこ》帶《をび》を捕《と》り胸《むね》を敵《てき》の胸《むね》に密着《みつちやく》せしめ左膝《ひだりひざ》を少《すこ》し開《ひら》き腰《こし》をおろして抑《をさ》へるのである。

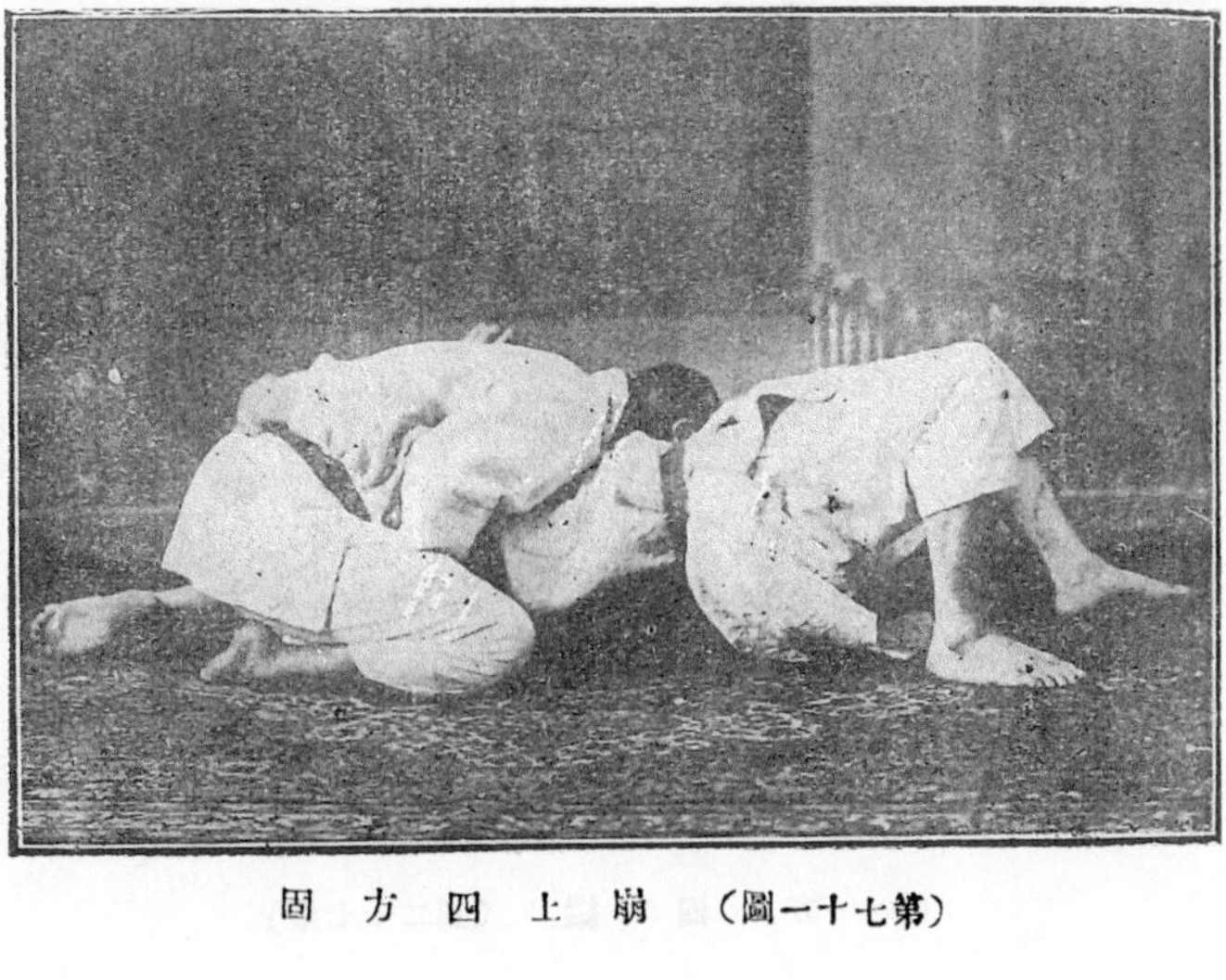

（第七十一圖）崩上四方固

縱《たて》四《し》方《はう》固《がため》

敵《てき》を縱《たて》に抑《をさ》へ込《こ》む業《わざ》である。

敵《てき》の仰臥《あふぐわ》したる時《とき》敵《てき》の兩足《りようあし》を我《わ》が兩足《りよゝあし》の中《なか》に挾《はさ》み腹及《はらおよ》び胸《むね》は各々《おの／＼》相手《あひて》の腹及胸《はらおよびむね》を上《うへ》より壓《を》し兩手《りようて》にて敵《てき》の首《くび》を抱《か》へこみ上體《じやうたい》を少《すこ》し乘《の》り出《いだ》して敵《てき》の自由《じいう》を制《せい》するのである。

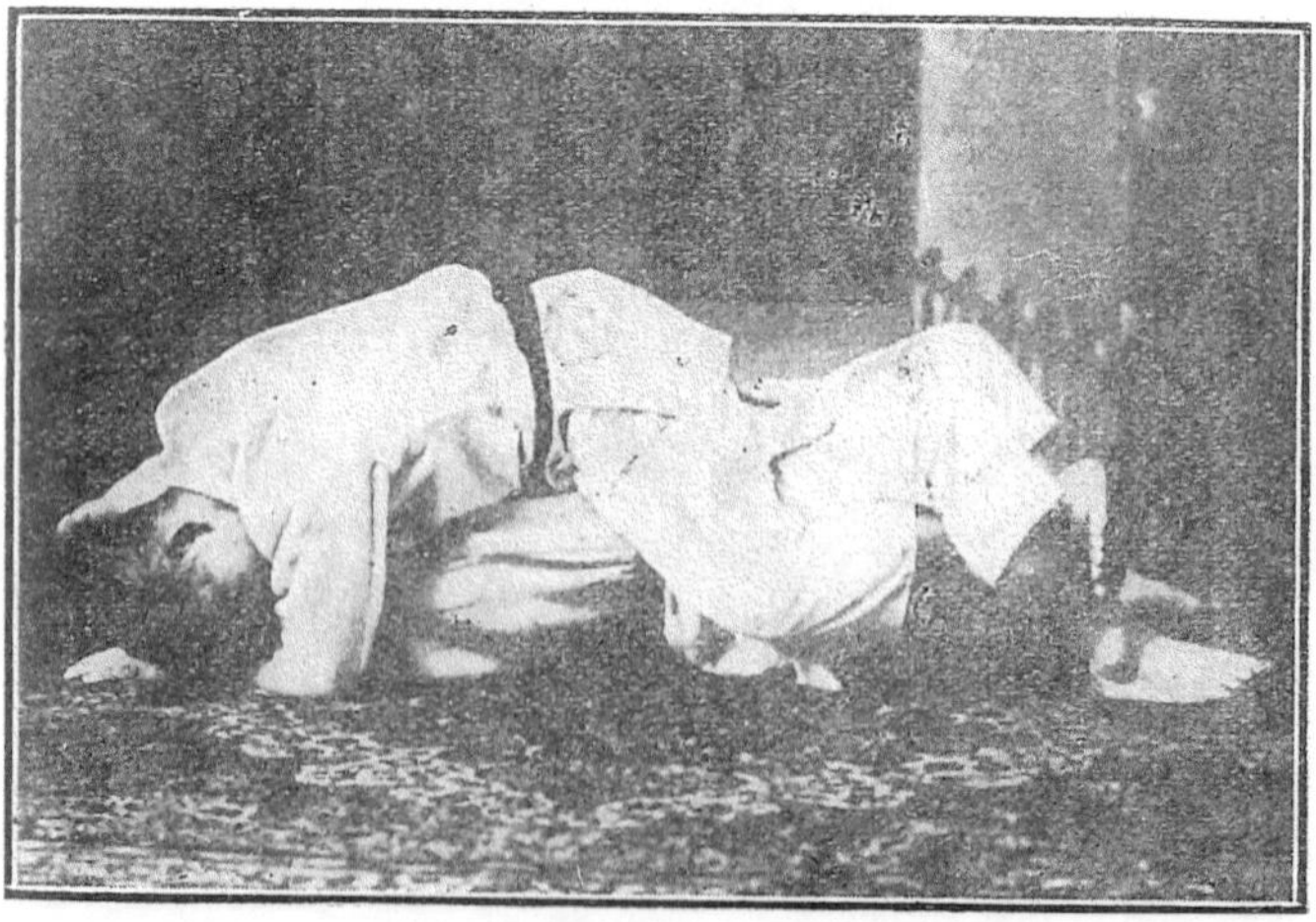

(第七十二圖) 縱四方固

（ロ）絞《しめ》業《わざ》

敵《てき》の首《くび》を絞《し》めて活動《くわつどう》の能力《のうりよく》を失《うしな》はしめる業《わざ》である。

此《こ》の練習《れんしふ》には絞《し》められた方《はう》は呼吸《こきう》が苦《くる》しくなれば手《て》を打《う》つて參《まゐ》りの合圖《あひづ》をなし又施《またせ》術者《じゆつしや》は夫《そ》れと共《とも》に絞《しめ》の手《て》を止《と》めねばならぬ。

片《かた》十《じゆう》字《じ》絞《しめ》

我《わ》が兩手《りようて》を片十字形《かたじゆうじかた》にして絞《し》める業《わざ》である。

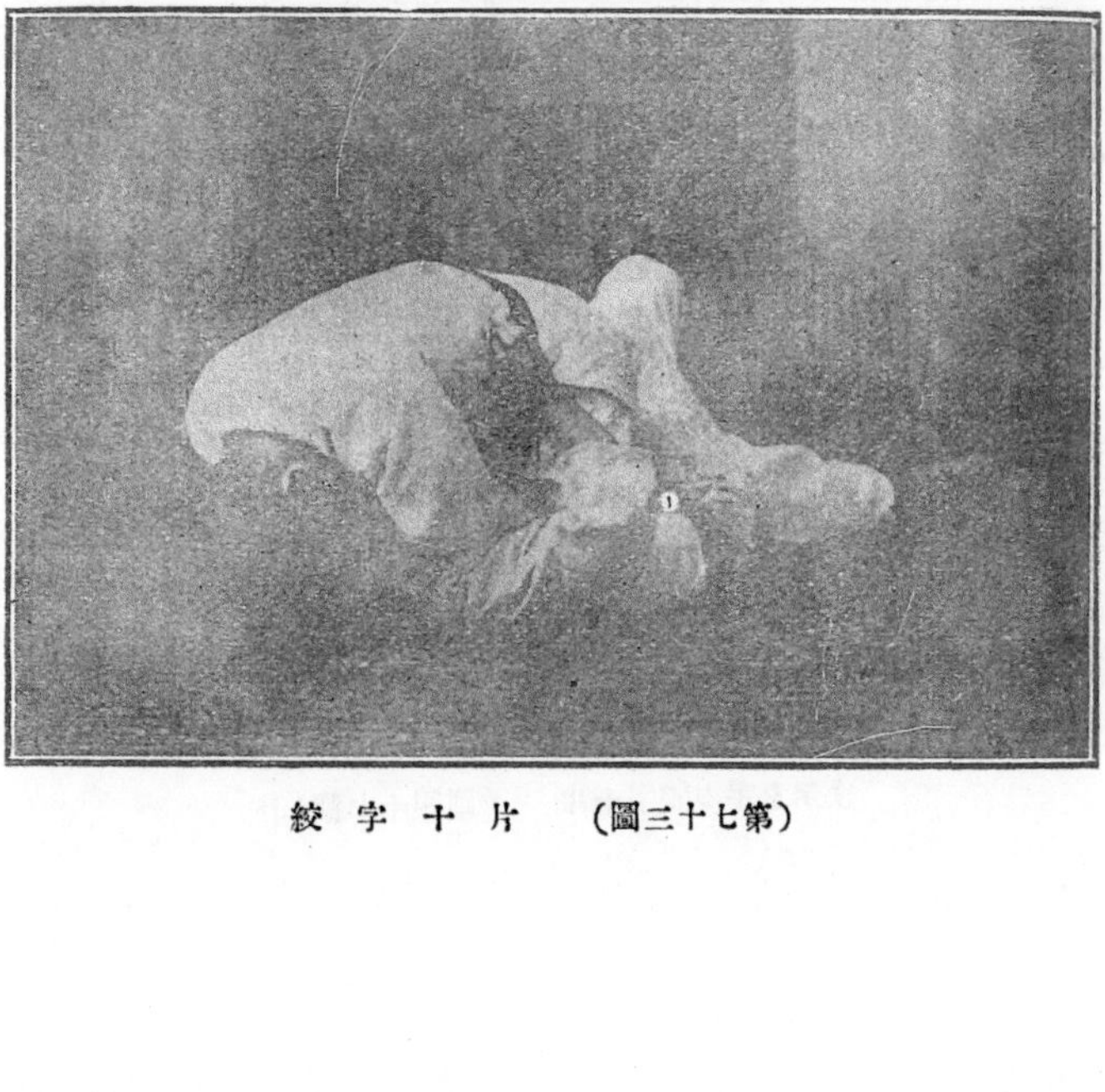

（第七十三圖）片十字絞

敵《てき》が仰臥《あふぐわ》して居《ゐ》る上《うへ》に馬乗《うまの》りに跨《また》がり左《ひだり》手《て》にて敵《てき》の左後襟《ひだりうしろえり》を逆《ぎやく》に捕《と》り（四指を内側にし拇指を外に出す）右手《みぎて》にて右横襟《みぎよこえり》を左手《ひだりて》の上《うへ》より順《じゆん》に捕《と》り（拇指を内にし四指を外にする）兩膝《りようひざ》にて相手《あひて》の胴《どう》を挾《はさ》み體《たい》を前《まへ》に乗《の》り出《いだ》しながら左手《ひだりて》を引《ひ》き右手《みぎて》を押《を》して咽喉《のど》を絞《しめ》るのである。又必《またかなら》ずしも馬乗《うまの》りになるを要《えう》しない横《よこ》でも下《した》でも随意都合《ずゐいつがふ》よき時《とき》に施《ほどこ》してよい。又絞《またし》め方《かた》は手拭《てぬぐい》を絞《し》ぼる呼吸《こきう》ですればよろしい。

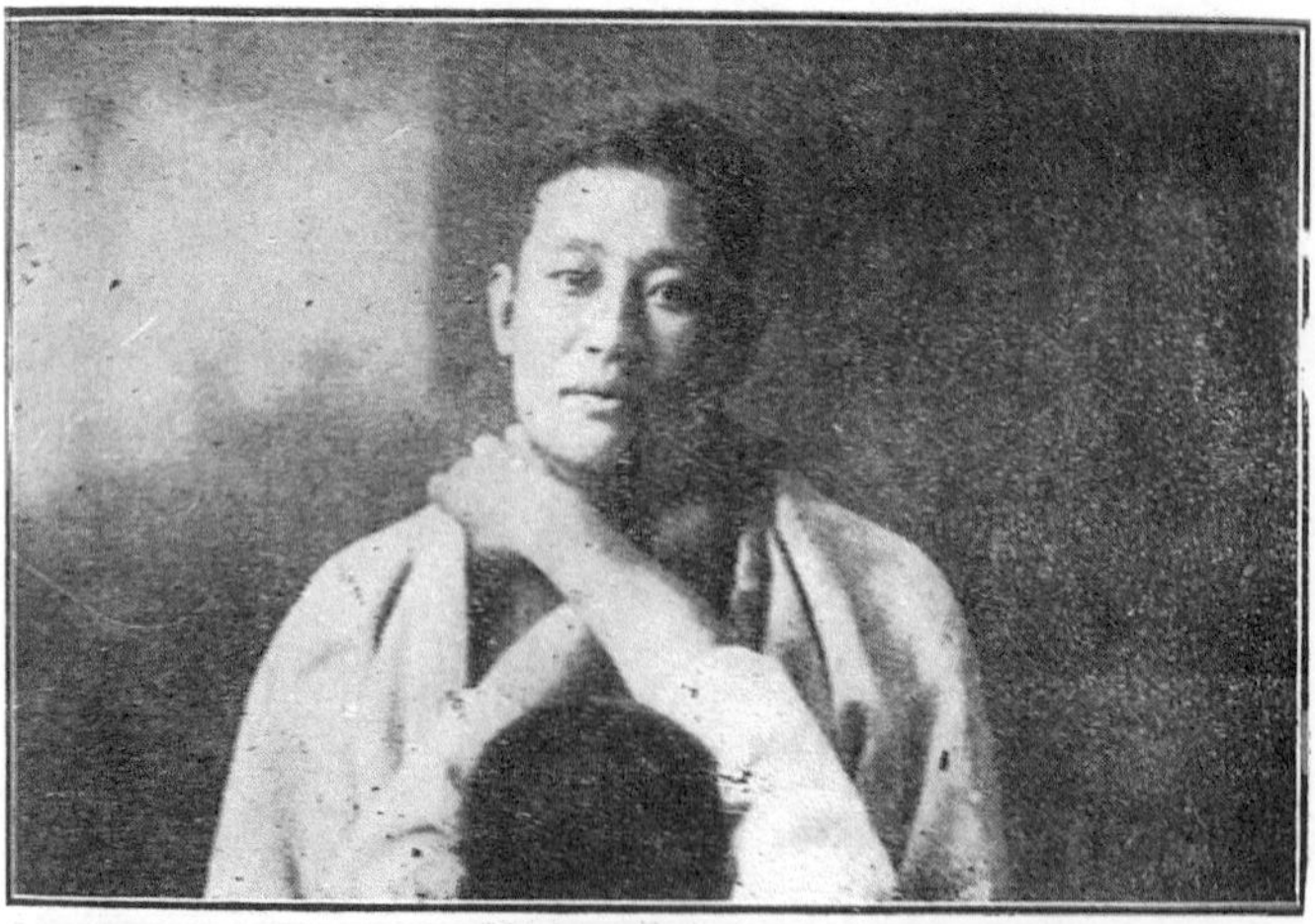

（第七十四圖）片十字絞の手を示す

裸《はだか》絞《じめ》

敵《てき》の衣類《ゐるい》を持《も》たずして絞《し》める業《わざ》である。

敵《てき》の坐《すわ》つて居《ゐ》る時《とき》其《そ》の後《うし》ろに廻《まは》り片膝《かたひざ》を立《た》て坐《すわ》りながら左手《ひだりて》を敵《てき》の左肩《ひだりがた》の上《うへ》より前方《ぜんぱう》に伸《のば》し右手《みぎて》は敵《てき》の右肩《みぎがた》の上《うへ》より二の腕《うで》の内横側《うちよこがは》を敵《てき》の咽喉《のど》に當《あ》てて巻《ま》き付《つ》け我《わ》が左手《ひだりて》の上袖《うはそで》を握《にぎ》り左手《ひだりて》は肱關節《ひぢくわんせつ》を曲《ま》げ敵《てき》の後頭部《こうとうぶ》に當《あ》て右手《みぎて》を引《ひ》き左手《ひだりて》押《を》して敵《てき》の體《たい》を後方《こうはう》に引《ひ》き倒《たほ》す氣味《きみ》にし我體《わがたい》も少《すこ》し退《ひ》き敵《てき》の頸《くび》を前《まへ》に曲《ま》げて絞《し》めるのである。

（第七十五圖）裸絞の一

又《また》右手《みぎて》を敵《てき》の咽喉《のど》に當《あ》て左手《ひだりて》は左肩《ひだりかた》の上《うへ》に出《だ》し左右兩手《さいうりやうて》を握《にぎ》り合《あは》せ我《わ》が右肩《みぎかた》を敵《てき》の後頭部《こうとうぶ》に當《あ》て前《まへ》と同《おな》じ方法《はうはふ》にて後《うしろ》へ引《ひ》き倒《たほ》して絞《し》める事《こと》もある。

又敵《またてき》が前《まへ》から頸《くび》を下《さ》げて來《きた》る場合《ばあひ》は直《たゞ》ちに右或《みぎあるひ》は左手《ひだりて》にて其《そ》の頸《くび》を抱《いだ》き我《わ》が腋下《わきした》に抱《いだ》き込《こ》み絞《し》むる方法《はうはふ》もある。

此《こ》の裸絞《はだかじめ》は脊負投《せおひなげ》或《あるひ》は腰業《こしわざ》等《とう》脊《せ》を向《む》けて業《わざ》を仕《し》掛《か》けに來《きた》る場合《ばあひ》往々《わう〳〵》此業《このわざ》を施《ほどこ》すことが出來《でき》るのである。

（第七十六圖）　裸絞の二

送《おくり》襟《えり》絞《じめ》

後方《こうはう》より襟《えり》を捕《と》り絞《しめ》る業《わざ》である。

右手《みぎて》を敵《てき》の右肩《みぎかた》の上《うへ》より咽喉《のど》に巻《ま》き付《つ》けながら左横襟《ひだりよこえり》を深《ふか》く捕《と》り左手《ひだりて》は敵《てき》の左腋下《ひだりわきした》から差《さ》し入《い》れ前《まへ》襟《えり》を捕《と》り右肩《みぎかた》を敵《てき》の後頭《こうとう》部《ぶ》に密着《みつちやく》せしめ引倒《ひきたほ》し氣《き》味《み》に咽喉《のど》を絞《し》める。其《そ》の際前襟《さいまへえり》を捕《と》りたる左手《ひだりて》を下《した》に引《ひ》き右手《みぎて》を前横《まへよこ》に右《みぎ》の方《よう》に引《ひ》けば一層効果《そうこうくわ》が多《おほ》い。

此《こ》の業《わざ》も敵《てき》が後《うし》ろ向《むき》になつた時或《ときあるひ》は抑込《をさへこ》みに於《おい》て起《を》き上《あが》らんとして脊《せ》を向《む》けた時等《ときとう》

（第七十七圖）送　襟　絞

後《うしろ》から絨《から》まり付《つ》いて絞《し》める事《こと》が出來易《できやす》い。

片《かた》羽《は》絞《じめ》

片手《かたて》を羽《は》がひ絞《じめ》にして絞《し》める業《わざ》である。

敵《てき》の後《うし》ろに左膝《ひだりひざ》をつき右膝《みぎひざ》を立《た》てながら坐《ざ》し右《みぎ》手《て》を敵《てき》の右肩《みぎかた》の上《うへ》から廻《まは》し敵《てき》の左横襟《ひだりよこゑり》を奥深《おくふか》く捕《と》り左手《ひだりて》は敵《てき》の左腋下《ひだりわきした》から差入《さしい》れて後頸《うしろくび》に廻《まは》し手《て》を伸《の》ばして後頭部《こうとうぶ》に當《あ》て我《わ》が體《たい》を伸《の》び氣味《きみ》にして右手《みぎて》の引《ひ》きを弛《ゆる》めず左手《ひだりて》にて敵《てき》の左手《ひだりて》を上《あ》げつつ突《つ》き伸《の》ばして敵《てき》の頭《あたま》を押《を》す樣《やう》にして絞《し》めるのである。

（第七十八圖）片羽絞

逆《ぎやく》十《じゆう》字《じ》絞《しめ》

敵《てき》の襟《えり》を逆《ぎやく》に捕《と》り十文字《もんじ》に絞《しめ》る業《わざ》である。

敵《てき》が仰臥《あふぐわ》せる時腹《ときはら》の上《うへ》に馬乘《うまの》りに跨《また》がり左手《ひだりて》にて敵《てき》の頸《くび》の左側《ひだりがは》より後襟《うしろえり》を逆《ぎやく》に捕《と》り右手《みぎて》は其《そ》の右側《みぎがは》から同《おな》じく後襟《うしろえり》を逆《ぎやく》に捕《こ》り兩手《りやうて》を十字形《じかた》にし手拭《てぬぐひ》を絞《しぼ》る呼吸《こきう》を以《もつ》て手《て》首《くび》を內側《うちがは》にねぢ引《ひ》き上《あ》げるやうにねぢ曲《ま》げて絞《しめ》るのである。敵《てき》が橫《よこ》へ廻轉《くわいてん》すれば我《わ》れも夫《そ》れに連《つ》れて廻《まは》り兩足《りやうあし》にて敵《てき》の胴《どう》を挾《はさ》みながら引《ひ》きつけて絞《しめ》るのである。

(第七十九圖) 逆十字絞

並《なみ》十《じゆう》字《じ》絞《じめ》

逆十字絞《ぎやくじうじじめ》の後襟《うしろゑり》をとる手《て》を順《じゆん》にとつて絞《し》めるのである。

此業《このわざ》の施《ほどこ》し方《かた》は逆十字絞《ぎやくじうじじめ》と變《かは》りがない。

而《しか》して効力《こうりよく》は逆十字絞《ぎやくじうじじめ》に劣《おと》つて居《ゐ》る。

（第八十圖）　並　十　字　絞

袖《そで》車《ぐるま》絞《じめ》

敵《てき》の着物《きもの》の襟《ゑり》を咽喉《のど》に廻《まは》して絞《し》める業《わざ》である。

敵《てき》の後《うし》ろより片膝《かたひざ》を立《た》てながら座《ざ》し左手《ひだりて》を敵《てき》の右肩《みぎかた》の上《うへ》より伸《の》ばし左横《ひだりよこ》襟《ゑり》を順《じゆん》に捕《と》り咽喉《のど》に廻《まは》して引《ひ》き付《つ》け兩手《りやうて》を十字形《じかた》に交叉《かうさ》する樣《やう》に右手《みぎて》は敵《てき》の後《うし》ろより左後襟《ひだりうしろゑり》若《も》しくは左肩《ひだりかた》を拇指《おやゆび》を内《うち》に四指《しし》を外《そと》にして摑《つか》み敵《てき》を後方《こうはう》に引《ひ》き倒《たほ》し氣味《きみ》に兩手《りやうて》を引《ひ》きながら絞《し》めるのである。

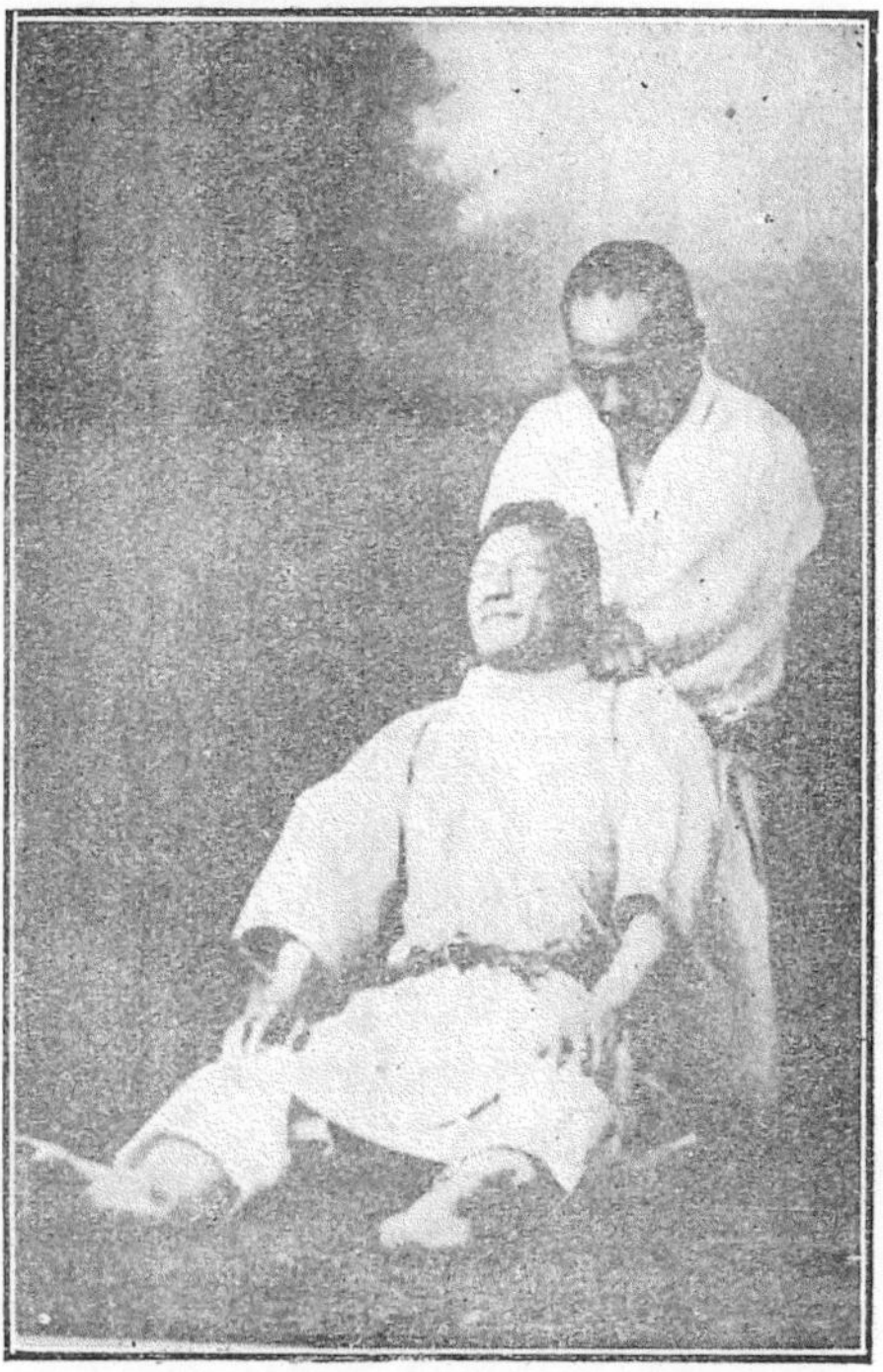

(第八十一圖) 袖車絞

突《つつ》込《こみ》絞《じめ》

兩襟《りようゑり》を片手《かたて》に攫《つか》み其《そ》の手《て》を押《を》して絞《し》める業《わざ》である。

敵《てき》の前方《ぜんぽう》より左手《ひだりて》にて敵《てき》の右前襟《みぎまへゑり》を捕《と》り右手《みぎて》にて敵《てき》の兩襟《りようゑり》を一時《じ》に順《じゆん》に捕《と》り右手《みぎて》は押《を》し左手《ひだりて》は引《ひ》きて絞《し》めるのである。

此《こ》の業《わざ》は敵《てき》の脊《せ》を壁《かべ》或《あるひ》は疊《たゝみ》等《とう》に押《を》して施《ほどこ》すに効《こう》がある。

（第八十二圖）突　込　絞

兩《りよう》手《て》絞《しめ》

兩手《りようて》を深《ふか》く敵《てき》の反對《はんたい》の兩襟《りようゑり》にかけ(右は左 左は右)兩手《りようて》の拳《こぶし》にて絞《し》める業《わざ》である。

右手《みぎて》は敵《てき》の左横襟《ひだりよこゑり》を左《ひだり》手《て》は右横襟《みぎよこゑり》を深《ふか》く順《じゆん》に捕《と》り敵《てき》を前《まへ》に引付《ひきつ》けながら兩手《りようて》の拳《こぶし》にて外《そと》より内側《うちがは》にねぢ込《こ》む樣《やう》に絞《し》めるのである。

此《こ》の業《わざ》は寢《ね》て、起《た》つて共《とも》に施《ほどこ》すことが出來《でき》る。

（第八十三圖　兩手絞

（ハ）關節業《くわんせつわざ》（逆業《ぎやくわざ》）

一名逆業《めいぎやくわざ》といつて居《ゐ》る。關節《くわんせつ》を脫臼《だつきう》せしむる目的《もくてき》を以《もつ》て敵《てき》に苦痛《くつう》を與《あた》ふる業《わざ》である。初心者《しよしんしや》に於《おい》ては此《こ》の業《わざ》のため往々《わう〳〵》負傷《ふしやう》する場合《ばあひ》が多《おほ》いから充分注意《ぢうぶんちうい》をしなければならぬ。此《こ》の故《ゆゑ》を以《もつ》て講道館《かうだうくわん》にては段外者《だんぐわいしや》には逆業《ぎやくわざ》を許《ゆる》さゞるも警察官《けいさつくわん》は之《これ》を使用《しよう》すべきこと多々《たゝ》あるべきを以《もつ》て特《とく》に初心《しよしん》のうちより練習《れんしふ》の必要《ひつえう》あるにつきこゝに充分練《じうぶんれん》習《しふ》を積《つ》み研究《けんきう》すべきである。

腕《うで》緘《がらみ》

我《わ》が腕《うで》を敵《てき》の腕《うで》に緘《から》みて脱臼《だつきう》させる業《わざ》である。

敵《てき》が仰臥《あふぐわ》せる場合《はあひ》我《われ》は其《そ》の左側《ひだりかは》にある時《とき》敵《てき》は抑込《おさへこ》まれまいとして右手《みぎて》を伸《の》ばし我《わ》が襟《えり》を捕らんとする際《さい》我《われ》はすかさず右手《みぎて》にて其《そ》の手首《てくび》を握《にぎ》（四指《し》を上《うへ》に拇指《ほし》を下《した》にする）我《わ》が左手《ひだりて》は敵《てき》の右腋下《みぎわきした》より差入《さしい》れ圖《づ》の如《ごと》く我《わ》が右手首《みぎてくび》を握《にぎ》り敵《てき》の手首《てくび》が疊《たゝみ》に着《つ》くやう我《わ》が右手《みぎて》にて押《を》し且《か》つ前《まへ》に引《ひ》き我《わ》が左《ひだり》手《て》は手首《てくび》を持《も》ちたるまゝ上《うへ》に引《ひ》き敵《てき》の肘《ひぢ》を上《あ》げる時《とき》は吾《わ》が兩腕《りやううで》で逆《ぎやく》に捻《ひね》られて苦痛《くつう》を感《かん》ずるのである。

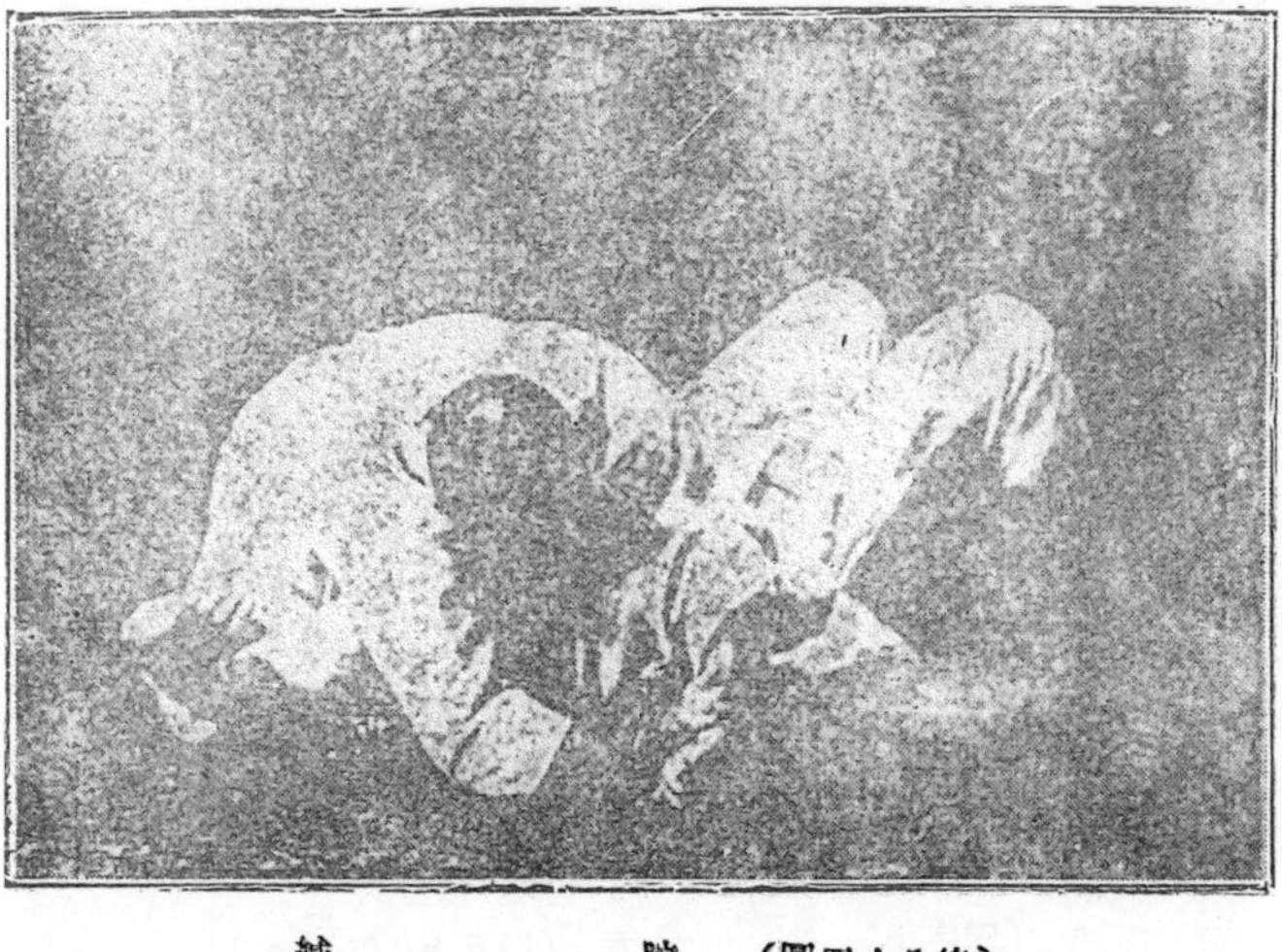

（第八十四圖）腕　緘

腕《うで》挫《くぢき》（十字《じふじ》固《がため》）

兩股《りやうまた》にて敵《てき》の片腕《かたうで》を挾《はさ》み彼《ひ》我《が》兩體《りやうたい》を十字《じふじ》に交叉《こうさ》させ捕《こ》りたる片腕《かたうで》の肱關節《ひぢくわんせつ》を逆《ぎやく》に曲《ま》げて苦痛《くつう》を與《あた》へる業《わざ》である。

敵《てき》か仰向《あふむけ》に倒《たほ》れ我《われ》は其《そ》の右側《みぎかは》に居《ゐ》る時《とき》兩《りやう》手《て》にて敵《てき》の右手首《みぎてくび》を各順《かくじゆん》に捕《こ》り我《わ》が右脚《みぎあし》は膝《ひざ》を立《た》て其《そ》の足首《あしくび》を敵《てき》の右腋下《みぎわきした》に密着《みつちやく》せしめ左脚《ひだりあし》を敵《てき》の右肩《みぎかた》より首《くび》の上《うへ》に伸《の》ばし我《われ》は後方《こうはう》へ倒《ほ》れながら捕《こ》りたる手《て》を引《ひ》き伸《の》ばし右横《みぎよこ》に引《ひ》き付《つ》け肱關節《ひぢくわんせつ》を逆《ぎやく》に曲《ま》げて敵《てき》に苦《く》痛《つう》を與《あた》へるのである。

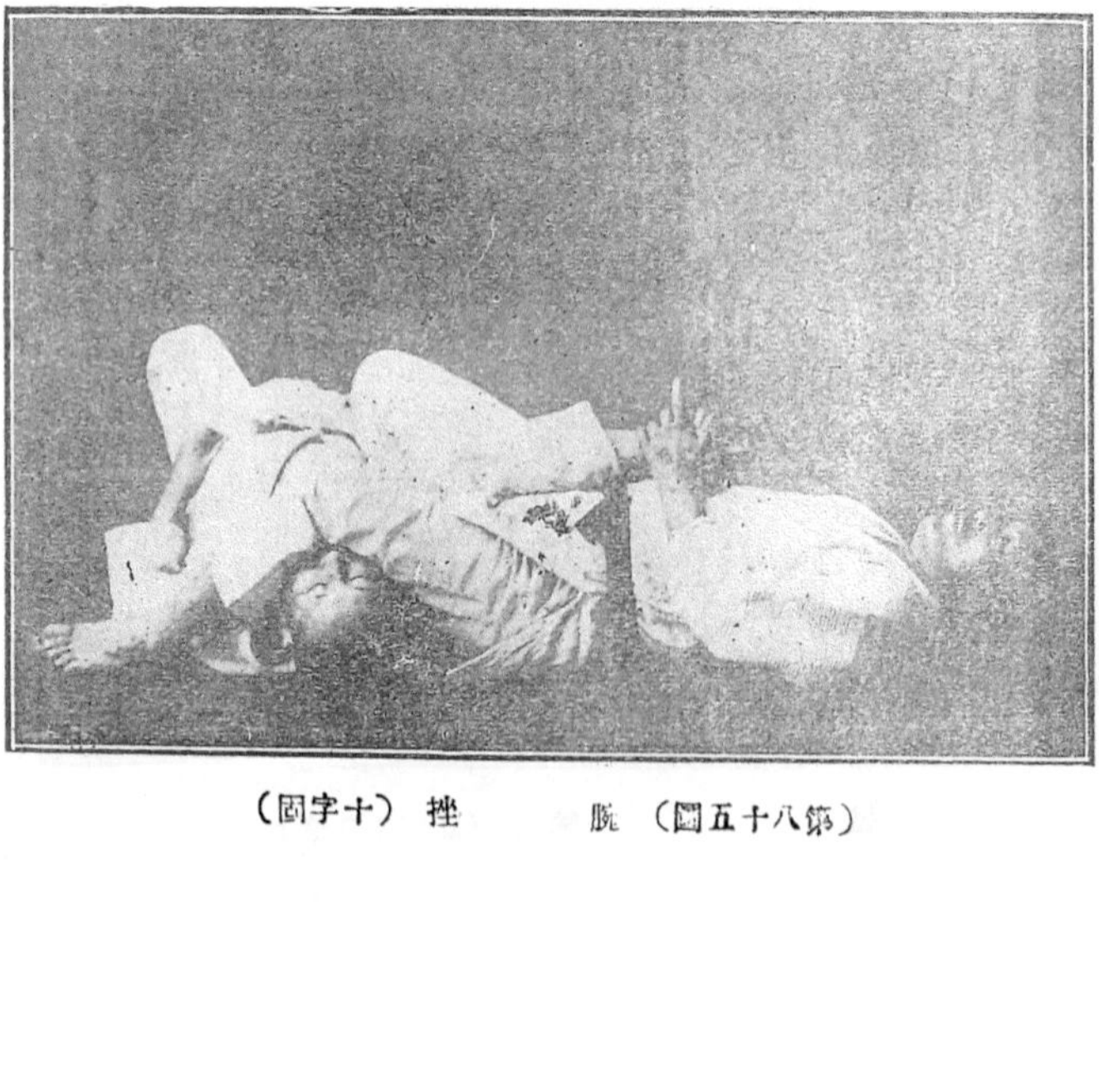

（第八十五圖）腕　挫（十字固）

腕《うで》挫《くじき》（腕固《うでがため》）

敵《てき》の片腕《かたうで》を我《わ》が兩手《りやうて》にて抱《いだ》き締《し》めるが如《ごと》くして其《そ》の肱關節《ひぢくわんせつ》を逆《ぎやく》に曲《ま》げて苦痛《くつう》を與《あた》へる業《わざ》である。

敵《てき》が仰臥《あふぐわ》し我《わ》れ其《そ》の右側《みぎかは》にある時《とき》敵《てき》が左《ひだり》手《て》を伸《の》ばして我《わ》が右襟《みぎゑり》を捕《と》らんとせる場合《ばあひ》我《われ》は直《たゞ》ちに其《そ》の手《て》を捕《とら》へ敵《てき》の體《たい》を横向《よこむき》にすると同時《どうじ》に我右足《わがみぎあし》を立《た》て左足《ひだりあし》は膝頭《ひざかしら》を敵《てき》の

（第八十六圖）腕　挫（腕固）

右腋《みぎわき》に地《ち》に付《つ》け我《わ》が兩手掌《りようてのひら》を敵《てき》の左臂《ひだりひぢ》に當《あ》て肱關節《ひぢくわんせつ》を引《ひ》き伸《の》ばすやうにし右肩《みぎかた》にて敵《てき》の手首《てくび》を前《まへ》に押《を》しながら兩手《りようて》を引《ひ》きつける時《とき》は敵《てき》の肱關節《ひぢくわんせつ》は逆《ぎやく》になり苦痛《くつう》を感《かん》ずるのである。

又敵《またてき》を崩袈裟《くづれけさ》固《がため》に抑《おさ》へ込《こ》みたる時敵《ときてき》は起《お》き上《あ》がらんとして右手《みぎて》を伸《の》ばし我《わ》か後帶《うしろおび》を捕《と》らんとする場合《はあひ》我《わ》が首《くび》と肩《かた》と手首《てくび》とにて

（第八十七圖）腕　挫（腕固）

敵《てき》の右手《みぎて》を挾《はさ》み右手《みぎて》は敵《てき》の右横襟《みぎよこゑり》を順《じゆん》に捕《と》り敵《てき》の首《くび》を制《せい》しながら自體《じたい》を敵《てき》の足方《あしのはう》へ向《む》けて左前《ひだりまへ》に伸《の》ばし頭《あたま》を疊《たゝみ》につけ頭《あたま》と首《くび》と手《て》と肩《かた》にて敵《てき》の右手《みぎて》を充分《じうぶん》に制《せい》し右足《みぎあし》の膝頭《ひざかしら》を敵《てき》の首《くび》に圖《づ》の如《ごと》く當《あ》て同時《どうじ》に前《まへ》の右横襟《みぎよこゑり》を捕《と》りたる右手《みぎて》を離《はな》し其《そ》の手《て》は伸《の》びて居《ゐ》る肱關節《ひぢくわんせつ》の少《すこ》し上《うへ》の所《ところ》に當《あ》て自體《じたい》を反《そ》りながら捕《ご》りこみたる敵《てき》の肱關節《ひぢくわんせつ》を反對《はんたい》に反《そ》らせ

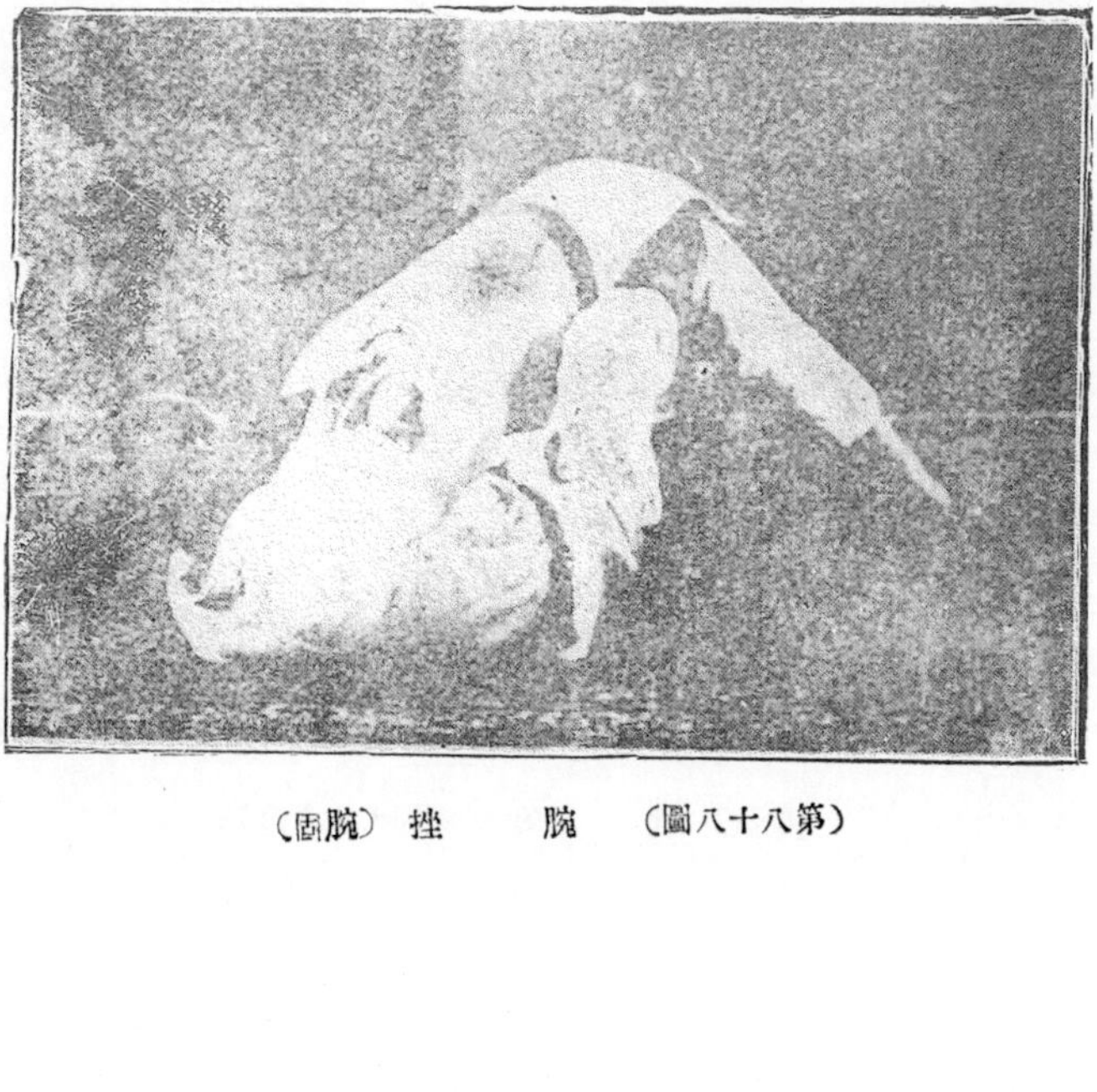

（第八十八圖）　腕　挫（腕固）

苦痛《くつう》を與《あた》えるのである。

次《つぎ》は我《わ》が體《たい》が仰向《あふむ》けになりたる時《とき》敵《てき》が手《て》を疊《たゝみ》に着《つ》いた場合《はあひ》我《わ》が右手《みぎて》を敵《てき》の左腋下《ひだりわきした》より外側《そとかは》に廻《まは》し肱《ひぢ》にあて同時《どうじ》に敵《てき》の右膝《みぎひざ》の上《うへ》を左足《ひだりあし》にて押《お》し右足《みぎあし》を敵《てき》の左腰部《ひだりこしぶ》に當《あ》て左手《ひだりて》にて已《おのれ》の右手首《みぎてくび》を捕《と》り其《そ》の力《ちから》を助《たす》けて敵《てき》の肱《ひぢ》の逆《ぎやく》を捕《と》るのである。又第《まただい》八十九圖《づ》の如《ごと》き方法《はうはふ》もある。

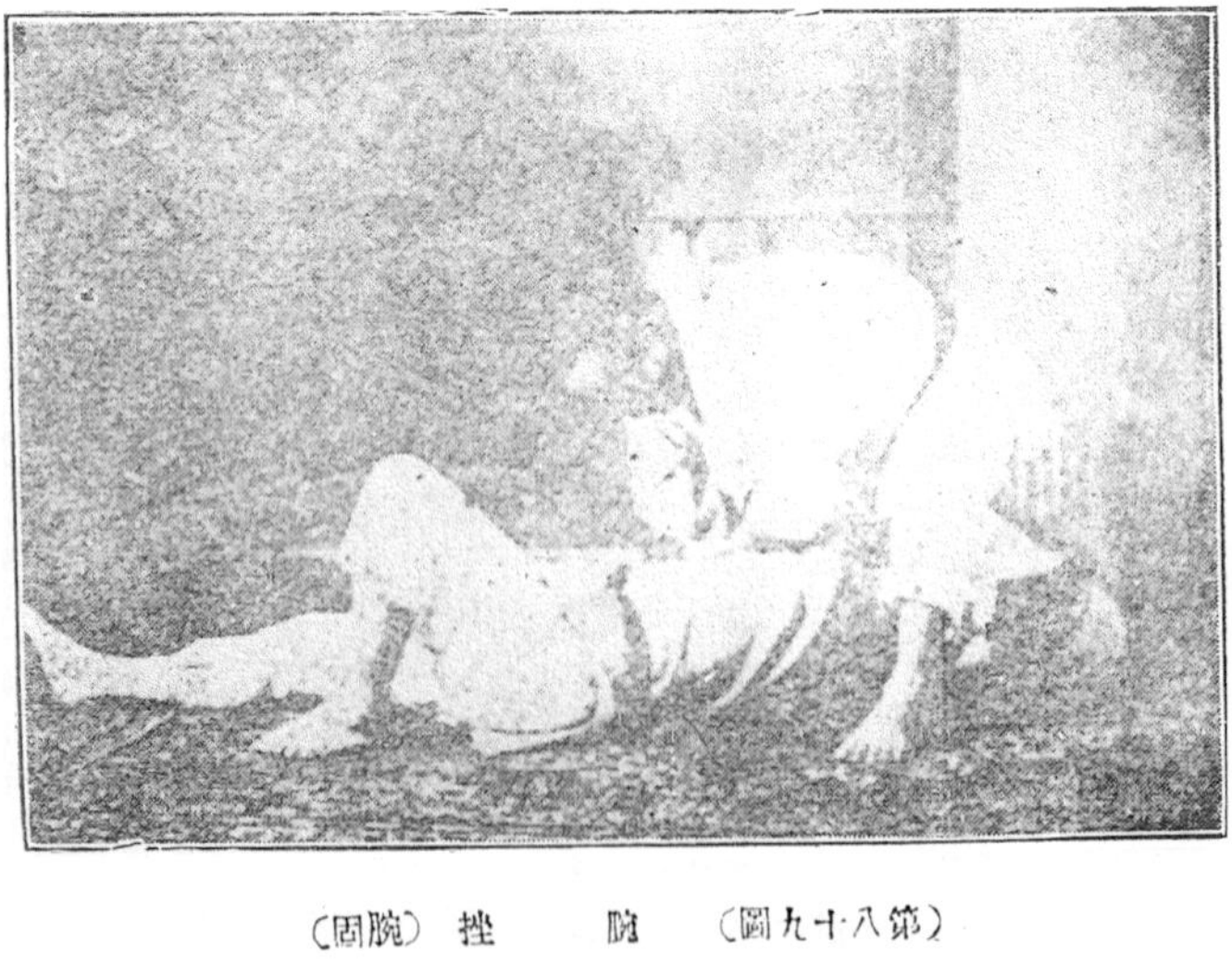

（第八十九圖）腕　挫（腕固）

腕《うで》挫《くぢき》（膝固《ひざかため》）

敵《てき》の片腕《かたうで》を抱《いだ》き我《わ》が膝《ひざ》にて敵《てき》の肱關節《ひぢくわんせつ》を逆《ぎやく》に押《を》し苦痛《くつう》を與《あた》える業《わざ》である。

敵《てき》の體《たい》が我《わ》が仰臥《あふぐわ》せる兩足間《りようあしかん》に來《きた》りたる時《とき》右手《みぎて》を以《もつ》て敵《てき》の左襟《ひだりゑり》若しくは外袖《そとそで》を捕《と》り左手《ひだりて》は敵《てき》の右外中袖《みぎそとなかそで》を捕《と》りて抱《いだ》きこみ右足《みぎあし》を敵《てき》の左内股《ひだりうちまた》に當《あ》て突《つ》き伸《の》ばすと同時《どうじ》に右《みぎ》手《て》を我《わ》が左横腹《ひだりよこはら》と左内股《ひだりうちまた》にて挾《はさ》み左足爪先《ひだりあしつまさき》を敵《てき》の左横腹《ひだりよこはら》に當《あ》て其《そ》の膝《ひざ》の内側《うちがは》を敵《てき》の右《みぎ》肱關節《ひぢくわんせつ》に押《を》し當《あ》てゝ體《たい》を少《すこ》し右方《うはう》に捻《ひね》り敵《てき》に苦痛《くつう》を與《あた》へる。

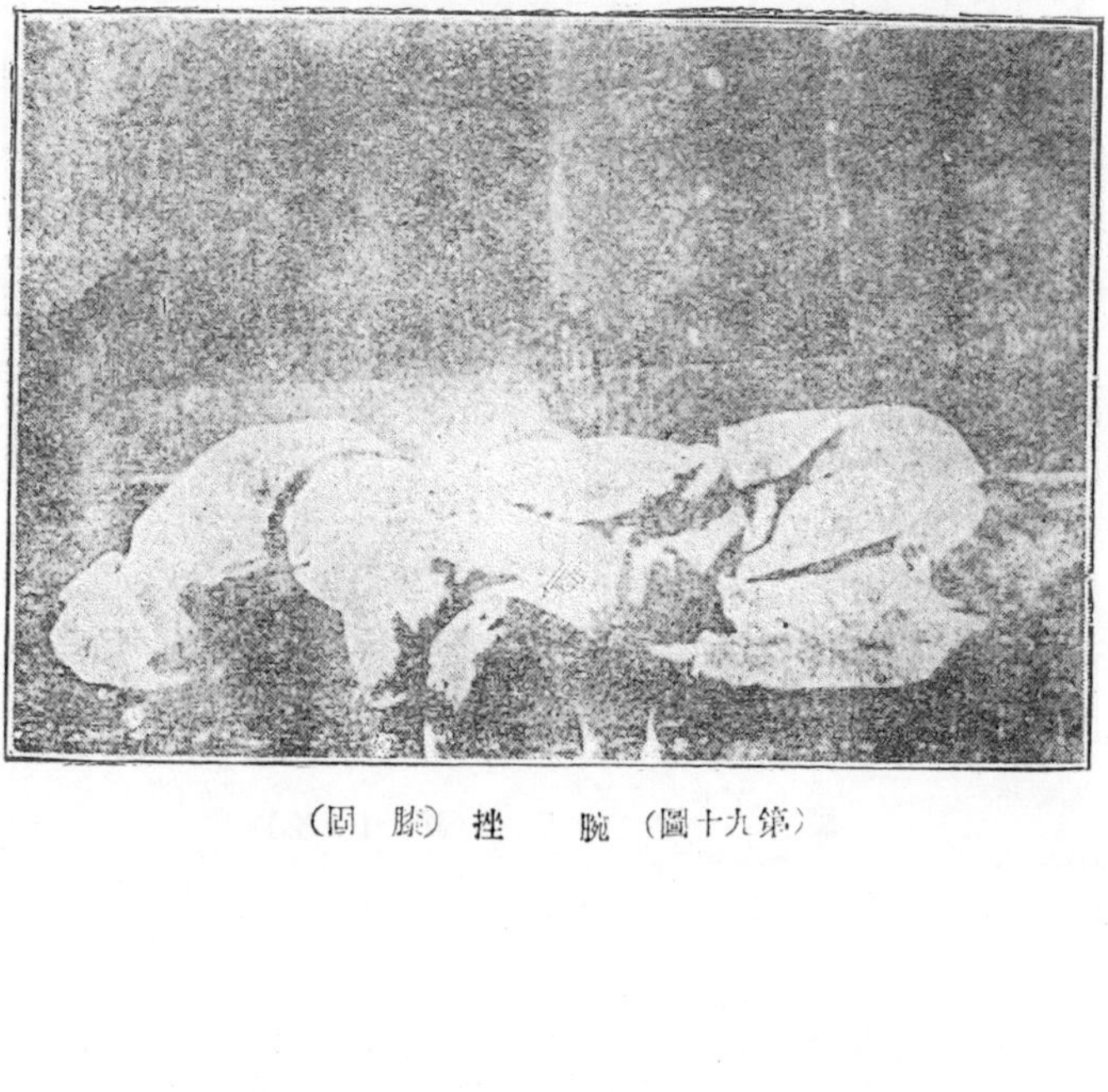

（第九十圖）腕　挫（膝固）

足《あし》緘《がらみ》

片足《かたあし》を敵《てき》の片足《かたあし》に緘《から》み付《つ》け敵《てき》の膝關節《ひざくわんせつ》を逆《ぎやく》にして苦痛《くつう》を與《あた》へる業《わざ》である。

巴投《ともゑなげ》をかけて仕《し》損《そん》じたやうな狀態《じやうたい》にある時《とき》即《すなは》ち我《わ》が體《たい》を仰向《あふむけ》にして敵《てき》の兩足間《りようあしかん》に滑《すべ》りこみたる場合《ばあひ》兩手《りようて》は敵《てき》の兩袖《りようそで》をとり左足《ひだりあし》を敵《てき》の右足内股《みぎあしうちまた》の外《そこ》に廻《まは》し其《そ》の足先《あしさき》は敵《てき》の下腹《したはら》の前《まへ》に伸《の》ばし緘《から》み付《つ》け右足裏《みぎあしうら》を敵《てき》の膝《ひざ》の內側《うちかは》に當《あ》て突《つ》き伸《の》ばし右手《みぎて》は敵《てき》の右橫襟《みぎよこゑり》を拇指《おやゆび》を外側《そこかは》にして攫《つか》み右足《みぎあし》を擦《す》り上《あ》げて敵《てき》の左內股《ひだりうちまた》に置《お》き兩手《りようて》を引《ひ》き付《つ》け緘《から》みたる左足《ひだりあし》を伸《の》ばす時《とき》は敵《てき》の肱關節《ひぢくわんせつ》は逆《ぎやく》になり苦《く》痛《つう》を感《かん》ぜしめる。

（第九十一圖）足　　緘

第三　當《あて》　身《み》　業《わざ》

殺法《さつぱふ》といふ、敵《てき》を殺《ころ》し或《あるひ》は氣絶《きぜつ》せしむる業《わざ》である。此《こ》の業《わざ》は實地《じつち》に練習《れんしふ》することは極《きは》めて危險《きけん》にて活法《かつぱふ》を施《ほどこ》すも蘇生《そせい》せぬことが多《おほ》いのである。而《しか》も此《こ》の業《わざ》は危險率《きけんりつ》多《おほ》く亂用《らんよう》する時《とき》は社會安寧秩序《しやかいあんねいちつじよ》を紊亂《びんらん》せしめる虞《おそ》れがあるから柔道《じゆうだう》に於《おい》ては單《たん》に有段者《いうだんしや》のみに口傳《くでん》することになつて居《ゐ》る。殊《ここ》に敵《てき》に損傷《そんせう》を與《あた》えずして勝《か》つを第一《だい》とする警察官《けいさつくわん》諸子《しよし》には不必要《ふひつえう》といつてもよい位《くらい》であるから單《たん》に圖《づ》によつて當身《あてみ》の個所《かしよ》を記《き》すに止めて置《を》く。

當身壺ノ圖

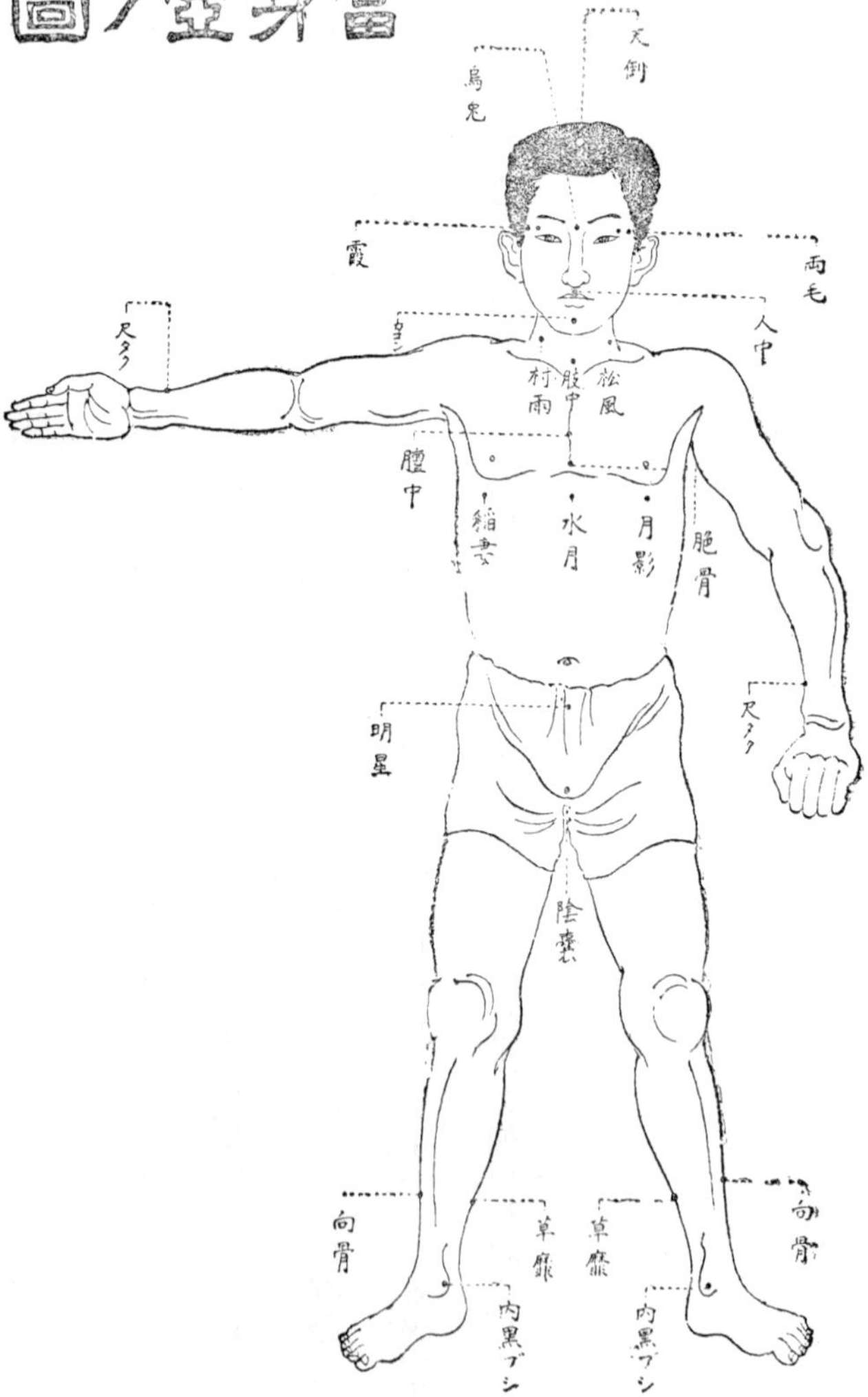

天倒
烏兎
霞
両毛
人中
尺タク
村雨
肢中
松風
膻中
稲妻
水月
月影
脃骨
尺タク
明星
陰嚢
向骨
草靡
草靡
向骨
内黒ブシ
内黒ブシ

第四　活《かつ》　法《はふ》

活法《かつはふ》とは假死《かし》の狀態《じやうたい》にある人《ひと》を蘇生《そせい》せしめる術《じゆつ》である。此《こ》の技業《わざ》は殺法《さつはふ》と共《とも》に柔道《じうだう》の秘術《ひじゆつ》であつて猥《みだ》りに傳授《でんじゆ》する事《こと》を禁《きん》じられて居《ゐ》る。何故《なぜ》なれば活法《かつはふ》を施《ほどこ》すべき人體《じんたい》の各所《かしよ》は即《すなは》ち人體《じんたい》の急所《きうしよ》であるから未熟者《みじゆくしや》が之《これ》を施《ほどこ》す時《とき》は却《かへ》つて惡結果《あくけつくわ》を齎《もたら》すことがあるからである。

又《また》活法《かつはふ》を施《ほどこ》さんとすれば先《ま》づ被施術者《ひしじゆつしや》が蘇生《そせい》するや否《いな》やを識別《しきべつ》するの要《えう》がある。而《しか》して蘇生《そせい》する徵候《ちやうこう》なきものには斷《だん》じて施術《せじゆつ》することを止《や》めねばならぬ。若《も》し蘇生《そせい》すべしとの斷定《だんてい》を下《くだ》すことが出來《でき》る場合《ばあひ》は充分《ぢうぶん》に自信《じしん》と沈着《ちんちやく》なる態度《たいど》を以《もつ》て之《こ》れに對《たい》し適《てき》當《たう》の措置《そち》をとるを要《えう》するのである。

活法施術者《かつはふせじゆつしや》の態度及微妙《たいどおよびびめう》なる技術《ぎじゆつ》の呼吸《こきふ》は柔道《じゆうだう》を充分《ぢうぶん》に修業《しゆげふ》した者《もの》に非《あら》ざれば會得《ゑとく》する事《こと》の不可能《ふかのう》なるは言《げん》を俟《ま》たない。依《よ》つて諸子《しよし》は柔道《じゆうだう》の修業《しゆげふ》によつて先《ま》づ心身《しんしん》の修《しゆ》養《やう》を計《はか》り而《しか》して師《し》の許可《きよか》を得《え》て初《はじ》めて活殺《かつさつ》二法《はふ》の修業《しゆげふ》に就《つ》くべきである。

蘇《そ》生《せい》診《しん》定《てい》法《はふ》

一　死者《ししや》の瞳《ひとみ》に已《おのれ》の身像《しんぞう》の寫《うつ》るものは蘇生《そせい》の見込《みこみ》あり。

二　齒《は》を喰《く》ひ締《し》めたるは蘇生《そせい》の見込《みこみ》あり。

三　水月《すゐげつ》に温《ぬく》みあるものは蘇生《そせい》の見込《みこみ》あり。

四　爪《つめ》と肉《にく》の間《あひだ》に針《はり》を刺《さ》し出血《しゆつけつ》するは蘇生《そせい》の見込《みつみ》あり。

五　溺死者《できししや》にして肛門《こうもん》締《し》まりたるは蘇生《そせい》の見込《みこみ》あり。

其他《そのた》識別法《しきべつはふ》は尚《なほ》數種《すうしゆ》を數《かぞ》ふれ共《ども》紙數《しすう》の都合《つがふ》により之《これ》を省略《せうりやく》する。

死《し》者《しや》の措《そ》置《ち》

絞縊《こういつ》せるは地面《ぢめん》と足《あし》との空間《くうかん》に臺《だい》を置《お》き我《わ》か右手《みぎて》にて助《たす》けて臺上《だいじやう》に立《た》たしめ抱《いだ》き上《あ》ぐるが如《ごと》くして繩及紐《なはおよびひも》を切《き》る。而《しか》して蒲團《ふとん》或《あるひ》は藁《わら》の上《うへ》に頭《あたま》、胸《むね》の部分《ぶぶん》を高《たか》くして安臥《あんぐわ》せしめる。

溺死《できし》者《しや》は桶等《おけとう》圓味《まるみ》あるものを横《よこ》にしたる上《うへ》に（適當《てきたう》の器具《きぐ》なき時《とき》は人を四《ひさ》肢《し》にて四《よつ》這《は》ひとなしてもよし）死《し》者《しや》の腹部《ふくぶ》を下《した》に足方《そくはう》を頭《あたま》より高《たか》く俯臥《ふぐわ》せしめ脊部《はいぶ》一面《めん》を摩擦《まさつ》し鼻口《びこう》より飲《の》みたる水《みつ》を吐《は》かしめる。

齒《は》を喰《く》ひ締《し》めたる者《もの》は己《おのれ》の拇指《おやゆび》と中指《なかゆび》にて死《し》者《しや》の兩顋《りようあご》及《および》奥齒《おくは》の付根《ふけね》を攫《つま》みて口《くち》を開《ひら》かしめ木片等《もくへんとう》を喰《く》はへさせる。又下顋《またしたあご》と頭《あたま》を反對《はんたい》の方向《はうこう》に引《ひ》き或《あるひ》は押《を》せば口《くち》を開《ひら》く。

罨丸打撲《こうぐわんだぼく》の際《さい》は死《し》者《しや》の體《たい》を引起《ひきおこ》し兩足《りようあし》を前《まへ》に伸《の》ばしめ背後《はいご》より我《わ》が兩手《りようて》を差入《さしい》れ死《し》者《しや》の尻《しり》を二三寸《すん》持《も》ち上《あ》げては落《おこ》すことを數回繰返《すうかいくりかへ》し又我《またわ》が足《あし》の拇指裏《おやゆびうら》にて死《し》者《しや》の腰部《えうぶ》を數回蹴《すうかいけ》り腹中《ふくちう》に入《い》れる罨丸《こうぐわん》を還元《かんげん》せしめる。

活《かつ》法《はふ》の種《しゆ》別《べつ》

活法《かつはふ》には誘活法《さそひかつはふ》、襟活法《ゑりかつはふ》、水死《すいし》活法《かつはふ》、陰嚢活法《いんなうかつはふ》、惣活法《そうかつはふ》、人工呼吸法等《じんこうこきふはふとう》ありて其《そ》の方法《はうはふ》は各々《おの／＼》又幾《またいく》つかに分《わか》れて居《ゐ》る。

由來活法《ゆらいかつはふ》は前《まへ》にも述《の》べたる如《ごと》く柔道《じゆうだう》によつて充分心身《じうぶんしんしん》の修養《しゆやう》を積《つ》みたる上《うへ》ならでは

到底《とうてい》施術《せじゆつ》不可能《ふかのう》なる技術《ぎじゆつ》であるからこゝには單《だん》に誘活法《さそひかつはふ》の一と人工呼吸法《じんこうこきうはふ》のみを記《き》し大體《たいだい》の要領《えうれう》のみを敎《をし》ふるに止《とゞ》めて置《お》く。

誘《さそひ》活《かつ》法《はふ》

施術者《しじゆつしや》は前述《ぜんじゆつ》の如《ごと》く死者《ししや》の措置《そち》をなし又蘇生《またそせい》すべき斷定《だんてい》を下《くだ》して後死者《のちししや》の頭方《づはう》に坐し靜《しつ》かに頸《くび》に手《て》を當《あ》て死者《ししや》の上身《じやうしん》を起《おこ》し右膝《みぎひざ》を死者脊髓《しゝやせきずい》の六七節間《せつかん》（こゝを活壺といふ）に當《あ》て左《ひだり》足《あし》は後方《こうはう》に引《ひ》き兩手《りやうて》は死者《ししや》の兩肩上《りやうかたうへ》より 掌《てのひら》を開《ひら》きて乳《ち》の下《した》に擦《す》りおろし死者《ししや》の肌《はだ》に密着《みつちやく》せしめ兩手《りやうて》をそのまゝ死者《ししや》の兩腋下《りやうわきした》へ向《む》け開《ひら》く氣味《きみ》に急《きう》に擦《す》り上《あ》げると同時《どうじ》に右《みぎ》膝《ひざ》にて活壺《かつつぼ》を少《すこ》し押《お》すのである。斯《か》くすること一回《くわい》にして死者《ししや》は鼻孔《はなあな》より呼吸《こきう》を始《はじ》める。一回《くわい》にして効《こう》なき時《とき》は數回是《すうくわいこ》れを施《ほどこ》す。

人《じん》工《こう》呼《こ》吸《きう》法《はふ》

廣《ひろ》く言《い》へば柔道活法《じゆうだうかつぽふ》は皆人工呼吸法《みなじんこうこきゆうはふ》であるが玆《こゝ》に述《の》べるものは醫家《いか》の所謂人工呼吸《いはゆるじんこうこきう》

法《はふ》である。此《こ》の方法《はうはふ》も種々《しゆ〴〵》あるが其《そ》の一つを左《さ》に述《の》べることとする。

先《ま》づ死者《ししや》を仰臥《あをむきね》せしめ背下《せした》に枕《まくら》を當《あ》て兩上肢《りやうはひぢ》は自然《しぜん》に垂《た》れしめ或《あるひ》は頭上《づじやう》に伸《のば》さしめ施術者《せじゆつしや》は死者《ししや》の腿部《たいぶ》に跨《またが》りて跪坐《きざ》し死者《ししや》の肋骨《ろくこつ》の下兩端《したりやうはし》に掌《てのひら》を當《あ》て徐《おもむ》ろに上方《じやうはう》に向《むか》つて押壓《をしつけ》し此《こ》の際施述者《さいせじゆつしや》は臂《ひぢ》を自己《じこ》の胸側《むね》に支《さゝ》へ身體《しんたい》を俯屈《かゞめ》し其《そ》の重《をも》みを以《もつ》て死者《ししや》の胸部《むねを》押壓《をす》を助《たす》けしめ顏《かほ》と顏《かほ》とを近《ちか》づけるやうにして押《を》すのである。然《しか》る後兩手《のちりやうて》を離《はな》し身體《からだ》を擡《もた》げ數回或《すうかいあるい》は數十回此《すうじゆうかいこ》の動作《どうさ》を繰返《くりかへ》す。押壓《あうあつ》に要《えう》する時間《じかん》は普通一分間十五回《ふつういつぷんかんじゆうごかい》位《ぐらい》が適度《てきど》である。

斯《か》くして整然呼吸《はつきりこきゆう》の囘復《かいふく》するに及《をよ》んで止《や》めるのである。

第五　整《ほね》復《つぎ》術《じゆつ》

柔道整復《ほねつぎ》術を述《の》べるに當《あた》つて一言《げん》しておかねばならぬことはこの術《じゆつ》か既《すで》に職業《しよくけふ》として専門家《せんもんか》の手《て》に移《うつ》り内務省《ないむしやう》の免許《めんきよ》を得《え》て營業《えいげふ》されて居《を》ることである。從《したが》つて學理《がくり》技術《ぎじゆつ》等《とう》も廣汎《ひろく》精細《くわしき》に互《わた》り茲《こゝ》に萬般《ぜんぶ》を詳說するは限《かぎ》りある紙面《しめん》に於《をい》ては到底不可能《とうていふかのう》のことである。よつて本項《ほんこう》にては柔道練習中暫々遭遇《じゆうだうれんしゆうちうしば／＼さうぐう》する外科的疾患即《げかてきしつかんすなは》ち骨折脱臼捻挫等《こつせつだつきうねんざとう》の應《をう》急手當法《きうてあてはふ》の大畧《たいりやく》を述《の》べる事《こと》とする。

筋《きん》　肉《にく》

筋肉《きんにく》は骨骼《こつかく》に附着《ふちやく》して居《い》て神經《しんけい》の命令《めいれい》を受《う》け骨骼《こつかく》を動《うご》かし以《もつ》て自由《じゆう》な運動《うんどう》が行《おこな》はれるのである。骨《ほね》の數《かず》は約二百《やくにひやく》ばかりであるが之等《これら》の骨《ほね》を動《うご》かす筋肉《きんにく》の數《かず》は凡《およ》そ其《そ》の二傍《ばい》即《すなは》ち四百位《ぐらい》ある。

骨《こつ》　骼《かく》

人體《じんたい》を構成《こうせい》する骨骼《こつかく》は約《やく》二百位有《ぐらいあ》つて互《たがひ》に相連接《あいれんせつ》して出來《でき》て居《ゐ》るものである。

左圖《さづ》によつて其《そ》の位置及名稱《いちおよびめいしよう》を知《し》るがよい。

人體骨骼圖

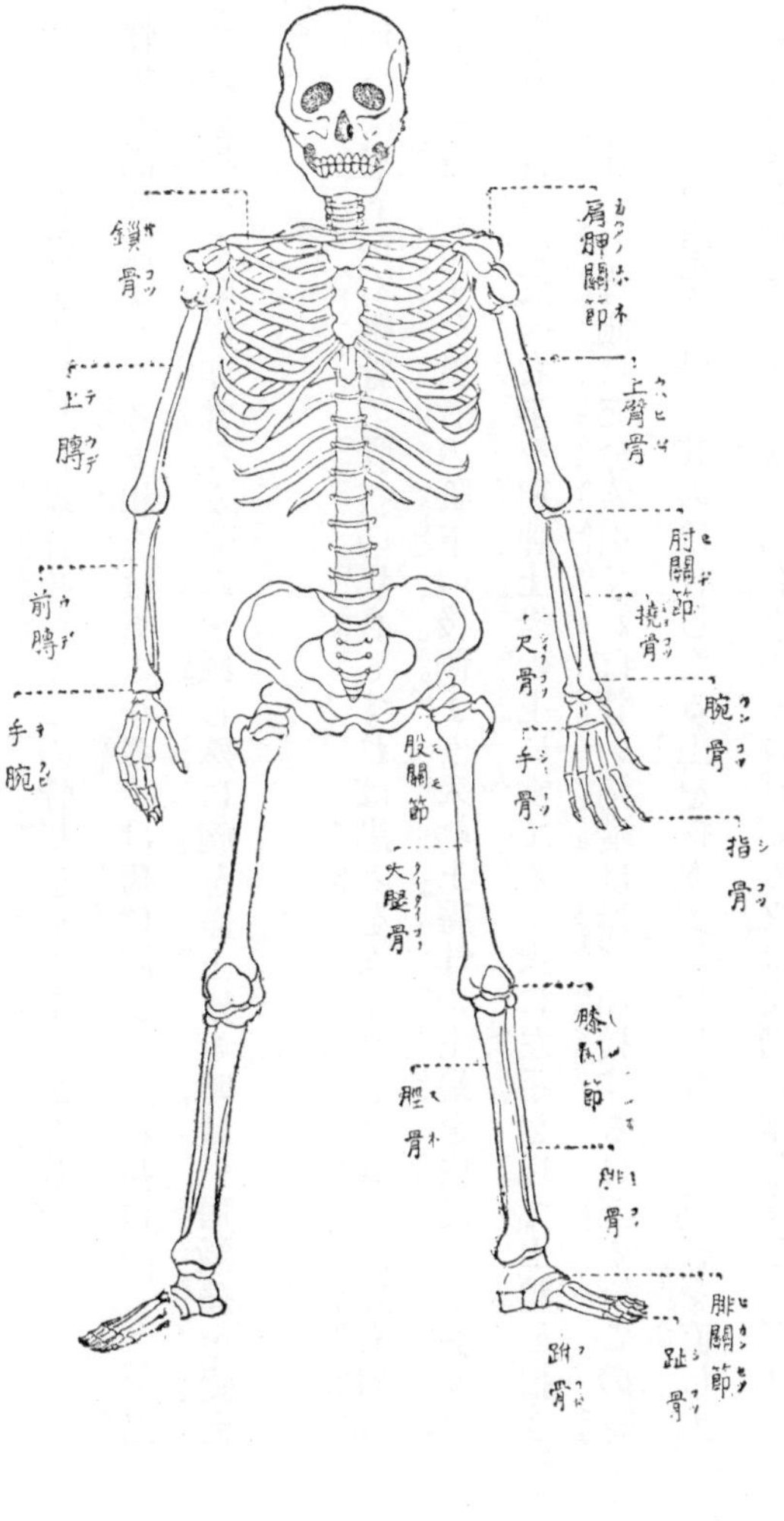

鎖骨《サコツ》
肩胛關節
上膊《ウデ》
上臂骨
肘關節
前膊《ウデ》
撓骨
尺骨
手腕
腕骨《ワンコツ》
手骨
股關節
指骨《シコツ》
大腿骨
膝關節
脛骨
腓骨
跗骨
趾骨
腓關節

鎖骨骨折及脱臼《さこつこつせつおよびだつきう》

巻込《まきこみ》等《とう》に於《おい》て肩胛骨《けんこうこつ》を强打《つよくうち》した場合《はあい》等往々《とうこう〳〵》この骨折《こつせつ》を見《み》ることがある。

症候《しようこう》 骨折《こつせつ》の部分《ぶゞん》によつて各々《おの〳〵》相違《ちがい》はあるか多《おう》くは舊位置《きうのいち》より外《はづ》れ折口《をれくち》がさび出《で》る。而《しか》して之《これ》を抑《おさ》へる時《とき》は非常《ひじよう》なる痛《いた》みを感《かん》じ殊《こと》に腕《うで》を差上《さしあ》げる時《とき》は一層激痛《そういたみ》を覺《おぼ》えるのである。

手當《てあて》 例《たと》へば患者《くわんしや》が右鎖骨《みぎさこつ》の骨折《こつせつ》の場合《はあひ》とすれば患者《かんしや》を安坐《あんざ》せしめ其《そ》の前方右斜《ぜんぽうみぎなゝめ》に左立膝《ひだりたてひざ》をなして坐《ざ》し左手《ひだりて》を患者《かんじや》の腋下《わきした》の後側《うしろがは》より入《い》れ上膊骨《じようはくこつ》の上端《はし》を内側《うちがは》より握《にぎ》り左《ひだり》膝《ひざ》を以《もつ》て患者《かんじや》の背部《せな》を支《さゝ》へ右手《みぎて》を肩胛上邊《けんこうじようへん》の上《うへ》に當《あ》てる。次《つぎ》に左手《ひだりて》を以《もつ》て上膊《じようはく》を抱《だ》き上《あ》げなから肩胛骨《けんこうこつ》を右背側《みぎうしろ》に充分索引《じゆうぶんけんいん》すれば骨《ほね》の兩端《りようはし》は殆《ほとん》ど相接《あひせつ》するに至《いた》る。この時《とき》左手拇指《ひだりておやゆび》、食指《ひとさしゆび》、中指《なかゆび》を以《もつ》て其《そ》の接合《せつがふ》したる上《うへ》を探《さぐ》り少《すこ》し押《を》しながら具合《ぐあい》を直《なほ》しカンフルチンキ（ヨードチンキを塗《ぬ》る場合《はあひ》もあるけれども之《これ》は皮膚《ひふ》を損《そん》し皮《かは》をハゲサスことある故《ゆゑ》不適當《ふてきだう》である）を塗《ぬ》りつぎ合《あわ》せた骨《ほね》の再《ふたゝ》び外《はつ》れぬやうに副木繃帯《そへぎほうたい》をして置《を》く。

脱臼《だつきう》の場合《はあい》は施術者《せじゆつしや》は痛《いた》めたる腕《うで》を上《うへ》に擧《あ》げ鎖骨端《さこつたん》を拇指《をやゆび》にて堅《かた》く抑《をさ》へ大體骨折《だいたいこつせつ》の場合《はあい》の如く索引《ごさけんいん》すればもとに復《ふく》するものである。

之《これ》も直《たゞ》ちにカンフルチンキを塗《ぬ》り（此《こ》の場合此《はあひこ》の關節《くわんせつ》は全快《ぜんくわい》するまで非常《ひじやう》に外《はづ》れ易《やす》きを以《もつ》て副木《そへぎ》を用《もち》ひ外《はづ》れぬ樣適當《やうてきたう》に繃帶《ほうたい》するを要《えう》す）繃帶《ほうたい》をする。

肘《ひぢ》關《かん》節《せつ》脫《だつ》臼《きう》

之《こ》れは多《おほ》く手《て》を逆《ぎやく》に突《つ》きたる場合即《はあいすなは》ち指《ゆび》を外側《そとがは》に向《む》けてつきたる時《とき》に起《おこ》るものである。

症候《しようこう》　肘《ひぢ》の關節《かんせつ》がとび出《で》て甚《はなは》だ鈍痛《どんつう》を催《もよほ》す。

手當《てあて》　片手《かたて》にて上膊《じようはく》を握《にぎ》り他《た》の一方《はう》にて前膊《ぜんはく》の下端《かたん》を握《にぎ》り急《きゆう》に引伸《ひきのば》し（前膊《ぜんはく》と上膊《じようはく》とを後面《こうめん》に於《をい》て三十度《ご》の凹角《あうかく》）（直線は百八十度なり）前膊《ぜんはく》を曲《ま》げ同時《どうじ》に上膊《じようはく》を下方《かはう》へ下《さ》げる氣持《きもち》にて押《を》せば痛《いた》みが少《すく》なくして元《もと》に復《ふく》するのである。

膝《ひざ》關《かん》節《せつ》脫《だつ》臼《きう》

膝關節《ひざかんせつ》は靭帶《じんたい》が甚《はなは》だ强固《きやうこ》であるから完全《かんぜん》なる脫臼《だつきう》は極《きは》めて稀《まれ》である。寧《むし》ろ脫臼《だつきう》に先《さきだ》つて骨折《こつせつ》する事《こと》か多《おほ》いのであるから此《こ》の脫臼《だつきう》は多《をほ》く不完全《ふかんぜん》なる脫臼《だつきう》であつて之《こ》れを不全脫臼《ぜんだつきう》と呼《よ》んで居《ゐ》る。

症候《しやうこう》　この脫臼《だつきう》は全脫臼《ぜつだつきう》即《はなは》ち完全《かんぜん》なる脫臼《だつきう》をしたる場合《はあい》に著《いちじる》しく現《あら》はれる。即《すなは》ち關節《かんせつ》の矢狀徑《しじようけい》は甚《はなは》だ增大《ぞうだい》し前面《ぜんめん》には明《あきら》かに脛骨頭《けいこつこう》を觸《ふ》れ後面《うしろ》には大腿骨《だいたいこつ》の關節髁《かんせつか》が突《つ》き出《で》る。膝蓋骨《しつかいこつ》は脛骨上方《けいこつじようはう》の凹《くぼ》みたる部《ぶ》に落《を》ちる。自身《じしん》で動《うご》かすことは出來《でき》なくなる。不全脫臼《ふぜんだつきう》はこれと殆《ほとん》ど同一《どう》であつて稍《やゝ》症狀《しようじやう》の輕微《けいび》なるのみである。

手當《てあて》　大腿《だいたい》及下腿《かたい》を持《も》ち之《これ》を上下兩方《じやうげりやうはう》に向《むか》ひ反對《はんたい》に牽引《けんいん》し同時《どうじ》に前方《まへ》に脫臼《だつきう》せる脛《けい》骨頭《こつこう》を强《つよ》く壓《あつ》し大腿骨《たいたいこつ》を上方《じやうはう》に擧《あ》げる樣《やう》に强《つよ》く牽引《けんいん》し次《つぎ》に膝關節《ひざかんせつ》を曲《ま》げて整復《せいふく》をはかればよい。但《たゞ》し之《これ》には助手《ちよしう》を使《つか》ふ方《はう》が一層便利《そうべんり》である。

腕《わん》關《かん》節《せつ》捻《ねん》挫《ざ》

捻挫傷《ねんざしやう》は脫臼《だつきう》の發《はつ》する原因《げんいん》と同《どう》一であつて脫臼《だつきう》の稀《まれ》なる關節《かんせつ》に多《おほ》く起《おこ》るものである。

即《すなは》ち捻挫《ねんざ》とは一時《じ》的《てき》の脫臼《だつきう》の自然《しぜん》に復位《ふくい》するものをいひ復位《ふくい》せざるものを脫臼《だつきう》といふのである。

こゝに最《もつと》も捻挫《ねんざ》を起《おこ》し易《やす》き腕關節《わんかんせつ》に就《つ》いて其《そ》の手當法《てあてはふ》を述《の》べる。

施術者《しじゆつしや》は患者《くわんじや》の手《て》を我《わ》が膝《ひざ》の上《うへ》に載《の》せ、我《わ》が拇指《おやゆび》の腹又《はらまた》は附根《つけね》の柔《やはらか》き部分《ぶぶん》にて幾《いく》度《たび》となく渦卷形《うづまきがた》に揉《も》み然《しか》る後患者《のちくわんじや》の指先《ゆびさき》を握《にぎ》り少《すこ》し牽引《けんいん》及廻轉《くわいてん》を試《こゝろ》み次《つぎ》に上下《じやうげ》の屈《くつ》伸《しん》を行《おこな》ひ輕《かろ》く撫《な》で擦《さす》りて後硼酸水《のちほうさんすい》にて濕布《しつぷ》をして置《を》くのである、足關節《あしくわんせつ》の場合《はあひ》も大體《だいたい》腕關節《わんくわんせつ》の場合《はあい》と同《おな》じ療法《りようはう》で可《よ》いのである。

結《けつ》論《ろん》

以上各項《いじやうかくこう》に亘《わた》つて概說《がいせつ》したる所《ところ》によつて諸子《しよし》は大體《だいたい》柔道《じゆうだう》の如何《いか》なるものであるかを會得《ゑとく》された事《こと》と信《しん》ずる。然《しか》しながら既《すで》に緒論《ちよろん》にも述《の》べたる如《ごと》く抑々《そもそも》柔道《じゆうだう》の包含《はうがん》する精神《せいしん》は極《きは》めて廣大深遠《こうだいしんゑん》なるものであつて單《たん》に理論《りろん》の上《うへ》に於《おい》て如何《いか》に之《これ》を探究《たんきゆう》すればとて到底《とうてい》其《そ》の眞髓《しんずい》を捕捉《ほそく》する事《こと》は出來《でき》ない。不斷《ふだん》の修業《しゆうげう》と體驗《たいけん》によつて自得《じとく》するを得《う》るのであるから假令《たとへ》如何《いか》なる一些事《さじ》と雖《いへど》も斯道《しだう》に敎《をし》へられたることは之《これ》を嚴守勵行《げんしゆれいこう》し以《もつ》て其《そ》の目的《もくてき》に向《むか》つて邁進《まいしん》しなければならない。

柔道《じゆうだう》の體育方面《たいいくはうめん》に於《を》ける効果《こうか》は今更喋々《いまさらちようちよう》するまでもなく斯道修業者《しだうしゆうげうしや》の隆々《りゆうりゆう》たる筋肉《きんにく》を見《み》ても明《あきら》かである。而《しか》も全身《ぜんしん》の過不及《かふきう》なき運動《うんどう》は柔道《じゆうだう》の特色《とくしよく》ともいふべく且《か》つ進《すゝ》むに隨《したが》つて湧《わ》き出《い》づる津々《しんしん》たる興味《きようみ》と自《おのづか》ら體得《たいとく》する制御防衞《せいぎよはうゑい》の術《じゆつ》に至《いた》つては柔道《じゆうだう》を措《お》いて之《これ》を他《た》に求《もと》むることが出來《でき》ないのである。

古來我國《こらいわがくに》の精華《せいくわ》たる武士道《ぶしだう》の大精神《たいせいしん》を傳《つた》へたるものはいふまでもなく柔道《じゆうだう》である。而《しか》も精錬《せいれん》されたる現今《げんこん》の柔道《じゆうだう》は科學《くわがく》の上《うへ》に立脚《りつきやく》せる道《みち》で實《じつ》に心身《しんしん》最善活用《さいぜんかつよう》の表現《へうげん》したるものである。其《そ》の眼目《がんもく》とせる體育勝負修心《たいいくしようぶしゆうしん》の三大綱《だいこう》は吾人生活上必須《ごじんせいかつじやうひつす》缺《か》くべからざるものたると共《とも》に我《わ》が國民精神作興《こくみんせいしんさくこう》の大本《たいほん》となるものであるから吾人《ごじん》は飽《あ》くまでも之《これ》に精進《しようじん》し近時《きんじ》急速《きゆそく》の勢《いきおい》を以《もつ》て瀰漫《びまん》しつゝある惡思潮《あくしちよう》を阻止根絶《そしこんぜつ》せしめ以《もつ》て國家《こくか》を泰《たい》山《ざん》の安《やす》きに置《を》かねばならぬ。殊《こと》に日常民衆《にちじようみんしゆう》に接觸《せつしよく》し其《そ》の保護《ほご》の任《にん》に當《あた》る諸子《しよし》は常《つね》に此《こ》の心掛《こゝろがけ》を以《もつ》て動《やゝ》もすれば詭激《きげき》の弊《へい》に陷《おちい》らんとする社會人心《しやかいじんしん》の陶冶《とうや》に盡《つく》されんことを望《のぞ》むのである。

朝鮮警察柔道　終

武《ぶ》道《だう》極《ごく》意《い》の歌《うた》

斬《き》り結《むす》ぶ太刀《たち》の下《した》こそ地獄《ぢごく》なれ、身《み》を捨《す》てゝこそ浮《うか》ぶ瀬《せ》もあれ。

ものゝふは生死《しようじ》の二《ふた》つ打《う》ちすてゝ、進《すゝ》む心《こゝろ》にひくことはなし。

心《こゝろ》あれば佛《ほとけ》も鬼《おに》に見《み》ゆるなり、心《こゝろ》なきこそ心《こゝろ》なりけれ。

柔《やはら》とは敵《てき》の力《ちから》を我《われ》にして、折《お》りし柳《やなぎ》の心《こゝろ》なりけれ。

降《ふ》ると見《み》ば積《つも》らぬ先《さき》に拂《はら》へかし、雪《ゆき》には折《を》れぬ青柳《あをやぎ》の糸《いと》。

思《おも》はじと思《おも》ふが物《もの》を思《おく》ふなり、思《あも》はじとだに思《おも》はじやなど。

うつるとも月《つき》も思《おく》はずうつすとも、水《みづ》も思《おも》はす廣澤《ひろさは》の池《いけ》。

明月《めいげつ》に戸《と》ぼそをあげに入影《いりかげ》の、光《ひか》りぞ同《おな》じ心《こゝろ》なりけり。

雲晴《くもは》れて後《のち》の光《ひかり》と思《おも》ふなよ、本《もと》より空《そら》にありあけの月《つき》。

春雨《はるさめ》や草木《くさき》わけては降《ふ》らねども、受《う》ける形《かたち》のおのがさま〴〵。

降《ふ》らば降《ふ》れ積《つも》らば積《つも》れ何《なに》かせん、雪《ゆき》の染《そめ》たる松《まつ》の葉《は》もなし。

年毎《としごと》に咲《さ》くや吉野《よしの》の山櫻《やまざくら》、木《き》を割《わ》りて見《み》よ花《はな》のありかは。

捕縄術

大正一五、一〇
訓令第二九號

第一章　通則

第一　捕縄術は犯人逮捕又は囚人、刑事被告人並被疑者護送の際に於ける施縄方法を迅速且確實ならしむるため訓練するを以て目的とす

第二　捕手用捕縄は徑約一分長さ二十四尺とし其の一端に徑約六分の蛇口《じやくち》（縄の一端を二折して差込み作りたる輪）を附したる麻縄を用う

護送用捕縄は徑約二分長さ三十三尺とし其の一端に徑約八分の蛇口を附したる麻縄を用う

第三　捕手用捕縄を携帯するには蛇口より約一尺を基點とし長さ約三寸に數回折返し餘端を約六尺餘し（第一圖）之を折返したる縄に蛇口のなき方より蛇口の在る方へ順次卷付け（第二圖）其の末端を蛇口の在る方の第一半輪に通じ蛇口のなき方の第一半

輪にて之を引締め（第三圖）更に蛇口縄を引き第一半輪を他の半輪に揃ゆ（第四圖）

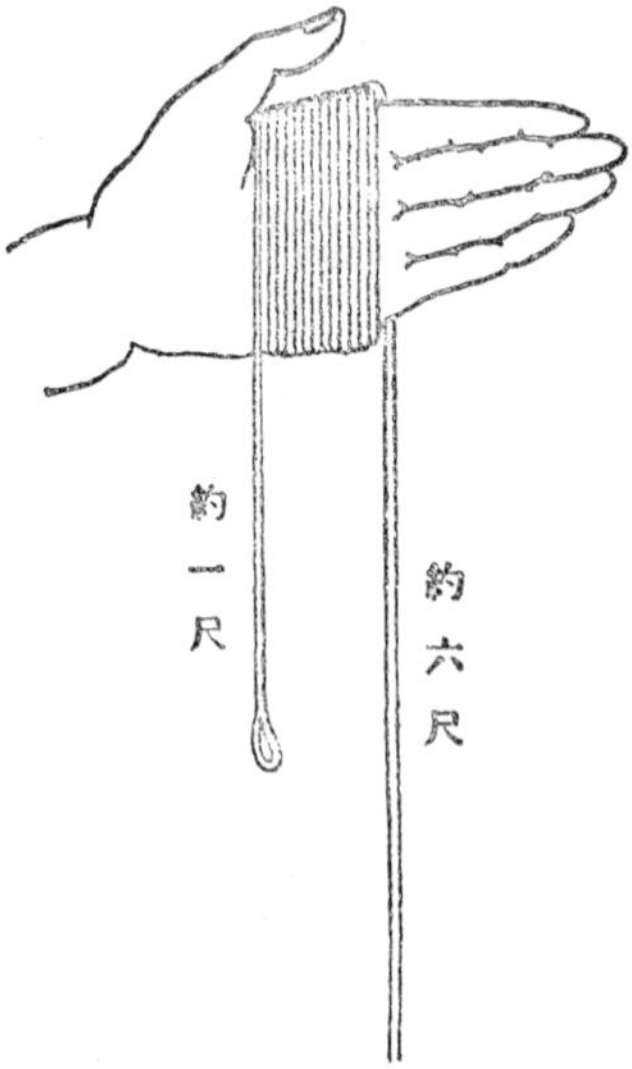

第一圖

第二圖 第一半輪を若干兩方に食出して巻付く

第三圖 食出したる縄を引締む

第四圖

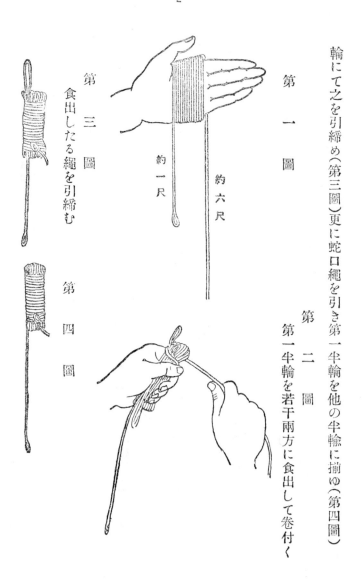

捕繩を解くには左手に持ち右手の拇指と食指とを以て蛇口を撮み抽き解くを例とす

第四　施繩に際しては態度を嚴正に保ち動作を機敏にし被捕縛者の擧動に注意すべし

第五　被捕縛者に於ける筋肉の弛張又は軀幹四肢の間隔等其の姿勢に注意し施繩に弛緩を生せざる樣注意すべし

第六　施繩は各條平均に引締め若過度に緊縛したるときは其の儘長時間經過すべからず

第七　被捕縛者に對しては施繩後と雖油斷することなく嚴密に監視すべし

第八　捕繩術は柔道と相俟て完全を期すべし

第九　捕繩術を演習するに際し指揮官の動作及演習者の整頓、行進竝其の號令呼稱は特に規定するものの外朝鮮警察操典に依る

第二章　捕繩術の用語

第十　捕手《ほしゆ》　捕縛者を謂ふ

第十一　敵手《てきしゅ》　被捕縛者を謂ふ

第十二　自然體《しぜんたい》　兩足を肩幅位左右に開き自然に直立し最安定に保ちたる姿勢を謂ふ

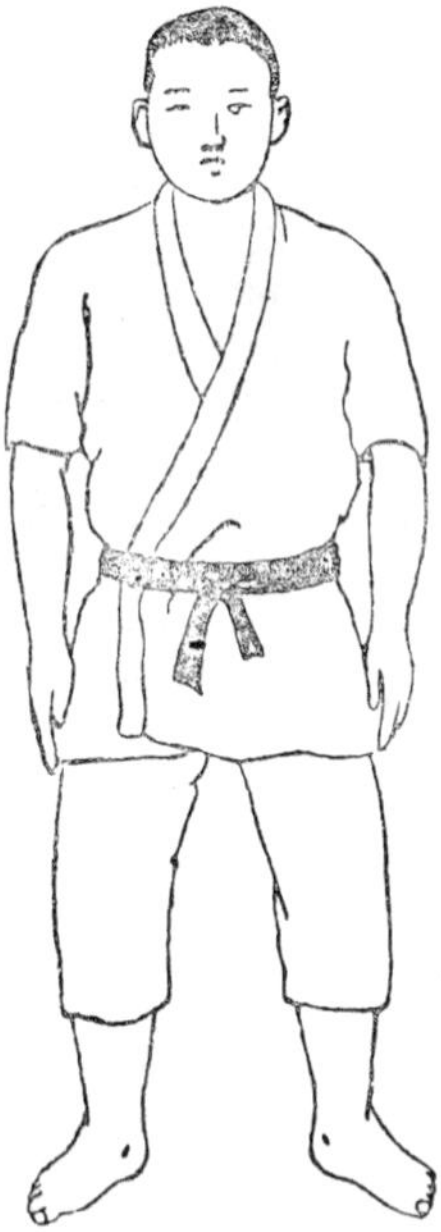

前項の姿勢に於て上體と共に右(左)足を踏出したるを右(左)自然體と謂ふ

第十三　捕輪《とりわ》　蛇口に縄を通して作りたる輪を謂ふ

蛇口に縄を通す形

第十四　半輪《はんわ》　捕縄を二折して作りたる輪を謂ふ

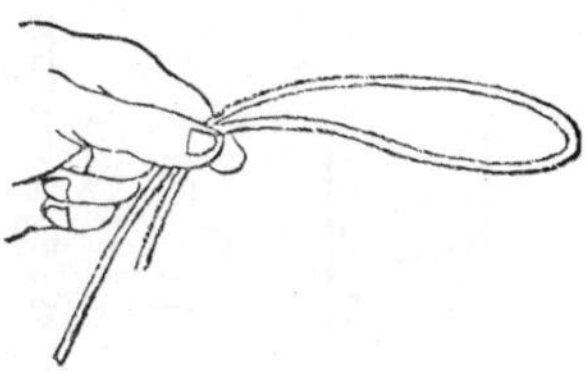

第十五　張縄《はりなわ》　施縄したる際結節より結節に至り又は結節より把握に至り或は體に直接して張れる縄を謂ふ

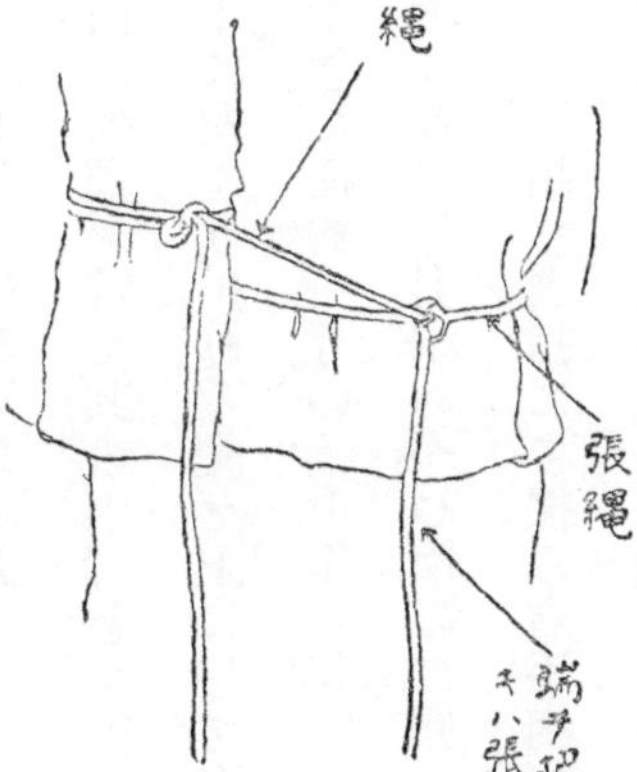

第十六　垂繩《たれなわ》　施繩したる際結節より餘れる繩を謂ふ

第十七　男結《おとこむすび》　棒狀態の反對面に捕繩を當て其の兩端を手前に引廻し棒狀態が立棒なるときは右より戾れる繩を下に左より戾れる繩を上にして引違へ(第一圖)右より戾れる繩を左より戾れる繩に卷きて徑約一寸の輪を作り(第二圖)其の輪を左手拇指と食指とにて固く撮み左より戾れる繩を引締めつつ輪の二條の部に固く卷付けて輪を通じ(第三圖)其の交叉部を左手拇指と食指にて撮み右手拇指にて壓すると同時に一旦左手拇指を放ち更に左手拇指を以て輪の側面を向ふへ壓し(第四圖)之と同時に右手にて右より戾れる繩を引締め結節を作るを謂ふ

第一圖

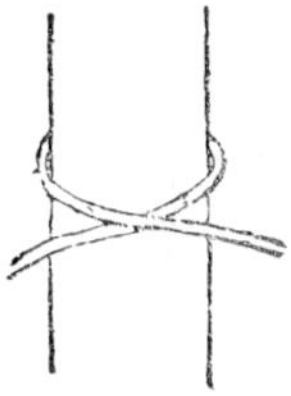

第二圖

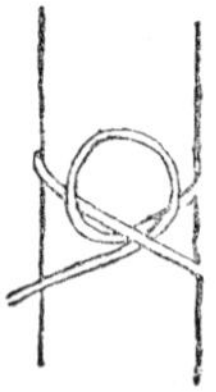

第三圖

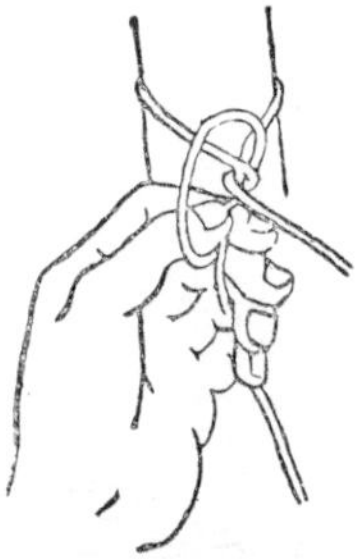

第四圖

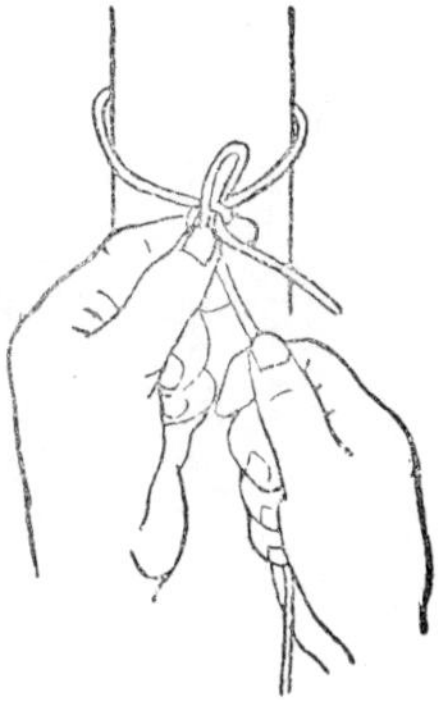

第十八　引解男結《ひきときおとこむすび》　男結の場合に於て左より戻れる縄を輪に通すとき（前號第三圖の場合）左圖の如く半輪となしたる縄を輪に通じ結節を作るを謂ふ

男結の第三圖の場合

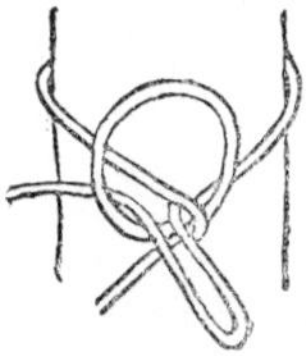

第十九　半結《はんむすび》　左より戻れる縄を上に右より戻れる縄を下にし左より戻れる縄を外下方より内上方に引抜き引締むるを謂ふ

第二十　引解半結《ひきときはんむすび》　半結の場合に於て外下方より内上方へ引抜く縄を半輪に作りて引締むるを謂ふ

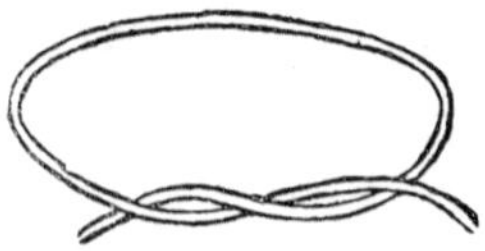

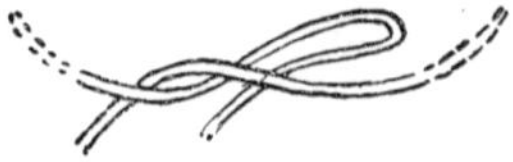

第二十一　編結《あみむすび》　引解半結にて成れる半輪に餘繩の半輪寄りの部にて半輪を作りて通じ更に其の餘繩の半輪寄りの部にて半輪を作りて前の半輪に通し之を順次繰返すを謂ふ

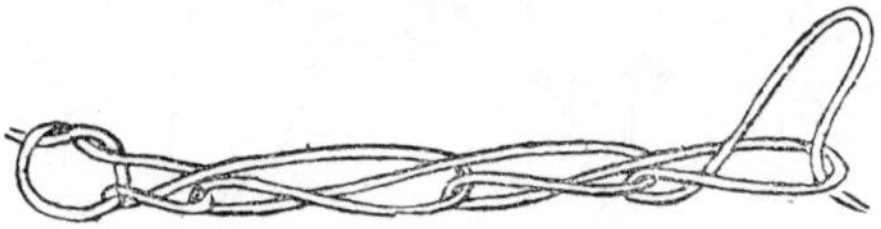

第二十二　蝶結《てうむすび》　四箇の輪を續けて作り第一環と第四環とを第二第三環の中に交互に

通じて引締め結節を作るを謂ふ

第一圖

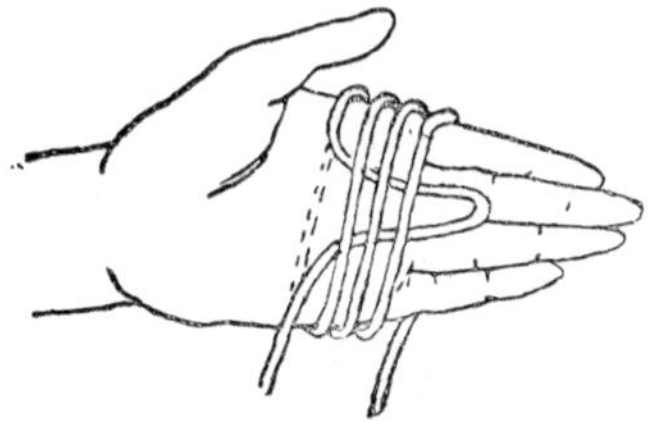

第二圖

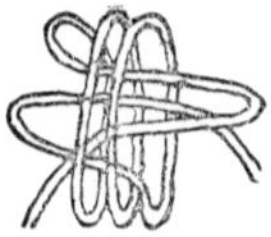

第三圖

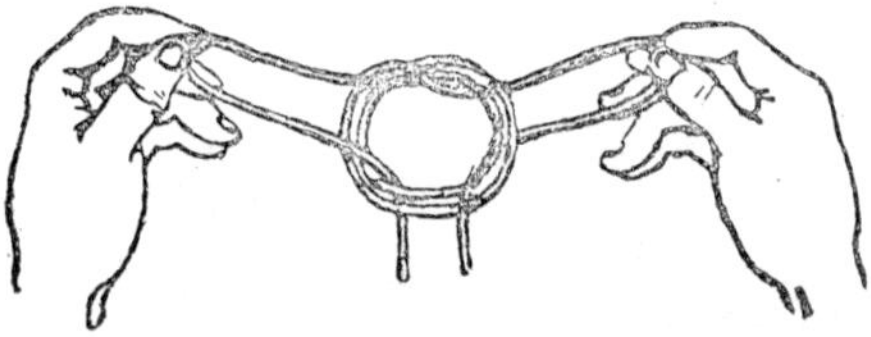

第四圖

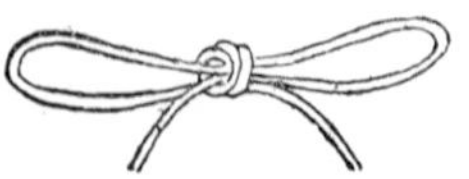

第二十三　右巻《みぎまき》　圖の如く左より右に又は内方ヨリ外方に右廻しに巻くを謂ふ

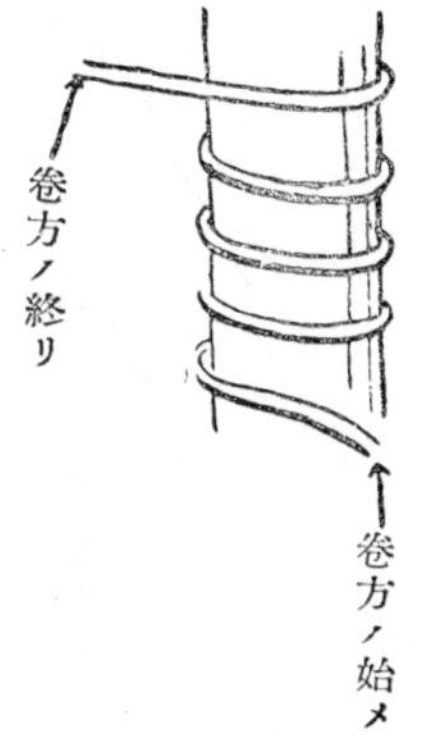

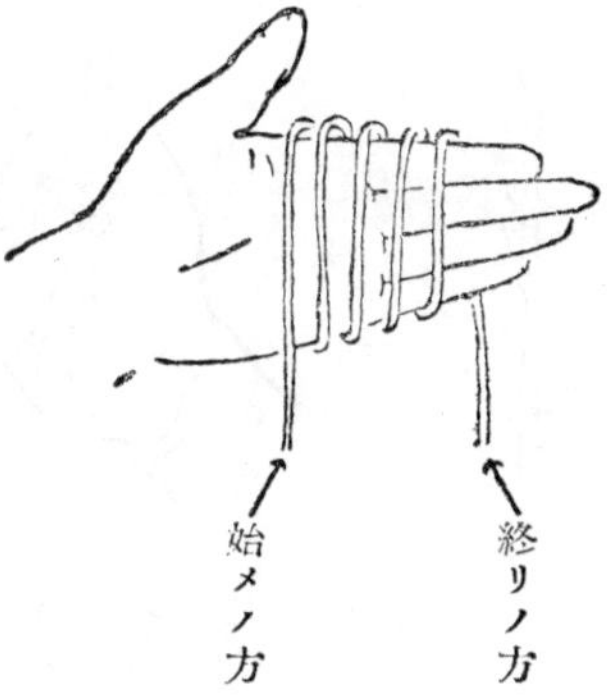

左巻《ひだりまき》　右巻の反對に巻くを謂ふ

第三章　固《かため》の方法

第二十四　固の方法は被捕縛者抵抗し又は抵抗せむとする虞ある場合に於て之を防止するに應用するものとす

第二十五　内握《うちにぎり》　敵手の四指をよく揃へ拇指を上にし掌側より手甲側に向け强く握り

締め敵手の指に疼痛を感せしむ

第二十六　外握《そとにぎり》　敵手の四指をよく揃へ拇指を上にし手甲側より掌側に向け強く握り締め敵手の指に疼痛を感せしむ

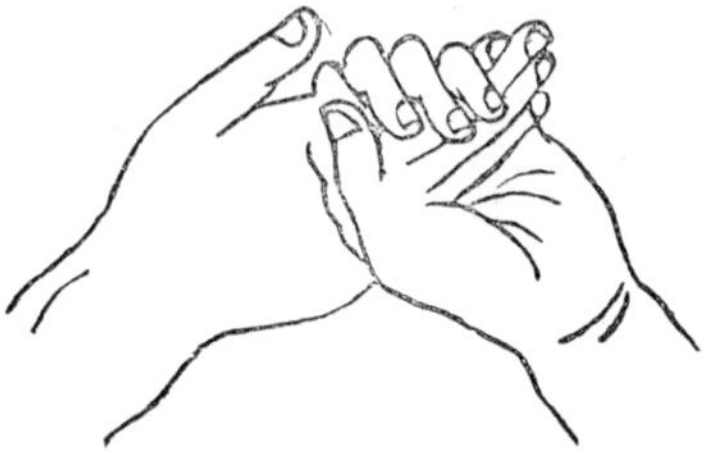

内握

捕手の掌を敵手の掌側に當てて握る

外握

捕手の掌を敵手の甲側に當てて握る

第二十七　逆握《ぎやくにぎり》　内握外握の場合敵手の手の拇指を下にす

第一圖

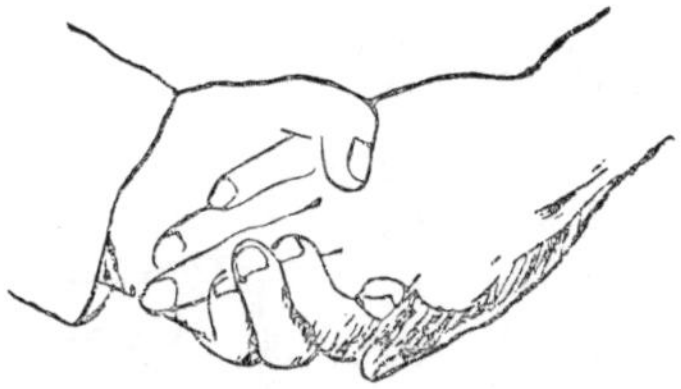

第二圖

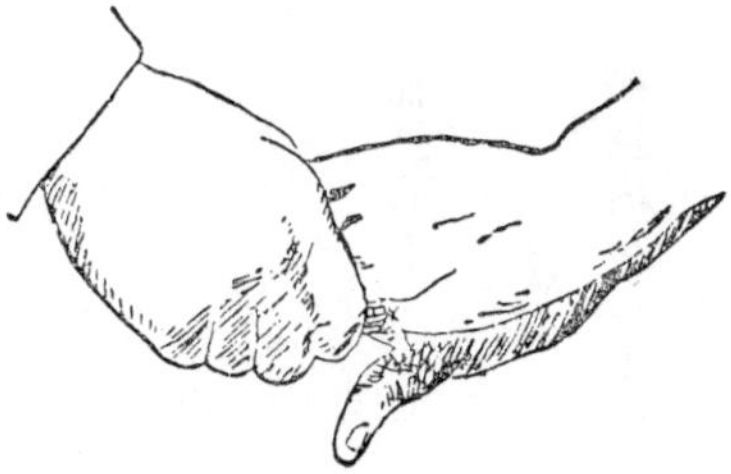

第二十八　綾捕《あやごり》　敵手に反抗の餘地を與へざる様速に手首より四指の内外に辷り込み内握若は外握に轉す

第二十九　閂《かんぬき》　（逆手）　四肢の内何れかの關節を關節の外方より内方に向け逆に押張る

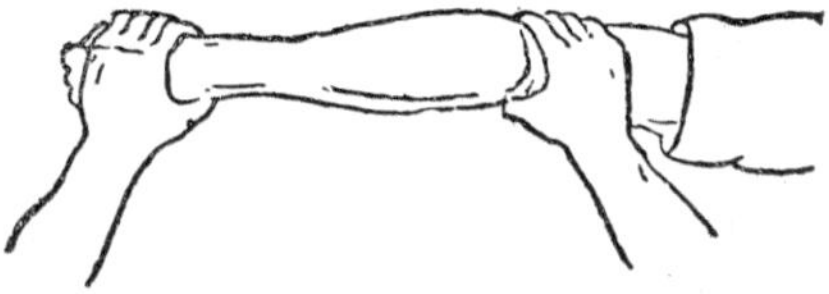

第三十　氣合《きあい》　下腹に力を入れ確固不抜たる意氣を示す

第三十一　利《き》かす　敵手に一層疼痛を感せしむ

第三十二　當身《あてみ》　突擊又は蹴る等の動作を以て被縛者をして一時假死の狀態に陷り若は一時抵抗不能に至らしむ

第三十三　活《かつ》　假死の狀態に在る者を入口呼吸の一方法に依り蘇生せしむ

第四章　護送縄

第三十四　護送縄を分ちて腰手縄諸手縄及肘詰縄とす
腰手縄及諸手縄は近距離護送に肘詰縄は遠距離護送に用うるを例とす
腰手縄及諸手縄は被捕縛者の性質及服装等を顧慮し適當に撰用すべし

第一節　腰手縄

第三十五　捕手と敵手とを距離約一歩の所に對立せしむ
第三十六　「腰手縄用意」の號令にて捕手は自然體の姿勢を取り捕縄を解き之を折半し半輪にあらさる方を敵手の腰幅に取り其の殘りの中央部を半輪を前にして左手に撮み兩手は自然に垂る

第一圖

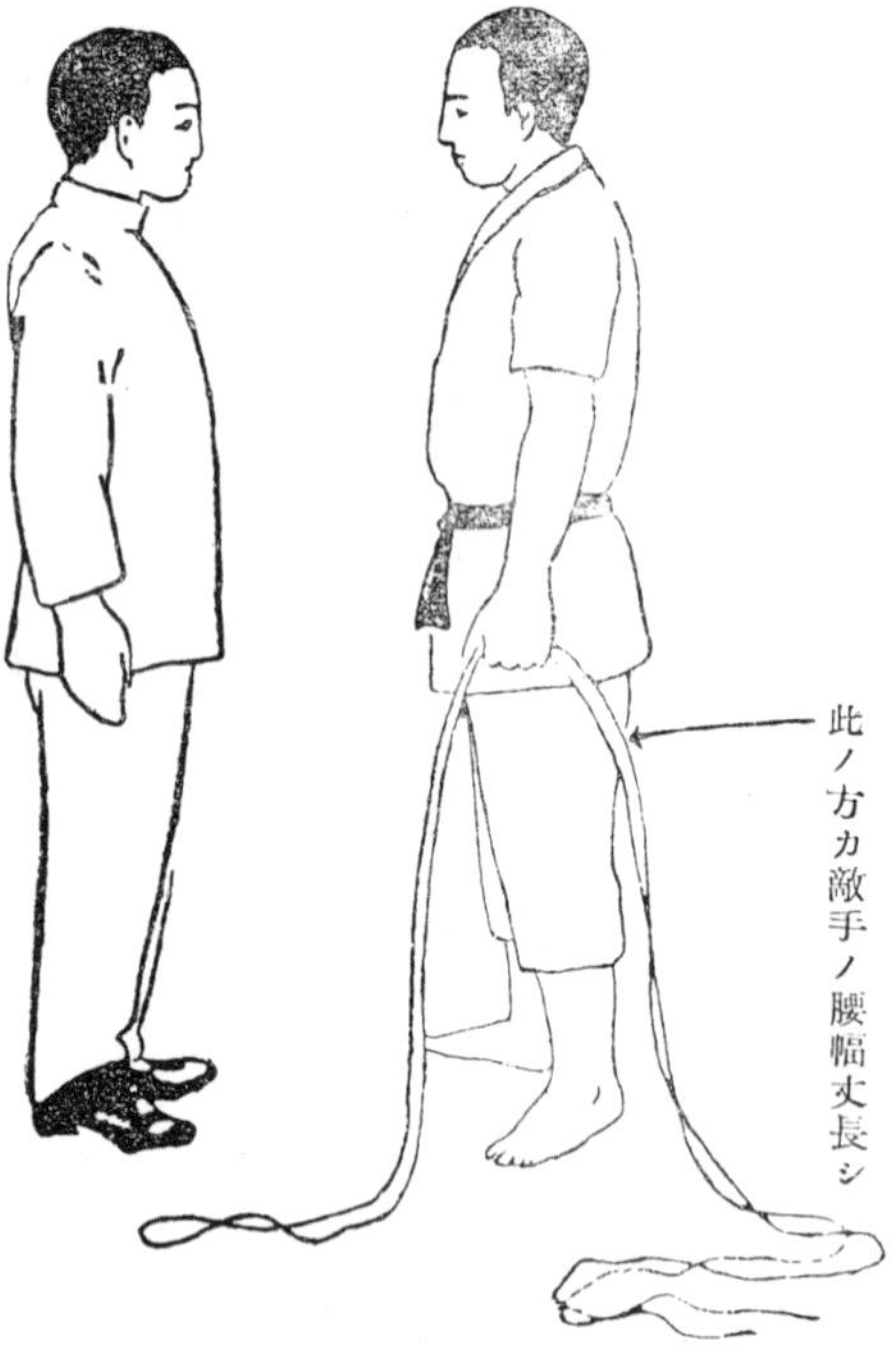

「始め」の號令にて捕手は動作に移る

「動作の一」　捕手は敵手に對し右自然體の姿勢を取り右手にて敵手の右前膊を手を外にして施縄し易き樣支持し左手に撮める捕縄を敵手の右手首の小指側に當て掌側より手甲側に巻戻し（第二圖、第三圖）男結を作り結節を掌側に廻す（第四圖）

第二圖

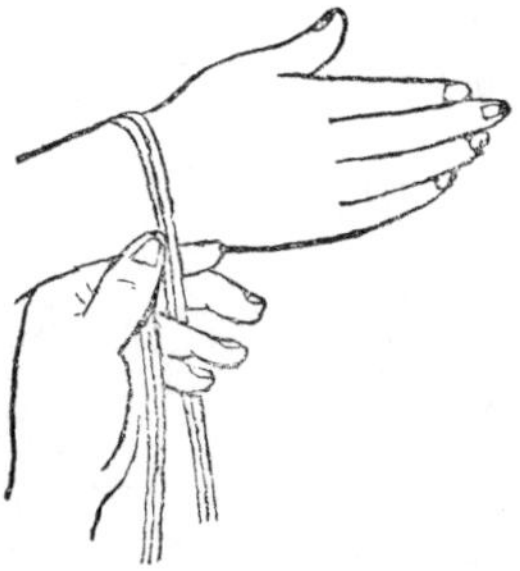

第三圖

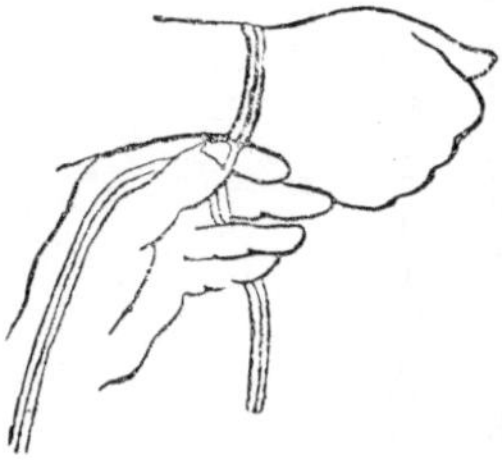

第四圖

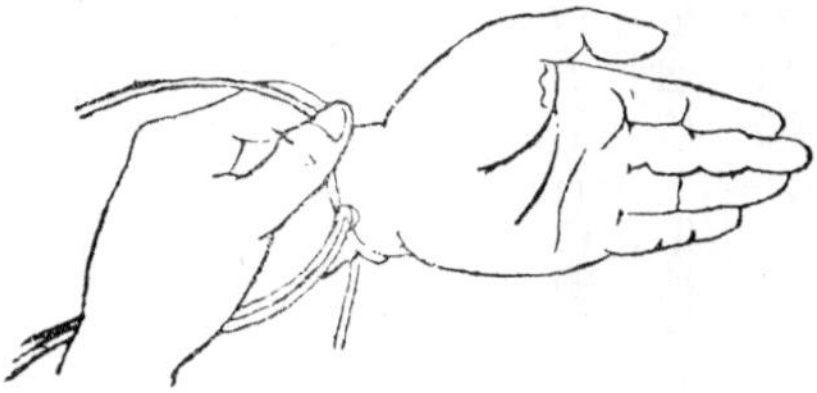

「動作の二」　半輪にあらざる方の垂繩を二條の儘敵手の腰幅の部に於て結節を作り其の結節に圖の如く敵手の左手首の掌側を固く挾み上側の繩を右手に下側の繩を左手に持ち各一回手首に廻し(第五圖)結節と手首の間に於て結節に接する二條の繩を共に卷込み男結を作る但し男結を作るとき輪の中に二回通すべし敵手が洋服なると

きは兩手を袴の物入に納めしむ

第五圖

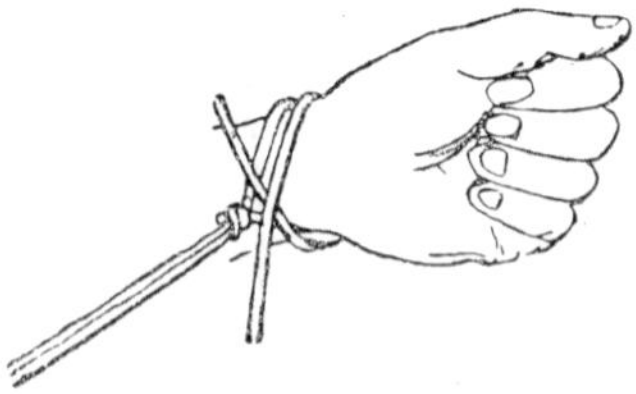

「動作の三」　敵手の左手に在る垂繩を左手に摑み敵手を右に廻して後向となし敵手の右手垂繩と左手垂繩とにて腰の中央部に於て帶を通じて半結となし更に引解男結を作り其の引解男結の輪に四條の垂繩を通じ垂繩を餘端より全部右手甲に右卷し張繩と帶を手甲を上にして摑み敵手の左足後方半步の所に位置し自然體となる

第六圖

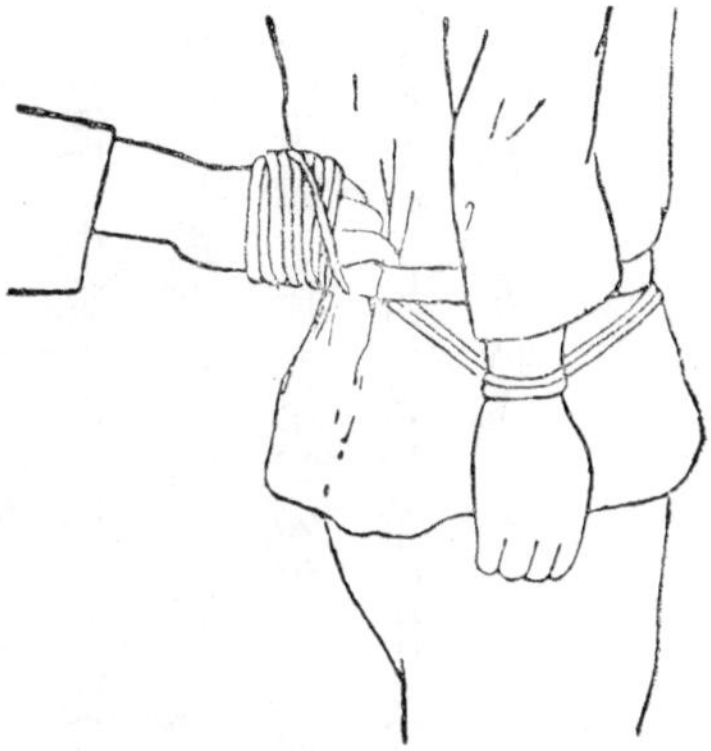

第三十七　「止め」の號令にて捕手は舊位置に復し右自然體の姿勢を取り施繩を解き不動の姿勢となる

第二節　諸手繩

第三十八　捕手と敵手とを距離約一歩の所に對立せしむ

第三十九　「諸手繩用意」の號令にて捕手は自然體の姿勢を取り捕繩を解き之を折半し半輪先より約五寸の部を半輪を前にして左手に撮み兩手は自然に垂る

「始め」の號令にて捕手は動作に移る

「動作の一」　捕手は敵手に對し右自然體の姿勢を取り右手にて敵手の右前膊を手甲を外にして施繩し易き樣支持し左手に撮める半輪を敵手の右手首の小指側に當て掌側より手甲側に卷戾し其の半輪先と半輪にあらざる二條の繩を手首の拇指側に於て合せ（第一圖）二條の繩の中敵手に向つて右側（手前）の一繩にて手首に近く右に捻りて第二の半輪を作り之を最初の半輪に通し（第二圖）殘る他の繩を適度に引締めつつ同要領に依り第三の半輪を作り第二の半輪に通し他の一繩を適度に引締め第三の半輪先を約五寸（左手首を廻し得る長さ）に作り（第三圖）敵手の手首は掌側を腹部に接し前腹を水平に結節と共に支持す

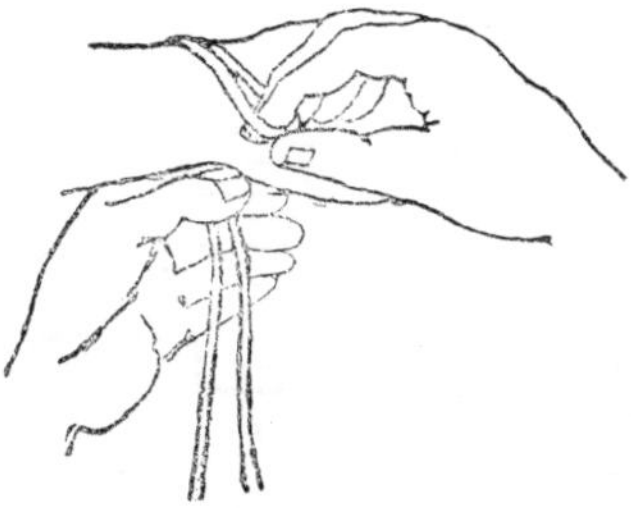

第一圖

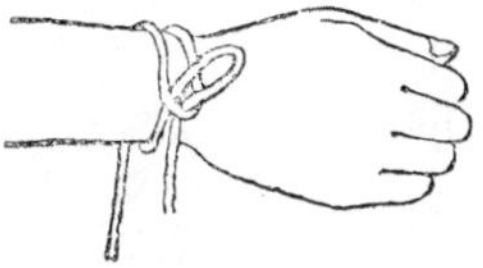

第二圖

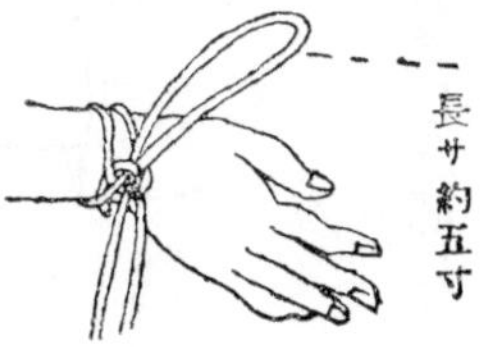

第三圖

「動作の二」　敵手の左手首を掌側を腹部に向け敵手の右手首に在る第三半輪と二條の垂繩の間の上に（其の結節の上に）載せしめ半輪を敵手の左手首に兩手首の接著點迄巻戻し其の半輪と二條の垂繩とにて右手首「動作の一」と同要領に依り施繩し兩手首の接著點に於てよく引締め第三の半輪先を約三寸となし（第四圖）其の半輪を接著點の全繩に左巻し（第五圖）其の半輪先と二條の垂繩とにて男結をなし成れる輪に二

條の垂繩を通す

第四圖

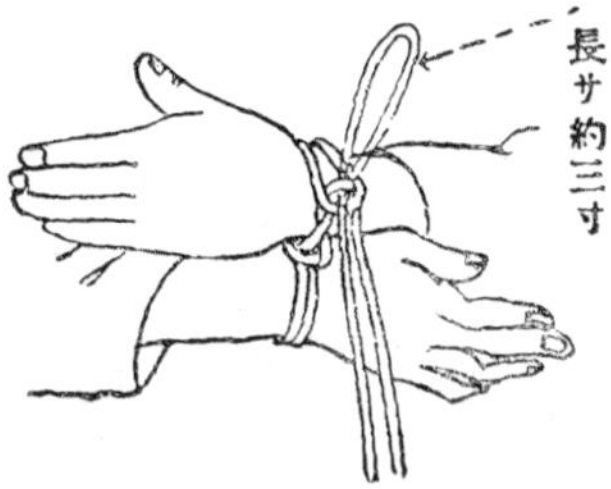

第五圖

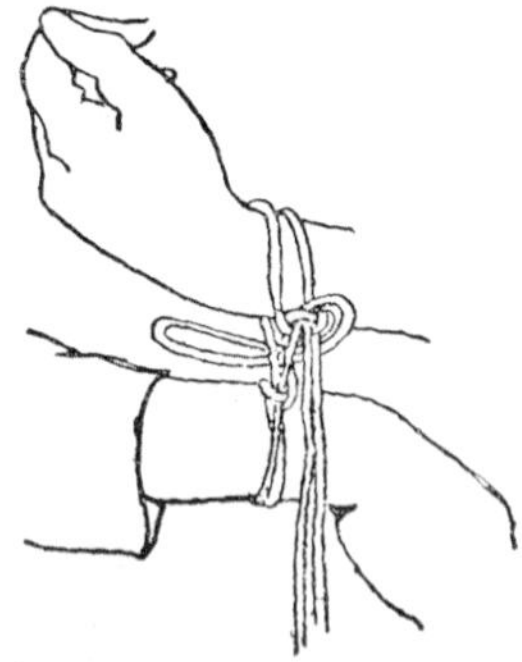

「動作の三」　垂繩を左右より腰の上部を體に添ひ引廻し背部に於て兩垂繩を左手に持ち敵手を左に廻して後向となし兩垂繩にて腰の中央部に引解半結を作り（第六圖）更に其の半輪と垂繩とにて男結を作る

第六圖

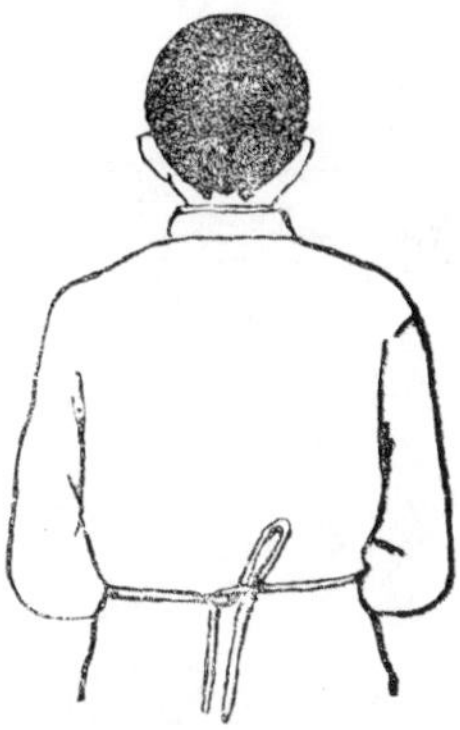

「動作の四」垂縄は男結より成れる輪を臺に編結を作り（垂縄に餘裕なきときは編結となさず以下同じ）餘端を左手甲に數回右卷し編結の最後の半輪先を共に摑み（第七圖第八圖）敵手の右足後方約一歩半の距離に位置し自然體となる

第七圖

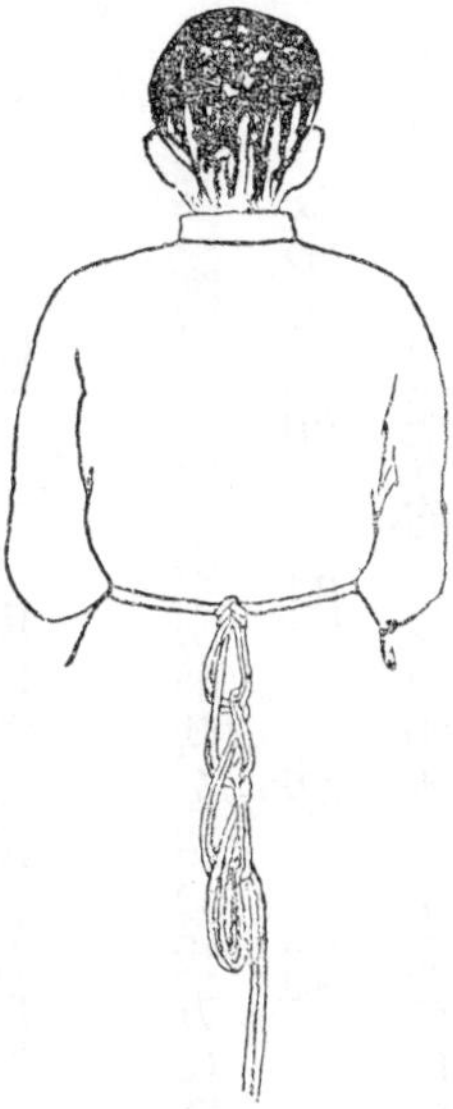

第八圖

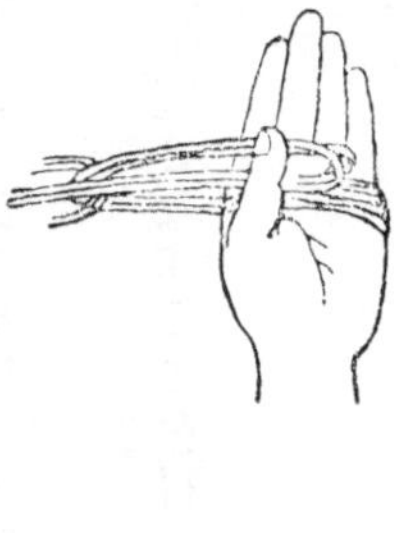

第四十　「止め」の號令にて捕手は舊位置に復し右自然體の姿勢を取り施繩を解き不動の姿勢となる
第四十一　諸手繩の應用　敵手の兩前膊を體の後方に廻し後諸手繩となすことを得

第三節　肘詰繩

第四十二　捕手は敵手の後方約一歩の距離に併立せしむ（縦隊）
第四十三　「肱結繩用意」の號令にて捕手は自然體の姿勢を取り捕繩を解き中央部より左右各五寸位の處を兩手に撮み（第一圖）自然に垂る

第一圖

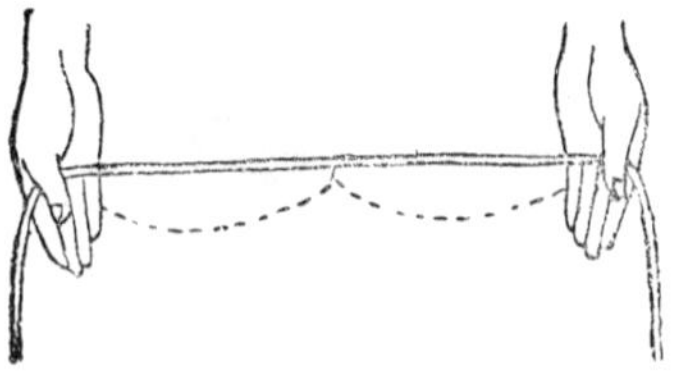

「始め」の號令にて捕手は動作に移る

「動作の一」　捕手は敵手に對し右自然體の姿勢を取り兩手に撮める繩を敵手の腰に當て右手の繩を上に左手の繩を下にして腹部に廻し左右に取替へ二重卷となし腰の中央部に於て先に卷ける繩の下を通じて引解半結を作り（第二圖）半輪先を約二寸とし其の半輪と垂繩とにて男結を作り成れる輪に二條の垂繩を通す

第二圖

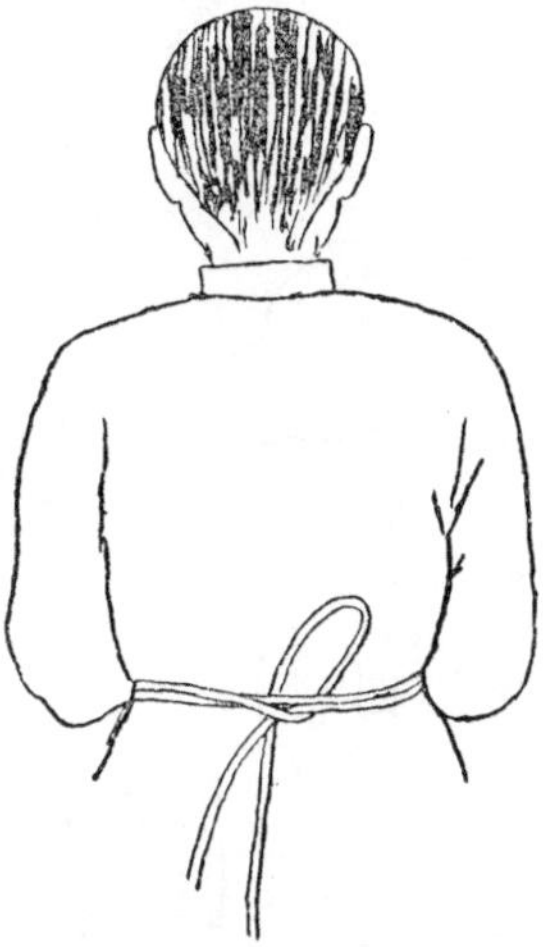

「動作の二」　二條の垂繩中先づ右の一繩にて長き半輪を作り（第三圖）之を右肘關節上方約一寸の部に外側より內側に向け一周せしめ腰より來れる繩とにて其の張繩に

緩みを生せざる様其の二條の上を越へて半結を作り其の半輪先を二寸となし成れる半輪先と垂繩とにて腰より來れる張繩を卷込み男結を作る（第四圖）

第三圖

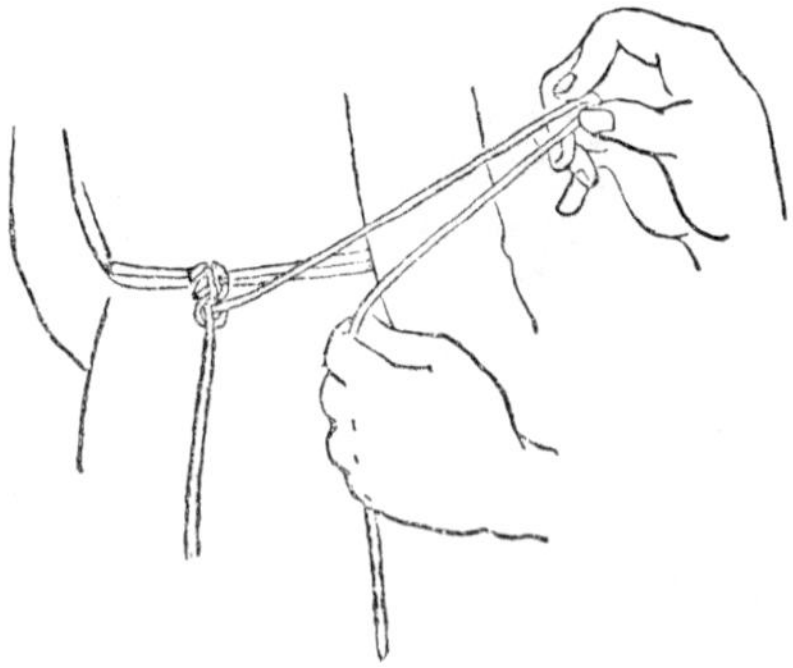

第四圖

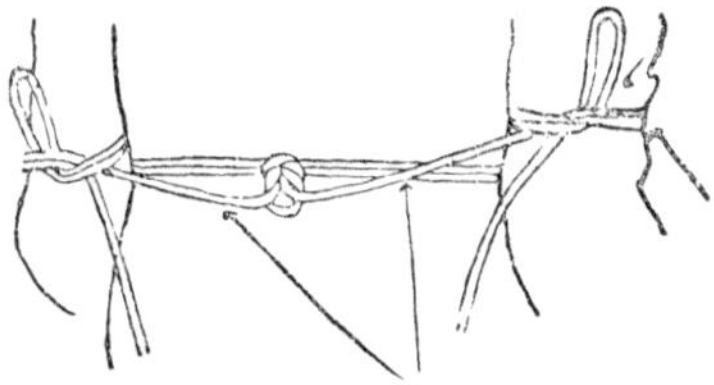
外側ヨリ内側ニ通ス
此ノ張繩ニ弛ミヲ生セルヲ要ス
尙男結トナストキ此ノ繩ヲ卷込ム

「動作の三」　腰に殘れる垂繩を以て動作の二と同要領に依り左手に施繩す（但左男結）

「動作の四」　左の垂繩を右肘男結の輪に右の垂繩を左肘男結の輪に通じ其の兩垂繩

にて腰の中央部に於て引解半結を作り其の半輪と二條の垂繩とにて男結を作り二條の垂繩を成れる輪に通じて左手に持ち敵手を右に廻して對立し手錠を施し更に敵手を左に廻して後向となす

第五圖

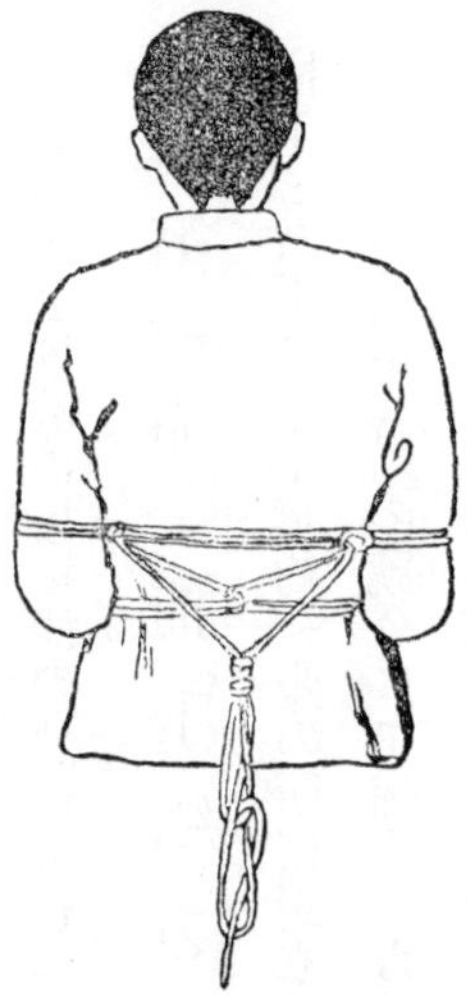

「動作の五」　垂繩は諸手繩の「動作の四」と同要領に依り左手に摑み敵手の右足後方約一歩半の距離に位置し自然體となる

第四十四　「止め」の號令にて捕手は舊位置に復し右自然體の姿勢を取り手錠を外し施繩を解き不動の姿勢となる

第四十五　肘詰繩に於て垂繩を强引するときは兩肘を背後に詰め敵手の抵抗力を奪ふものとす

第五章　捕手繩

第四十六　捕手繩は被捕縛者抵抗するとき行使するを例とす故に柔道の應用に意を臻し練習を重ね動作を機敏にし技能習熟に努むべし

第一節　捕手繩の一

第四十七　捕手と敵手とを距離約一歩の所に對立せしむ

第四十八　「第一捕手繩用意」の號令にて捕手は自然體の姿勢を取り捕繩に捕輪を作り其の捕輪を圖の如く捕繩と共に右手に握り兩手は自然に垂る

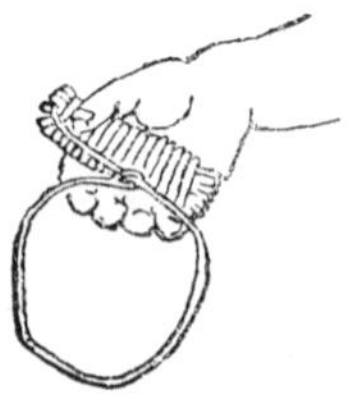

「始め」の號令にて捕手は動作に移る

「動作の一」　捕手は敵手に對し右自然體の姿勢を取り左手にて敵手の右手首を拇指を上にして手甲側より握り施繩し易き樣支持し捕輪を敵手の右手首に嵌め適度に引締め直に背部に捻し上げつつ後向となし同時に前膊部を水平に支持し捕繩を左肩より首に接して右肩に卷戻し（首に掛けることとなる）其の戻れる繩は張繩（右手首より首に廻せる繩）の上を越え捻し上けたる手首と背筋との間を通じ其の手首に下方より上方に向け一周せしむ（第一圖）

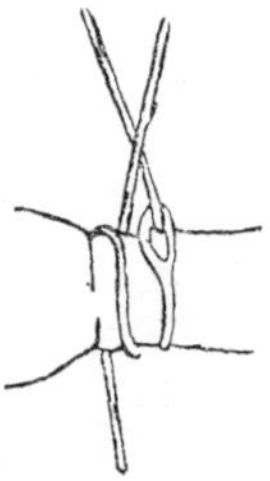

第一圖

「動作の二」　左臂を背部に折曲け右手首の上に重ね餘繩にて左手首に掌側より手甲側に向け卷付け更に敵手の左上膊下部（肱關節上方一寸位の部）より腹部に廻して右

上膊下部に至り背部に戻す(第二圖)

第二圖

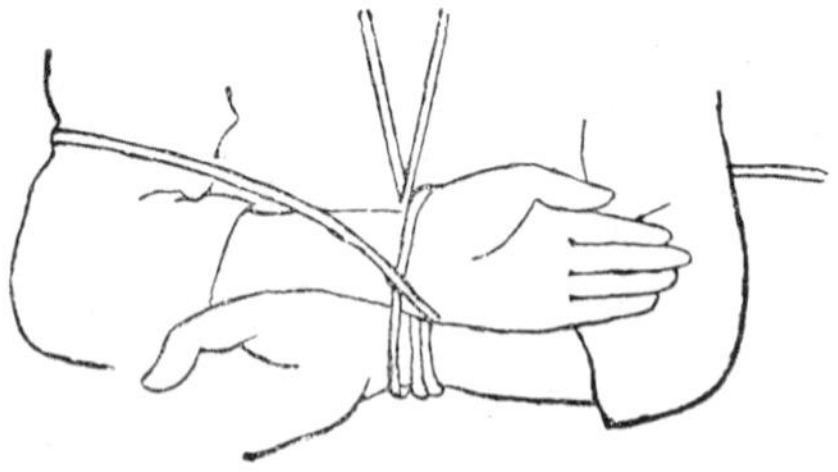

「動作の三」　背部に戻りたる縄は背部に於ける三條の張縄に一回右巻し(第三圖)更に其の縄にて半輪を作り三條の張縄に一回右巻し第三圖に示したる右前膊下部より三條の張縄に至る張縄の上に引抜き(第四圖)其の半輪先に餘縄を通じ固く引締む

第三圖

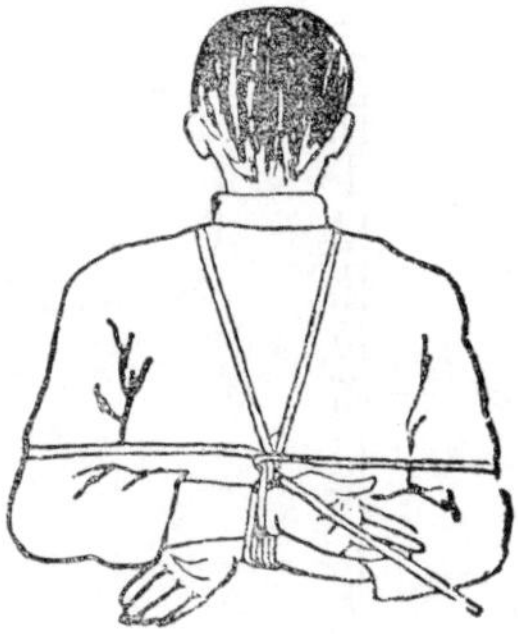

「動作の四」垂縄にて半輪を作り左右手首の接著點の全縄に左巻し（第五圖）其の半輪先と垂縄にて男結をなす

第四圖

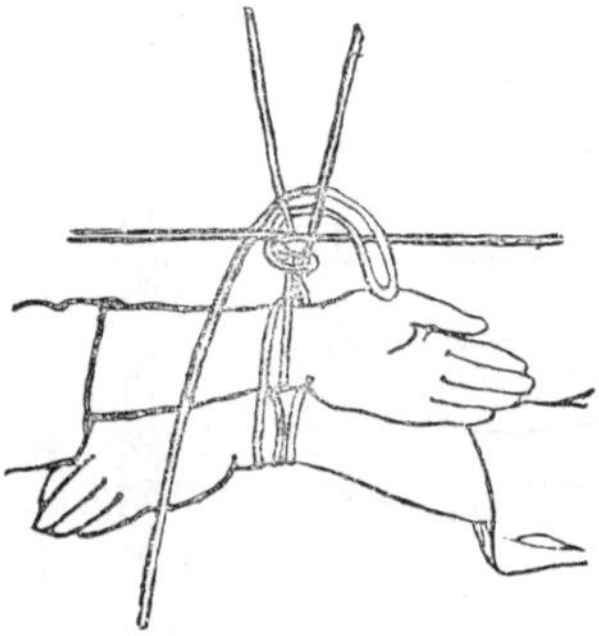

第五圖

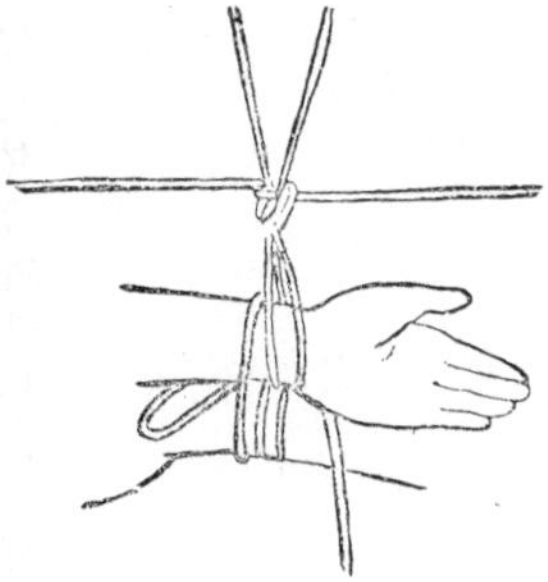

「動作の五」　垂縄は諸手縄「動作の四」と同要領に依り左手に摑み敵手の右足後方約一歩半の距離に位置し自然體となる

第六圖

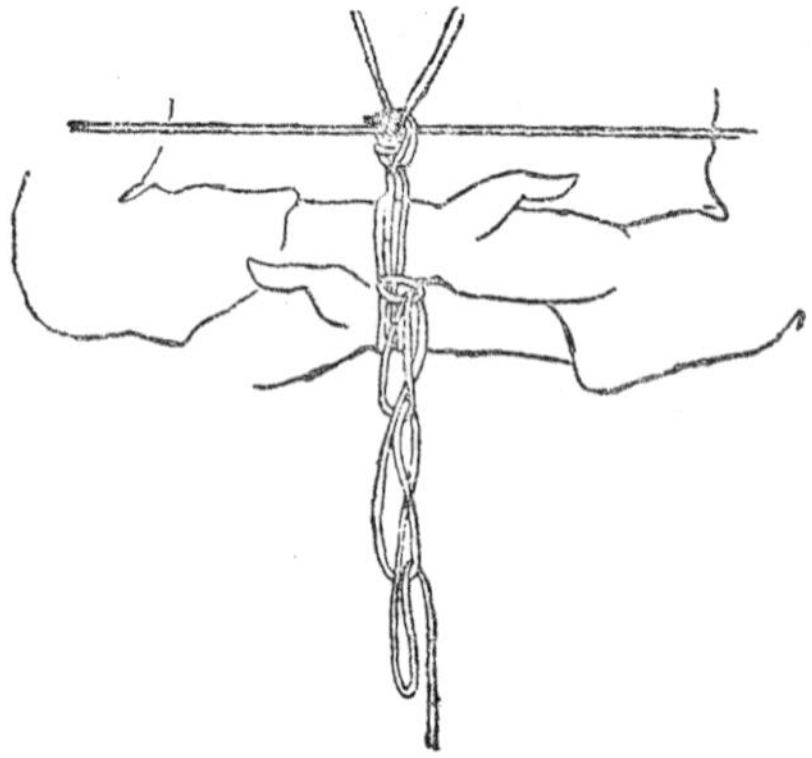

「止め」の號令にて捕手は舊位置に復し右自然體の姿勢を取り施縄を解き不動の姿勢となる

第二節　捕手繩の二

第四十九　捕手と敵手とを距離約一歩の所に對立せしむ

「第二捕手繩用意」の號令にて第一捕手繩と同じ動作を取る

「始め」の號令にて捕手は動作に移る

「動作の一」　捕手は敵手に對し右自然體の姿勢を取り左手にて敵手の右手首を拇指を上にして手甲側より握り施繩し易き樣支持し捕輪を敵手の右手首に嵌め適度に引締め直に背部に捻し上けつつ後向となし同時に前膊部を水平に支持し垂繩を左肩より首に接して右肩に卷戻し（首に掛けることとなる）其の戻れる繩にて長き半輪を作り張繩の下を潜らし（第一圖）其の半輪を左に捻して敵手の頭より體に通じ左右上膊肘關節の約一寸上部に繰り下げ背部の張繩を中央部に集め適度に引締む（第二圖）

第一圖

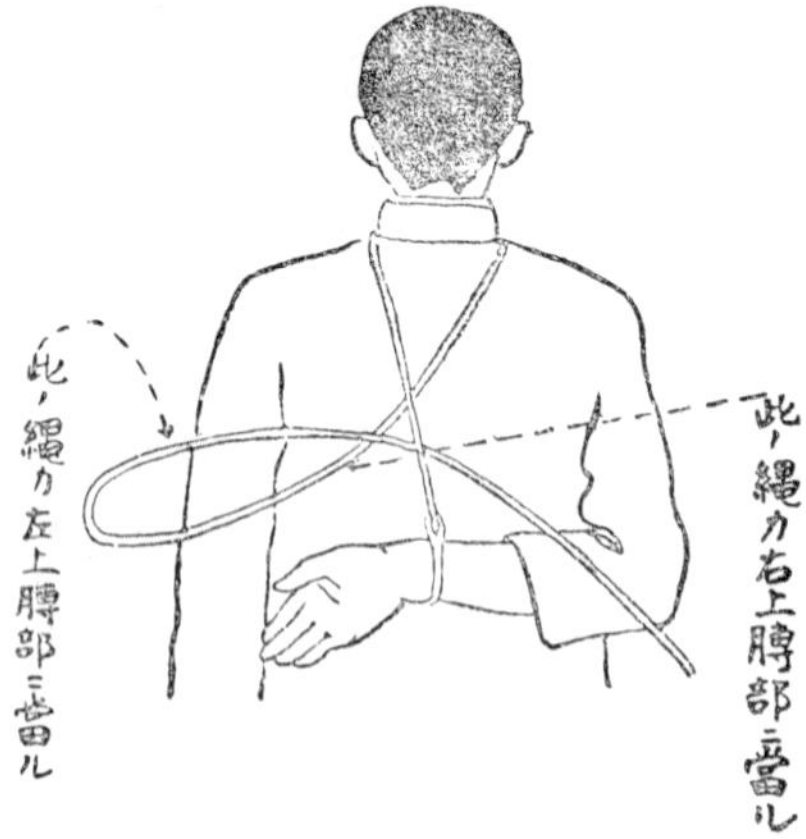

第二圖

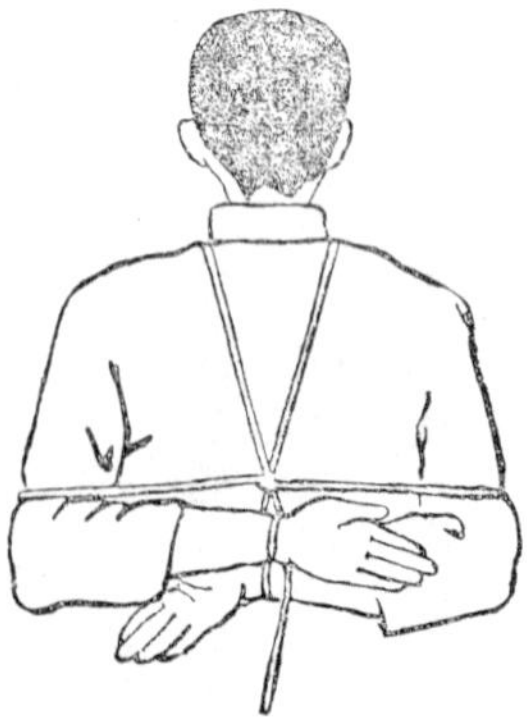

「動作の二」　左臂を背部に折曲げ右手首の上に重ね垂縄を以て左手首に手甲側より掌側に向け巻付け（第二圖）其の手首に接近して約五寸の半輪を作り之を右手首に右巻し（第三圖）其の半輪を更に半輪を作り先の半輪に通じ（第四圖）左手首に此の半輪を嵌め（第五圖）兩手首接著點に於て適度に引締め更に夫れに接近して約三寸の半輪を作り之を接著點の全縄に左巻し（第六圖）其の半輪と垂縄とにて男結を作る

第三圖

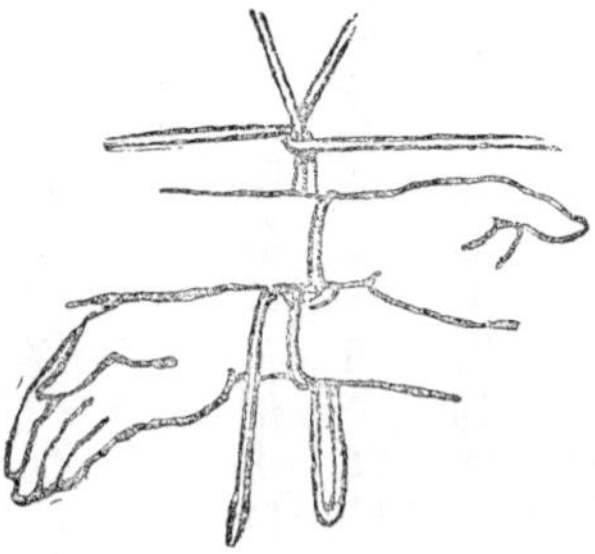

第四圖

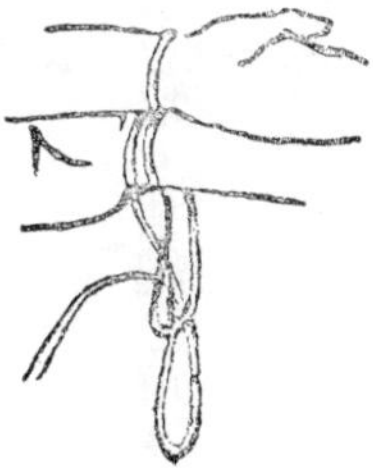

第五圖

第六圖

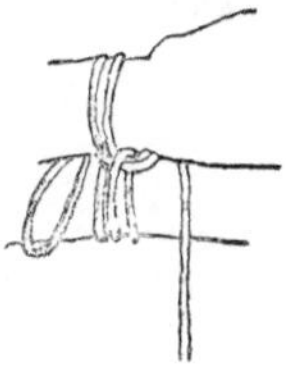

「動作の三」　垂縄は諸手縄「動作の四」と同要領に依り左手に掴み敵手の右足後方約一歩半の距離に位置し自然體となる

「止め」の號令にて捕手は舊位置に復し右自然體の姿勢を取り施縄を解き不動の姿勢

となる

第六章　應用縄

第五十　應用縄とは捕縄の不足被捕縛者の性質其の他の事情に依り應用する施縄方法を謂ふ

第一節　四人縄

第五十一　四人縄とは一縄を以て同時に二人以上に施縄するものとす

第五十二　敵手四人を横隊一列にし捕手を第一敵手と第二敵手の中間後方約一歩の距離に位置せしむ

「四人縄用意」の號令にて捕手は自然體の姿勢を取り捕縄を解き中央部に於て蝶結を作り結節を左手に撮み兩手は自然に垂る

「始め」の號令にて捕手は動作に移る

「動作の一」　捕手は敵手に對し右自然體の姿勢を取り第一敵手の左手首と第二敵手

の右手首に蝶結の輪を嵌め二條の垂縄にてよく引締め男結を作る

「動作の二」　結節より約二尺の所に二條の垂縄にて結節を作り第一敵手第二敵手を第三敵手第四敵手の一歩前に前進せしめ捕手は垂縄を持ちたる儘第三敵手第四敵手の中間後方約一歩の距離に位置す

「動作の三」　結節に接し二條の垂縄を以て引解半結應用にて蝶結を作り其の輪を第三敵手の左手首第四敵手の右手首に嵌め垂縄にて固く引締め一條の垂縄を二條の張縄の中間を通じて結節に巻戻し他の一條の垂縄とにて男結を作る

「動作の四」　垂縄は左手に右巻して摑み敵手の右足後方約一歩半の距離に位置し自然體となる

「止め」　の號令にて捕手は舊位置に復し施縄を解き不動の姿勢となる

第二節　三寸縄

第五十三　約一尺の痲絲若は紙撚絲等を捕縄の代用として施縄するものとす

第五十四　捕手は敵手の後方約一歩の距離に併立せしむ

「三寸縄用意」の號令にて捕手は自然體の姿勢を取り代用縄を左手の食指と中指とに四回卷きて指より拔取り蝶結を作り結節を左手拇指と食指にて撮み兩手は自然に垂る

「始め」の號令にて捕手は動作に移る

「動作」捕手は敵手に對し右自然體の姿勢を取り捕手の兩手を背部に廻し兩手拇指を合せ其の第二關節の根元に蝶結にて成れる輪を各一つ宛篏め強く引締め男結を作り自然體となる

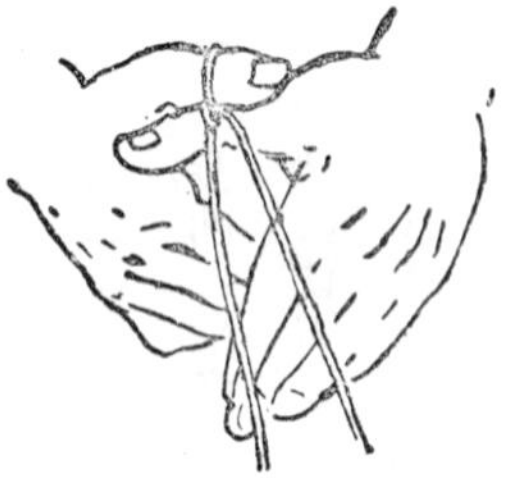

敵手の兩手を前にして施繩するときは手首の何れか一本を帶にて締め込むべし

「止め」の號令にて捕手は施繩を解き不動の姿勢となる

第三節　足詰繩

第五十五　敵手の狀態に依り一層嚴重を要すと認めたる場合護送繩の餘繩を以て施繩するものとす

第五十六　「動作の一」垂繩の一條を敵手の踵まで半輪に取り其の半輪を右膝關節の一寸位上部に肘詰繩，動作の二」に準し外側より一周せしめて半結を作り更に男結を作る

「動作の二」　他の一條を以て「動作の一」と同し要領に依り左足に施繩す

「動作の三」　右の垂繩を左足男結の輪に左の垂繩を右足男結の輪に通じ更に兩垂繩を腰の男結にて成れる輪に通じ餘繩を左手甲に卷付け敵手の右足後方約一歩半の距離に位置し自然體となる

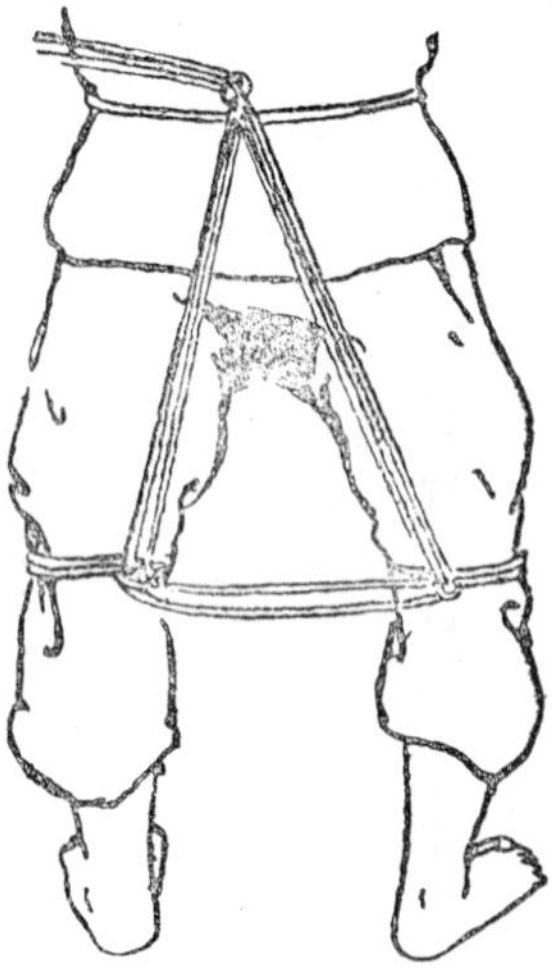

第五十七　足詰縄に於て垂縄を強引するときは兩膝を詰め敵手の抵抗力及歩行力を奪ふものとす

第四節　足止縄

第五十八　敵手の歩行を差止むる場合護送縄捕手縄の餘縄を以て施縄するものとす

第五十九　敵手を俯伏し右足の膝を屈曲し垂縄を足首に巻付け男結を作り餘縄を成れる輪に通じて腰部の張縄に結付け更に男結を作る

捕縄術 終

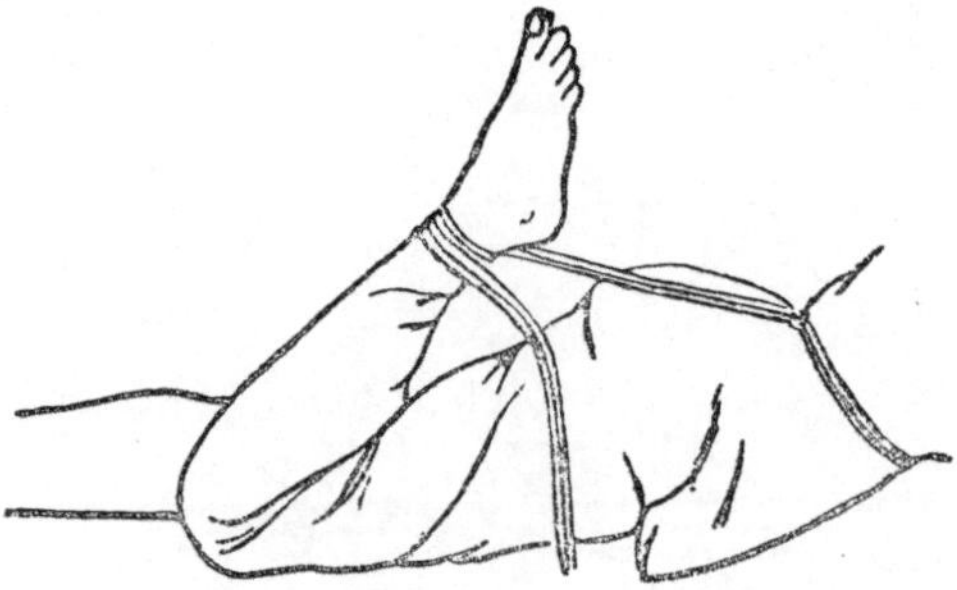

大正十五年一月二十日印刷
大正十五年一月二十五日發行
昭和四年十月一日再版發行
昭和五年五月十日三版發行
昭和五年十月卅一日四版發行

定價金壹圓五拾錢

著作兼發行人　京城明治町二丁目百番地　岡野幹雄
同　京城明治町二丁目四十八番地　佐藤完三
同　京城旭町一丁目百十一番地　阿部文雄
印刷人　京城本町四丁目百三十一番地　谷岡貞七

發行人　朝鮮總督府警務局內　朝鮮警察協會
振替京城四五六〇番

格闘武術・柔術柔道書集成
第Ⅱ回　大正期の護身術・柔術柔道書
第一巻　護身・逮捕術

2019年10月25日　発行

編　集　民和文庫研究会
発行者　椛　沢　英　二
発行所　株式会社 クレス出版
東京都中央区日本橋小伝馬町14-5-704
☎03-3808-1821　FAX03-3808-1822
印刷所　富士リプロ 株式会社
製本所　東和製本 株式会社

落丁・乱丁本はお取り替えいたします。
ISBN978-4-86670-044-1　C3337　¥15000E